CW01628831

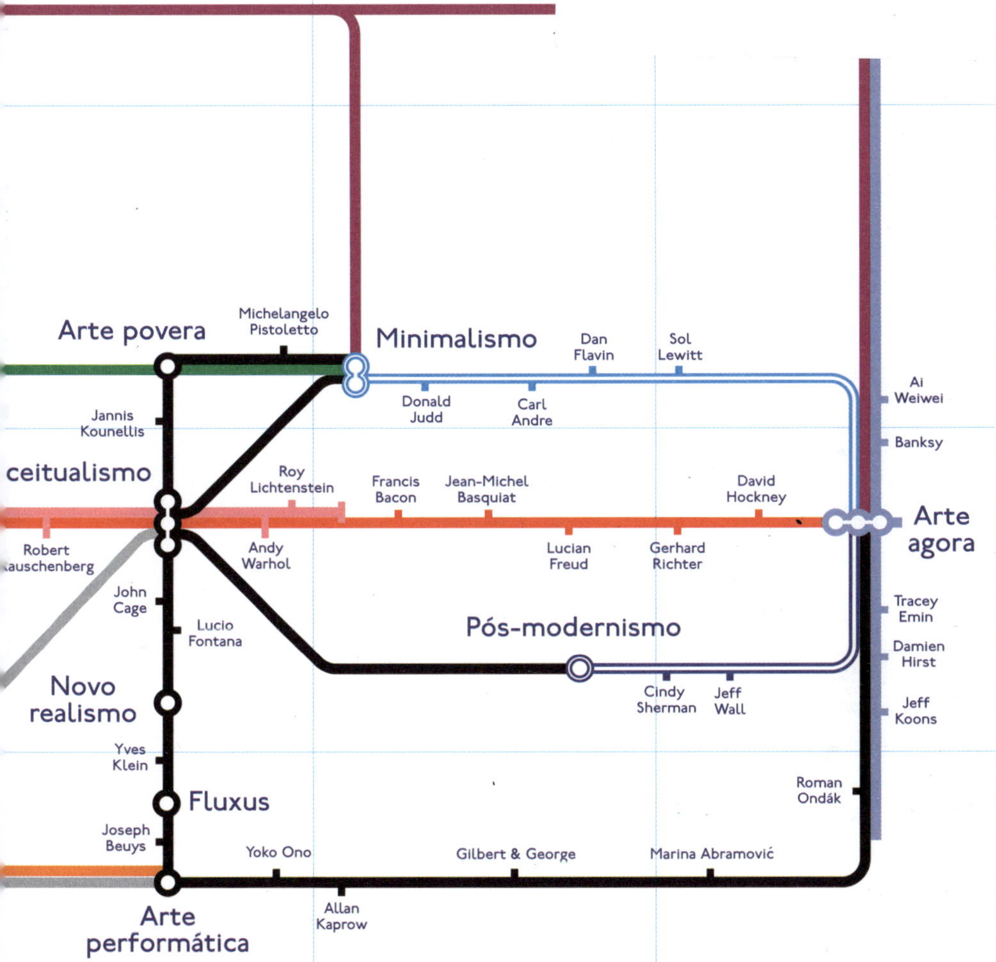

Chave para os movimentos na arte moderna

- Impressionismo
- Pós-impressionismo
- Primitivismo
- Pontilhismo
- Fauvismo e O Cavaleiro Azul
- Expressionismo
- Die Brücke (A Ponte)
- Cubismo e Construtivismo
- Futurismo
- Vorticismo e Orfismo
- Suprematismo
- Neoplasticismo / De Stijl
- Bauhaus / Modernismo
- Dadaísmo e Surrealismo
- Readymade
- Expressionismo abstrato
- Pop art
- Conceitualismo
- Arte performática, Fluxus
- Novo realismo, Arte povera
- Minimalismo
- Pós-modernismo
- Arte agora

Isso é arte?

Will Gompertz

Isso é arte?

150 anos de arte moderna do impressionismo até hoje

Tradução:
Maria Luiza X. de A. Borges

Revisão técnica:
Bruno Moreschi

ZAHAR

Para minha mulher, Kate, e meus filhos, Arthur, Ned, Mary e George

Título original:
What Are You Looking At?
(150 Years of Modern Art in the Blink of an Eye)

Tradução autorizada da primeira edição inglesa,
publicada em 2012 por Viking, um selo
da Penguin Books, de Londres, Inglaterra

Jorge Zahar Editor Ltda.
rua Marquês de S. Vicente 99 – 1º | 22451-041 Rio de Janeiro, RJ
tel (21) 2529-4750 | fax (21) 2529-4787
editora@zahar.com.br | www.zahar.com.br

Grafia atualizada respeitando o novo
Acordo Ortográfico da Língua Portuguesa

Preparação: Diogo Henriques | Revisão: Eduardo Monteiro, Carolina Sampaio
Indexação: Gabriella Russano | Capa: Elisa von Randow
Imagem de capa: Roy Lichtenstein, *The Gun in America*

CIP-Brasil. Catalogação na publicação
Sindicato Nacional dos Editores de Livros, RJ

Gompertz, Will, 1965-
G6221 Isso é arte?: 150 anos de arte moderna do impressionismo até hoje/Will Gompertz; tradução Maria Luiza X. de A. Borges; [revisão técnica: Bruno Moreschi]. – 1.ed. – Rio de Janeiro: Zahar, 2013.
il.

Tradução de: What Are You Looking At? – (150 years of modern art in the blink of an eye)
Inclui índice
ISBN 978-85-378-1086-6

1. Arte moderna – Séc.XX. I. Título.

CDD: 709
13-00112 CDU: 7.036

Sumário

Lista de ilustrações

Preto e branco

Lâminas coloridas

Caderno 1

Caderno 2

Prefácio

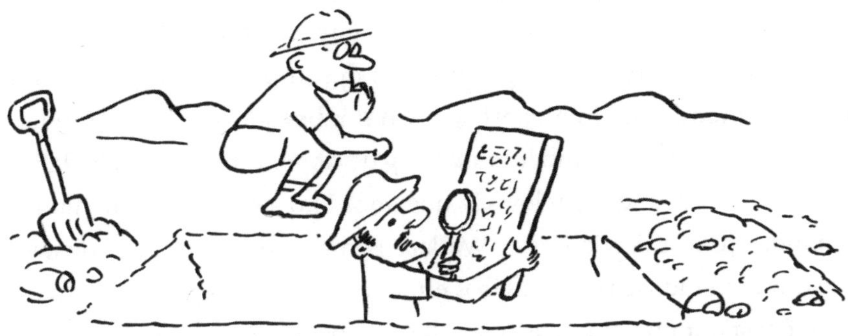

"O texto é incompreensível – deve ser um catálogo de exposição."

JÁ EXISTEM MUITOS LIVROS excelentes de história da arte cobrindo o período moderno, do clássico *A história da arte*, de E.H. Gombrich, à obra beligerante e instrutiva de Robert Hughes, *O choque do novo*. Meu objetivo não é competir com volumes tão eruditos – eu não poderia –, mas oferecer algo diferente: um livro pessoal, divertido e informativo que se propõe a contar a história cronológica da arte moderna desde o impressionismo até os dias atuais (por razões de espaço e ritmo, não foi possível cobrir cada artista envolvido em cada movimento).

Minha ambição foi escrever um livro recheado de fatos e vigoroso; ele não pretende ser uma obra acadêmica. Não há notas de rodapé ou longas listas de fontes, e por vezes dou asas à imaginação, fantasiando, por exemplo, uma cena em que os impressionistas se encontram num café ou Picasso oferece um banquete. Esses esquetes baseiam-se em relatos escritos por outros (os impressionistas de fato se reuniam num café particular e Picasso realmente promoveu um banquete), mas alguns dos detalhes incidentais das conversas são imaginados.

A inspiração para escrever este livro veio de um monólogo que encenei no Edinburgh Fringe Festival em 2009. Eu havia escrito um artigo para o jornal *The Guardian* em que explorava a maneira como as técnicas da comédia *stand-up* podiam ser usadas para explicar a arte moderna de modo a atrair em vez de confundir. Para pôr a teoria à prova, matriculei-me num curso de *stand-up* e depois levei ao Edinburgh Fringe um show intitulado *História dupla da arte*. Ele pareceu funcionar: os espectadores riram um pouco, participaram e, a julgar por seu desempenho na "prova" a que foram submetidos no final, aprenderam um bocado sobre arte moderna.

Mas não tentarei a comédia *stand-up* de novo. É na qualidade de jornalista e homem de rádio e televisão que abordo o assunto da arte moderna. O grande escritor David Foster Wallace comparou seus escritos de não ficção com uma indústria de serviços em que se dá a uma pessoa de razoável inteligência tempo para investigar algo em benefício de outras com coisas melhores a fazer. Espero que, numa pequena medida, eu também seja capaz de prestar esse serviço ao leitor.

Além disso, tenho o benefício da experiência, tendo passado a última década trabalhando no estranho e fascinante mundo da arte moderna. Durante sete anos fui diretor da Tate Gallery, e nesse período visitei os grandes museus do mundo e as coleções menos conhecidas que podem ser encontradas fora da super-rodovia do turismo. Estive em casas de artistas e examinei as coleções particulares dos ricos, percorri ateliês de conservação e assisti a leilões multimilionários. Mergulhei na arte moderna. Comecei não sabendo nada e saí sabendo alguma coisa. Há muito mais para aprender, mas espero que o pouco que consegui absorver e reter seja útil ao leitor em algum grau, ampliando sua apreciação e conhecimento da arte moderna. Ela é, como descobri, um dos grandes prazeres da vida.

Introdução: Isso é arte?

Em 1972, a Tate Gallery em Londres comprou uma escultura chamada *Equivalente VIII*, de Carl Andre, um artista minimalista norte-americano. Feita em 1966, ela consiste em 120 tijolos refratários que, quando dispostos segundo as instruções do artista, podem ser configurados em oito diferentes padrões, todos de idêntico volume. Quando a Tate expôs a obra em meados dos anos 1970, apresentou-a na forma de um retângulo com dois tijolos de profundidade.

Os tijolos nada tinham de especial; poderiam ter sido comprados por qualquer pessoa por alguns centavos cada um. A Tate Gallery pagou mais de 2 mil libras por eles. A imprensa britânica teve um ataque coletivo de fúria. "Desperdiçar o dinheiro da nação com uma pilha de tijolos!", esbravejaram os jornais. Até a *The Burlington Magazine*, um periódico de arte intelectualizado, perguntou: "Será que a Tate enlouqueceu?" Por que, quis saber uma publicação, a Tate havia esbanjado precioso dinheiro público com algo que "poderia ter ocorrido a qualquer pedreiro?".

Cerca de trinta anos mais tarde a Tate usou mais uma vez o dinheiro dos contribuintes britânicos para adquirir uma obra de arte incomum. Dessa vez, escolheu comprar uma fila de pessoas. Na verdade, não foi bem assim. A galeria não comprou as pessoas em si mesmas, isso é ilegal hoje em dia, mas de fato comprou a fila. Ou, mais precisamente, um pedaço de papel no qual o artista eslovaco Roman Ondák havia escrito instruções para uma obra de arte performática que envolvia a contratação de um punhado de atores para formar uma fila. Ele especificava num pedaço de papel que os atores deveriam formar uma fila ordenada em frente ao vão de uma porta trancada ou bloqueada. Uma vez em posição – ou "instalados", no linguajar artístico –, todos deveriam ficar voltados para a porta

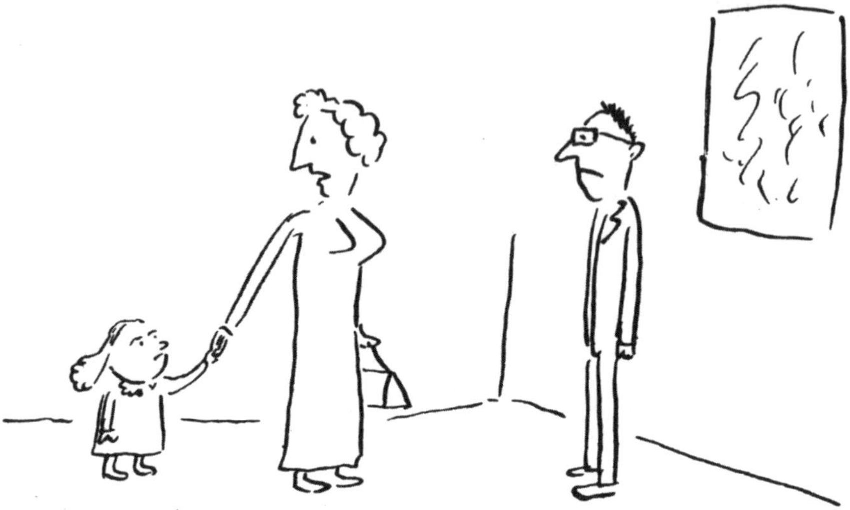

"Meu bem, 'derivativo' não é uma palavra bonita de se dizer."

e assumir um ar de paciente expectativa. A ideia era que sua presença intrigaria e atrairia transeuntes, que poderiam entrar na fila (o que, em minha experiência, eles faziam frequentemente) ou talvez caminhar ao lado dela, inspecionando perplexos e de sobrancelhas cerradas, querendo saber o que estariam perdendo.

É uma ideia divertida, mas isso é arte? Se um pedreiro poderia ter pensado no *Equivalente VIII*, o arremedo de fila de Ondák poderia então ser considerado a expressão mais esdrúxula do gênero da idiotice. A mídia iria certamente enlouquecer.

No entanto, não se ouviu sequer um murmúrio: nenhuma crítica, nenhuma indignação, nem mesmo uma série de manchetes zombeteiras da parte dos membros mais espirituosos da imprensa sensacionalista – nada. A única cobertura que a aquisição recebeu veio na forma de um par de linhas aprovadoras nos jornais de elite com maiores pretensões artísticas. O que aconteceu então durante esses trinta anos? O que mudou? Por que a arte moderna e contemporânea deixou de ser amplamente vista como uma piada sem graça para se tornar algo respeitado e reverenciado no mundo todo?

Dinheiro tem alguma coisa a ver com isso. Enormes somas desaguaram no mundo das artes no curso das últimas décadas. Fundos públicos foram disponibilizados de modo generoso para o embelezamento de velhos museus e a construção de novos. A queda do comunismo e a desregulamentação dos mercados levaram à globalização e à emergência de uma riquíssima classe internacional, sendo a arte o investimento seguro preferido dos que enriqueceram recentemente. Enquanto bolsas de valores foram a pique e bancos quebraram, o valor da arte moderna continuou subindo, assim como o número de pessoas que entrava no mercado. Alguns anos atrás, a Sotheby's ficaria muito feliz se tivesse arrematantes de três países diferentes num de seus grandes leilões de arte moderna. Hoje esse número está bem acima de quarenta, incluindo novos colecionadores abastados da China, da Índia e da América do Sul. Isso significa que a economia de mercado básica entrou em jogo: é um caso de oferta e demanda, com a última excedendo em muito a primeira. O valor de obras muito admiradas de artistas mortos (e portanto improdutivos) – como Picasso, Warhol, Pollock e Giacometti – continua subindo como um elevador.

O preço está sendo empurrado para cima por banqueiros recém-estabelecidos e oligarcas obscuros, cidades provincianas ambiciosas e países orientados para o turismo desejosos de "fazer um Bilbao" – isto é, transformar sua reputação e ganhar maior proeminência encomendando uma galeria de arte que chame a atenção. Todos eles descobriram que comprar uma mansão ou construir um museu de arte equipado com a mais avançada tecnologia é a parte fácil; enchê-lo com alguma arte minimamente decente que vá impressionar os visitantes é bem mais difícil. E isso porque ela não existe em abundância por aí.

E se não há nenhuma arte moderna "clássica" de alta qualidade disponível, a melhor alternativa é a arte moderna contemporânea (a obra de artistas vivos). Aqui, mais uma vez, os preços elevaram-se de maneira inexorável para aqueles considerados de primeira linha, como o artista pop norte-americano Jeff Koons.

Koons ficou famoso depois de produzir *Puppy* (1992), um gigantesco filhote de cachorro incrustado com flores, bem como por seus numerosos

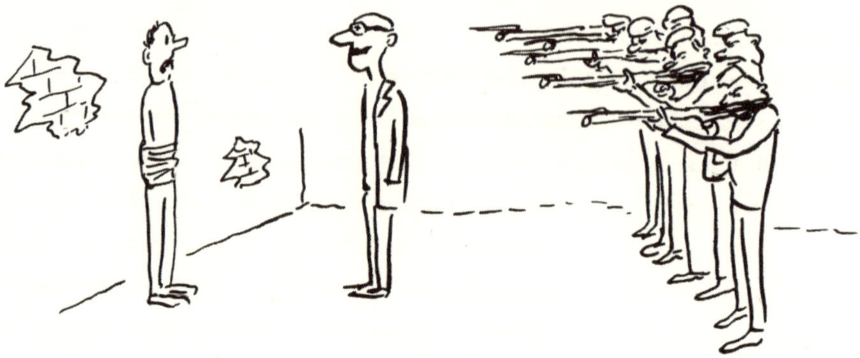

"É que nos sentimos mais à vontade trabalhando com artistas mortos."

personagens de desenho animado que parecem ter sido feitos com balões de papel-alumínio. Em meados dos anos 1990, era possível comprar uma obra de Koons por algumas centenas de milhares de dólares. Em 2010, suas esculturas cor de bala eram vendidas por milhões. Ele havia se tornado uma marca, sua arte tão instantaneamente reconhecível pelos bem-informados quanto a logomarca da Nike. Koons é um dos vários artistas vivos que se tornaram muito ricos num espaço de tempo curtíssimo graças a esse *boom* das belas-artes.

Artistas outrora empobrecidos são agora multimilionários com toda a pompa dos astros de cinema: amigos celebridades, jatinhos particulares e uma mídia ávida por relatar cada um de seus gestos glamorosos. O florescente setor das revistas sofisticadas do final do século XX deleitou-se em ajudar a construir o perfil público dessa nova geração de artistas que sabe lidar com a mídia. Imagens de pessoas criativas e pitorescas ao lado de sua arte colorida – que estivera pendurada em deslumbrantes espaços de designer em que ricos e famosos se misturavam – eram o tipo de banquete visual voyeurístico que os leitores sequiosos por mais dinheiro e status devoravam avidamente (a Tate Gallery chegou a contratar a editora da *Vogue* para produzir sua revista, *Tate Members*).

Essas publicações, juntamente com suplementos de jornal, criaram um público novo, descolado e cosmopolita para arte e artistas novos, descolados e cosmopolitas. Era uma turma jovem, sem interesse por todas aquelas velhas pinturas marrons que a geração anterior venerava. Não, as fileiras cada vez maiores dos frequentadores de galerias queriam arte que falasse de seu tempo. Arte que fosse original, dinâmica e empolgante: arte que fosse sobre o aqui e agora. Arte que fosse como eles: desejável e moderna. Arte que fosse um pouco rock'n'roll: ruidosa, rebelde, divertida e avançada.

O problema que esse novo público enfrentou, o problema que todos nós enfrentamos ao deparar com uma nova obra de arte, é de compreensão. Não importa que você seja um marchand estabelecido, um acadêmico de vanguarda ou um curador de museu; qualquer pessoa pode se sentir um tanto perdida ao encarar uma pintura ou escultura que acaba de sair do ateliê de um artista. Até mesmo sir Nicholas Serota, o internacionalmente respeitado chefe do império britânico Tate Gallery, vez por outra se confunde. Uma vez ele me disse que pode ficar um pouco "amedrontado" ao entrar no ateliê de um artista e ver uma nova obra pela primeira vez. "Muitas vezes não sei o que pensar", disse ele. "Ela pode me parecer muito intimidante." É um reconhecimento importante da parte de um homem que é uma autoridade mundial em arte moderna e contemporânea. Que chance temos nós?

Bem, alguma, eu diria. Porque não penso que a verdadeira questão seja julgar se uma peça de arte contemporânea nova em folha é boa ou má – o tempo se encarregará dessa tarefa por nós. Trata-se, antes, de uma questão de compreender onde e por que ela se encaixa na história da arte moderna. Há um paradoxo em nosso caso de amor com a arte moderna – por um lado estamos visitando aos milhões museus como o Pompidou em Paris, o MoMA em Nova York e a Tate Modern em Londres; por outro, a resposta mais frequente que recebo ao iniciar uma conversa sobre o assunto é: "Oh, não sei nada sobre arte."

Essa confissão espontânea de ignorância não se deve a uma falta de inteligência ou consciência cultural. Eu a ouvi da boca de escritores famosos, diretores de cinema de sucesso, políticos ambiciosos e acadêmicos universitários de grande erudição. É claro que estão todos, sem exceção, errados. Eles sabem que Michelangelo pintou a Capela Sistina. Sabem que Leonardo da Vinci pintou a *Mona Lisa*. Sabem quase com certeza que Auguste Rodin foi um escultor e na maioria dos casos poderiam nomear uma ou duas de suas obras. O que eles de fato querem dizer é que não sabem nada sobre arte moderna. No fundo, o que querem mesmo dizer é que talvez até saibam alguma coisa sobre arte moderna – que Andy Warhol fez uma obra com algumas latas de sopa Campbell, por exemplo –, mas não a entendem. Não conseguem compreender por que algo que a seu ver uma criança seria capaz de fazer é aparentemente uma obra-prima. Suspeitam, bem no fundo, que isso é uma impostura, mas agora que os tempos mudaram não lhes parece aceitável em termos sociais dizer isso.

Não penso que seja uma impostura. A arte moderna (abrangendo aproximadamente o período dos anos 1860 aos anos 1970) e a arte contemporânea (designação que cobre sobretudo o momento atual, mas por vezes é usada para definir qualquer obra da Primeira Guerra Mundial em diante) não são uma piada sem fim que vem sendo encenada por alguns iniciados para um público ingênuo. É verdade, produzem-se hoje muitas obras – a maioria, até – que não resistirão ao teste do tempo, mas, da mesma maneira, haverá algumas que passaram totalmente despercebidas e serão, um dia, reconhecidas como obras-primas. As obras de arte verdadeiramente excepcionais criadas hoje em dia, e durante o século passado, representam algumas das maiores realizações do homem na era moderna. Só um tolo depreciaria o gênio de Pablo Picasso, Paul Cézanne, Barbara Hepworth, Vincent van Gogh e Frida Kahlo. Não é preciso ser músico para saber que Bach era capaz de compor ou que Sinatra era capaz de cantar.

Em minha opinião, o melhor lugar para começar quando se trata de apreciar e usufruir arte moderna e contemporânea não é decidir se ela é em alguma medida boa ou não, mas compreender como ela evoluiu do classicismo de Leonardo aos tubarões em conserva e camas desfeitas de hoje. Tal como a maioria dos assuntos aparentemente impenetráveis, a arte assemelha-se a um jogo; só precisamos conhecer as regras e os regulamentos básicos para que o antes desconcertante comece a fazer algum sentido. E embora a arte conceitual tenda a ser vista como a regra de impedimento da arte moderna – aquela que ninguém consegue realmente entender ou explicar enquanto se toma uma xícara de café –, ela é surpreendentemente simples.

Tudo o que é preciso saber para compreender o básico pode ser encontrado nesta história da arte moderna que cobre mais de 150 anos nos quais a arte ajudou a transformar o mundo e o mundo ajudou a transformar a arte. Cada movimento, cada "ismo", está intricadamente conectado, um levando a outro como os elos em uma corrente. Mas todos eles têm suas próprias abordagens individuais, estilos distintos e métodos de fazer arte, que são o ponto culminante de uma ampla variedade de influências: artísticas, políticas, sociais e tecnológicas.

É uma história sensacional, e espero que ela torne sua próxima visita a uma galeria de arte moderna ligeiramente menos intimidante e um pouco mais interessante. É mais ou menos assim...

1. Fonte, 1917

SEGUNDA-FEIRA, 2 de abril de 1917. Em Washington o presidente norte-americano, Woodrow Wilson, exorta o Congresso a fazer uma declaração formal de guerra à Alemanha. Enquanto isso, em Nova York, três rapazes bem-vestidos deixam um elegante apartamento duplex no número 33 da West 67th Street e rumam para o centro. Eles caminham, conversam e sorriem, soltando de vez em quando uma risada contida. Para o francês magro e elegante que vai no meio, flanqueado por seus dois amigos norte-americanos mais atarracados, essas excursões são sempre bem-vindas. Ele é um artista que mora na cidade há menos de dois anos – tempo bastante para saber se orientar, mas muito pouco para ver com indiferença seus encantos excitantes e sensuais. A emoção de andar pelo Central Park e seguir em direção a Columbus Circle nunca deixa de animá-lo; a visão espetacular de árvores transformando-se aos poucos em edifícios é, para ele, uma das maravilhas do mundo. A seu ver, a cidade de Nova York é uma grande obra de arte: um parque de esculturas repleto de objetos maravilhosos, com mais vida e urgência que Veneza, a outra grande criação arquitetônica do homem.

O trio desce pela Broadway, uma mísera intrusa entre ruas ricas e belas. Quando se aproximam do centro o sol desaparece atrás de blocos impenetráveis de concreto e vidro, dando ao ar um sopro frio de primavera. Os dois norte-americanos conversam entre si por sobre o amigo, cujo cabelo está jogado para trás de modo a mostrar uma testa alta e uma linha de cabelo bem marcada. Enquanto os dois falam, ele pensa. Enquanto eles andam, ele para. Olha para a vitrine de uma loja de artigos domésticos. Põe as mãos em concha sobre os olhos para eliminar o reflexo no vidro, revelando dedos longos com unhas manicuradas e veias saltadas: há nele algo de um puro-sangue.

A pausa é breve. Ele se afasta da fachada da loja e olha para cima. Seus amigos desapareceram. Ele olha à sua volta, dá de ombros e acende um cigarro. Depois atravessa a rua, não para procurar os amigos, mas para encontrar o abraço cálido do sol. São dez para as cinco da tarde e uma onda de ansiedade toma o francês de assalto. Logo as lojas estarão fechadas e há algo que ele precisa desesperadamente comprar.

Ele aperta um pouco o passo. Tenta fechar a mente para todos os estímulos visuais à sua volta, mas seu cérebro reluta em obedecer: há tanta coisa a assimilar, a pensar, a desfrutar. Ouve alguém gritar seu nome e levanta os olhos. É Walter Arensberg, o mais baixo de seus dois amigos, que apoiou os esforços artísticos do francês nos Estados Unidos quase desde o momento em que ele pôs o pé fora do navio numa manhã ventosa de junho em 1915. Arensberg acena para que ele atravesse a rua de novo, passe pela Madison Square e tome a Quinta Avenida. Mas o filho do notário da Normandia levantou a cabeça e está olhando para cima, a atenção concentrada numa enorme fatia de queijo de concreto. O Flatiron Building cativou o artista francês muito antes que ele chegasse a Nova York – um cartão de visita antecipado de uma cidade que iria transformar em seu lar.

Seu primeiro encontro com o famoso espigão ocorreu logo que este foi construído e ele ainda morava em Paris. Viu uma fotografia do arranha-céu de 22 andares tirada por Alfred Stieglitz em 1903 e reproduzida numa revista francesa. Agora, passados catorze anos, tanto o Flatiron quanto Stieglitz, um fotógrafo e dono de galeria norte-americano, tornaram-se parte de sua vida no Novo Mundo.

Seu devaneio é interrompido por mais um chamado queixoso de Arensberg, desta vez traindo uma pequena frustração, enquanto o corpulento patrono e colecionador de arte acena vigorosamente para o francês. O outro homem do grupo está ao lado de Arensberg e ri. Joseph Stella (1877-1946) é um artista também. Ele compreende a mente precisa, ainda que caprichosa, do francês e sua impotência quando confrontado com um objeto de interesse.

Juntos novamente, os três avançam para o sul pela Quinta Avenida. Não demoram a chegar ao destino: o número 118 da avenida, o estabelecimento comercial de J.L. Mott, um especialista em encanamentos. Lá dentro, Arensberg e Stella abafam risadinhas enquanto seu companheiro procura atentamente por entre os banheiros e maçanetas em exibição. Após alguns minutos ele chama o vendedor e aponta para um mictório de porcelana branca comum, de costas chatas. Seus amigos voltam a se juntar a ele e o grupo é informado por um desconfiado vendedor de que o modelo de mictório em questão é um Bedfordshire. O francês assente com a cabeça, Stella abre um sorriso afetado e Arensberg, com uma palmada exuberante nas costas do vendedor, diz que vai comprá-lo.

Os três saem. Arensberg e Stella vão chamar um táxi. Seu silencioso e filosófico amigo francês está na calçada segurando o pesado mictório, divertindo-se com o plano que urdiu para essa *pissotière* de porcelana: vai usá-la como uma travessura para desconcertar o tacanho mundo das artes. Olhando para sua reluzente superfície branca, Marcel Duchamp (1887-1968) sorri para si mesmo: acha que ela pode causar um pequeno alvoroço.

Comprado o mictório, Duchamp o leva para seu ateliê. Descansa o pesado objeto de porcelana sobre seu dorso e o gira, fazendo-o parecer estar de cabeça para baixo. Em seguida assina e data em tinta preta no lado esquerdo de sua borda externa, com o pseudônimo "R. Mutt 1917". Sua obra está quase pronta. Só falta uma coisa: precisa dar um nome a seu mictório. Ele escolhe *Fonte*. O que havia sido apenas poucas horas antes um mictório comum, presente em toda parte, tornou-se, por força das ações de Duchamp, uma obra de arte (ver Fig. 1).

Pelo menos na cabeça de Duchamp. Ele acreditava ter inventado uma nova forma de escultura: uma em que o artista podia selecionar qualquer objeto produzido em massa sem nenhum mérito estético óbvio e, libertando-o de sua finalidade funcional – em outras palavras, tornando-o inútil –, dando-lhe um nome e mudando o contexto e o ângulo do qual seria visto normalmente, transformá-lo numa obra de arte de fato. Chamou essa nova forma de fazer arte de "readymade": uma escultura já pronta.

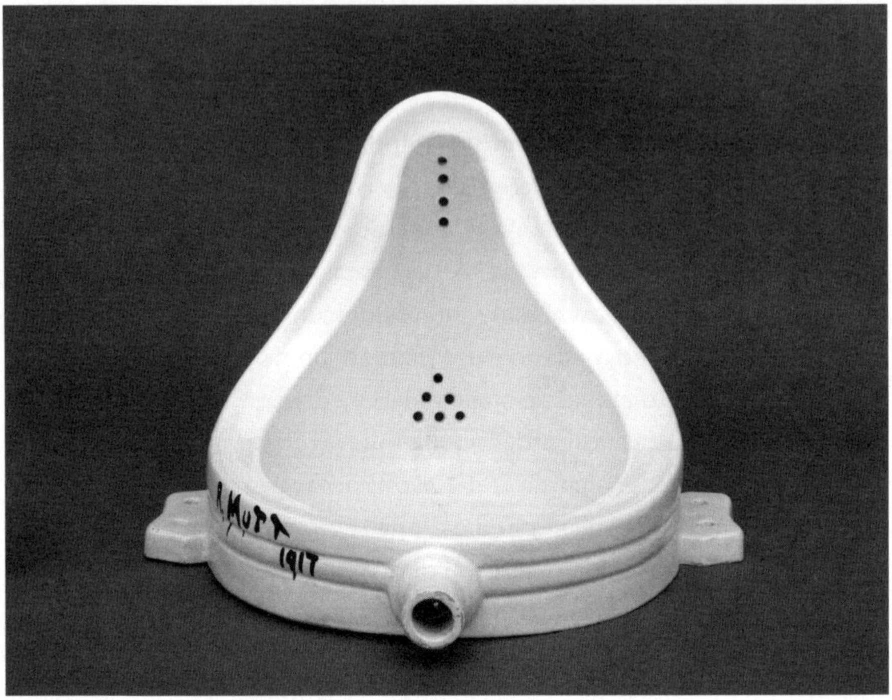

FIG. 1. Marcel Duchamp, *Fonte*, 1917, réplica, 1964.

Era uma ideia em que já vinha trabalhando há alguns anos, desde que prendera uma roda de bicicleta e seu garfo dianteiro a um banco em seu ateliê ainda na França. Na época a construção era para sua própria diversão; gostava de empurrar a roda e vê-la girando. Mais tarde, porém, começara a vê-la como uma obra de arte.

Havia levado a prática adiante ao chegar aos Estados Unidos, comprando, certa vez, uma pá para neve e gravando uma inscrição sobre ela antes de pendurá-la no teto pelo cabo. Assinou-a com seu nome verdadeiro, mas disse "*from*" e não "*by*" Marcel Duchamp, deixando bastante claro seu papel no processo: aquilo era uma ideia "vinda de" um artista em contraposição a uma obra de arte "produzida por" um artista. *Fonte* levou o conceito a um outro nível, muito público e confrontador. Ele ia inscrevê-la na Exposição dos Artistas Independentes de 1917, a maior mostra de arte moderna já montada nos Estados Unidos. A própria exposição era um desafio ao establishment artístico do país. Ela foi organizada pela Sociedade dos Artistas Independentes, um grupo de intelectuais livre-pensadores e progressistas que estavam marcando posição contra o que percebiam como a atitude conservadora e asfixiante da National Academy of Design em relação à arte moderna.

Eles declaravam que qualquer artista podia se tornar membro da Sociedade ao preço de um dólar, e que qualquer membro podia inscrever duas obras para a Exposição dos Artistas Independentes, contanto que pagasse uma taxa adicional de cinco dólares por obra de arte. Marcel Duchamp era um dos diretores da Sociedade e membro do comitê organizador, o que explica, pelo menos em parte, por que escolheu um pseudônimo para sua assinatura provocadora. Além disso, era da natureza de Duchamp brincar com as palavras, fazer piadas e zombar do pomposo mundo da arte.

O nome Mutt era uma alusão a Mott, a loja onde comprara o mictório. Diz-se que era também uma referência à história em quadrinhos "Mutt e Jeff", que havia sido publicada no *San Francisco Chronicle* em 1907 com um único personagem, A. Mutt. Mutt era inteiramente motivado pela cobiça, um malandro imbecil com uma compulsão para jogar e engendrar planos disparatados para enriquecer rapidamente. Jeff, seu crédulo companheiro inseparável, era um interno num asilo de loucos. Como Duchamp pretendia que *Fonte* fosse uma crítica aos colecionadores gananciosos e especuladores e aos diretores de museu ignorantes e pomposos, essa interpretação parece plausível. Assim também a sugestão de que a inicial "R" representa Richard, um coloquialismo francês para "sacos de dinheiro". Com Duchamp nada jamais era simples; ele era, afinal de contas, um homem que preferia o xadrez à arte.

Duchamp tinha outros alvos em mente ao fazer a escolha deliberada de um mictório para transformar numa escultura readymade. Ele queria questionar a própria noção do que constituía uma obra de arte tal como decretada por acadêmicos e críticos, que via como os árbitros autoescolhidos e em geral não qualificados do gosto. Cabia aos artistas decidir o que era ou não uma obra de arte. A posição de Duchamp era que se um artista dizia que uma coisa era uma obra de arte, tendo interferido em seu contexto e significado, ela era uma obra de arte. E ele percebeu que essa proposta, mesmo sendo simples de compreender, poderia causar uma revolução no mundo da arte.

Duchamp argumentava que até aquele momento o meio – tela, mármore, madeira ou pedra – havia ditado o modo como o artista iria ou poderia abordar a feitura de uma obra. O meio sempre vinha primeiro, e só depois era permitido ao artista projetar suas ideias sobre ele com pintura, escultura ou desenho. Duchamp queria inverter isso. Considerava o meio secundário: o primordial era a ideia. Só depois de ter escolhido e desenvolvido um conceito o artista estava em condições de escolher um meio, e o meio deveria ser aquele que permitisse expressar a ideia da maneira mais bem-sucedida. E se isso significasse usar um mictório de porcelana, que fosse. Em essência, arte podia ser qualquer coisa desde que o artista dissesse que sim. Era uma grande ideia.

Havia uma outra opinião muito disseminada que Duchamp queria desmascarar como falsa: a de que artistas são de certo modo uma forma mais elevada de vida humana. Que merecem o status elevado que a sociedade lhes confere por supostamente possuírem inteligência, perspicácia e sabedoria excepcionais. Duchamp considerava isso um disparate. Os artistas se levam e são levados a sério demais.

Os significados ocultos contidos em *Fonte* não se esgotam no jogo de palavras e na provocação de Duchamp. Ele escolheu especificamente um mictório porque, como objeto, isso tem muitas coisas a dizer – grande parte delas de caráter erótico, um aspecto da vida que Duchamp explorou com frequência em seu trabalho. Uma vez que o mictório tinha sido virado de cabeça para baixo, não era preciso muita imaginação para ver suas conotações sexuais. Mas a alusão passou completamente despercebida aos olhos dos que se sentavam ao lado de Duchamp no comitê, não tendo sido, portanto, a razão pela qual seus codiretores se recusaram a permitir que *Fonte* fosse exibida na Exposição dos Artistas Independentes de 1917.

Quando foi entregue no saguão do salão de exposições do Grand Central Palace, na Lexington Avenue, alguns dias depois que Duchamp,

Arensberg e Stella tinham ido às compras, a obra gerou de imediato uma volátil mistura de consternação e nojo. Embora o envelope que a acompanhava, enviado por R. Mutt, contivesse os seis dólares exigidos (um dólar pela filiação, cinco para ter a obra exposta), o sentimento entre a maior parte da diretoria (alguns diretores, entre os quais Arensberg e, é claro, Duchamp, estando perfeitamente cientes de sua proveniência e propósito, argumentaram apaixonadamente em seu favor) foi de que o sr. Mutt estava zombando deles, como de fato estava.

Duchamp estava provocando seus colegas diretores da Sociedade e o regulamento da organização, que ajudara a redigir. Desafiava-os a serem fiéis ao ideal que haviam coletivamente estabelecido, o de combater o establishment artístico e a voz autoritária da National Academy of Design com um conjunto de princípios novo, liberal e progressista: se você fosse um artista e pagasse, seu trabalho seria exposto. Ponto.

Os conservadores venceram a batalha, mas, como sabemos, perderam a guerra de maneira espetacular. A peça de R. Mutt foi julgada muito ofensiva e vulgar por ser um mictório, algo que não era considerado um tópico apropriado para discussão entre a classe média puritana dos Estados Unidos. O time de Duchamp imediatamente renunciou ao comitê. *Fonte* nunca foi vista em público, ou alguma outra vez. Ninguém sabe o que aconteceu com a obra pseudônima do francês. Já se disse que ela foi despedaçada por um membro do enojado comitê, que teria assim resolvido o problema de expô-la ou não. Por outro lado, uns dois dias depois, em sua galeria "291", Alfred Stieglitz tirou uma fotografia do notório objeto, mas talvez ele fosse uma versão refeita às pressas do readymade. Esse também desapareceu.

Mas o grande poder das ideias é que não é possível desinventá-las. A fotografia de Stieglitz foi crucial. Ter *Fonte* fotografada por um dos profissionais mais respeitados do mundo, que vinha a ser também o dono de uma influente galeria de arte em Manhattan, foi importante por duas razões: primeiro, foi uma espécie de endosso pela vanguarda artística de que *Fonte* de Duchamp era uma obra de arte legítima, portanto merecedora de ser documentada como tal por uma galeria importante e uma figura muito reverenciada. Segundo, criou um registro fotográfico: uma prova documental da existência do objeto. Os do contra podiam despedaçar a obra de Duchamp quantas vezes quisessem, ele podia voltar à loja de J.L. Mott, comprar uma nova e simplesmente copiar o traçado da assinatura da imagem de Stieglitz. E foi exatamente o que aconteceu. Quinze exemplares de *Fonte* endossados por Duchamp podem ser encontrados em coleções espalhadas pelo mundo.

É curioso, quando uma dessas cópias é posta em exposição, ver as pessoas levarem a coisa tão a sério. Veem-se hordas de cultores da arte sem um sorriso, esticando o pescoço em volta do objeto, contemplando-o durante uma eternidade, examinando-o de todos os ângulos. É um mictório! Não é nem mesmo o original. A arte está na ideia, não no objeto.

Marcel Duchamp teria se divertido com a reverência com que *Fonte* é tratada hoje em dia. Ele escolheu o objeto justo por sua falta de atrativo estético (algo que chamou de antirretiniano). É uma escultura readymade que nunca foi exibida em público, que nunca foi destinada a ser mais que uma brincadeira provocativa, mas que veio a se tornar a obra de arte mais influente criada no século XX. As ideias que representava influenciaram diretamente vários dos maiores e mais importantes movimentos artísticos, entre os quais o dadaísmo, o surrealismo, o expressionismo abstrato, a pop art e o conceitualismo. Marcel Duchamp é, inquestionavelmente, o artista mais reverenciado e citado pelos artistas de hoje, de Ai Weiwei a Damien Hirst.

Sim, mas isso é arte? Ou é simplesmente uma piada duchampiana? Terá ele nos feito todos de bobos enquanto coçamos o queixo e "apreciamos" a mais recente exposição de arte contemporânea conceitual? Terá transformado em Mutts as legiões de colecionadores conduzidos por motoristas, os crédulos "sacos de dinheiro" que se deixaram cegar pela avareza a ponto de se tornarem orgulhosos proprietários de salas cheias de quinquilharias? E terá seu desafio aos curadores para que fossem progressistas e tivessem a mente aberta surtido o efeito contrário? Ao propor que uma ideia é mais importante que o meio, privilegiando assim a filosofia sobre a técnica, terá ele obstruído as escolas de arte com dogma, tornando-as

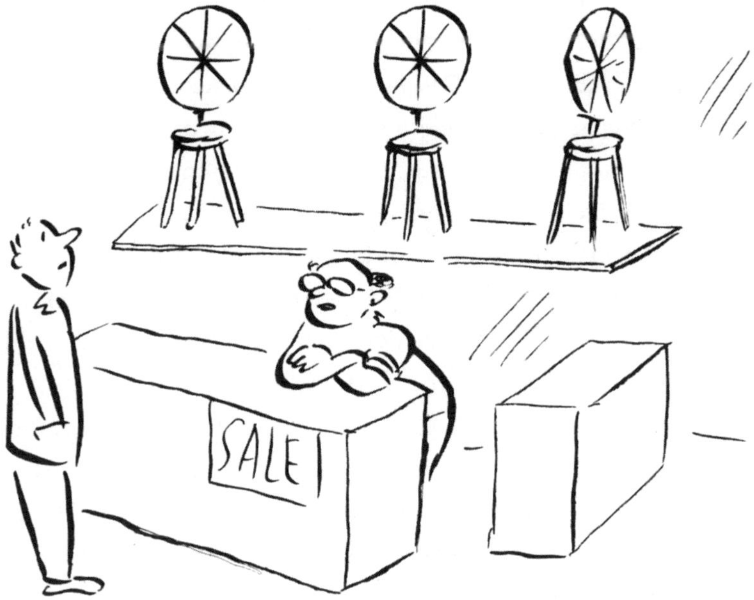

"O da esquerda é um readymade, o do centro
é um sósia e o outro é só um aspirante."

amedrontadas e desdenhosas em relação à habilidade técnica? Ou terá sido um gênio que fez a arte se emancipar das trevas de seu bunker medieval, como Galileu fizera pela ciência trezentos anos antes, permitindo-lhe florescer e desencadear uma revolução intelectual de longo alcance?

Minha opinião é a última. Duchamp redefiniu o que a arte era e podia ser. Sem dúvida ela ainda incluía pintura e escultura, mas esses eram apenas dois meios entre inúmeros outros para comunicar a ideia de um artista. É Duchamp que devemos culpar por todo o debate "isso é arte?", o que, claro, é exatamente o que ele pretendia. A seu ver, o papel de um artista na sociedade era semelhante ao de um filósofo; não importava sequer se ele sabia pintar ou desenhar. O trabalho de um artista não era proporcionar prazer estético – designers podiam fazer isso –, mas afastar-se do mundo e tentar compreendê-lo ou comentá-lo por meio da apresentação de ideias sem nenhum propósito funcional além de si mesmas. Sua interpretação da arte foi levada ao extremo no final dos anos 1950 e 60 com a arte performática de pessoas como Joseph Beuys (1921-86), que se tornaram não só os criadores da ideia, mas o meio para ela também.

A influência de Marcel Duchamp é onipresente ao longo de toda a história da arte moderna, seja como um dos primeiros seguidores do cubismo ou, mais recentemente, como o pai do conceitualismo. Mas ele não é a única estrela dessa história, que é rica de personalidades extraordinárias, todas elas desempenhando papéis de destaque: Claude Monet, Pablo Picasso, Frida Kahlo, Paul Cézanne e Andy Warhol. Além de nomes que talvez não sejam tão conhecidos, como Gustave Courbet, Katsushika Hokusai, Donald Judd e Kazimir Malevich.

Duchamp emergiu da história da arte moderna; ele não a iniciou. Ela começou antes mesmo que ele nascesse, no século XIX, quando eventos mundiais conspiraram para fazer de Paris o lugar mais intelectualmente estimulante do planeta. Era uma cidade efervescente: o cheiro da revolução ainda enchia o ar. Mais do que um sopro dele estava sendo inalado por um grupo de artistas aventureiros prestes a derrubar a velha ordem mundial do establishment artístico e introduzir uma nova era na arte.

2. Pré-impressionismo: A confrontação da realidade, 1820-70

Foi um incidente incomum. Mais ainda pela localização. Era o Museu de Arte Moderna de Nova York (MoMA), pouco depois do horário de abertura numa tranquila manhã de segunda-feira. Eu era a única pessoa numa sala cheia de pinturas muito especiais e estivera me preparando calmamente para um pouco de plena fruição artística quando um alvoroço teve início na entrada da galeria.

Sem aviso e com entusiasmo alarmante, o dom da visão havia sido tirado à força de um menino. Ele não percebera o que estava para acontecer e agora não conseguia enxergar. O ataque foi violentamente físico, a intenção da agressora, deliberada e precisa: a remoção das faculdades visuais do menino.

Observei com assombro enquanto o garoto passava por mim conduzido de forma brusca até o outro lado da galeria por uma pessoa de olhar feroz, mas muito bem-vestida, que claramente trabalhava de acordo com um plano. O menino – desequilibrado e desorientado – tentava manter o equilíbrio antes de ser detido e postado de modo abrupto com o nariz a dois centímetros da parede.

Agora ele respirava ruidosamente: aturdido e incomodado. Mas antes que pudesse decidir o que fazer, as duas mãos se afastaram de supetão de seu rosto. Ele piscou algumas vezes e olhou para a frente, nervoso. Em seguida vieram as perguntas.

"Então, o que você pode ver?", perguntou sua captora.

"Nada", respondeu ele, perplexo.

"Não seja ridículo, é claro que pode ver alguma coisa."

"Não, nada mesmo, é tudo um borrão."

"Dê um passo atrás, então", disse com aspereza a voz dominadora.

O menino esticou a perna esquerda para trás e deu um passo para longe da parede.

"E...?"

"Humm... não, não consigo entender nada", disse a criança com uma voz esganiçada, agitada. "Por que está fazendo isso comigo?", perguntou. "O que quer que eu diga? Deve saber que não posso ver nada."

A mulher, cada vez mais frustrada, agarrou o menino pelos ombros e o arrastou uns três metros para trás, antes de indagar com óbvia irritação: "Bem...?"

O menino continuou imóvel encarando a parede, não disse nada. Após um longo silêncio, não pôde mais conter a emoção. Virou a cabeça devagar para a agressora.

"Isso é incrível, mãe."

O rosto da mãe desapareceu sob um enorme sorriso que revelava dentes perfeitos e um irreprimível fulgor interno de felicidade. "Eu sabia que você iria adorar, querido", gorjeou ela enquanto envolvia o menino num abraço classe A, do tipo que as crianças ganham após incidentes quase fatais ou um comportamento excepcionalmente feliz para os pais.

Éramos as únicas pessoas na famosa sala dos Monets do MoMA, embora estivesse começando a me perguntar se eu existia, de tal modo mãe e filho ignoravam minha presença. Mas depois de soltar o menino, ela se virou para mim com o sorriso embaraçado de um adulto flagrado dançando "Single Ladies" da Beyoncé. Explicou que eu havia testemunhado a culminação de um plano que ela vinha urdindo por meses, desde que providenciara para levar o filho mais velho (ele aparentava dez anos) numa viagem a Nova York enquanto o marido ficava em casa e cuidava das outras crianças.

Ela havia imaginado que essa seria sua única oportunidade para imbuir no filho a apreciação que tinha pela magnificência das três paisagens gigantescas, do tamanho de murais, que dominam a sala – as *Nenúfares* (c.1920). Era uma experiência imersiva para qualquer pessoa, mas para um menino não iniciado de dez anos podia provocar a sensação de se afogar em rosas e púrpuras, violetas e verdes. Tal é a natureza irresistível dessas "paisagens" tardias de Monet (não muita terra ou céu para ver, apenas reflexos na água) que o garoto deve ter desejado ter consigo um *snorkel*.

Monet (1840-1926) pintou o tríptico, que mede quase treze metros de um lado a outro, perto do fim da vida, tendo passado dias, meses e anos estudando o amado jardim aquático em sua casa em Giverny. Eram os efeitos da luz sempre cambiante na superfície da água que tanto cativavam o velho artista. Sua visão podia estar declinando, mas seu cérebro arguto e o dom para manipular tinta estavam tão presentes quanto haviam estado quando ele era jovem. Assim também sua inclinação para inovar. Tradicionalmente, pinturas de paisagem põem o espectador numa posição ideal, com claros pontos visuais de orientação. Não foi o que ocorreu na tardia "grande paisagem" de Monet, em que somos mergulhados no meio de um lago sem bordas ou cantos, entre íris e nenúfares, e não podemos fazer outra coisa senão ceder às suas mesmerizantes camadas de tinta multicolorida.

Aparentemente, a inspiração para o excêntrico plano da mãe foram aqueles irritantes livros em 3D de imagens ocultas pelos quais as crianças eram loucas há algum tempo, mas que adultos normais (eu) nunca puderam entender. Fora sua experiência com eles que inspirara a decisão de agarrar o menino de surpresa, tapar-lhe os olhos com as mãos e levá-lo para o mais perto da tela que se atreveu. E em seguida fazê-lo recuar pouco a pouco. A esperança era que a efervescente visão de Monet fosse aos poucos se tornar clara em toda a sua glória compreensível, e assim ficar com o menino pelo resto de sua vida.

E quem pode censurá-la por ter um fraco por Monet e seus companheiros impressionistas? Dessa vez, a familiaridade gerou não desdém, mas contentamento. Todos nós vimos exemplos de suas pinturas em que, de perto, há tão somente pinceladas individuais, mas, a cada passo para trás, o tema emerge miraculosamente. Nós os vimos em latas de biscoito, toalhas de chá e caixas velhas e amassadas com quebra-cabeças de mil peças. As dançarinas de Degas, os nenúfares de Claude Monet, os subúrbios arborizados de Camille Pissarro e a burguesia parisiense bem-vestida passeando ao sol metropolitano nas evocativas pinturas de Pierre-Auguste Renoir. Nenhum bazar de miudezas se consideraria adequadamente abastecido sem pelo menos um punhado dessas imagens clássicas reproduzidas em vários objetos baratos de uso doméstico. O trabalho dos impressionistas continua sendo uma parte onipresente do vernáculo visual. Mal passa um mês sem que uma manchete proclame que uma importante pintura impressionista quebrou mais um recorde num leilão ou foi furtada por um gatuno sofisticado e astucioso.

O impressionismo é um "ismo" da arte moderna com que a maioria de nós se sente razoavelmente confiante e confortável. Acho que nós admitimos que quando comparadas com arte moderna mais recente as pinturas poderiam ser consideradas um pouco antiquadas, um tantinho seguras e talvez suspeitamente agradáveis aos olhos, mas, afinal, o que há de errado nisso? Elas são objetos encantadores que representam cenas reconhecíveis de uma maneira figurativa. É com imperturbável romantismo que vemos as pinturas do fim do século XIX dos impressionistas: os temas enevoados, atmosféricos e tão franceses, as românticas imagens parisienses de piqueniques elegantes no parque, bebedores de absinto em bares e trens envoltos em vapor rumando com otimismo para um futuro ensolarado. No contexto da arte moderna, os mais tradicionalistas consideram os impressionistas o último grupo a produzir "arte respeitável". Eles não gostavam de todo esse "absurdo conceitual" e esses "rabiscos abstratos" que vieram depois, mas produziam pinturas claras, bonitas e agradavelmente inofensivas.

Na verdade, não é bem assim. Pelo menos, não era assim que as pessoas pensavam na época. Os impressionistas foram o grupo mais radical, rebelde, rompedor de barreiras e memorável em toda a história da arte. Eles suportaram privações pessoais e ridículo profissional na perseguição obstinada de sua visão artística. Rasgaram o livro de regras e, metaforicamente, abaixaram as calças e sacudiram seus traseiros coletivos para o establishment antes de começar a instigar a revolução global que hoje chamamos de arte moderna. Muitos movimentos artísticos do século XX, como o Young British Artists dos anos 1990, foram anunciados como subversivos e anárquicos, mas na verdade estavam longe disso. Os pintores impressionistas de aparência respeitável do século XIX, por outro lado, foram os fora da lei originais; foram *de fato* subversivos e anárquicos.

Não de uma maneira predeterminada, mas porque não tiveram escolha. Ali estava um bando de irmãs e irmãos artísticos que tinham desenvolvido uma maneira original e fascinante de pintar em Paris e em seus arredores durante os anos 1860 e 70, mas em seguida descobriram que seu caminho para o sucesso estava bloqueado por um establishment artístico opressivo. O que deveriam fazer? Desistir? Talvez, se estivessem em outro momento e em outro lugar, mas não na Paris pós-revolucionária, onde os habitantes conservavam a alma inflamada por um espírito de rebelião.

O problema para os impressionistas havia começado quando eles violaram as regras da todo-poderosa e enfadonhamente burocrática Academia de Belas-Artes de Paris. A Academia esperava que os artistas fizessem obras baseadas em mitologia, iconografia religiosa ou na Antiguidade clássica num estilo que idealizava o tema. Esse tipo de falsificação não interessava a esse grupo de jovens e ambiciosos pintores. Eles queriam deixar seus ateliês e ir para fora a fim de documentar o mundo moderno à sua volta. Foi um movimento audacioso. Artistas simplesmente não andam por aí, pintando temas "vulgares" como pessoas comuns num piquenique, ou bebendo ou andando; não era isso que se fazia. Seria como se Steven Spielberg vendesse seus serviços para fazer vídeos de casamentos. Esperava-se dos artistas que permanecessem em seus ateliês e produzissem paisagens pitorescas ou imagens heroicas de formas humanas que remontassem ao tempo dos gregos antigos. Essa era a grande e boa arte exigida pelos poderosos para as paredes de suas belas casas e para os museus das cidades, e era isso que eles obtinham. Isto é, até que os impressionistas chegaram.

Eles mudaram o jogo derrubando a parede entre ateliê e vida real. Muitos dos outros artistas haviam saído para observar e esboçar seu tema, mas em seguida voltavam a seus ateliês para incorporar suas observações em cenas ficcionais. Os impressionistas continuavam ao ar livre, onde começavam e terminavam suas pinturas da vida metropolitana moderna. Eles haviam chegado à conclusão de que seu novo assunto exigia uma nova abordagem técnica. Na época, o método aprovado e aceito de pintar estava no "grande estilo" de Leonardo, Michelangelo e Rafael, que havia sido exemplificado na França por Nicolas Poussin (1594-1665), entre outros. A técnica do desenho era tudo. Arte era uma questão de precisão. Uma paleta de cores terrosas, tonais, devia ser misturada e aplicada à tela com pinceladas precisas que, ao longo de muitas, muitas horas e dias de trabalho, podiam ser aprimoradas até a imperceptibilidade. Por meio de gradações sutis entre luz e sombra, o objetivo era produzir uma pintura que desse a impressão de solidez tridimensional.

Isso tudo era ótimo quando se passava semanas a fio sentado numa sala aquecida, representando rebuscadamente uma cena dramatizada. Mas os impressionistas estavam fora, pintando *en plein air* (ao ar livre), onde a luz mudava a todo instante, algo muito diverso das condições controladas e artificiais do ateliê. Isso significava que se impunha uma mudança de abordagem. Se eles queriam captar a sensação de um momento fugaz com algum senso de verdade, a rapidez pertencia agora à essência. Não havia tempo para se alongar em laboriosas gradações de luz, porque a próxima vez que o artista levantasse os olhos elas teriam mudado. Em vez disso, pinceladas urgentes, toscas, aplicadas com imprecisão, substituíam o refinamento estudado, combinado, do "grande estilo", pinceladas que os impressionistas não faziam nenhuma tentativa de esconder; ao contrário, eles acentuavam seu manejo do pincel pintando em toques grossos, curtos, coloridos, parecidos com vírgulas, que acrescentavam uma impressão de energia jovem a suas pinturas, refletindo o espírito de seu tempo. A tinta, pela primeira vez, tornava-se um meio cujas propriedades estavam sendo celebradas ao invés de disfarçadas atrás do artifício de uma ilusão pictórica.

Tendo se comprometido a trabalhar *in loco* diante de seu tema, reproduzir com precisão os efeitos de luz que viam diante dos olhos tornou-se a obsessão dos impressionistas. Isso exige que o artista expulse noções preconcebidas sobre o objeto e a cor de sua mente – como a de que morangos maduros são vermelhos – para pintar os matizes e tons tais como os vê naquele momento particular à luz natural – mesmo que isso signifique pintar um morango azul.

Eles seguiam esse programa inflexivelmente, produzindo imagens que continham uma variedade de cores brilhantes como nunca se vira antes. Hoje elas parecem comuns, quase baças, em nosso mundo de televisão e cinema em alta definição, mas nos idos do século XIX eram tão surpreendentes quanto um verão quente na Inglaterra. A Academia, com sua mentalidade sombria, teve a reação previsível, condenando as pinturas como infantis e inconsequentes.

Os impressionistas eram ridicularizados e repudiados como arrivistas artísticos, condenados por produzir arte que equivalia a nada mais que "meros cartuns", e criticados por não fazerem "pinturas respeitáveis". Essa reação os deixou perturbados, mas não derrotados. Eram um bando inteligente, beligerante e autoconfiante; deram de ombros e seguiram em frente.

Eles escolheram bem seu momento. Todos os ingredientes necessários para uma ruptura com a tradição estavam reunidos na Paris pós-revolucionária: mudança política violenta, rápidos avanços tecnológicos, a emergência da fotografia, novas e estimulantes ideias filosóficas. Sentados em cafés, conversando, os jovens argutos viam a cidade mudar fisicamente diante de seus olhos. Paris estava sendo transformada de uma gruta medieval numa cidade avançada. Bulevares largos, iluminados e arejados substituíam as velhas ruas escuras, úmidas e imundas. Foi uma obra visionária de regeneração urbana conduzida por um dinâmico burocrata chamado barão Haussmann, nomeado pelo imperador Napoleão III.

"O imperador dos franceses", como ele se autodenominava, compartilhava alguma astúcia militar com seu famoso tio e podia perceber que a renovação de Paris iria não só fornecer uma resposta adequadamente sofisticada ao esplendor de Londres durante a Regência, mas também lhe dar alguma chance de permanecer no poder. Porque com a regeneração urbana vieram esplêndidas linhas de visão que se estendiam por toda a cidade, dando ao astuto autocrata uma vantagem tática caso quaisquer parisienses dissidentes pensassem em cometer mais desobediência civil temperada com intenção revolucionária.

E enquanto tudo era mudança na cidade, a inovação causava impacto no aspecto técnico da pintura. Até a década de 1840, os artistas que usavam óleo estavam em boa medida limitados a trabalhar em seus ateliês, pois não havia nenhum recipiente facilmente portátil para suas cores. Foi então introduzida a ideia de acondicionar tinta a óleo em pequenos tubos codificados segundo a cor, o que deu ao pintor mais intrépido a oportunidade de pintar diretamente na tela fora do ateliê. A compulsão de fazê-lo foi intensificada pelo advento da fotografia, um novo meio pelo qual muitos artistas jovens e promissores haviam se interessado. É claro que, em alguns aspectos, esse produtor de imagens excitante e barato representava uma ameaça para os artistas, que antes não tinham rivais em sua posição como criadores de imagens para os ricos e poderosos. Para os impressionistas, porém, as novas oportunidades que a fotografia criava suplantavam em muito qualquer ameaça. Em especial seu efeito ao estimular o apetite do público por imagens da vida cotidiana parisiense.

A estrada para o futuro era visível, mas estava sendo bloqueada pela Academia, cuja intransigência iria, ironicamente, fornecer a areia necessária para que a pérola da arte moderna se formasse. A Academia cumpria de maneira admirável seu dever de proteger a rica herança estética do país, mas era irremediavelmente retrógrada quando se tratava de alimentar seu futuro artístico.

Esse era um grande problema para os jovens artistas experimentais que buscavam fazer pinturas e esculturas que refletissem seu tempo: um problema agravado pela preponderância da Academia, que se estendia ao comércio. A exposição anual de arte que ela promovia, conhecida como Salão de Paris, era a mais prestigiosa vitrine da França para novas obras de arte, pondo o comitê de seleção na posição de fabricantes de reis e destruidores de carreiras. Caso eles escolhessem mostrar uma obra de um novo artista, isso podia lhe valer uma carreira segura pelo resto da vida; se, ao contrário, se recusassem a fazê-lo, isso podia arruinar suas chances de futuro sucesso. Colecionadores e marchands compareciam em massa ao Salão, levando olhos bem abertos e carteiras robustas, prontos para conseguir uma pintura de um novo artista talentoso aprovado pela Academia ou adquirir a última criação de um nome estabelecido; era ali que grande quantidade da arte francesa recém-criada era comprada.

Os impressionistas não eram as primeiras pessoas a ser frustradas pela Academia. Já no primeiro quarto do século XIX, podiam-se ouvir resmungos sobre o conservadorismo sufocante da instituição. Théodore Géricault (1791-1824), um brilhante jovem pintor, observou: "A Academia, *hélas*, faz demais: ela extingue as centelhas desse fogo sagrado [artistas talentosos]; ela o abafa, não concedendo tempo à natureza para lhe permitir alastrar-se. Um fogo deve ser alimentado, mas a Academia joga sobre ele combustível além da conta."

Géricault morreu jovem demais, com apenas 33 anos. Mas não sem primeiro pintar um dos mais importantes quadros do século. *A jangada da Medusa* (1818-19) representa as reais e terríveis consequências da decisão de um capitão naval francês incompetente de navegar perto demais da costa do Senegal. Géricault descreve a horrível catástrofe humana do naufrágio resultante com destemida minúcia. Ele eleva a intensidade emocional usando um estilo teatral de pintura muito apreciado por artistas como Caravaggio e Rembrandt chamado *chiaroscuro*, no qual fortes contrastes entre luz e sombra são acentuados de modo a produzir um efeito dramático. No centro da pintura, vê-se um homem musculoso deitado de bruços. Ele está morto. Mas o modelo em que, segundo consta, Géricault teria baseado essa figura estava muito vivo e pintando. Era um jovem artista dos escalões superiores da sociedade parisiense chamado Eugène Delacroix (1798-1863).

As inovações de Delacroix foram de grande consequência para os impressionistas, que compartilhavam sua determinação de produzir pinturas que refletissem a vivacidade da França contemporânea. Ele percebera – antes que qualquer dos impressionistas nascesse – que pinceladas rápidas, enérgicas, podiam, em alguma medida, recriar na tela a intensa energia da vida revolucionária francesa: trata-se de capturar a disposição de ânimo do momento. Ou, nas suas palavras: "Se você não é habilidoso o bastante para esboçar um homem saltando de uma janela no tempo que ele leva para cair do quarto andar no chão, nunca será capaz de produzir grandes obras."

Era uma observação oportuna, dirigida a seu compatriota e *bête noire* Jean Auguste Dominique Ingres (1780-1867), um artista que se conformava servilmente à linha neoclássica da Academia, compartilhando sua fixação no passado e – na maneira de ver de Delacroix – sua ridícula preferência pelo desenho em relação à pintura. Ele sintetizou sua posição assim: "A fria exatidão não é arte ... A chamada consciência da maioria dos pintores nada mais é que perfeição aplicada à arte de entediar. Pessoas assim, se pudessem, trabalhariam com a mesma minuciosa atenção no verso de suas telas."

Delacroix começou a usar pigmentos de cor não misturados, puros, para acrescentar arrojo e vibração às suas pinturas. Ele os aplicava com o elã fanfarrão de d'Artagnan, fugindo da nitidez da linha que a Academia tanto amava e se concentrando mais no efeito visual bruxuleante obtido justapondo-se cores contrastantes. No Salão de 1831 ele apresentou uma pintura que causaria sensação: uma tela que, além de ser tecnicamente inovadora, retratava um tema contendo dinamite política suficiente para fazer com que sua exibição pública fosse proibida por mais de trinta anos.

A Liberdade guiando o povo (1830) (ver Lâmina 1) é reconhecida hoje como uma obra-prima da era romântica e está pendurada no Louvre em Paris. Nos idos de 1830, porém, sua mensagem pró-republicana pareceu tão vigorosa que a monarquia francesa a considerou politicamente explosiva. O principal personagem da pintura é uma mulher imperativa, personificando a Liberdade, arregimentando combatentes rebeldes no meio da batalha e conduzindo-os por sobre os corpos dos caídos. Numa das mãos ela agita a bandeira tricolor da Revolução Francesa, na outra segura um mosquete com baioneta. A cena alude à derrubada do último rei Bourbon, Carlos X (que havia sido um entusiástico colecionador da arte de Delacroix), em julho de 1830, um evento sobre o qual o politicamente astuto Delacroix estava claramente tomando posição, como escreveu numa carta ao irmão: "Decidi trabalhar com um tema moderno, uma barricada, e embora possa não ter lutado por minha pátria, pelo menos terei pintado por ela. Isso restaurou meu bom humor."

O tema era contemporâneo (segundo alguns, o homem de chapéu-coco à direita da Liberdade é o próprio Delacroix, apoiando a insurreição), mas a imagem é romantizada: a estrutura piramidal (um artifício de composição que seu amigo Géricault empregara em *A jangada da Medusa*) serve para exaltar o heroísmo da Liberdade (foi sobre isso, a visão da Liberdade de Delacroix, que se baseou a Estátua da Liberdade – o famoso monumento doado pela França aos Estados Unidos). E há a alusão clássica também: a roupagem em espiral que envolve a Liberdade é uma referência à famosa escultura helenística da Vitória de Samotrácia, que também serviu para dar à pintura sua poderosa mensagem política pró-democracia (Delacroix, é claro, devia estar perfeitamente ciente de que o conceito de democracia tivera origem na Grécia antiga).

Os carrancudos acadêmicos aceitaram a pintura, ignorando, supõe-se, o tratamento subversivo que Delacroix dera à Liberdade. Em vez de representar seu corpo com linhas classicamente limpas, ele acrescentou grandes tufos de pelos nas axilas, um toque de representação veraz que provavelmente fez os acadêmicos irem em busca de seus sais aromáticos.

A Liberdade guiando o povo é uma exposição virtuosística de técnicas da pintura moderna com suas cores vívidas, atenção à luz e pinceladas enérgicas, elementos que seriam todos centrais no movimento do impressionismo cerca de quarenta anos depois. Mas a pintura de Delacroix era uma cena ficcional, ao passo que os impressionistas estavam em busca da verdade e de nada além da verdade. Sua inspiração para isso veio de uma outra pessoa, muito menos sofisticada.

Se Delacroix foi o maior pintor romântico da França, Gustave Courbet (1819-77) foi seu realista mais consumado. O jovem Courbet admirava Delacroix (e vice-versa), mas não tinha tempo para todo o arremedo extravagante e as alusões clássicas presentes nas pinturas do período romântico. Ele queria pôr os pés no chão e pintar temas comuns que a Academia e a sociedade polida consideravam vulgares, como os pobres.

Ora, se eles consideravam tosco o realismo de uma pintura que mostrava um camponês numa trilha, teriam engasgado com seu vinho fino se tivessem visto o tratamento que Courbet deu a um outro tema. Sua pintura *A origem do mundo* (1866) (ver Fig. 2) é uma das obras de pior reputação na história da arte, famosa por sua representação rude, livre de quaisquer restrições, de um torso de mulher nu do seio à coxa, com as pernas bem abertas e o pelo cortado rente por Courbet para lhe proporcionar o máximo efeito (porno)gráfico. É uma pintura sexualmente franca que não é para os mais suscetíveis, mesmo hoje em dia; e, naquela época, destinava-se apenas a olhos privados. Na verdade, permaneceu assim por mais de cem anos, até 1988, quando foi mostrada pela primeira vez numa exposição pública.

Courbet deliciava-se com sua reputação de artista grosseiro, durão e bebedor, com uma inclinação de lutador para o combate. Ele era a antecipação dos locutores sensacionalistas de hoje, um homem do povo, que sabia que sua popularidade entre os compatriotas lhe dava uma vara muito grande para açoitar e atiçar o establishment. Quando os acadêmicos o qualificavam de vaidoso, ele dava de ombros. Quando criticavam seu trabalho por visíveis erros de escala e por pintar cenas da França contemporânea oprimida e comum, ele ia e pintava mais do mesmo.

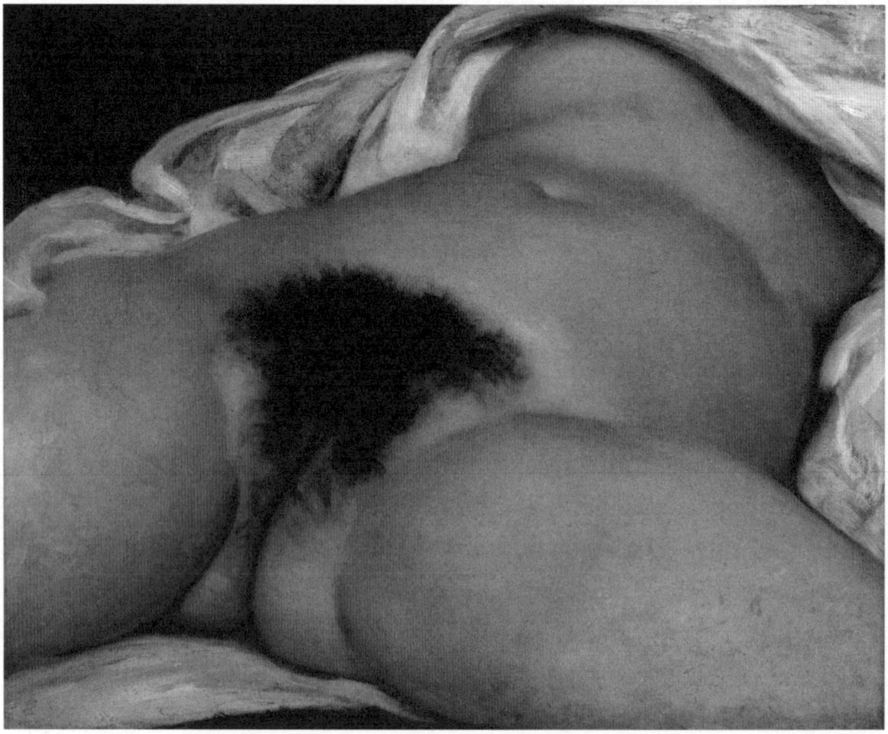

FIG. 2. Gustave Courbet, *A origem do mundo*, 1866.

O romantismo de Delacroix havia introduzido cores vívidas e argúcia na pintura, ao passo que o realismo de Courbet trouxe a verdade sem amarras, não idealizada, sobre a vida comum (ele se gabava de nunca ter mentido em suas pinturas). Ambos os artistas rejeitavam a rigidez da Academia e o estilo neoclassicista do Renascimento. Mas as condições ainda não estavam propícias para os impressionistas. Antes que eles pudessem levar a arte para uma nova era, era preciso haver um artista que combinasse o virtuosismo artístico de Delacroix com o realismo resoluto de Courbet.

Esse papel coube a Édouard Manet (1832-83), o mais relutante dos rebeldes. Seu pai era juiz e fomentara no filho uma inclinação para permanecer no lado certo da lei. Mas o coração artístico de Manet dominava sua mente conformista – com uma pequena ajuda de um tio rebelde que levava o compenetrado sobrinho a galerias de arte e o estimulava a adotar a vida de um artista. O que ele acabou por fazer, depois de uma ou duas tentativas fracassadas de aplacar o pai ingressando na Marinha. Estranhamente para alguém que desejava tanto que seu trabalho fosse reconhecido pela Academia – dizendo uma vez que o Salão era "o verdadeiro campo de batalha" –, ele adotou uma abordagem bastante afrontadora. Se fôssemos arrolar os atributos pelos quais os acadêmicos julgavam a qualidade de uma obra de arte, sabemos que eles exigiam: cores abrandadas, finamente misturadas, alusões clássicas, linhas traçadas de maneira primorosa, representação idealizada da forma humana e temas ambiciosos. Em sua primeira tentativa de obter a aprovação da Academia, Manet não cumpriu nenhum desses requisitos.

O bebedor de absinto (1858-59) é um retrato do submundo parisiense: um bêbado miserável vivendo às margens da sociedade, uma vítima da modernização de Paris então em curso. Esse era um tema que a Academia julgaria, em geral, indigno de ser retratado. Manet tratou de assegurar que isso ocorresse pintando o vagabundo como um retrato de corpo inteiro, formato que costumava ser reservado para os reverenciados (um ponto que Manet reconhece com ironia, vestindo o homem de maneira respeitável, com cartola e capa). *O bebedor de absinto* está empoleirado num muro baixo, bem como um copo cheio da forte bebida à sua direita. Ele lança um olhar bêbado sobre o ombro esquerdo do espectador a meia distância e sua embriaguez é evidenciada por uma garrafa vazia jogada a seus pés. É um retrato sombrio, ameaçador.

Que Manet não tivesse escolhido um tema apropriado era um ponto contra ele, no que dizia respeito aos acadêmicos: uma conta que ele duplicou com seu estilo técnico. Em vez de executar laboriosamente seu retrato, segundo o "grande estilo" aprovado de Rafael, Poussin e Ingres, ele produzira uma imagem plana, quase bidimensional, aplicando grandes blocos de cor, quase sem um tom transicional entre eles. De modo otimista, submeteu *O bebedor de absinto* à consideração do comitê do Salão. Quem sabe eles teriam uma estima oculta pela maneira moderna como ele havia deixado seções de cor sem mistura que produziam violentos contrastes entre luz e sombra? Seria possível que admirassem sua coragem ao eliminar detalhes finos no intuito de criar um senso de atmosfera e composição coerente? Certamente apreciariam o tratamento desprovido de sentimentalismo que dera ao tema e seu método de pintar, mais frouxo e mais atrevido do que a norma, não é? Quem sabe, pensou Manet, os acadêmicos gostariam de sua pintura inovadora?

Eles não gostaram. Ela foi rejeitada com desdém.

Manet ficou profundamente perturbado com a rejeição da Academia, mas não iria se curvar ao seu dogma. Continuou a seguir seu próprio curso e submeteu outras pinturas à consideração dos acadêmicos. Em 1863 ele propôs *Almoço na relva* [*Le déjeuner sur l'herbe*] (intitulada *Le bain,* na época) (ver Fig. 3), repleta de referências à história da arte que a Academia não poderia deixar de aprovar. O tema e a composição originam-se de uma gravura de Marcantonio Raimondi (c.1480-1534) baseada num desenho de Rafael (1483-1520) intitulado *O julgamento de Páris* (um tema que o pintor flamengo Peter Paul Rubens também pintou). Há similaridades com *Concerto campestre* (c.1509) e *A tempestade* (1508), pinturas que foram atribuídas tanto a Giorgione (c.1478?-1510) como a Ticiano (c.1485?-1576). Essas pinturas anteriores – ambas retratando uma mulher nua (ou duas) sentada na grama com um homem bem-vestido (ou dois) olhando – têm um ar inocente. Elas remontam a histórias bíblicas e míticas e não fazem nenhuma insinuação sexual aberta.

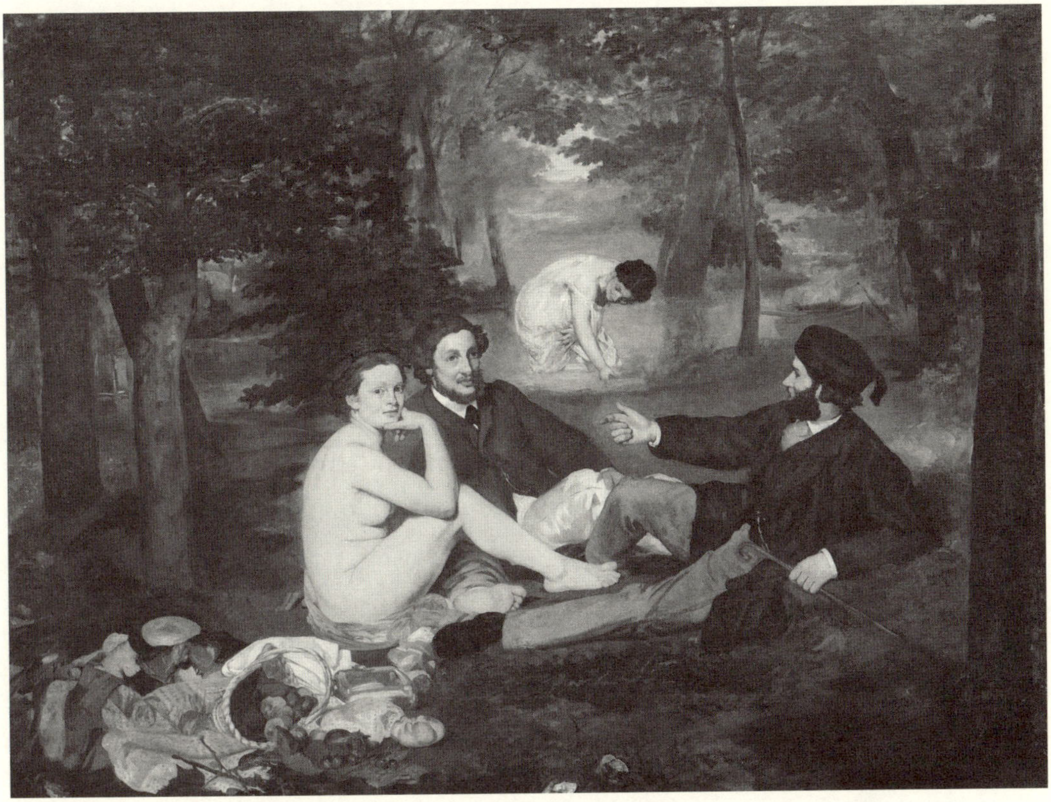

FIG. 3. Édouard Manet, *Almoço na relva* [*Le déjeuner sur l'herbe*], 1863.

O plano de Manet era tomar essas alegorias e composições clássicas e renová-las, acrescentando uma inesperada nota moderna. Com isso em mente, promoveu uma completa atualização dos três personagens principais de sua composição – dois belos rapazes e uma linda moça de idade similar –, fazendo com que a ideia narrativa central fosse um piquenique burguês no parque. Os dois homens sentados parecem esplêndidos, primorosamente vestidos em roupas da moda, seus belos paletós e gravatas realçados por calças bem-cortadas e sapatos escuros. A jovem não usa nada: está nua em pelo.

Manet talvez tivesse conseguido emplacar sua história de dois homens bem-vestidos que saem para comer uma coisinha gostosa com uma jovem despida caso a cena tivesse sido envolta numa narrativa mitologizada, como nas pinturas anteriores do Renascimento. Mas ele não fez isso, pintou seus amigos – maldisfarçados janotas que pertenciam a seu elegante círculo social parisiense. A puritana Academia ficou repugnada; seus membros deploraram em particular a maneira como um dos homens parecia estar de olhos fixos na mulher nua, que por sua vez olhava diretamente para o espectador com um pouco de malícia demais. E além disso havia a técnica de pintura de Manet. Eles a consideravam inadequada também. Mais uma vez o artista não fizera nenhuma tentativa de interpor gradações entre seus blocos de cor forte, tendo sido, assim, completamente incapaz de criar uma ilusão tridimensional satisfatória. Não pareceu tampouco aos acadêmicos que ele havia despendido muito tempo para produzir a pintura, que mais lhes parecia um cartum atrevido que uma obra esmerada de belas-artes.

A rejeição foi imediata.

Houve, contudo, algum consolo para o desapontado artista: ele não foi o único a ter sua entrada negada. O comitê do Salão de 1863 primava pelo negativismo. Os esforços de Manet foram barrados, mas essa também foi a sorte de incríveis mais de 3 mil outras obras de arte, entre as quais pinturas de futuras estrelas como Paul Cézanne, James McNeill Whistler e Camille Pissarro. A temperatura entre os progressistas e a Academia se elevava e até Napoleão III havia começado a sentir o calor. Como sua própria abordagem autocrática não era extremamente popular, ele decidiu mostrar seu lado mais liberal numa tentativa de sufocar uma possível rebelião. Insistiu para que fosse montada uma segunda exposição, em oposição ao Salão da Academia, de modo que o público pudesse decidir qual das abordagens à arte era melhor. O nome dessa contramostra foi Salão dos Recusados.

Inadvertidamente, Napoleão III libertou o gênio da arte moderna: ele dera aos artistas uma plataforma aprovada pelo Estado e com ela a noção de que havia uma alternativa à Academia. E embora o público de modo geral não tenha manifestado entusiasmo pelo que estava sendo exibido no Salão dos Recusados, a comunidade artística o fez. Uma pintura em particular atraiu o olhar de um grupo promissor de jovens artistas em busca de inspiração: *Almoço na relva*, de Édouard Manet.

Dentre esses artistas estava um jovem Claude Monet, que viu na pintura de Manet um novo modo de representação. Pouco tempo depois ele começou a trabalhar (uma obra mais tarde abortada, talvez em razão de comentários desfavoráveis de Courbet quando este visitou seu ateliê e a viu em andamento) em seu próprio *Almoço na relva* (ele escolheu vestir completamente todos os participantes e eliminar as referências de Manet à Antiguidade clássica), em parte como homenagem a Manet, mas também como um desafio competitivo. Nesse meio-tempo, Manet havia inscrito sua obra seguinte para possível inclusão no Salão. Embora não lhe faltasse um título da Grécia antiga, *Olympia* (1863) (ver Lâmina 2) iria fazer a nudez ao ar livre de *Almoço na relva* parecer positivamente refinada.

Mais uma vez ele havia envolvido a pintura em referências à história da arte, ao mesmo tempo que apresentava uma pessoa despida. Em circunstâncias normais, esse tipo de composição de uma mulher nua teria agradado aos acadêmicos, que consideravam a pintura clássica de um nu idealizado um ponto alto na obra de um artista. Mas Manet não idealizara seu nu. Na verdade, ele tomara a beldade mítica de Ticiano, *Vênus de Urbino* (1538), e a transformara numa prostituta.

Surpreendentemente, *Olympia* de Manet foi aceita para o Salão, mas causou de imediato controvérsia e acalorada discussão. A maior parte dos que viram a pintura ficou horrorizada. O que estava sendo exibido era muito claramente uma prostituta moderna mostrada com desavergonhado realismo, à maneira de Courbet. O fundo escuro da pintura, juntamente com os poucos adornos decorativos de Olympia, como uma gargantilha e uma pulseira, só serviam para realçar-lhe a nudez. E a pintura estava cheia de referências ao sexo além do olhar de "venha cá" de Olympia. Um gato preto, um chinelo descalçado (inocência perdida), um buquê de flores e uma orquídea enfiada no cabelo de forma coquete – tudo aludia ao ato sexual. Foi mais um dia ruim para Manet no Salão, embora ele não estivesse completamente sem apoio.

O ano de 1863 foi um marco decisivo para a arte moderna. O Salão dos Recusados, a *Olympia* de Manet e os primeiros movimentos de uma contracultura artística, tudo isso ajudou a criar um ambiente em que os jovens pintores ambiciosos que viviam em Paris e nos arredores puderam se soltar. Um outro acontecimento importante ocorrido nesse ano também teria profundo impacto sobre os impressionistas. Charles Baudelaire, o poeta, escritor e crítico de arte francês, produziu um ensaio intitulado *O pintor da vida moderna*.

Em tempos tumultuosos há muitas vezes uma pessoa, um mago intelectual, que observa os eventos se desdobrarem e extrai a essência do que está acontecendo num texto, que em seguida fornece um manual para os oprimidos. Para os frustrados artistas residentes em Paris que lutavam com a Academia durante a segunda metade do século XIX, Baudelaire foi essa pessoa, e seu ensaio *O pintor da vida moderna*, o texto. Quando ele foi publicado, Baudelaire já passara muitos anos usando sua posição de poeta respeitado para defender os artistas que muitos outros estavam ridicularizando e rejeitando.

Foi Baudelaire quem tomou partido de Delacroix e descreveu sua pintura como poesia quando outros repudiavam o artista romântico como um herege. Foi Baudelaire quem apoiou Courbet em seus momentos de maior desalento, e foi Baudelaire quem insistiu que a arte do presente não deveria tratar do passado, mas da vida moderna. Muitas das ideias que ele apresentou em *O pintor da vida moderna* foram mais tarde incorporadas aos princípios fundadores do impressionismo. Segundo ele, "para o esboço das maneiras, a descrição da vida burguesa ... há uma rapidez de movimento que exige igual velocidade de execução da parte do artista". Soa familiar? Esse ensaio prossegue para apresentar várias referências à palavra "flâneur", o conceito do homem-que-vaga-pela-cidade, que Baudelaire foi responsável por levar à atenção do público, descrevendo assim seu papel: "Observador, filósofo, flâneur – chame-o como quiser ... a multidão é seu elemento, como o ar é o das aves, como a água, o dos peixes. Sua paixão e sua profissão é esposar a multidão. Para o perfeito flâneur, para o espectador apaixonado, é uma imensa alegria estabelecer residência na multidão, no ondulante, no movimento, no fugidio e no infinito."

Não houve melhor provocação para os impressionistas saírem e pintarem ao ar livre. Baudelaire acreditava apaixonadamente ser dever dos artistas vivos documentar seu tempo, reconhecendo a posição única em que um pintor ou escultor de talento se encontra: "Poucos homens são dotados da capacidade de ver; menos numerosos ainda são os que possuem o poder de expressão ... é muito mais fácil decidir de maneira peremptória que tudo na [vida moderna] é absolutamente feio que se devotar à tarefa de destilar dela o misterioso elemento de beleza que pode conter, por mais ligeiro ou mínimo que esse elemento possa ser." Ele desafiou artistas a encontrar o eterno na vida moderna, a "extraí-lo do transitório". Esse, a seu ver, era o objetivo essencial da arte – captar o universal no cotidiano, que era específico a seu aqui e agora: o presente.

E a maneira de fazer isso era mergulhar no dia a dia da vida metropolitana: observar, pensar, sentir e, por fim, registrar. Foi essa filosofia artística que deu a Manet coragem para se opor à Academia, uma filosofia que se espalhou pela história da arte moderna. Duchamp foi um flâneur, assim como Warhol, e muitos artistas em atividade hoje, como Francis Alÿs e Tracey Emin. Mas Manet foi o primeiro flâneur, e talvez o maior, ou, como ele se via, um pintor da vida moderna.

Suas duas pinturas mais importantes dos anos 1860, *Olympia* e *Almoço na relva*, são hoje consideradas obras-primas comparáveis às mais notáveis obras de arte já criadas pelo homem. Na época, porém, a reação negativa da Academia deixou Manet frustrado e confuso, situação agravada quando pessoas que saíam do Salão o cumprimentaram por suas aprazíveis paisagens (eles haviam lido "Monet" como "Manet", para grande satisfação do artista mais jovem, que teve duas de suas paisagens marinhas exibidas).

Manet não gostava de ser classificado como um tipo hostil ao establishment; ele se via como um intelectual perspicaz, desejoso de emular os artistas espanhóis Diego Velázquez (1599-1660), o principal pintor da corte do rei Filipe IV, a quem considerava "o pintor dos pintores", e Francisco

Goya (1746-1828), o pintor e gravurista romântico considerado o último dos velhos mestres. Mas a história da arte determinara que Manet seria escalado para o papel de rebelde, e assim, com relutância, ele se tornou o líder de um círculo de artistas dissidentes que incluía Claude Monet, Camille Pissarro, Pierre-Auguste Renoir, Alfred Sisley e Edgar Degas, o grupo que formaria o núcleo do que é geralmente considerado o primeiro movimento na arte moderna: o impressionismo.

3. Impressionismo: Pintores da vida moderna, 1870-90

Claude Monet inclinou-se e mexeu um cubo de açúcar no café. Não tinha pressa. Cada lenta revolução da colher, profundamente imersa na bebida quente, funcionava como um metrônomo, marcando seus pensamentos. E ele tinha a cabeça cheia. Tal como os que estavam reunidos à sua volta. Até Édouard Manet, que não estava envolvido no exercício arriscado, parecia tenso.

Para os outros, porém, congregados naquela manhã no Café Guerbois, em meio à azáfama da zona norte de Paris, havia muito a considerar. No dia seguinte, 15 de abril de 1874, eles iriam inaugurar uma exposição que poderia consolidar ou destruir suas carreiras. Pierre-Auguste Renoir, Camille Pissarro, Alfred Sisley, Berthe Morisot, Paul Cézanne, Edgar Degas e o próprio Monet haviam posto suas carreiras em jogo ao decidir desafiar o sistema da Academia, montando em vez disso sua própria exposição.

Durante anos esse grupo de cerca de trinta artistas havia se encontrado ali, seu café preferido, no número 11 da Grande Rue des Batignolles (hoje o número 9 da Avenue de Clichy), para discutir arte e vida (nesse estágio eles eram frequentemente designados apenas como o Grupo de Batignolles). Manet, cujo ateliê ficava ali perto, juntava-se muitas vezes aos jovens aprendizes e os estimulava a acreditar no que estavam fazendo. Não tinha sido fácil. A rejeição pelo establishment era um negócio dispendioso, e, para aqueles como Monet, não abençoados com uma renda privada, quase ruinoso.

"Por que você não vai expor seu trabalho conosco?", perguntou Monet.

"Minha luta é com a Academia, meu campo de batalha é seu Salão", respondeu Manet. Falou com brandura, como fizera inúmeras vezes, tendo o cuidado de não depreciar os esforços dos amigos ou sugerir que não os apoiava.

"É uma grande pena, meu amigo. Você é um dos nossos."

Manet sorriu e fez um gesto suave, conciliatório, de concordância.

"Vamos nos sair bem", disse Pierre-Auguste Renoir num tom assertivo. "Somos bons artistas; sabemos disso. Lembre-se do que Baudelaire disse antes de morrer: 'Nada pode ser feito senão pouco a pouco.' É isso que estamos fazendo; não é muito, mas é alguma coisa."

"Talvez não dê em nada", disse Paul Cézanne.

Monet riu. Cézanne (1839-1906), o homem de Aix, falava pouco, e quando falava tendia a ser negativo. Ele expressara suas reservas em relação à exposição desde o momento em que os artistas haviam reunido esforços para fundar a Société Anonyme des Artistes Peintres, Sculpteurs, Graveurs etc., um grupo independente que pretendia estabelecer uma exposição anual alternativa para rivalizar com o Salão da Academia. Eles haviam escolhido como data o mês de abril porque assim ela antecederia o Salão anual, e não poderia portanto ser comparada com o Salão dos Recusados e todas as conotações negativas a que estava associado.

Juntos, eles haviam estabelecido as regras: não haveria nenhum júri; todos seriam bem-vindos, desde que a inscrição tivesse sido paga, e todos os artistas seriam tratados da mesma maneira (um modelo muito semelhante ao que Duchamp adotaria em Nova York quase cinquenta anos depois). O título da exposição era o próprio nome da Sociedade, não muito chamativo, mas o local era bom. Ela foi realizada no número 35 do Boulevard des Capucines, perto da Ópera de Paris, no coração da cidade, no espaçoso ateliê usado recentemente por Nadar, famoso fotógrafo da sociedade da época e intrépido balonista.

Eles formavam um grupo um tanto estranho, mantido coeso graças em parte à natureza colaborativa de Camille Pissarro (1830-1903), o intelecto de Manet e o monumental talento de Monet. Edgar Degas (1834-1917) e Cézanne não se encaixavam realmente, e mais tarde seriam críticos dos métodos e da doutrina dos demais. Berthe Morisot (1841-95), a única mulher no grupo (nesse estágio) e artista de enorme talento, estava lá por causa de sua estreita amizade com Manet (talvez fosse sua amante, embora mais tarde tenha se casado com o irmão dele, Eugène). Alfred Sisley (1839-99), nascido na França mas de pais ingleses, completava o elenco dos que estavam sentados no café. Ele nunca se integrou por completo ao grupo, embora tivesse estudado com Monet e fosse chegado a ele e a Renoir (1841-1919).

Mas nessa manhã de primavera as diferenças e a politicagem mesquinha não importavam; eles estavam unidos em sua fúria com a Academia por ter rejeitado reiteradamente suas obras, e decididos a tornar sua exposição um sucesso não só para si mesmos, mas também para os muitos outros artistas que haviam sido convidados (sobretudo por Degas) a mostrar seu trabalho. O estado de ânimo no café era de respeito e apoio mútuos: até Cézanne desejou *bonne chance* aos colegas.

Quando eles voltaram a se reunir, quase uma quinzena após a noite de abertura da exposição, o otimismo quase desaparecera. Dessa vez Monet não estava tomando café; derrubara a xícara e o pires com um soco, num ataque de raiva, derramando o conteúdo e despedaçando o recipiente. Agora golpeava a mesa repetidamente com um exemplar do jornal satírico *Le Charivari*, seus rosnados aumentando cada vez que elementos adicionais de seu conteúdo lhe eram revelados. Cézanne não podia ser visto por ali; Renoir dessa vez estava silencioso, assim como Manet e Morisot. Só Degas e Pissarro falavam. Eles também tinham exemplares do *Charivari*, de que liam trechos, fazendo pequenas pausas entre um e outro para que todos à volta da mesa se acalmassem.

"Papel de parede em seu estado embrionário é mais bem-acabado!", vociferou Monet, surrando a mesa com o jornal. "Quem diabos ele pensa que é?" Batida. "Como ele se atreve?" Batida. "'Um esboço' eu poderia aguentar, já ouvi esse tipo de insulto muitas vezes. Mas 'Papel de parede em seu estado embrionário é mais bem-acabado' é demais, demais para mim. O homem é um imbecil, um filisteu, um idiota!" Batida, batida, batida! "Diga-me de novo, Camille, qual é o nome do estúpido?"

"Louis Leroy", respondeu Pissarro, antes de retomar a leitura do artigo sarcástico do crítico de arte sobre a pintura de Monet *Impressão, sol nascente* (c.1872-73) (ver Lâmina 4), uma de um punhado de pinturas que o artista expusera.

"Impressão – eu tinha certeza disso. Acabara de dizer a mim mesmo que, como eu estava impressionado, tinha de haver alguma impressão nele." Pissarro levantou os olhos. "Acho que esse crítico não está falando sério, Claude."

"Sei que não está falando nada sério", ladrou Monet. "Só isso?"

"Não, há mais uma coisa", disse Degas, intervindo, esforçando-se para manter o rosto impassível. "Ele lhe faz elogios dizendo: '...e que liberdade, que destreza de execução!'"

"Ele não está me 'elogiando', Edgar, está me condenando, e você sabe disso!"

De fato estava, é claro. Mas a história sabe lidar com cínicos desse naipe e não demorou a acertar contas com o sr. Leroy. Sua crítica cruel a Monet fez bastante furor naquele momento, mas ele não tardou a descobrir que sua pena envenenada não só fora incapaz de exterminar Monet e seus amigos, como gerara de fato o mais famoso movimento artístico a ganhar forma desde o Renascimento: Leroy deu ao impressionismo um nome e uma identidade, ao mesmo tempo que reduziu o papel do crítico de arte.

A pintura feita por Monet da enseada do Havre, o porto no norte da França em que ele havia passado a infância como filho de um dono de armazém, é um exemplo evocativo e encantador do impressionismo. A cena mostra um sol matinal laranja-avermelhado levantando-se preguiçosamente do mar para o céu, como um empregado que reluta em deixar a cama numa triste segunda-feira de inverno. A bola de fogo ainda não brilha o bastante para queimar o brumoso ar azul que envolve os barcos a vela e botes a remo, mas tem energia suficiente para incitar o frio mar arroxeado da manhã a produzir um cálido reflexo laranja em sua superfície, lembrando uma única barra aquecida num aquecedor elétrico. Além disso, há muito pouco detalhe. Trata-se, na verdade, de uma impressão do que o artista viu, possivelmente da janela do quarto da casa em que se hospedava.

E não há dúvida de que, para uma pessoa habituada a ver pinturas clássicas muito bem-acabadas, construídas camada por camada a partir de desenhos detalhados, o esforço de Monet pareceria pouco mais que o mais preparatório dos esboços. Certamente não é sua melhor obra (eu escolheria sua série *Montes de feno*), nem o epítome do impressionismo, mas contém, sem dúvida, todos os elementos que tornariam o movimento famoso: as pinceladas *staccato*, o tema moderno (um porto em funcionamento), a priorização dos efeitos de luz sobre qualquer detalhe pictórico e a noção predominante de que esta é uma pintura para ser experimentada, não somente olhada.

Era isso que Monet havia pretendido, como explicou desnecessariamente para seus amigos no café depois de recobrar a compostura. Nessa altura Alfred Sisley havia se juntado ao grupo.

"Claude", perguntou com malícia o recém-chegado, pegando o exemplar do *Charivari* de Degas, "você gostaria de ouvir o que o idiota tem a dizer sobre o trabalho de Cézanne?"

"Sim, por que não?", respondeu Monet, com uma ponta de maldade.

"Bem", disse Sisley, "eis o que ele tem a dizer sobre a *Olympia moderna* de Paul [1873-74]: 'Você se lembra da *Olympia* do sr. Manet? Bem, aquilo era uma obra-prima de desenho, precisão e acabamento comparada a esta do sr. Cézanne.'"

Monet soltou uma ruidosa gargalhada. Sisley o acompanhou. Manet, não. Ele se levantou, pediu licença e voltou para seu ateliê.

Ele conhecia a pintura de Cézanne muito bem. Leroy estava certo ao fazer referência à sua *Olympia* anterior, a pintura que causara tanto escândalo no Salão de 1865. A versão de Cézanne era de fato uma resposta direta àquela tela: uma homenagem a Manet. E para fazer justiça a Leroy, a versão de Cézanne é bem mais esquemática que a de Manet, podendo à primeira vista ser confundida com um cartum, como os da revista *New Yorker*. Ela não tem nada do rigor e da estrutura que iriam sustentar a obra posterior de Cézanne; depois que começamos a contemplá-la, porém, o gênio do artista começa a se manifestar.

Como na pintura de Manet, a *Olympia moderna* de Cézanne está deitada nua numa cama, atendida por uma criada de pele escura – talvez também nua –, de pé atrás dela, prestes a cobri-la com um lençol branco.

Cézanne pôs sua Olympia deitada da direita para a esquerda – a imagem espelhada da de Manet (e também da de Ticiano, aliás) – sobre uma cama forrada com um lençol branco e alta como um altar. Esta Olympia é muito menor, permitindo a Cézanne acrescentar uma figura masculina que a contempla (um cliente, talvez?) em primeiro plano. O homem está sentado numa *chaise-longue*, vestindo uma sobrecasaca preta. Tem as pernas cruzadas. Segura uma bengala na mão esquerda, enquanto avalia a vulnerável beldade que tem apenas um minúsculo cão para protegê-la (não é páreo para sua bengala). Manet havia usado esse emparelhamento dramático – um homem bem-vestido sentado e fitando uma mulher nua – em *Almoço na relva*. Para aquela pintura, o artista havia usado amigos seus como modelos. Na *Olympia moderna*, só consigo detectar uma figura reconhecível: é o lascivo e elegantemente vestido observador do sexo masculino no *boudoir*, que, embora esteja de costas para o espectador, tem notável semelhança com o criador da pintura.

Isso poderia parecer um esboço improvisado, mas de fato Cézanne nos deu uma pintura meticulosamente planejada que pulsa com intensa atmosfera de tensão sexual, mais até que a *Olympia* de Manet. Mas, Cézanne sendo Cézanne, a estrutura da composição ocupou-lhe a mente tanto quanto o tema. Um enorme vaso, transbordante de folhagens e flores amarelas, ocupa todo o canto superior direito da pintura, o que é equilibrado por um tapete amarelo e verde que domina o canto inferior esquerdo. Os movimentos da criada, de Olympia e do homem de sobrecasaca correspondem-se todos entre si, tal como o alinhamento de seus corpos. É uma pintura que, a princípio, não parece ser, como disse Leroy, uma "obra-prima de desenho, precisão e acabamento", mas observe-a por alguns minutos e as recompensas logo chegam, profusas e rápidas. Não é Cézanne no auge de seus poderes – isso vem num capítulo posterior, no pós-impressionismo –, mas sua inteligência e mestria revelam que Leroy era desprovido de ambas.

Monet, tendo agora superado sua fúria, começava a se divertir com os mordazes comentários de Leroy. "Meu caro Camille", disse ele com um indisfarçado brilho nos olhos, "diga-me, o sr. Leroy fez algum comentário sobre o seu trabalho?"

Antes que Pissarro pudesse responder, Sisley começou a ler a crítica de Leroy à pintura dele, *Gelée blanche* (1873).

"'Aqueles sulcos? Aquela geada?'", leu Sisley, contendo uma risadinha. "'Mas eles são raspaduras de paleta aplicadas uniformemente sobre uma tela suja. Não há começo nem fim, nem pé nem cabeça, nem frente nem verso.'"

Monet abraçou a si mesmo, balançando para trás e para a frente na cadeira. "Brilhante, brilhante!", rugiu. "Esse Leroy não é um crítico de arte, é um comediante."

Pissarro riu também. Ele estava bastante satisfeito com sua pintura, uma cena bucólica em que um velho carregando um feixe de gravetos nas costas avança lentamente por uma estrada rural entre dois campos dourados numa ensolarada, mas gélida, manhã de inverno.

O ânimo dos artistas reunidos levantou-se ainda mais quando avistaram a figura do marchand Paul Durand-Ruel aproximando-se. Ele era membro do grupo tanto quanto qualquer um dos artistas, e, de certo modo, igualmente central para o desenvolvimento do impressionismo. Fora o arrojo comercial e a visão empresarial de Durand-Ruel que haviam encorajado os jovens artistas a conceber a ideia de apresentar sua própria exposição. E o marchand depositava em seu trabalho uma crença tão inamovível que eles sabiam que, ainda que o ataque de Leroy fosse suficiente para prejudicá-los, Durand-Ruel asseguraria sua sobrevivência, sem ajuda de ninguém se necessário.

Durand-Ruel passou por Agnès, a atenta garçonete do Café Guerbois, e sentou-se na cadeira que Manet deixara vazia.

"Fizemos um longo caminho, *non*?", perguntou ele, olhando para Monet do outro lado da mesa.

"Fizemos, Paul, fizemos. Você se lembra daquele dia em Londres em que nos encontramos pela primeira vez: você, eu, Camille..."

"E Charles", aparteou Durand-Ruel.

"É claro", disse Monet. "E Charles."

Isso acontecera em 1870, quando a França estava em guerra com a Prússia e Durand-Ruel trocara Paris pelo refúgio de Londres. Com 39 anos, o ambicioso e enérgico marchand estava então no auge da carreira.

Ele via sua estada em Londres como uma oportunidade para expandir a galeria de arte comercial que herdara do pai além de sua base em Paris. Estava também ávido por ampliar a gama de produtos que negociava, temendo estar dependente demais das pinturas da escola de Barbizon – um grupo de pintores paisagistas com visões assemelhadas que havia feito da aldeia de Barbizon (cerca de cinquenta quilômetros a sudeste de Paris) sua base profissional. Seu pai construíra a galeria e sua reputação sobre a venda das pinturas naturalístas desse grupo, que descreviam paisagens rurais na tranquila floresta de Fontainebleau e ao seu redor. Membros da escola, como Jean-Baptiste-Camille Corot (1796-1875) e Jean-François Millet (1814-75), haviam desenvolvido um estilo moderno de pintura de paisagens – inspirado em parte pelas telas não idealizadas de John Constable descrevendo a zona rural inglesa – que se concentrava na representação precisa da luz natural e da cor. Eles eram pioneiros da pintura ao ar livre, diante do tema, que, como sabemos, fora possibilitada pela recente invenção de tubos portáteis de tinta a óleo.

Durand-Ruel, pai, havia ajudado a sustentar as carreiras dos membros da escola de Barbizon construindo uma rede de clientes que os apreciavam para comprar suas obras. Seu filho Paul queria fazer o mesmo para os artistas de sua geração, mas percebia que, para manter o negócio e satisfazer os clientes que já tinha, precisava assegurar que qualquer novo talento que incorporasse a seu projeto tivesse alguma conexão com o trabalho dos artistas que já estavam nos catálogos da galeria. Ele estava em busca de artistas jovens e ambiciosos que estivessem levando adiante as inovações do grupo de Barbizon. Havia esquadrinhado a França e grande parte da Europa à procura de tais pintores, mas ainda não os descobrira. Isto é, até que deparou com Claude Monet e Camille Pissarro, dois jovens artistas franceses que, como ele, estavam em Londres para evitar a Guerra Franco-Prussiana.

Monet, que iniciara sua vida artística como caricaturista, mudou suas aspirações criativas ao conhecer Eugène Boudin (1824-98). Boudin o estimulou a pintar ao ar livre, dizendo: "Três pinceladas a partir da natureza valem mais que dois dias de trabalho de ateliê no cavalete."

Monet compartilhou sua nova concepção com os amigos que conhecera na escola de arte ou por meio dela. Camille Pissarro, Pierre-Auguste Renoir, Alfred Sisley e Paul Cézanne olharam, ouviram e depois seguiram o mesmo caminho. Em 1869 Monet foi com Pissarro aos subúrbios de Paris para pintar dessa maneira, e mais tarde, no mesmo ano, foi com Renoir a La Grenouillère, um balneário a oeste da capital. Juntos, pintaram a burguesia em férias, andando de barco e banhando-se ao sol de verão.

Monet e Renoir produziram, ambos, pinturas intituladas *La Grenouillère* (ambas de 1869), pintadas exatamente a partir do mesmo ponto. Isso permite fazer uma comparação estilística entre os dois artistas, em particular porque as telas descrevem praticamente a mesma cena. É uma cena de tranquila informalidade, em que um grupo de veranistas elegantemente trajados relaxa num apreciado local de banhos e à sua volta. O centro de ambas as pinturas é tomado por uma reunião social numa ilhota redonda localizada a poucos metros da margem, alcançada por uma pontezinha de madeira que vem da esquerda. Outros conversam num café à direita da tela ou se banham do outro lado da ilhota. No primeiro plano veem-se barcos a remo atracados, balançando docemente na água, a cujas ondulações rasas o sol da tarde confere uma cintilação prateada. Ao fundo, criando uma faixa horizontal que corre através de ambas as pinturas, vê-se uma fileira de árvores frondosas.

A pintura de Monet nunca pretendeu ser mais que um esboço preliminar (ele a descreveu como "um mau esboço") para uma pintura muito maior e mais detalhada que ele esperava ver aceita pelo Salão (não foi, e mais tarde se perdeu). "Mau esboço" ou não, é um bom exemplo do impressionismo inicial: toscamente pintado, vivamente colorido, rapidamente executado e tendo por tema a burguesia moderna. O mesmo pode ser dito da versão de Renoir, pelas mesmas razões.

Mas as pinturas são muito diferentes em estilo e abordagem. Renoir dirige sua atenção para o aspecto social da reunião, fazendo das roupas, dos semblantes e da interação dos veranistas seu principal foco de interesse. Para Monet, as pessoas não são o principal aspecto, é nos efeitos da luz natural sobre a água, os barcos e o céu que seu interesse se concentra. Sua pintura é mais firme, menos romântica do que a vaga evocação de Renoir de um dia tranquilo, sua paleta de cores mais harmoniosa, a estrutura de sua composição mais rígida. A maior diferença, porém, está no grau de rigor aplicado à documentação precisa. A expressão do evento por Monet é uma descrição crível, ao passo que o esforço de Renoir é sentimental e edulcorado, uma pintura que deve tanto ao romantismo quanto ao impressionismo.

Nenhum dos dois artistas alcançara muito sucesso junto à Academia. Na mesma situação estava Pissarro, que quando conheceu Durand-Ruel em Londres encontrava-se em dificuldades financeiras; assim também Monet, que tinha o fardo de uma amante e um filho para sustentar. Para ambos os artistas o encontro com o marchand não poderia ter sido mais bem-vindo.

O sentimento foi recíproco. As antenas visuais extremamente afinadas de Durand-Ruel, desenvolvidas ao longo de décadas, eram capazes de identificar talento pictórico excepcional em segundos. Ele inspecionou o trabalho dos artistas, ouviu suas histórias e soube que havia encontrado o tão procurado próximo passo para seu negócio. Esses dois jovens pintores, imbuídos da filosofia artística dos barbizons, representavam o futuro para sua galeria e, possivelmente, para a arte. Para grande alívio financeiro de Monet e Pissarro, Durand-Ruel comprou imediatamente pinturas de ambos para sua galeria no número 168 da New Bond Street, em Londres.

Sua ousadia empresarial não parou por aí. Num movimento extremamente incomum, ele optou por não esperar que o Salão anual da Academia criasse o mercado para Monet e Pissarro (espera que provavelmente teria sido inútil) e decidiu ir em frente e criá-lo ele mesmo. Ele iria, de fato, tornar-se o representante dos artistas, libertando-os da influência opressiva da Academia ao lhes fornecer um estipêndio mensal com que poderiam viver (nem Monet nem Pissarro eram ricos). Durand-Ruel comprometeu-se não só a comprar de imediato grande parte do trabalho dos dois, mas também a criar uma demanda comercial para ele, transformando assim a maneira como o mercado funcionava.

Seu plano era acrescentar pouco a pouco as novas obras a suas exposições regulares de paisagens da escola de Barbizon, para as quais tinha uma base de clientes estabelecida. A ideia era que as pinturas de Monet e Pissarro seriam, por associação, validadas e compreendidas como sendo a continuação lógica da muito admirada obra de Corot, Millet e Daubigny. Jogada esperta. O inteligente e alerta Durand-Ruel podia ver também que o mercado para arte moderna estava mudando. A Revolução e a mecanização haviam criado uma nova classe social conhecida como burguesia. Ele intuía que essa nova classe média *nouveau riche* iria querer um tipo diferente de arte.

O homem moderno esclarecido iria querer adquirir arte que refletisse seu estimulante novo mundo, não enfadonhas pinturas marrons cheias de iconografia religiosa antiga. O lazer era a grande novidade, tempo livre para passear e se divertir, a grande dádiva da nova tecnologia. E era isso, ele previa, que os clientes iriam comprar, ou seja, imagens de pessoas parecidas com eles mesmos desfrutando os prazeres da vida urbana – perambulando de braços dados no parque, passeando de barco no lago, nadando no rio ou bebendo num café. Durand-Ruel chegou a ponto de estimular os jovens artistas a pintar quadros menores, que pudessem caber nas paredes de colecionadores menos abonados, donos de apartamentos mais modestos.

Era um plano baseado num compromisso com o tipo de trabalho que seus protegidos estavam fazendo, aliado a um pressentimento de que os gostos estavam mudando tão depressa quanto o mundo em que todos estavam vivendo. Seu instinto se provaria correto em ambas as frentes, e seu plano de negócios, especulativo mas bem-sucedido, desempenharia um papel importante no rompimento do férreo domínio que a Academia exercia sobre as carreiras de artistas estabelecidos em Paris. Por fim os talentosos, mas rejeitados ou não postos à prova, tinham uma alternativa comercial. Além disso, Durand-Ruel deu-lhes a independência financeira que lhes permitiria perseguir suas metas criativas sem interferência ou inquietações materiais. Suas ações propiciaram diretamente a emergência e o rápido desenvolvimento da arte moderna, bem como a implantação de um projeto comercial em torno de marchands bem-informados e empreendedores que prospera até hoje.

Por ocasião da famosa exposição de 1874, Durand-Ruel estava apoiando e promovendo o trabalho de Monet, Pissarro, Sisley, Degas e Renoir, entre outros. E embora os artistas pudessem ter se sobressaltado com os comentários de Louis Leroy, o sábio marchand ficou encantado. Ele era um empresário nato, que compreendia e fomentava o poder da imprensa. Como diria Oscar Wilde um pouco mais tarde: "Só há uma coisa pior do que falarem de nós: não falarem." Mais uma vez, os instintos de Durand-Ruel estavam certos – se as palavras difamatórias de Leroy não tivessem sido impressas, não teria havido nenhuma marca sobre a qual construir o impressionismo.

Durand-Ruel estava se saindo bem. Mas a vida na linha de frente da vanguarda nunca é fácil. Enquanto sua galeria parisiense gozava de grande sucesso, sua empresa londrina lutava com dificuldade, e terminou por fechar as portas em 1875. Foi um golpe para o ambicioso Durand-Ruel, mas, ao lhe proporcionar a apresentação a Monet e Pissarro, sua aventura em Londres havia, na realidade, possibilitado o seu sucesso, assim como, em algum grau, o de Monet.

Monet passava grande parte do tempo na capital do Reino Unido, estudando o trabalho dos paisagistas ingleses modernos. Ele já conhecia as pinturas de John Constable, assim como as de James McNeill Whistler, que vivia em Londres. Mas é provável que tenham sido as pinturas atmosféricas de um outro artista que realmente lhe incendiaram a imaginação. Embora J.M.W. Turner (1775-1851) tivesse morrido alguns anos antes, ainda era possível ver várias de suas pinturas em Londres e é inconcebível que Monet não as tenha estudado com alguma profundidade. E Turner, como Monet, era um pintor fascinado pelos efeitos da luz natural; consta que certa vez ficou tão comovido pela magnificência luminosa da natureza que disse: "O Sol é Deus."

Uma das obras expostas na National Gallery de Londres em 1871, durante a estada de Monet na cidade, era a tela de Turner *Chuva, vapor e velocidade* (1844) (ver Lâmina 3), pintura que faz o estilo não convencional do francês parecer bastante conservador. Como os impressionistas, Turner estava interessado na vida moderna e pintava o tipo de cena contemporânea que se tornaria sua marca registrada: um trem a vapor arremete em alta velocidade através de uma nova e esplêndida ponte cruzando o Tâmisa no oeste de Londres. É o epítome da modernidade industrial.

O tratamento de Turner é tão avançado quanto seu tema. Um véu de chuva iluminado pelo sol banha diagonalmente a pintura, obscurecendo quase qualquer detalhe pictórico. A chaminé preta que se eleva na frente do trem desabalado mal é discernível, da mesma maneira que a ponte (pintada num marrom-escuro) no primeiro plano; o resto da cena é um borrão. Os morros a distância, uma outra ponte à esquerda e as margens do outro lado do rio são apenas débeis contornos enquanto sol, chuva, rio, trem e ponte se dissolvem numa só e tumultuosa mistura de azuis, marrons e amarelos. É uma magnífica e expressiva celebração da vida, livremente pintada, e que ainda hoje parece original e inovadora. Constable disse a respeito de Turner: "Ele parece pintar com vapor colorido, tão evanescente e tão etéreo." E de fato o fazia, prenunciando não só a pirotecnia atmosférica que os impressionistas iriam desencadear, mas também as explosões de pura emoção pelas quais os expressionistas abstratos norte-americanos se tornariam famosos cem anos depois que *Chuva, vapor e velocidade* foi pintada.

Além de alguns paisagistas inspiradores, Monet descobriu outros encantos em Londres, tais como… o *smog*. Para um homem interessado em luz difusa, contemplar o espesso e insalubre *smog* que envolvia a cidade no inverno – feito de uma névoa fria misturada com as nuvens de fumaça de carvão cuspidas pela floresta de chaminés da cidade – era uma maravilha. Ele passava horas nas margens do rio Tâmisa, perto das casas do Parlamento, no centro de Londres, empoleirado num pequeno tamborete, pintando uma cidade em movimento. Seus esforços produziram uma série de pinturas impressionistas de perturbadora beleza, que exprimem com perfeição a disposição de ânimo do tempo e do lugar. O Salão de Paris pode não ter gostado muito delas, mas eu gosto.

Para o público de hoje, *O Tâmisa abaixo de Westminster* (1871) pode parecer uma cena de Londres tradicional, quase trivial; na época em que Monet a pintou, porém, era uma paisagem ultramoderna. A presença fantasmal, cinza-azulada, das casas do Parlamento no fundo, erguendo-se acima do Tâmisa como um castelo gótico distante, ainda não era uma visão familiar, a construção tendo acabado de ser concluída depois de um incêndio ter destruído o antigo palácio de Westminster em 1834 (evento captado por Turner em sua pintura *O incêndio da Casa dos Lordes e dos Comuns*). Igualmente nova era a ponte de Westminster (também a distância), que atravessa o meio da pintura como uma tira de renda suja. No primeiro plano, à direita da tela, operários constroem um novo píer. Ele está sendo afixado ao recém-criado Victoria Embankment, uma via para pedestres que corria ao longo do lado norte do Tâmisa, destinada a ser um local de passeio nos fins de semana para a florescente classe média. Rebocadores de último tipo trafegam pela água. Se Monet tivesse visitado Londres uma década antes, muito do que pintou em 1871 não teria existido.

Sua técnica de pintura era igualmente moderna. Detalhes finos são sacrificados em favor da unificação pictórica – o objetivo de Monet era produzir uma obra de arte harmoniosa, em que formas, luz e atmosfera se combinassem numa só entidade. Um fulgor difuso recobre a pintura como uma cortina de filó, eliminando a nitidez visual. O píer e os operários no primeiro plano são representados com tinta marrom-escura, pintados com poucas pinceladas grosseiras. As sombras que eles projetam no rio, abaixo, são reproduzidas com estocadas de tinta semelhantes a vírgulas que espelham as curtas linhas horizontais quebradas roxas, azuis e brancas com que foi pintado o resto do rio. As casas do Parlamento e a ponte de Westminster não passam de silhuetas no fundo, fornecendo profundidade à composição e um sinal visual da densidade do nevoeiro.

A pintura é incompleta quase a ponto de estar fora de foco. E esse é o grande triunfo de Monet. Ele lhe permitiu compreender plenamente o efeito de integração que pretendia alcançar com *O Tâmisa abaixo de Westminster*: a pintura é um modelo de impressionismo. Não importa que prédios, água e céu se dissolvam numa paisagem nebulosa; essa falta de definição intricada infunde vida à cena, excitando a imaginação do espectador, que é atraído para a narrativa da pintura como se ela fosse um filme.

As influências que Monet recebeu foram muitas: os paisagistas de Barbizon, Manet, Constable, Turner e Whistler, para citar algumas. Surpreendentemente, porém, uma outra fonte de inspiração veio das coloridas e bidimensionais estampas japonesas produzidas com matrizes em blocos de madeira, conhecidas como *Ukiyo-e* (isto é, retratos do mundo flutuante). Elas começaram a aparecer na Europa em meados da década de 1850, depois que o Japão foi estimulado a se abrir para o mundo. Foram exibidas pela primeira vez nas feiras mundiais que tiveram lugar em Paris (Exposição Universal 1855, 1867, 1878) e podiam ser encontradas também no mundo menos glamoroso do transporte de carga internacional, pois eram usadas para embalar mercadorias enviadas do Japão.

Os mestres do *Ukiyo-e*, como Utagawa Hiroshige (1797-1858) e Katsushika Hokusai (1760-1849), haviam também sido reverenciados por Manet. Foi sob a influência de seu trabalho gráfico sem relevo, como a famosa estampa de Hokusai *A grande onda de Kanagawa* (c.1830-32) – em que o monte Fuji é sobrepujado por uma gigantesca onda azul de crista branca –, que Manet começou a restringir a perspectiva em suas imagens, como pode ser visto tanto em *Olympia* quanto em *Almoço na relva*. Agora Monet estava incorporando mais de seus métodos. A composição assimétrica de *O Tâmisa abaixo de Westminster*, onde a maior parte do tema está arranjada no lado direito, era uma técnica comum no *Ukiyo-e* para gerar tensão emocional. Igualmente comum era privilegiar uma solução decorativa abrangente agradável em detrimento da representação precisa das características específicas de um tema, abordagem que encorajou Monet a simplificar a forma física do píer e das casas do Parlamento em sua pintura.

Monet e Manet não foram os únicos artistas franceses modernos a pintar sob a influência de xilogravuras japonesas. Todos os impressionistas haviam desenvolvido um gosto por sua simplicidade estilizada, de história em quadrinhos. E ninguém mais do que Edgar Degas, cujas pinturas devem muito às imagens produzidas pelos artistas do *Ukiyo-e*. Ele tinha particular admiração por Hiroshige, artista que fez centenas de estampas, inclusive uma série que retratava as 53 estações ao longo dos cerca de 460 quilômetros da estrada que liga Edo (hoje Tóquio) a Kioto. Uma dessas obras, *Estação de Otsu* (c.1848-49), mostra uma cena corriqueira de viajantes

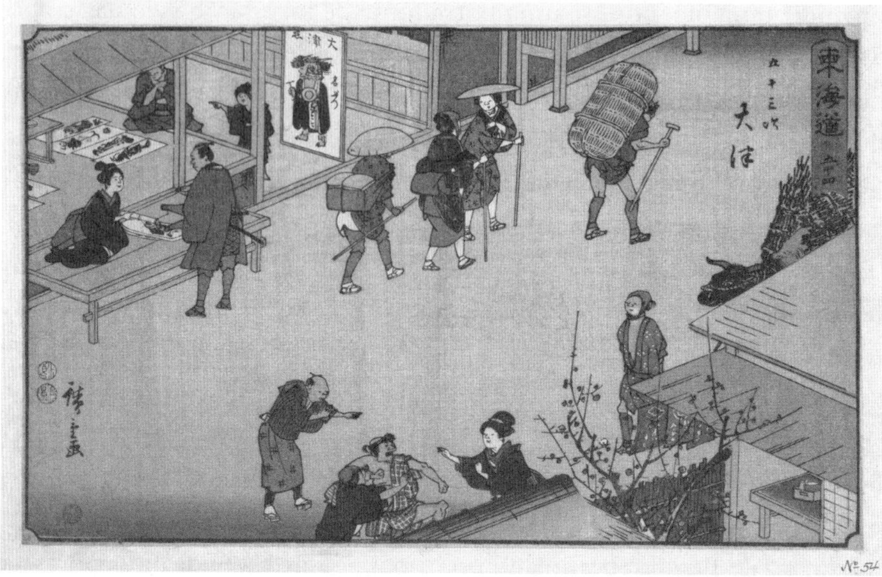

FIG. 4. Utagawa Hiroshige, *Estação de Otsu*, c.1848-49.

cuidando da vida, comprando coisas em bancas do mercado e perambulando com pesadas malas nas costas, prontos para seguir viagem. Nada disso é extraordinário. Mas o ponto de vista e a composição são notáveis.

Hiroshige tomou uma vista aérea da ação, como a que seria captada por uma câmera de circuito interno de televisão instalada no topo de um prédio alto. O efeito voyeurístico da posição aérea é acentuado pela estrutura da imagem, que ele arranjou ao longo de uma linha diagonal, correndo do canto inferior esquerdo da imagem para o canto superior direito, criando uma sensação de movimento que leva os olhos além da moldura para um ponto de fuga único, imaginário. Para acrescentar ainda mais dinamismo à figura, Hiroshige cortou agressivamente a ação que está se desenrolando no primeiro plano, técnica muito apreciada pelos artistas de *Ukiyo-e*. O resultado é uma imagem que faz com que você, o espectador, se sinta estranhamente presente – até cúmplice.

Agora analisemos *A aula de balé* (ver Fig. 5), uma tela que Degas acabou de pintar em 1874, o mesmo ano em que se realizou (o que se tornaria conhecido como) a Primeira Exposição Impressionista. Ela mostra um estúdio de dança cheio de bailarinas prestando escassa atenção a seu idoso professor de balé, que está de pé, apoiado no comprido bastão que usa para marcar o tempo batendo no assoalho. As jovens dançarinas estão de pé, encostadas e se alongando ao longo da parede do estúdio. Todas vestem *tutus* brancos, com faixas de cores variadas amarradas em laços nas cinturas. Um cãozinho olha com atenção para os tornozelos da bailarina de pé

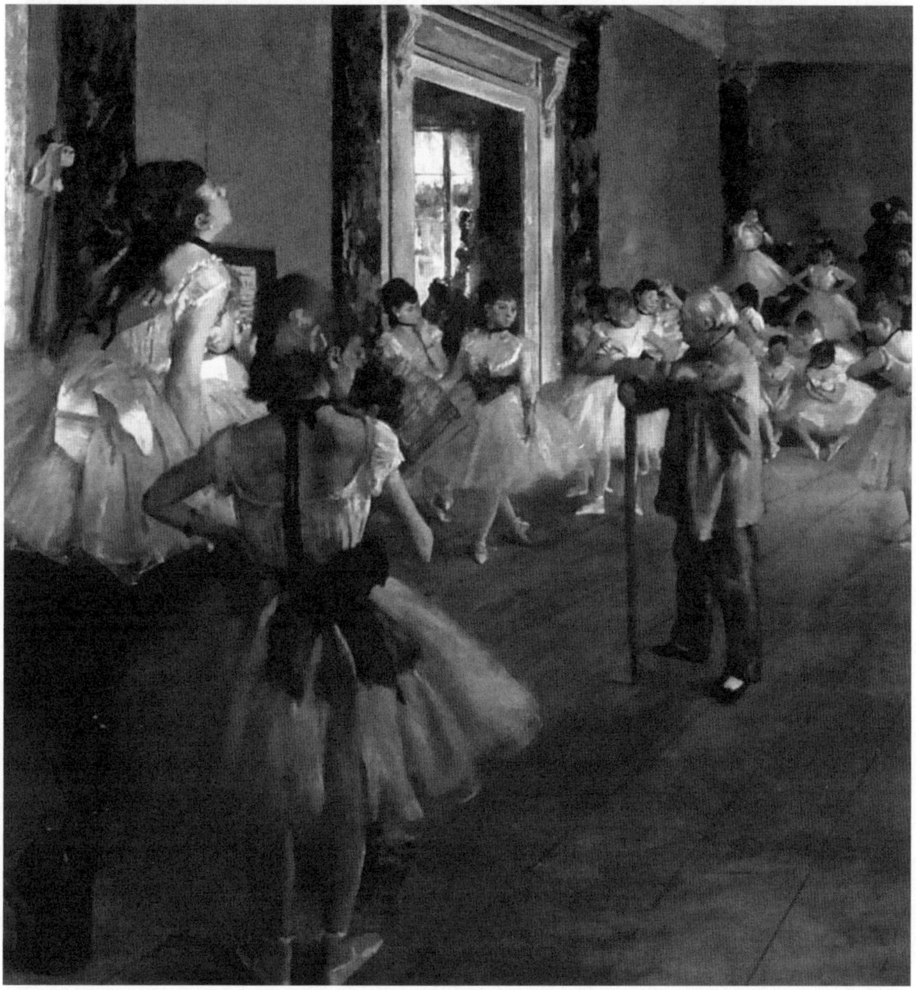

FIG. 5. Edgar Degas, *A aula de balé*, 1871-74.

no primeiro plano à esquerda da pintura: ela dá as costas para o espectador e usa um grande prendedor de cabelo vermelho. À esquerda, na borda da composição, está a dançarina mais desatenta, que coça as costas, de olhos fechados e queixo erguido em momentâneo alívio.

Para aqueles de vocês que, como eu, trabalharam nos bastidores de um teatro e observaram dançarinos ensaiando, é uma pintura maravilhosamente precisa e evocativa. Ela capta a natureza felina das bailarinas, ao mesmo tempo indolentes e distantes, enquanto emite uma carnalidade calma, sensual e poderosa. Degas levou a cabo um grande feito em matéria de representação. Ele o fez ignorando as regras tradicionais da Academia e imitando as técnicas de composição dos xilógrafos japoneses. Arranjou sua composição, como a *Estação de Otsu* de Hiroshige, numa faixa diagonal que corre do canto inferior esquerdo para o canto superior direito. Optou também por um ponto de vista elevado, um projeto assimétrico, efeito exagerado de perspectiva e corte severo nas bordas exteriores do quadro. Por exemplo, a bailarina situada a meio caminho rumo à extrema direita foi cortada ao meio. É um truque visual, é claro, mas de grande eficácia. Ele anima o que de outro modo pareceria uma cena estática. A intenção de Degas foi nos comunicar que o que estamos vendo é um momento fugaz por ele congelado no tempo.

No entanto, não era nada disso. "Nenhuma arte é menos espontânea que a minha", declarou ele uma vez. Sob esse aspecto, Degas realmente não era de maneira alguma um impressionista. Ele não conseguia ficar tão entusiasmado quanto Monet por toda a questão da pintura ao ar livre, preferindo trabalhar em seu ateliê a partir de esboços preliminares. Era meticuloso em sua pesquisa e nos preparativos, fazendo centenas de desenhos e dedicando um interesse quase científico à anatomia humana, lembrando as investigações de Leonardo da Vinci sobre fisiologia humana quatrocentos anos antes. Quanto à representação da luz sempre cambiante na natureza, bem, essa não era a principal preocupação de Degas; seu foco estava mais na capacidade do artista de imprimir a seu tema a ilusão de movimento.

Era uma preocupação que pode ser vista em sua pintura *Carruagem nas corridas* (c.1869-72). Degas usou novamente as técnicas de composição desenvolvidas pelos mestres japoneses da estampa. Dessa vez, porém, foi uma carruagem puxada a cavalo com a capota arriada, ocupada por um abastado casal de classe média que saíra para desfrutar um dia nas corridas, que ele dispôs ao longo de um ângulo diagonal (que neste caso corre do canto inferior direito para o canto superior esquerdo). A carruagem e os cavalos no primeiro plano foram drasticamente cortados, com seções de rodas, pernas e corpo (tanto cavalos quanto carruagem) eliminados pelo severo e abrupto enquadramento de Degas. A intenção do artista, como no caso de sua vasta produção de pinturas retratando bailarinas, foi transmitir uma sensação de beleza e movimento; por isso a escolha de temas ágeis e flexíveis no auge de suas capacidades atléticas.

Degas não adquirira sua compreensão e apreciação do que era necessário para criar a impressão de imediação e movimento apenas a partir do estudo do trabalho de artistas japoneses. Tal como seus companheiros impressionistas, ele havia também aprendido muito a partir do meio em rápida evolução da fotografia. Estava particularmente bem informado sobre o trabalho fotográfico pioneiro de Eadweard Muybridge (1830-1904). Nascido na Inglaterra e radicado sobretudo nos Estados Unidos, Muybridge fizera seu nome com uma série (hoje muito famosa) de fotografias em alta velocidade tiradas nos anos 1870 que mostravam, quadro por quadro, como cavalos e pessoas realmente se moviam. Essas imagens foram uma revelação para Degas, que as estudou e copiou antes de proclamar que sua ambição artística era captar o "movimento em sua exata verdade".

Isso era algo que talvez ele fosse singularmente capaz de fazer entre seus colegas, graças a seu total compromisso com a linha desenhada. Esse era um outro aspecto de sua arte, além do fato de sua prática se basear no ateliê, que o distinguia do resto da turma do Café Guerbois. Quando tinha vinte e poucos anos, havia conhecido Jean Auguste Dominique Ingres – artista de mentalidade tradicional e velho adversário de Delacroix – e aprendera com ele a preeminência do desenho na composição. Foi uma lição que Degas nunca esqueceria. Ele se tornou um excelente desenhista, que hoje pertence, na rarefeita companhia de Picasso e Matisse, ao pequeno e exclusivo clube de mestres modernos que sabiam desenhar como os velhos mestres.

Essa era a característica que mais se destacava em sua pintura *Carruagem nas corridas*. Tanto a composição (dramática) quanto a cor (vívida e habilmente manejada) são excelentes, mas o desenho é primoroso. Até os críticos acerbos que escreveram sobre a exposição tiveram de admitir que Degas sabia desenhar (infelizmente Leroy não fez nenhum comentário). Ele foi parabenizado pela precisão de seu desenho, o apuro de sua execução e a segurança de sua mão. Em Degas talvez os críticos vissem alguma esperança: a de que a arte dos velhos mestres poderia se unir com sucesso à arte da vanguarda.

Era isso, afinal de contas, que Degas estava tentando alcançar. Ele se considerava um pintor "realista" e não gostava de ser chamado de impressionista, embora tenha sido um participante muito ativo naquela exposição inaugural de 1874 e tenha contribuído para quase todas as sete exposições impressionistas realizadas ao longo dos doze anos seguintes. E ainda que seja correto não considerar Degas um impressionista nato, como Monet, Pissarro e Renoir, havia muito em sua abordagem que se assemelhava à arte que estava sendo produzida por seus colegas. Seus motivos eram modernos, metropolitanos, corriqueiros e burgueses. Ele usava uma paleta vívida, simplificava seus assuntos, pintava com pinceladas frouxas; e também queria fazer pinturas que comunicassem a impressão efêmera de um momento.

Quando se realizou a última exposição em Paris em 1886, diferenças de filosofia artística, localização geográfica e caráter individual haviam levado à gradual dissolução do grupo artístico conhecido como os impressionistas. Nessa altura o impressionismo havia se tornado tão parte da vida cultural francesa como a Ópera e, ironicamente, a Academia.

O negócio de Paul Durand-Ruel prosperava, embora isso não tivesse sido fácil. Parte da motivação para a Primeira Exposição Impressionista em 1874 fora a incapacidade do marchand de pagar um estipêndio aos artistas. Mas sua persistência e fé no trabalho do grupo haviam finalmente sido recompensadas. O auge aconteceu em 1886, quando Durand-Ruel promoveu uma grande exposição dos impressionistas nos Estados Unidos. Embora sua obra já tivesse sido mostrada nesse país antes, nada tivera a escala da mostra promovida em 1886. Foi um grande sucesso, após o qual ele comparou os norte-americanos com os franceses, dizendo: "O público norte-americano não ri. Ele compra!"

Os nomes dos impressionistas estavam feitos e seus futuros garantidos: sua arte tornara-se a arte do mundo moderno.

4. Pós-impressionismo: Ramificação, 1880-1906

Nenhum dos quatro artistas que hoje conhecemos como pós-impressionistas teria se autodenominado assim. Não porque Vincent van Gogh, Paul Gauguin, Georges Seurat e Paul Cézanne desdenhassem ou reprovassem a expressão. Ocorre simplesmente que ela foi cunhada muito depois de eles terem morrido.

Roger Fry (1866-1934), curador, crítico de arte e artista britânico, inventou o nome em 1910. Tendo escolhido esses artistas para fazer parte de uma exposição que estava montando nas Grafton Galleries, em Londres, ele precisava de um substantivo coletivo para unificar esse grupo desigual. Era um raro passeio em Londres para a obra desse grupo de pintores de vanguarda residente na França, e era provável que causasse certo rebuliço. Isso significaria que os holofotes da mídia estariam inevitavelmente voltados para Fry. Assim, propor um título adequado à publicidade e também capaz de resistir ao escrutínio de seus colegas no mundo da arte era importante. E mostrou-se – como pude ver por experiência própria – surpreendentemente difícil.

Dos sete anos em que trabalhei na Tate Gallery em Londres, cerca de seis e meio foram passados discutindo possíveis títulos para exposições. "I Kid you Not", "No Word of a Lie", "It's a Material World"* – tudo isso foi discutido em um momento ou outro como nomes potenciais para uma exposição. Uma típica "reunião de título" envolvia cerca de quinze pessoas, treze das quais não abriam a boca senão para dizer "não" ou "de maneira

* "Sem brincadeira", "É a mais pura verdade" e "É um mundo material", respectivamente. (N.T.)

nenhuma", enquanto um par de indivíduos otimistas dava sugestões. Era ridículo, é claro, mas isso realça uma tensão central no mundo da arte: envolvimento público *versus* erudição. Curadores e artistas reconhecem o útil papel desempenhado pela mídia na comunicação de suas ideias a um público cético e não especializado, mas, no fundo, a maioria deles preferiria não se aborrecer com isso. E eles prefeririam que pregos enferrujados lhes fossem enfiados nos olhos a concordar com um título de exposição que poderia humilhá-los perante seus pares por ser remotamente "populista". Em consequência, têm o hábito de propor títulos tão severos e sem vida que a impressão é que os roubaram de um obscuro artigo acadêmico. Enquanto isso, equipes de marketing alvoroçadas imploram que palavras como "obra-prima", "arrasa-quarteirão" ou "chance única na vida" sejam incorporadas ao título. Segue-se um impasse e horas de discussão movidas a café, normalmente seguidas por uma torrente de e-mails que podem muitas vezes continuar fluindo até o último momento possível, ponto em que se chega a alguma solução neutra capaz, ou não, de falar à imaginação do público.

O problema que Roger Fry enfrentava era a falta de um denominador comum óbvio com que descrever os quatro artistas (dilema nada raro). O curador reconhecia que eles representavam os quatro cantos sobre os quais os movimentos de arte moderna do século XX estavam sendo construídos, e sabia que Seurat e Van Gogh haviam ambos sido chamados de neoimpressionistas; que Cézanne fora outrora um impressionista; e que Gauguin estivera alinhado com o movimento simbolista (em que as pinturas eram cheias de referências simbólicas). Mas seus estilos pictóricos haviam se desenvolvido de maneiras tão diversas que eles acabaram tendo cada vez menos em comum, ao invés de mais. Fry já decidira incluir Édouard Manet na mostra por razões de história da arte e comerciais. Os londrinos interessados por arte teriam pouca familiaridade com a maioria dos artistas que ele estava expondo, mas teriam ouvido falar do antecessor dos impressionistas, e Fry esperava que ele tivesse poder de atração suficiente para tirar os aficionados de casa num dia frio de inverno. Uma vez que estivessem na galeria, o curador desejava apresentar-lhes um grupo de pintores mais modernos, cada um deles tendo levado as ideias de Manet adiante de uma maneira diferente. Portanto "Manet" tinha indiscutivelmente que estar no título, ao passo que os outros nomes poderiam não dizer muita coisa. Mas a palavra "impressionista" o faria, pois eles eram agora uma grande atração. "Manet" e "impressionista" funcionavam, mas isso não era exatamente preciso. Que fazer? A solução, pensou Fry, era acrescentar um prefixo – e foi o que fez. A exposição intitulou-se Manet e os Pós-impressionistas.

A ideia acadêmica de Fry ao designar Van Gogh, Gauguin, Seurat e Cézanne como pós-impressionistas foi que todos eles haviam se desenvolvido a partir do impressionismo, o movimento artístico que Manet havia inspirado e apoiado. Todos quatro tinham começado suas trajetórias individuais aderindo aos princípios impressionistas, sendo, portanto, absolutamente preciso qualificá-los de "pós" impressionistas. Ou, em outras palavras – ligeiramente banais –, eles eram como carteiros: cada um pegara o impressionismo e o entregara a um novo destino.

E o que nos conta a história? Bem, o título funcionou, mas a exposição não. A expressão pós-impressionista pegou, mas a exposição de Fry recebeu críticas devastadoras, e as usuais tijoladas. Pouco depois da abertura, ele escreveu ao pai contando ter recebido uma "violenta tempestade de insultos da imprensa vindos de todos os lados". Exemplo típico foi uma crítica publicada no *Morning Post* sugerindo que a abertura da exposição na Noite das Fogueiras era soturnamente simbólica: "Dificilmente poderia ter sido escolhida uma data mais favorável que 5 de novembro para revelar a existência de uma ampla conspiração para destruir todo o tecido da pintura europeia." Os insultos distribuídos nas críticas eram semelhantes aos que haviam sido anteriormente lançados aos impressionistas e seriam mais tarde dirigidos a vários movimentos de arte moderna futuros. "Chamam isso de arte?" era o tom zombeteiro geral das críticas. Fry foi acusado de ser um excêntrico com gosto espúrio. Mas nem todo mundo pensava assim. Os artistas Duncan Grant (1885-1978) e Vanessa Bell (1879-1961), e a irmã de Vanessa, Virginia Woolf, acharam Fry maravilhoso e o convidaram para ingressar em seu grupo de intelectuais boêmios, que mais tarde se tornaria conhecido como o Grupo de Bloomsbury.

Segundo alguns, quando Virginia Woolf escreveu a frase "Por volta de dezembro de 1910 a natureza humana mudou", em seu famoso ensaio de

1923 "Mr. Bennett and Mrs. Brown", ela estava se referindo à exposição de Roger Fry de 1910. Para ele, a vida, sem dúvida, havia mudado. Fry montou a exposição das Grafton Galleries pouco depois de ter sido demitido como curador do Metropolitan Museum of Art em Nova York, tendo se desentendido com o então presidente, o financista John Pierpont Morgan (mais conhecido como J.P. Morgan), que havia sido responsável por sua contratação. Até então a relação profissional de ambos havia sido mutuamente vantajosa. O olho de Fry e o dinheiro de Morgan trabalhavam em harmonia. Foi durante esse período que Fry descobriu a cena da arte de vanguarda em Paris. Ele e sua visão da arte transformaram-se com isso. Parou de trabalhar como curador da arte de movimentos passados, passando a concentrar seus esforços no presente. Em 1909 publicou seu "Essay in Aesthetics", no qual descreveu o pós-impressionismo como "a descoberta da linguagem visual da imaginação".

Agora, no grande esquema das coisas, essa declaração não faz absolutamente nenhum sentido, uma vez que a maior parte da arte produzida antes do surgimento dos impressionistas era fantasista. O que é o teto da Capela Sistina senão a "linguagem visual da imaginação"? Mas no contexto do movimento artístico que se desenvolvera a partir da adesão estrita dos impressionistas à objetividade e à vida cotidiana, isso de fato faz sentido. À sua maneira, cada um dos quatro pós-impressionistas (Fry havia incluído também Matisse e Picasso em sua exposição de 1910, mas eles passaram a ser incluídos – ao menos por um tempo – no fauvismo e no cubismo, respectivamente) descobriu um poderoso preparado artístico ao misturar princípios impressionistas essenciais com "a linguagem visual da imaginação".

Van Gogh e o expressionismo

Ninguém descobriu isso mais do que o holandês Vincent van Gogh (1853-90). Sua história, talvez mais que a de qualquer outro artista no cânone da arte moderna, é bem conhecida: a loucura, a orelha, os girassóis e o suicídio. Camille Pissarro, homem de vistas largas, descobridor de talentos, promotor de artistas, resumiu Van Gogh numa única observação tipicamente compassiva: "Muitas vezes eu disse que esse homem iria ou enlouquecer ou nos ultrapassar. Não previ que faria as duas coisas."

A vida de Vincent começou de maneira bastante comum em Groot-Zundert, nos Países Baixos. Ele era o mais velho dos seis filhos do reverendo Theodorus e Anna Cornelia van Gogh. Seu tio, sócio da firma de marchands Goupil & Cie., estabelecida em Haia, ajudou o jovem Vincent de dezesseis anos a obter uma colocação como aprendiz na companhia. Ele se saiu bem. Posteriormente ocupou postos nas sucursais internacionais da firma: primeiro em Bruxelas, depois em Londres. Nessa altura seu irmão, Theo, havia ingressado na companhia, o que provocou uma correspondência regular entre os dois Van Gogh que durou até a morte de Vincent. As cartas discutiriam arte, literatura e ideias e revelariam pouco a pouco a crescente desilusão de Vincent com a natureza materialista do comércio da arte: esses sentimentos foram intensificados por uma crescente obsessão pelo cristianismo e a Bíblia. Foi esse conflito de interesses pessoais que levou à sua demissão e subsequente permanência na insípida cidade inglesa de Ramsgate para trabalhar como professor. As coisas não foram lá muito bem. Vincent era sem dúvida um homem decente, mas a intensidade de seus sentimentos era bastante particular. Após um período sem receber pagamento por seu trabalho como evangelista, ele escreveu para o irmão: "Meu tormento é exatamente esse, para que eu poderia prestar? Não poderia eu servir e ser útil de alguma maneira?" Theo encontrou uma resposta pouco convencional, mas profética: tornar-se um artista.

Era uma sugestão dispendiosa. Vincent gostou da ideia, Theo pagou por ela. Desse momento em diante, Theo sustentou financeiramente o irmão mais velho. Primeiro Vincent passou cinco anos aprendendo seu ofício nos Países Baixos, enquanto Theo era transferido para o escritório da Goupil em Paris. Em seguida Vincent passou a ter algumas aulas de belas-artes (custeadas por Theo), mas para todos os efeitos continuou sendo em boa medida um autodidata. Pouco a pouco ele começou a encontrar sua voz como artista. Em meados dos anos 1880 já havia pintado a que é hoje considerada sua primeira grande obra, que naquela época não despertou o mínimo interesse: *Os comedores de batata* (1885) (ver Fig. 6) foi um esforço ambicioso para um artista novato. Uma composição com cinco pessoas, dispostas em torno de uma mesa num cômodo pequeno, iluminado apenas por uma fraca lâmpada a óleo, seria um desafio composicional para qualquer estudante. Mas Van Gogh tinha aspirações ainda mais altas. Nesse estágio, queria ser um pintor da "vida camponesa" – um documentarista social como o escritor Charles Dickens. Seus camponeses não seriam vistos com sentimentalismo, mas de maneira naturalísta; a alusão à vida humilde e à dieta magra deles seria feita de forma sutil, por meio de sua paleta de cores e do tratamento das figuras. O resultado é uma pintura de marrons, cinzas e azuis sombrios, com camponeses de mãos terrosas e dedos tão nodosos quanto as batatas que comem. Há poucas linhas retas

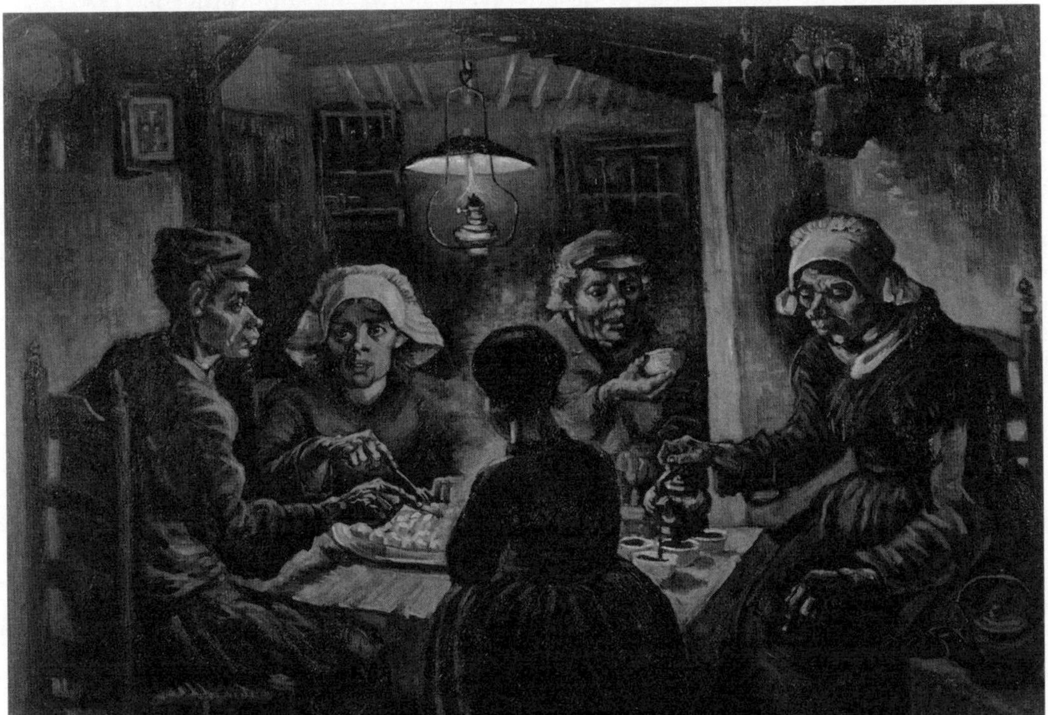

FIG. 6. Vincent van Gogh, *Os comedores de batata*, 1885.

numa imagem que evoca uma família pobre e exausta, mas ainda não derrotada. Ele mandou a pintura para Theo. O irmão lhe escreveu: "Por que você não vem a Paris?", perguntou.

Em 1886 Vincent chegou à capital francesa e... *Vive la différence!* Apresentado por Theo ao trabalho dos impressionistas, ele teve uma epifania. As luzes haviam sido acesas em seus olhos e ele subitamente viu cor. Muita cor. Escreveu para um amigo, dizendo que estava "procurando oposições de azul com laranja, vermelho e verde, amarelo e violeta, buscando os tons quebrados e neutros para harmonizar extremos brutais. Procurando obter cores intensas e não harmonia cinzenta". Vincent estava a pleno vapor. Praticava a técnica da pincelada espontânea dos impressionistas, fez suas primeiras experiências com empastamento (técnica em que a tinta é aplicada à tela numa camada tão espessa que sobressai, produzindo um efeito tridimensional) e descobriu que seu amor pelas estampas japonesas feitas com blocos de madeira, que se desenvolvera a princípio em Antuérpia, era compartilhado por quase todos os artistas de vanguarda de Paris. Tudo isso era demais. Vincent desequilibrou-se um pouco. Theo sugeriu uma pausa na zona rural do sul da França e o irmão achou a ideia excelente. Teve uma visão de um "Ateliê do Sul": uma colônia de artistas para rivalizar com aquela para a qual seu amigo Gauguin fora na Bretanha, no norte do país.

Vincent foi sondar a situação em Arles e teve uma segunda epifania. Para um rapaz vindo do norte da Europa, o sol meridional foi uma revelação. Ele pensava ter compreendido e apreciado a cor em Paris, mas aquilo não era nada comparado à intensidade dos matizes produzidos pela luz emanada do orbe flamejante de Deus na Provença. Tudo era acentuado. Vincent vira a luz. Nos catorze meses que passou em Arles ele produziu cerca de duzentas pinturas, entre as quais obras-primas como *A casa amarela* (1888), *Natureza-morta com um prato de cebolas* (1889), *O semeador* (1888), *Café noturno* (1888), *Girassóis num vaso* (1888), *Noite estrelada sobre o Ródano* (1888) e *O quarto* (1888). "Quero chegar ao ponto em que as pessoas digam sobre meu trabalho: '*Esse* homem sente profundamente'", disse ele.

Ele poderia ter acrescentado "e, com suas obras, faz os outros sentirem profundamente". Quando meu filho mais velho tinha seis anos, visitamos uma galeria de arte que vendia pôsteres de arte moderna. Com a generosidade de um pai num dia de folga, ofereci-me para lhe dar um pôster e um cartão-postal. Não me lembro do postal escolhido, mas me lembro do pôster: era *O quarto*, de Van Gogh.

"Por quê?", perguntei.

"É relaxante", disse meu filho.

Se Van Gogh estivesse vivo e na mesma galeria, creio que teria corrido e dado um abraço em meu filho. Porque foi essa sensação que ele tentou projetar na pintura. Queria que cada aspecto da imagem representasse repouso: as cores, a composição, a luz, a atmosfera e a mobília.

Arles era o tipo de cidade de que Van Gogh gostava. Ele pensava que ela evocava a simplicidade e a beleza do mundo apresentado em suas amadas estampas japonesas (para Theo, em 1888: "Invejo nos japoneses a extrema limpidez que tudo tem em seu trabalho. Ele nunca é entediante, e nunca parece feito às pressas. Seu trabalho é tão simples quanto respirar, e eles fazem uma figura em algumas pinceladas seguras tão facilmente como se abotoa um paletó."). Graças ao sol, junto com a ideia otimista de criar uma comuna de artistas, Vincent sentia-se em plena forma. Mas, assim como o esquisitão na escola, de quem todos gostam mas tentam evitar, poucas pessoas realmente aceitariam seu convite para se unir a ele em Arles. Paul Gauguin (1848-1903) aceitou. Os dois artistas autodidatas haviam estabelecido amizade em Paris e compartilhavam a ambição de superar as restrições do impressionismo. Durante seis semanas eles competiram e trocaram lisonjas, um empurrando o outro para alturas artísticas cada vez maiores. Por ocasião de sua famigerada briga e do episódio da mutilação da orelha (acredita-se que Vincent fugiu para um bordel depois de uma discussão particularmente acalorada e cortou fora parte da própria orelha), ambos já haviam cumprido sua missão em relação à arte: Van Gogh lançara os fundamentos de um novo e mais expressivo movimento, enquanto Gauguin estava rumando para um lugar ainda mais exótico.

A arte de Van Gogh é tão familiar para nós quanto a história de sua vida, embora fosse quase totalmente desconhecida quando ele estava vivo. Mas a familiaridade não nos prepara para nosso primeiro encontro com uma de suas pinturas. É como a primeira vez que ouvimos a Filarmônica de Berlim tocar ou visitamos o Rio durante o carnaval: uma outra dimensão é acrescentada por se estar na presença de uma grande força vital. No caso da Filarmônica de Berlim, é a profundidade do som que nos atinge, ao passo que a energia do Rio é seu fator irreproduzível. Com Van Gogh, é o objeto. Porque as grandes pinturas de Van Gogh não são simplesmente pinturas, elas mais parecem esculturas.

De alguns metros de distância, muitas de suas pinturas começam a ganhar uma qualidade tridimensional. Chegue um pouco mais perto e você poderá ver que ele atirou grandes grumos de tintas a óleo vivamente coloridas na tela. Ele empastou a tinta e depois a moldou, não usando um pincel, mas a faca da paleta e os dedos. A técnica não era nova. Rembrandt e Velázquez haviam usado o empastamento. Mas nas mãos de Van Gogh seus efeitos tornaram-se mais pronunciados e dramáticos. Ele não queria que a tinta simplesmente colorisse parte da pintura, mas que *fizesse* parte dela. Enquanto os impressionistas haviam procurado expor a verdade pintando o que viam com rigorosa objetividade, Van Gogh queria ir além e expor verdades mais profundas sobre a condição humana. Assim, adotou uma abordagem subjetiva, pintando não apenas o que via, mas o modo como se sentia em relação ao que via (ver Lâmina 5). Começou a distorcer as imagens para transmitir suas emoções, exagerando para causar efeito, como um caricaturista. Pintava uma oliveira madura e enfatizava sua idade retorcendo-lhe o tronco sem piedade e desfigurando os galhos até que ela parecesse uma velha nodosa; sábia, mas cruelmente deformada pelo tempo. Depois acrescentava aqueles grandes nacos de tinta a óleo para acentuar o efeito, transformando uma pintura bidimensional num épico em 3D – uma pintura numa escultura. Van Gogh escreveu a Theo, referindo-se a um amigo mútuo que estava questionando seu afastamento da representação precisa: "Diga a Serret que eu ficaria desesperado se minhas figuras fossem exatas ... diga-lhe que anseio por fazer tais incorreções, tais desvios, remodelações, mudanças na realidade, para que elas possam se tornar, bem, mentiras, se você quiser, porém mais verdadeiras que a verdade literal." E assim fazendo, inspirou um dos movimentos artísticos mais importantes e duradouros do século XX: o expressionismo.

Nada vem do nada, é claro, nem mesmo da alma supersensível de Van Gogh. Keith Christiansen, do Departamento de Pintura Europeia do Metropolitan Museum of Art de Nova York, disse o seguinte: "Ele fez de formas alongadas, retorcidas, do escorço radical e das cores irreais a própria base de sua arte. A diferença foi que tornou esses efeitos profundamente expressivos e não meramente emblemas de virtuosismo." Ele está falando de Van Gogh, não é? Errado. Está falando de El Greco (1541-1614), que distorcia suas imagens para comunicar emoção trezentos anos antes que Van Gogh nascesse. As impressões digitais do artista do Renascimento radicado na Espanha e nascido em Creta (por isso El Greco) podem ser encontradas ao longo de toda a história da arte moderna.

El Greco e Van Gogh compartilhavam várias paixões além da arte. Ambos eram fervorosamente religiosos e não gostavam do materialismo de suas respectivas épocas. Nenhum dos dois teve muita facilidade para se lançar na carreira, e ambos tiveram de se mudar de seu país natal para encontrar a inspiração e o apoio de que precisavam. Quando se trata da pintura expressionista, porém, uma diferença os separa. Os temas de El Greco tendiam a ser místicos, aristocráticos ou religiosos, ao passo que Van Gogh estava interessado nos aspectos mais prosaicos da vida moderna: cafés, árvores, quartos e camponeses. Sua reação expressionista a esses assuntos corriqueiros, firmemente ancorada em sua própria experiência, era a fórmula visionária para levar a arte para o futuro.

Embora Van Gogh tenha morrido em 1890 praticamente desconhecido e sem reconhecimento, sua influência sobre a arte moderna foi quase imediata. Menos de três anos depois o artista norueguês Edvard Munch (1863-1944) pintou seu hoje famoso *O grito* (1893), uma imagem que deve muito a Van Gogh. O artista escandinavo queria havia muito tornar suas pinturas mais emocionantes, mas não conseguia descobrir como. Foi só quando visitou Paris, no final dos anos 1880, e viu a obra do pós-impressionista holandês que compreendeu como sua própria ambição artística poderia ser alcançada. Munch copiou o método de Van Gogh de "entortar" a imagem em *O grito* para transmitir suas emoções íntimas profundas. O resultado é uma tela que é o epítome de uma pintura expressionista: o horror distorcido na face da figura, com sua mistura de terror e súplica, não deixa nenhuma dúvida no espectador sobre a visão de mundo dominada pela ansiedade do artista. É uma pintura presciente, talvez até uma *Mona Lisa* moderna. Pintada na aurora do modernismo, ela evoca horrores futuros e mal-estar humano em face da perspectiva de uma nova era.

O tema de um grito humano tornou-se central na obra de um artista expressionista mais contemporâneo: o grande pintor irlandês Francis Bacon (1909-92). Ele se referiu muitas vezes a uma foto de um filme que guardara, tirada de *O encouraçado Potemkin* (1925), de Sergei Eisenstein. Ela mostra uma enfermeira gritando nos degraus de Odessa, com a face ensanguentada e os óculos quebrados. A imagem contribuiu para inspirá-lo a criar um dos mais importantes e valiosos corpos de obra da segunda metade do século XX. Nenhuma imagem resume melhor a dor torturada que Bacon passou a vida tentando expressar que seu *Estudo baseado no retrato do papa Inocêncio X de Velázquez* (1953). Certa feita ele foi desqualificado pela então primeira-ministra britânica Margaret Thatcher como "o artista que pinta esses quadros horríveis". Ele rebateu que o horrível não eram seus quadros, mas o mundo que políticos como Thatcher haviam criado.

Francis Bacon não gostava de ser chamado de expressionista (ele era), mas gostava de Van Gogh. Apaixonadamente. Certa vez ele disse: "A pintura é o padrão de nosso próprio sistema nervoso sendo projetado na tela", palavras que poderiam facilmente ter saído dos lábios do holandês. Em 1985 Bacon fez uma pintura chamada *Uma homenagem a Van Gogh*, além da série de tributos ao gênio holandês que produziu em 1956-57. Elas se baseavam na tela de Van Gogh *O pintor na estrada de Tarascon* (1888). O original foi destruído durante a guerra, mas para Bacon ele representava duas importantes facetas do trabalho de seu herói artístico. A primeira era seu estilo pictórico e sua paleta vívida: seu expressionismo. A segunda era a imagem romântica que Bacon (como a maioria de nós) se sentia compelido a criar de Van Gogh: aquele gênio sem um tostão, não reconhecido e sensível, que abriu mão de tudo pela arte, fazendo seu próprio caminho solitário pelo mundo – o primeiro mártir do modernismo.

Dois anos depois de conceber *O pintor na estrada de Tarascon*, Van Gogh estava morto. Com apenas 37 anos e em seu apogeu criativo, ele morreu em decorrência dos ferimentos provocados pelo tiro que dera no próprio peito dois dias antes. A seu lado estava o adorado irmão, Theo. Dentro de meses Theo também estava morto, tendo sofrido um colapso mental e físico induzido pela sífilis. Isso pôs fim a uma parceria que produziu parte da melhor arte que já foi – ou virá a ser – produzida.

Não, porém, na mente do velho amigo e algoz de Van Gogh, Paul Gauguin.

Paul Gauguin e o simbolismo

"Sou um grande artista e sei disso", gabava-se Paul Gauguin. Em outra ocasião, ele declarou que Van Gogh havia se "aproveitado do que eu tinha para lhe ensinar. E todos os dias me agradecia por isso". Arrogante? Eu diria que sim. Ele era também um plagiador voltado apenas para os próprios interesses, que deixou mulher e filhos para divertir-se com mocinhas nos mares do sul, espalhando seu veneno sifilítico no processo. Era um dândi, um valentão, um cínico e um bêbado ególatra. Seu antigo mestre e mentor, Camille Pissarro, o qualificou de "intrigante", ao mesmo tempo que relatou que Monet e Renoir achavam seu trabalho "simplesmente ruim". Até seu amigo, August Strindberg, dramaturgo sueco, lhe disse: "Não sou capaz de compreender sua arte e não sou capaz de gostar dela."

E como Gauguin reagiu a este último comentário? Ele o publicou. Com destaque. Num catálogo de suas obras de arte. Porque, apesar de todos os seus defeitos – e creio que provamos que eles eram muitos –, ele era corajoso, física e artisticamente. Precisou ter coragem para abandonar a vida de corretor da Bolsa que havia colecionado a arte dos impressionistas, numa tentativa de ingressar em seu bando artístico. E não por causa do risco financeiro. O *crack* da Bolsa em 1882 assegurou que dinheiro não seria um impedimento para Gauguin, porque quando o jovem financista acordou no dia seguinte, descobriu que não tinha mais nenhum. Não, foi o risco de não ser levado a sério como pintor por um grupo de artistas que ele reverenciava. Pior, o risco de ser considerado desprovido de integridade artística: de ser visto como um charlatão que comprara o direito de entrar num clube privado, como um homem rico que pagasse para tocar com os Rolling Stones.

Ele foi ainda mais corajoso quando, no final da década de 1880, decidiu contestar a estrita adesão dos impressionistas ao naturalismo, qualificando-a de um "erro abominável". Não admira que Monet e Renoir não tenham ficado impressionados com suas novas pinturas "corriqueiras" quando as viram. À primeira vista, os dois impressionistas poderiam ter pensado que o precoce Gauguin seguira suas regras de escolher assuntos comuns e pintar com pinceladas espontâneas. Mas espere um minuto! Será que a natureza realmente fornece laranjas tão vívidos, ou verdes ou azuis? Não. "*Mon dieu!*", exclamou Monet. "Esse sujeito está nos agredindo."

E ele estava. Aos olhos racionais de Monet e Renoir, a natureza não produzia aquelas cores, mas aos de Gauguin, sim. Conversando com um outro artista certa vez quando estavam ambos no Bois d'Amour, na Bretanha, Gauguin disse: "Como você vê esta árvore... ela é realmente verde? Use verde, então, o mais belo verde de sua paleta. E a sombra, um pouco azulada? Não hesite em pintá-la tão azul quanto possível." Se as cores vivas de Gauguin apontavam para um afastamento do impressionismo, seus assuntos confirmavam que ele deixara o ninho. Suas pinturas estavam a uma Disney de distância da representação precisa, carregadas como eram de significados ocultos e simbolismo. Vincent Van Gogh, seu parceiro na cromática, havia usado as cores intensas para se expressar: Gauguin carregava nas cores a serviço da narração de histórias.

Visão após o sermão, ou Jacó em luta com o anjo (1888) (ver Lâmina 6) é um dos primeiros exemplos de Gauguin em seu período pós-impressionista. Diferentemente das pinturas da vida moderna de Monet e companhia, essa obra de Gauguin é só parcialmente ambientada no mundo real. A base narrativa para o trabalho é um grupo de mulheres bretãs do campo que estão experimentando uma visão mística pouco depois de ouvir um sermão na igreja – a história bíblica da luta de Jacó com um anjo. As mulheres estão de pé no primeiro plano, de costas para o espectador, vendo Jacó lutar corpo a corpo com o mensageiro de Deus. Elas são mostradas realisticamente vestidas com as toucas brancas cerimoniais e túnicas pretas tradicionais das camponesas bretãs; nada de controverso com relação a isso. Mas é aí que nos damos conta de que Gauguin usou uma paleta tão sóbria para se divertir um pouco com o resto da pintura...

O artista escolheu uma única cor, chocante, para descrever o campo em que o anjo alado (dourado) e Jacó lutam. Numa tentativa de refletir o devaneio religioso que está sendo experimentado pelas mulheres, ele pintou a relva de um vívido vermelho-alaranjado; uma cor que domina a composição como uma criança se esgoelando numa biblioteca. Ora, Gauguin estava na Bretanha, no norte da França, quando pintou *Visão após o sermão*, um lugar onde não existe nenhum campo de um vermelho-alaranjado vivo. Sua seleção de cores obedeceu a critérios simbólicos e decorativos; Gauguin escolheu abrir mão da autenticidade em favor da alegoria teatral e da composição.

É verdade que o tema da pintura está enraizado na realidade. Não era incomum que bretões se reunissem para apreciar uma luta entre dois jovens. Mas a cena foi exagerada com a introdução de uma história bíblica, a aplicação de cor não naturalista e uma imagem repleta de alusões míticas. Tome, por exemplo, o galho de árvore que corre diagonalmente através da tela, dividindo-a em dois. É extremamente improvável que houvesse um galho como esse ali, para começar, e, mesmo que houvesse, que ele estivesse precisamente nessa posição. Isto porque ele serve como um artifício narrativo que Gauguin emprega para separar o mundo real da fantasia. À esquerda da árvore está a realidade – um ajuntamento de mulheres virtuosas –, ao passo que à direita está a invenção de sua imaginação: Jacó lutando corpo a corpo com um anjo. Uma vaca desproporcionalmente pequena pode ser vista no lado "realista" à esquerda, mas Gauguin põe o animal de pé sobre a relva ficcional carmim, uma combinação que simboliza os costumes rústicos da vida bretã e a natureza supersticiosa dos que a vivem. Quanto a Jacó, bem, muito provavelmente ele representa Gauguin, o artista, e o anjo, seus demônios internos que o impedem de realizar sua visão pessoal.

O diretor de cinema norte-americano Frank Capra fez uma referência a essa pintura em seu filme *A felicidade não se compra* (1946). James Stewart faz o papel de George Bailey, um homem de negócios deprimido, com raiva de si mesmo, que chegou à conclusão de que valeria mais para sua mulher e filhos se estivesse morto. Ele está à beira de cometer suicídio, parado sobre uma ponte alta numa noite gélida de inverno, de olhos fixos no rio revolto embaixo, quando vê um outro homem cair na água em remoinho. Os instintos falam mais alto: o generoso homem de negócios esquece seu infortúnio e mergulha no rio gelado para salvar a vida do outro homem, que, sem que ele saiba, é seu anjo da guarda Clarence (Henry Travers). Corte para a cena seguinte, em que George e Clarence estão se secando num pequeno barracão de madeira. Um varal de roupa corta a tela horizontalmente. Sentado, abaixo da linha, George luta com todas as suas inquietações terrenas, ao passo que de pé, com a cabeça acima da linha, está a presença celestial de Clarence, ministrando sabedoria a partir de um mundo imaginário.

O caráter onírico da *Visão* de Gauguin seria uma prefiguração do surrealismo. A natureza modesta da vida das mulheres bretãs é precursora do "primitivismo" das pinturas taitianas de Gauguin, que inspiraram Pablo Picasso, Henri Matisse, Alberto Giacometti e Henri Rousseau. E as grandes áreas planas de cor pura, com toda sombra eliminada – ideia que Gauguin havia tomado, como tantos antes dele, de estampas japonesas –, prefigurariam as ideias expressivas, simbólicas, do expressionismo abstrato.

Visão após o sermão contribuiu para que Gauguin deixasse de ser um pintor amador "de domingo" e se tornasse um líder da vanguarda. O marchand Theo van Gogh já havia manifestado interesse pelo amigo do irmão; agora ficara convencido. Comprou algumas pinturas anteriores de Gauguin e comprometeu-se a comprar mais no futuro. Nessa altura o pintor estava sendo visto como parte do movimento simbolista mais amplo, que a princípio tivera uma natureza sobretudo literária. Os escritores simbolistas sentiram imensa atração pelo galho diagonal de Gauguin, vendo-o como um exemplo do motivo alegórico na arte visual. Em vez de transformar um objeto (o galho de árvore) num tema (pintando-o), ele tomara algo subjetivo (sua ideia) e a transformara no objeto (galho de árvore). Maravilhoso. A menos, é claro, que você fosse adepto da escola do "retrate a coisa como ela é" do impressionismo.

Gauguin era impenitente. Chegara à conclusão de que os impressionistas careciam de rigor intelectual; eles lhe pareciam incapazes de ver além da realidade que tivessem por acaso diante dos olhos, qualquer que fosse. Pensava que essa atitude racionalista perante a vida negava à arte seu mais importante ingrediente: a imaginação. Seu aborrecimento com eles não abrangia apenas sua atitude artística; estava cansado de seu tema principal: a vida moderna. Como o ex-fumante que se torna um entusiástico combatente do fumo, Gauguin, o ex-homem do dinheiro, decidiu que o materialismo era mau. Primeiro ele foi para a colônia de artistas em Pont-Aven, na Bretanha – era barato, ele estava quebrado –, onde desenvolveu um gosto por fingir que era camponês. Escreveu para seu amigo Émile Schuffenecker (1851-1934): "Amo a Bretanha. Há nela alguma coisa de selvagem e primitivo. Quando meus tamancos de madeira batem neste chão de granito, ouço o tom surdo, abafado e poderoso que vejo em minha pintura."

Ligeiramente pretensioso, talvez, mas ele estava na pista certa. Passara algum tempo aprendendo com outros, como o prestativo e solidário Degas, de quem tomara a ideia de desenhar um contorno forte em volta de seus temas, bem como a técnica de cortar drasticamente suas imagens. Agora estava pronto para estabelecer seu próprio estilo estético, novo e ousado. Para Gauguin não havia meias medidas; assim, se sua nova abordagem à feitura de arte seria radicalmente nova, a maneira como vivia sua vida também deveria mudar por completo. Iria para o Taiti, para ser "um selvagem, um lobo nas florestas sem coleira". Como ele disse a Jules Huret, de *L'Echo de Paris*: "Estou partindo para ficar em paz, para me livrar da influência da civilização. Só quero criar uma arte que seja simples, muito simples. Para isso, preciso me renovar numa natureza inalterada, não ver nada além de selvagens, viver como eles vivem, sem nenhuma outra preocupação senão a de transmitir, como uma criança poderia fazer, o que minha mente concebe, auxiliado apenas por meios primitivos de expressão." E, ele poderia ter acrescentado, deixar mulher e filhos para trás e viver a vida extravagante de um solteirão despreocupado.

Uma vez no Taiti, livre da pressão dos pares e de problemas domésticos, ele logo encontrou seu condão artístico. Produziu um vasto número de pinturas inspiradas pela luz, pelos locais e pelas lendas das ilhas polinésias, a maioria das quais retrata voluptuosas nativas nuas, seminuas ou envoltas apenas num pedaço de pano estampado. As pinturas são eróticas e exóticas, vivamente coloridas e simples – modernas e primitivas. Gauguin queria levar e expressar um modo de vida pré-histórico, primal, não tolhido pelas aparências exteriores e pela superficialidade do mundo moderno. O fato de ter feito isso usando as mais contemporâneas técnicas de pintura é apenas mais um exemplo da natureza contraditória do artista, que descobriu que os métodos cultivados pela vanguarda parisiense o ajudavam de fato em sua ambição de comunicar a ingenuidade sem sofisticação dos nativos.

O uso do sistema de blocos de cor bidimensionais, primeiro adotado por Manet e depois explorado com sucesso por Monet e Degas, deu às pinturas de Gauguin uma qualidade achatada, infantil. Uma característica imatura que era amplificada quando ele intensificava, ou falsificava por completo, a cor natural, truque expressivo com que ele e Van Gogh haviam feito experiências quando trabalhavam juntos em Arles. O resultado foi uma série de pinturas estilizadas, decorativas, que evocavam um tranquilo paraíso tropical, feita por um pintor que se tornara nativo.

Só que Gauguin não era um nativo nem um camponês. Era um pintor num local – um turista. O ex-banqueiro de Paris estava produzindo pinturas lascivas para um mercado europeu e uma burguesia que haviam desenvolvido um gosto por imagens idealizadas de culturas exóticas e primordiais. Ele era um homem branco, ocidental, de classe média e meia-idade com uma visão romantizada dos ilhéus dos mares do sul e um apreço extremamente desenvolvido pelos corpos voluptuosos das jovens taitianas.

Por que estás zangada? (No Te Aha Oe Riri), pintada em 1896 em sua segunda viagem ao Taiti, é a tela de Gauguin arquetípica do período. Para começar, não há nela nenhum homem, o que era comum, assim como o cenário, agradavelmente pastoral. Uma palmeira a meia distância divide a tela verticalmente. Atrás dela vê-se uma cabana com teto de sapê, em volta da qual serpenteia um caminho de terra, cuja borda mais próxima dá para um gramado viçoso. Flores, plantas, galinhas ciscando, pintos vagando e algumas montanhas a distância completam um sedutor pano de fundo para a ação narrativa da pintura.

O quadro retrata um elenco de seis nativas. Três estão de pé à direita da árvore, enquanto as outras três estão sentadas à sua esquerda. Das três de pé à direita, duas estão no fundo, prestes a entrar na cabana, vindo do lado. A que vem na frente é jovem e atraente e deixou cair a parte de cima do vestido para expor os seios. A mulher que a segue, muito mais velha, se curva enquanto estimula a jovem a entrar. Também no fundo, sentada num tamborete à esquerda da árvore, está uma velha. Ela usa um lenço branco na cabeça, um vestido lilás, e parece estar guardando a escura e imponente entrada principal da cabana.

A sugestão de que a cabana é um bordel é tornada clara pelas três mulheres jovens, núbeis, no primeiro plano da pintura. A que se encontra à direita da árvore está em pé, de lado, vestindo um sarongue azul e levemente estampado, olhando com desdém para as outras duas, sentadas juntas na grama, à esquerda da árvore. A que está mais longe do tronco da palmeira, na borda da tela, dá as costas para o espectador. Vestindo uma blusa sem mangas branca e uma saia azul, ela parece cochichar alguma coisa para a amiga, sentada de frente para o espectador. Esta, nua da cintura para cima, afeta recato, os olhos fixos no chão para evitar o olhar penetrante da mulher de sarongue azul. A linguagem corporal entre as duas fornece o título da pintura: uma postura agressiva, acusatória, sendo neutralizada com uma pergunta timidamente formulada.

O simbolismo parece estar ficando claro. As mulheres à direita da árvore ainda estão por entrar na cabana e portanto não foram contaminadas pelo que se passa em seu interior escuro; elas se mantêm orgulhosas, com a honra intacta. Não se passa o mesmo com a velha sentada que observa tudo do fundo – ela é a dona do bordel –, nem com as duas jovens sentadas na grama no primeiro plano. Mas quem são os clientes ocultos? Taitianos? Talvez. Gauguin? Provavelmente. As forças colonizadoras vindas da Europa? Com certeza.

Pois embora Gauguin se sentisse feliz em tirar partido da inocência da população nativa do Taiti, ele também se considerava o defensor e advogado dos ilhéus. E é por isso que a pergunta formulada no título é em parte retórica. É essa cena, em que estrangeiros estão "deflorando" a ilha e seu povo, que deixa Gauguin zangado. A pintura é um lamento por ver um modo de vida impoluto sendo rapidamente corrompido e destruído por seus próprios compatriotas. Não há dúvida de que seus sentimentos eram sinceros, mas, como sempre com esse artista talentoso, inovador e brilhante, eles eram também contraditórios.

O que ele tinha, porém – o que todos os grandes artistas têm –, era a capacidade de comunicar ideias e sentimentos universais de maneira única. Para isso, em geral o talento de um indivíduo precisa de tempo para se desenvolver antes que um estilo característico venha à tona e se torne reconhecível. Depois que isso ocorre, quando o artista descobriu sua voz, uma conversa com o espectador pode acontecer; pressuposições podem começar a ser feitas, uma relação pode se desenvolver. Gauguin alcançou esse nível num espaço de tempo notavelmente curto, o que atesta tanto sua habilidade quanto sua inteligência.

É possível reconhecer uma tela de Gauguin a cem passos de distância. A rica paleta de ocres dourados, verdes variegados, marrons chocolate, rosas e laranjas vívidos, vermelhos e amarelos é contrastada e controlada com uma segurança de toque que não pode ser ensinada. Suas pinturas e suas esculturas são instantaneamente atraentes, mas também de surpreendente complexidade. Elas são dramas psicológicos que expõem a melancolia e o trauma que atormentam seus temas – que atormentam a todos nós. Ele se rebelou contra o impressionismo e devolveu a arte aos domínios da imaginação, e por isso gerações de artistas lhe são gratas.

O pontilhismo de Seurat

Hoje em dia a palavra "gênio" está em todas as bocas, como um baseado num festival de rock dos anos 1970. Um vídeo do YouTube mostrando um bebê mordendo o dedo do irmão é "genial", assim como o vencedor da competição musical *The X-Factor* e o aplicativo iFart. Não estou tão convencido de que eles fazem jus ao qualificativo, mas tenho certeza de que Jonathan Ive, sim. Ele é o homem que introduziu ordem e beleza na era da informação com seu papel de chefe do Departamento de Design da Apple. Ele foi responsável pelo iMac, iPod, iPhone e iPad. E isso, em meu iBook, faz do designer nascido na Grã-Bretanha um gênio. Ele pegou os produtos menos sexy do mundo – os computadores e seus discos rígidos – e os transformou em objetos de desejo palpitante. É uma façanha considerável. E como Ive levou a cabo essa mágica do século XXI? Com simplicidade.

Não se trata da simplicidade que significa estupidez, ou facilidade. O tipo de simplicidade que Jonathan Ive levou para os produtos da Apple requer um HD craniano embutido de vários bilhões de gigabytes e da perseverança dos obsessivos graves. Com a brevidade de uma frase de Hemingway, ou a limpidez de um movimento de violoncelo de Bach, sua simplicidade é o resultado de horas de trabalho, dias de reflexão e uma vida inteira de experiência. Assim como esses dois gênios, Ive alcançou a grandeza simplificando o complicado, deslindando a confusão e complexidade inerentes de seu objeto, unificando-o num design em que forma e função se combinam em estética harmonia.

É o tipo de simplicidade que artistas ao longo de todo o século XX se esforçaram por atingir. Como veremos depois, as grades verticais e horizontais do movimento De Stijl (1917-31) de Piet Mondrian e o minimalismo dos anos 1960 das esculturas retangulares de Donald Judd são apenas dois exemplos de uma preocupação muito difundida no seio da vanguarda: como criar ordem e solidez no mundo por meio de algo tão ambíguo quanto a arte?

Esse foi um problema que também exasperou Georges Seurat (1859-91), o terceiro dos pós-impressionistas. Aqui estava um homem tão sério quanto

Van Gogh era emotivo, e o oposto absoluto de Gauguin, o efervescente *bon-vivant*. Mas embora diferentes em personalidade e origem, os três eram amigos, unidos em sua determinação de arrancar a arte do que viam como as limitações do impressionismo. É uma grande pena que um dos traços mais surpreendentes compartilhados pelos três artistas fosse uma propensão a morrer exatamente quando estavam decolando. Gauguin foi quem se saiu melhor, conseguindo chegar aos cinquenta e poucos anos. Em seguida veio Van Gogh, cujo suicídio aos 37 anos devastou Seurat, que um ano depois também estava morto. Com apenas 31 anos, Seurat sucumbiu a uma provável meningite, que levou seu filho quinze dias depois e logo em seguida seu pai. O grande amigo e parceiro no pontilhismo Paul Signac (1863-1935) fez um diagnóstico diferente: "Nosso pobre amigo se matou por excesso de trabalho."

E Seurat, de fato, trabalhava duro. Era um pintor que levava a si mesmo, a vida e a arte muito a sério. Seu pai foi um homem estranho que vivia uma existência à parte, secreta, longe da família, radicada em Paris. Não era um homem de fácil convívio. E ao que parece Georges havia herdado algumas das esquisitices do pai. Ele também era um sujeito extremamente reservado, antissocial, que preferia a própria companhia, escondido do tumulto da vida urbana. Mas para Georges o objetivo disso era recolher-se a seu ateliê. Esse era seu verdadeiro domínio criativo, não do lado de fora, pintando ao ar livre. Como Degas, ele fazia vários esboços preparatórios (chamava-os de *croutons*) ao ar livre, "diante do motivo", mas a pintura principal só era produzida quando estava de volta ao ateliê.

Seurat, portanto, não era adepto da ideia de dar uma saída e arrematar depressa uma pintura que estaria pronta quando a primeira rodada de absinto daquela noite fosse pedida. Diferentemente de Monet, ele não tinha nenhum interesse em captar um momento transitório; ao contrário, sua aspiração era captar a atemporalidade. Queria pegar tudo que o movimento impressionista lhe ensinara – paleta vivamente colorida, temas corriqueiros, a evocação da atmosfera – e dar a essas ideias estrutura e solidez. Para ele os impressionistas estavam fazendo telas que pareciam um amontoado de roupas descuidadamente jogadas no chão; ele pensava que elas deviam ser dobradas em pilhas bem-arrumadas. O propósito de Seurat era introduzir ordem e disciplina no impressionismo: pegar suas inovações com a cor e codificá-las, para conferir mais precisão às suas formas e metodologia científica à sua objetividade.

Banhistas em Asnières (1884) foi sua primeira pintura notável. Ela provocou muito barulho. E não só por causa de seu tamanho monumental (2,01 × 3 metros) ou a idade do artista – ele tinha apenas 24 anos quando a produziu. Ambientada num agradável dia de verão, a atmosférica pintura mostra um grupo de trabalhadores e meninos, todos de perfil, relaxando à margem do rio Sena. Dois meninos estão de pé com água pela cintura, refrescando-se na água; o que está mais perto do espectador usa uma touca de banho vermelho vivo. Um menino mais velho sentado na margem olha e balança os pés sobre a borda. Atrás dele, um homem de chapéu-coco está preguiçosamente deitado de lado, e mais atrás um outro cavalheiro, sentado, contempla o rio; ele tem a cabeça e os olhos obscurecidos por um chapéu-panamá. A distância, barcos a vela mudam de curso sobre a água e no horizonte colunas de fumaça industrial se elevam das modernas fábricas de Paris. A pitoresca cena suburbana é espelhada pela serenidade da pintura de Seurat.

A cena foi pintada num estilo claro, figurativo, sem nada da ambiguidade imprecisa presente nas telas dos impressionistas. Numa paisagem escassamente povoada, o rio e suas margens foram transformados em formas geométricas bem-definidas. As cores de Seurat – os vermelhos, verdes, azuis e brancos – são tão vibrantes quanto as de Monet ou Renoir, mas foram aplicadas com uma precisão mecânica.

Durand-Ruel levou a pintura para os Estados Unidos como parte de sua extremamente bem-sucedida exposição de 1886, Works in Oil and Pastel by the Impressionists of Paris. Não foi o trabalho mais apreciado da mostra. O *New York Times* descreveu *Banho* [*sic*] como "uma das mais tristes pinturas mostradas ... as cores flamejantes sendo especialmente ofensivas". Um outro crítico norte-americano considerou-a a obra de "uma mente vulgar, grosseira e banal". Sem dúvida isso foi um pouco rude.

Para alguém tão jovem, ter sua obra exibida ao lado dos reverenciados e maduros impressionistas era um feito extraordinário. O mesmo pode ser dito de *Banhistas em Asnières*. A pintura representa um ponto de partida numa jornada artística que Seurat estava empreendendo e que culminaria em suas famosas pinturas pontilhistas (também conhecidas como divisionistas), feitas mediante a aplicação de múltiplos salpicos de pigmento puro na tela. Na época de *Banhistas em Asnières* ele ainda não havia chegado à sua técnica de separação das cores, mas já estava a caminho. As camisas, velas e prédios brancos estão todos a serviço do plano geral de Seurat; estão ali para realçar vividamente as cores à sua volta, tornando os verdes, azuis e vermelhos vibrantes. Ele está começando a descobrir que quanto mais separa as cores, maior impressão de brilho elas irradiam. Por isso a tela grande; ela dava mais espaço para suas cores "respirarem".

Nos anos 1880 a ciência estava mudando a vida dos pintores, com a extraordinária torre de ferro de Gustave Eiffel simbolizando a completa transformação da cidade de uma desordem dickensiana numa obra-prima moderna construída com precisão matemática. Seurat estava em sintonia com a disposição de ânimo dominante; ele também acreditava que tudo podia ser explicado pela ciência, mesmo quando se tratava de fazer arte. Era um fã de Delacroix, e compartilhava o interesse do artista romântico pela teoria das cores. Mas enquanto Delacroix experimentava por meio de tentativa e erro, a abordagem de Seurat era mais assemelhada à de um diretor de elenco. Ele queria conhecer o caráter das diferentes cores para adquirir uma compreensão de como elas se relacionariam vivendo lado a lado nos limites de uma tela. Havia uma abundância de conselhos especializados à disposição.

O livro *Óptica* (1704), de Isaac Newton, era (e ainda é) o ponto de partida usual para o estudioso da teoria das cores. É nessa obra que o grande cientista explica como a luz dispersada através de um prisma se decompõe num espectro de sete cores. Cerca de cem anos mais tarde o polímata alemão Johann Wolfgang von Goethe publicou sua visão do assunto num livro chamado *Doutrina das cores* (1810). E em 1839 um químico francês chamado Michel Eugène Chevreul escreveu *A lei do contraste simultâneo das cores*. Seurat estudou todos esses livros e muitos outros.

O que a arte moderna precisava, pensava ele, era combinar a precisão dos velhos mestres com o estudo das cores e da vida moderna empreendido pelos impressionistas. Degas (que havia apelidado o conservadoramente vestido Seurat de "o notário") teve a mesma ideia, mas, como vimos, propôs uma solução diferente. A resposta de Seurat foi suprimir as pinceladas improvisadas dos impressionistas e substituí-las por uma série de pontos de cor meticulosamente aplicados, os quais ele escolheria com frequência em lados opostos do círculo cromático (ver Lâmina 8) para aumentar a vibração de ambos.

Era um truque que ele havia aprendido com a leitura de todos aqueles livros sobre teoria das cores. A ideia era que, embora vermelho e verde se situassem em oposição um ao outro no círculo cromático, quando postos lado a lado sobre a tela se tornassem complementares, o vermelho parecendo mais vermelho e o verde parecendo mais verde: um revela o que há de melhor no outro. Manet, Monet, Pissarro e Delacroix sabiam todos disso e optavam por não misturar cores contrastantes numa paleta, preferindo aplicá-las diretamente na tela, onde tocariam uma na outra sem se misturar.

Seurat tinha sua própria teoria. Ele havia descoberto que as cores contrastantes (vermelho e verde, azul e amarelo, e assim por diante) podiam parecer mais vívidas se estivessem ligeiramente separadas. A ideia era que quando olhamos para um ponto vermelho, verde ou azul não vemos apenas a marca física, vemos também a cor fulgurar à sua volta. A ilusão de ótica é intensificada quando o ponto colorido está sobre um fundo branco, que reflete a luz em vez de absorvê-la. Como acontece com frequência quando se trata de pintura, Leonardo da Vinci foi o primeiro. Quando estava produzindo suas obras-primas há mais de quinhentos anos, ele começava aplicando uma camada básica de tinta branca, sobre a qual adicionava gradualmente finas camadas de cor para criar sua pintura. O resultado é que, ao olhar para o trabalho acabado, vemos uma pintura que parece ter uma misteriosa luminosidade interna, efeito causado pela luz refletida pela primeira camada branca.

Seurat havia se decidido pela visão pontilhada. Seus pequenos salpicos de cor não se tocavam nem se misturavam; esse trabalho podia ser feito pelos olhos do espectador. Ele intensificava a festa de cores preparando sua tela com uma brilhante tinta branca, que servia para aumentar a luminosidade dos pontos separados de pigmento puro e dar às suas pinturas uma superfície tremeluzente, vibrante. E a técnica proporcionava uma outra vantagem a um artista com senso de ordem: sua complexidade exigia que Seurat simplificasse as formas que estava pintando num grau ainda maior. O efeito era fascinante.

Domingo à tarde na ilha de La Grande Jatte (1884-86) (ver Lâmina 7) é uma das pinturas mais inconfundíveis do mundo. Ela mostra o arguto francês na plenitude de seu pontilhismo, embora ele tivesse apenas vinte e poucos anos. Mais uma vez é uma tela enorme, com cerca de 2 × 3 metros, que permite a seus pontos meticulosamente aplicados pulsar em toda a sua gloriosa cor. A cena é muito mais movimentada que a de *Banhistas em Asnières* (Asnières é um subúrbio de Paris situado à margem do rio Sena bem defronte à Grande Jatte). Aqui temos um elenco de pelo menos cinquenta pessoas, oito barcos, três cachorros, numerosas árvores e um macaco. Os homens, as mulheres e as crianças no quadro foram arranjados numa série de poses, a maioria das quais de perfil, olhando para o rio. Uma mulher com um vestido longo laranja e um grande chapéu de palha está de pé na borda da água. Ela tem a mão esquerda pousada no quadril, ao passo que a direita está ocupada segurando uma modesta vara de pescar. Um punhado de casais está sentado, conversando; uma menininha dança, um cachorrinho salta, enquanto uma mãe sofisticada e sua filha bem-comportada caminham distraídas em direção ao espectador. Quase todos estão protegidos do sol por um chapéu, uma sombrinha ou ambos. É uma cena absorvente, magnetizante, mas não sem complicações.

O resultado do pontilhismo de Seurat é interessante e inesperado. A imagem realmente efervesce como uma taça de champanhe à medida que as manchas de pigmento puro cintilam diante de nossos olhos. Mas todos aqueles parisienses elegantemente vestidos que saíram para um agradável passeio de domingo ao sol, e que Seurat representou com esmero, ponto por ponto, não o fazem. Eles são tão imóveis e sem vida que parecem não passar de figuras recortadas de cartolina. Há na obra-prima de Seurat algo de fantasmagórico e surreal que faria o diretor de cinema David Lynch sorrir.

A tela *Domingo à tarde na ilha de La Grande Jatte* foi exibida na oitava e última exposição impressionista, em 1886, mas deve ter parecido deslocada. Era, sem sombra de dúvida, uma pintura pós-impressionista. Não tinha nada do "momento fugidio" dos impressionistas; mais parecia um jogo de estátua, em que os personagens ficaram congelados no tempo, mantendo para sempre sua posição quando a música parou. É verdade que há o uso da paleta de cores primárias dos impressionistas, que Seurat equilibrou com perfeição para dar à composição sua atmosfera de cálida serenidade. Mas não há nada de muito impressionista no cenário: ele não é real ou objetivo. Parques públicos como esse em Paris são lugares barulhentos; as pessoas não ficam paradas ou se sentam de maneira ordenada olhando de lado, com um par ocasional quebrando as fileiras enquanto anda para a frente.

E embora ele descreva uma cena moderna arquetípica da vida urbana no final do século XIX, a harmonia da composição, as formas geométricas simples e repetitivas e os blocos de sombra remetem ao Renascimento. As figuras semelhantes a estátuas remontam a uma época ainda mais remota da história da arte, à Antiguidade clássica e aos frisos egípcios, em que cenas míticas eram entalhadas em pedra e montadas em torno de um prédio ou sala. Por outro lado, há algo de muito atual nessa imagem assim estilizada. Os pontos prenunciam nossa era digital "pixelada"; a harmonia geométrica evoca o design de produtos modernos. Há alguma coisa de Jonathan Ive na arte de Georges Seurat.

Assim como, ainda que de uma maneira muito diferente, nas pinturas do quarto e último pós-impressionista. Ele era o mais velho e o mais esquisitão do grupo. Aquele que estava lá no início do impressionismo, não em seu final. Aquele que – na minha opinião – foi o maior artista de todo o movimento moderno, o homem que Picasso chamou de "o pai de todos nós". Compreenda a arte de Paul Cézanne e o resto se encaixará.

5. Cézanne: O pai de todos nós, 1839-1906

"Ele foi o primeiro artista a pintar usando dois olhos", disse David Hockney (1937-). Eu sorri. O artista britânico septuagenário tinha uma maneira original de falar sobre arte. Estamos em meados de janeiro de 2012, discutindo Paul Cézanne, o pós-impressionista francês, enquanto percorremos uma exposição de obras do próprio Hockney.

Londres se prepara para receber os Jogos Olímpicos no verão e, como parte das celebrações da cidade, David Hockney recebeu a missão de encher os vastos espaços da Royal Academy em Piccadilly. Uma tarefa que ele realizou produzindo imagem após imagem do mesmo assunto: os morros, campos, árvores e caminhos de East Yorkshire, no norte da Inglaterra. Agora com 74 anos, Hockney voltou a focalizar sua atenção na melancólica paisagem da Grã-Bretanha, tendo decidido deixar para trás as luzes brilhantes de Hollywood, onde trabalhou e viveu nos últimos trinta anos. As pinturas – algumas das quais são pinturas a óleo e outras, impressões de iPad – são fascinantes e sensacionais. Fascinantes por causa das cores e formas que Hockney vê: os caminhos são roxos, os troncos das árvores, laranja, as folhas se transformaram em lágrimas em tecnicólor. E sensacionais porque é a primeira vez, em pelo menos meio século, que um pintor da categoria internacional de Hockney faz uma tentativa abrangente de reimaginar a paisagem rural da Inglaterra.

Irei mais longe. As pinturas contemporâneas de natureza de Hockney são as paisagens mais surpreendentes, originais e provocativas produzidas desde aquelas pintadas mais de cem anos atrás na França pelo homem que é o assunto de nossa conversa – Paul Cézanne. E fica muito claro que o artista britânico é enormemente influenciado pelo pós-impressionista, tanto na arte quanto na maneira de pensar. Enquanto conversávamos e depois perambulávamos pela exposição, Hockney defendeu várias ideias apaixonadas sobre como imagens são feitas e percebidas. Eram suas observações sobre observar, todas com origem na obra pioneira do homem conhecido como "Mestre de Aix".

Esse foi o apelido que Cézanne recebeu de seus contemporâneos após decidir trocar a animação de Paris por quase quarenta anos de isolamento autoimposto na área em torno da casa de sua família em Aix-en-Provence, no sul da França. Como Monet em Giverny, ou Van Gogh em Arles, Cézanne encantou-se ao estudar essa paisagem particular. Hockney levou adiante a tradição de imersão total ao descobrir sua própria inspiração nas proximidades do local em que nasceu em Yorkshire – um lugar especial em que ele, como Cézanne, passou anos estudando a natureza, a luz e as cores, numa tentativa de melhor compreender como representar o que vê e sente.

Talvez seja graças ao tempo que passou em Hollywood que Hockney se sente tão compelido a discutir os efeitos negativos que a câmera parece ter tido sobre ele em relação à arte. Ele aponta o dedo contra o monstro de um olho só sob todas as suas aparências: fotografia, cinema e televisão. Acredita que foi a câmera que induziu muitos dos artistas de hoje a abandonar a arte figurativa, tendo concluído que uma única lente mecânica pode apreender a realidade melhor que qualquer pintor ou escultor. "Mas eles estão errados", disse-me Hockney. "Uma câmera não pode ver o mesmo que um ser humano, sempre falta alguma coisa." Se Cézanne estivesse vivo, estaria inclinando a cabeça vigorosamente em sinal de concordância, salientando que uma fotografia documenta uma fração de segundo no tempo captada por uma câmera. Em contraposição, a pintura de uma paisagem, um retrato ou uma natureza-morta pode parecer ser um momento imortalizado numa única imagem, mas é de fato a culminação de dias, semanas e, no caso de muitos artistas (Cézanne, Monet, Van Gogh, Gauguin e Hockney), de anos de contemplação de um único tema. É o resultado de vastas quantidades de informação armazenada, experiência, anotações e estudo espacial que finalmente se revelaram nas cores, composição e atmosfera de uma obra de arte acabada.

Se dez pessoas se postassem em cima de um morro e tirassem uma fotografia da mesma vista, usando a mesma câmera, os resultados seriam quase idênticos. Se as mesmas dez pessoas passassem alguns dias sentadas, pintando essa vista, os resultados seriam acentuadamente diferentes. Não porque uma pessoa poderia ser um artista mais consumado que outra, mas em decorrência da natureza dos seres humanos: podemos todos olhar para a mesma vista, mas não vemos exatamente a mesma coisa. Levamos nossas misturas únicas de preconceitos, experiências, gostos e conhecimento para qualquer situação dada, definindo a maneira como interpretamos o que está diante de nós. Veremos as coisas que nos parecem interessantes e ignoraremos as que não parecem. Se lhes dessem um terreiro de fazenda para pintar, uma pessoa poderia se concentrar nas galinhas, outra na mulher do fazendeiro.

Se lhe dessem essa tarefa, estou quase certo de que Cézanne teria escolhido uma combinação de temas estáticos: construções da fazenda, gamela de água, feno. Isto porque ele preferia pintar entidades que não se moviam: motivos para os quais pudesse olhar longamente, que lhe proporcionassem a oportunidade de desenvolver uma reflexão apropriada sobre o que estava vendo. Ele era um artista determinado a descobrir como um pintor podia representar um tema com absoluta precisão: não um momento fugaz como uma paisagem impressionista, ou a exatidão de uma única maneira de ver, mas precisão no sentido de ser um reflexo verdadeiro de um motivo rigorosamente observado. Essa era uma questão que o atormentava. Perguntado sobre qual era sua maior aspiração, ele respondeu com uma única palavra: "Certeza". A crítica Barbara Rose compreendeu isso bem quando disse que o ponto de partida dos velhos mestres era "Isto é o que eu vejo", ao passo que o de Cézanne era "É isto que eu vejo?".

Se esse tivesse sido o limite de suas investigações, Cézanne teria continuado sendo parte do movimento impressionista a que originalmente pertencera (suas pinturas foram incluídas na primeira exposição em 1874). Mas o intratável pós-impressionista escolheu complicar mais as coisas, preocupando-se também com a maneira *como* via. Ele percebeu cerca de 130 anos atrás que ver não é acreditar, é questionar. Foi uma intuição filosófica que vinculou o fim da Idade da Razão iluminista com o modernismo do século XX. E, no trabalho recente de David Hockney, com a arte do século XXI. Foi a intuição que mudaria a face da arte. E, como muitos lampejos de genialidade, a revelação de Cézanne não é apenas simples, mas também assombrosamente óbvia.

Nós, seres humanos, raciocinou Cézanne, temos visão binocular: temos dois olhos. Mais ainda, nossos olhos esquerdo e direito não registram informações visuais idênticas (embora nosso cérebro reúna as duas em uma só imagem). Cada olho vê as coisas de maneira ligeiramente diferente. Além disso, tendemos a ser irrequietos. Quando examinamos um objeto, ficamos nos movendo – esticamos o pescoço, inclinamo-nos para o lado, curvamo-nos para a frente e nos levantamos. No entanto, a arte era (e é) produzida quase exclusivamente como se vista através de uma lente única, estática. Esse, Cézanne deduziu, era o problema com a arte de seu tempo e do passado: ela não representava o modo como realmente vemos, que não é de uma única perspectiva, mas de pelo menos duas. A porta para o modernismo havia sido aberta.

Cézanne encarou o problema de frente, fazendo pinturas que representavam um tema visto de dois ângulos diferentes (de lado e de frente, por exemplo). Analise *Natureza-morta com maçãs e pêssegos* (1905) (ver Lâmina 9). A tela é típica das centenas de outras naturezas-mortas que ele produziu ao longo de sua carreira de quarenta anos, em que objetos similares foram arranjados de uma maneira comparável e pintados pelo artista em seu estilo perspectivo dual (ou pintura "com os dois olhos", como disse Hockney).

Nesse quadro específico, ele pôs várias maçãs e pêssegos do lado direito de uma pequena mesa de madeira. Algumas frutas foram empilhadas numa estrutura de pirâmide num prato, enquanto outras – posicionadas perto da borda exterior da mesa – estão soltas. Um vaso azul, amarelo e branco vazio está pousado na parte posterior da mesa, atrás das maçãs e dos pêssegos. Perto das frutas – cobrindo os dois terços esquerdos do tampo da mesa – foi drapeada uma peça de tecido de algodão (provavelmente uma cortina) estampado com um padrão florido azul e amarelo turvo. O tecido está enfeixado sobre a mesa, arranjado de modo a acentuar suas profundas pregas e vincos, entre as quais está aninhada uma maçã vermelha, como uma bola de beisebol na luva de um apanhador. O tecido é pressionado para baixo por um jarro cor de creme nos fundos da mesa, colocado do lado esquerdo, em frente ao vaso.

Até aí, tudo é tradicional. Mas em seguida a revolução artística começa. Cézanne pintou o jarro de duas perspectivas diferentes: uma de perfil no nível dos olhos, outra em que sua boca é vista a partir de cima. O mesmo se aplica à pequena mesa de madeira, cujo tampo Cézanne inclinou em direção ao espectador num ângulo de cerca de vinte graus para lhe mostrar mais das maçãs e dos pêssegos (também pintados a partir de dois ângulos). Se as regras da perspectiva matemática tal como estabelecidas no Renascimento fossem aplicadas, as frutas estariam rolando para fora da mesa e caindo no chão. Mas a perda da perspectiva representou o ganho da verdade. É *assim* que nós vemos. A visão que Cézanne está apresentando é um compósito dos diferentes ângulos de que todos nós desfrutamos ao analisar uma cena. Ele está também tentando transmitir uma outra verdade sobre o modo como assimilamos informação visual. Se vemos doze maçãs empilhadas num prato, não "lemos" o que está diante de nós como doze maçãs individuais, registramos uma unidade singular: um prato cheio de maçãs. Isso significava, para Cézanne, que o plano global de todo o quadro era mais importante do que as partes componentes.

A combinação de olhares lançados sobre um tema a partir de mais de um ângulo com a tentativa de unificar uma composição levou a um achatamento da imagem. Ao inclinar a mesa para o espectador, Cézanne está aumentando a quantidade de informação visual fornecida em prejuízo da ilusão de espaço tridimensional. Assim, tendo prescindido da "caixa de ar" ilusória em que montar sua composição, ele se concentrou na apresentação de uma imagem holística. Para Cézanne, os elementos individuais e as cores da pintura são como notas musicais que ele arranjou meticulosamente para produzir um som harmonioso – cada pincelada sua conduzindo à seguinte, e trabalhando em combinação com ela. É uma abordagem que requer bastante planejamento.

Cada maçã, cada dobra no tecido, é resultado de uma decisão tomada durante um período de meticulosa preparação por um artista empenhado em criar uma composição rítmica, racional. As cores dos objetos e o modo como eles se combinam, espelham e complementam mutuamente foram todos cuidadosamente considerados por um homem que, como Seurat, não media esforços em se tratando da teoria das cores. Ele aplicava manchas de cores quentes e frias que se justapunham, transmitindo uma tremulante efervescência. Azul (frio) e amarelo (quente) estão diametralmente opostos no círculo cromático, e nas mãos erradas exibiriam uma imagem horrivelmente perturbadora. Mas quando aplicadas com a habilidade de Cézanne, o que emerge é uma tela contrastante que resplandece com uma riqueza envolvente. As duas cores aparecem juntas em toda parte em *Natureza-morta com maçãs e pêssegos*, numa série de ecos. Há as grandes faixas de tecido estampado azul e amarelo, as delicadas decorações azuis no vaso contra o qual as maçãs amarelas se apoiam; e depois há as pequenas pinceladas do mesmo tom de azul acrescentadas por Cézanne ao tampo da mesa. Essas marcas sutis complementam não somente as frutas, mas também o painel frontal da mesa, cuja madeira foi transformada num cálido marrom-amarelo pela carícia suave de um sol de fim de verão.

Depois ele equilibrou sua abordagem moderna à cor com a tradicional tonalidade graduada do "grande estilo". O marrom carregado da parede do fundo mistura-se com o marrom mais claro da mesa de madeira, que por sua vez se mistura com os vermelhos e amarelos das frutas e, por fim, com os brancos cremosos do jarro e do vaso. É uma suprema demonstração de controle pictórico e sensibilidade cromática que serve para ligar os diferentes elementos no desejado todo coeso: uma imagem harmoniosa, com as cores funcionando como cordas.

Natureza-morta com maçãs e pêssegos é uma pintura que demonstra como Cézanne mudou a arte para sempre. Seu abandono da perspectiva tradicional em favor de um compromisso com o plano pictórico global e a introdução da visão binocular levaram diretamente ao cubismo (em que quase toda ilusão de três dimensões foi abandonada em favor da maximização da informação visual), ao futurismo, ao construtivismo e à arte decorativa de Matisse. Mas Cézanne ainda não terminara. Suas investigações levariam finalmente à área revolucionária e extremamente contenciosa da arte abstrata.

Como seus companheiros pós-impressionistas, Cézanne havia chegado finalmente a um impasse com o impressionismo. Seurat fora adiante porque ansiava por disciplina e estrutura. Van Gogh e Gauguin se desprenderam por se sentirem restringidos pela insistência na pintura de uma realidade objetiva. Cézanne, por outro lado, pensava que os impressionistas não estavam sendo suficientemente objetivos. A seu ver, faltava-lhes rigor em sua busca de realismo. Suas preocupações diferiam das de Degas e Seurat, segundo os quais as pinturas de Monet, Renoir, Morisot e Pissarro eram ligeiramente superficiais, faltando-lhes estrutura e uma impressão de solidez. Seurat, como sabemos, voltou-se para a ciência em busca de ajuda para resolver a questão; Cézanne voltou-se para a natureza.

Ele pensava que todos os "pintores devem se devotar inteiramente ao estudo da natureza". Fosse qual fosse a pergunta, Cézanne acreditava que a Mãe Natureza forneceria a resposta. A pergunta que ele lhe fazia era muito específica: como poderia transformar o "impressionismo em algo mais sólido e duradouro, como a arte dos museus"? Referia-se com isso à combinação da impressão de seriedade e estrutura das pinturas dos velhos mestres com o compromisso dos impressionistas de se sentar em frente ao motivo, ao ar livre, e tentar emular autenticamente a vida real na tela.

Era uma tarefa a que seu caráter – parte conservador, parte revolucionário – era particularmente ajustado. Ele considerava os grandes pintores do Renascimento superiores aos impressionistas quando se tratava de plano, estrutura e forma. Mas também pensava que a obra de Leonardo e companhia era solapada por uma falta de plausibilidade pictórica. Em 1866, no início de seu aprendizado com os impressionistas, ele escreveu para Émile Zola, que fora seu colega de escola na infância: "Tenho certeza de que todas as pinturas dos velhos mestres representando temas situados ao ar livre só foram feitas com habilidade, pois tudo aquilo não me parece ter a aparência verdadeira, e acima de tudo original, fornecida pela natureza." Em outras palavras, qualquer pintor de talento podia falsificar uma paisagem, mas representar a natureza *com precisão* na tela é um esforço que envolve uma dificuldade muito maior.

"Você sabe, todas as pinturas feitas no interior, no ateliê, nunca serão tão boas quanto as feitas no exterior", proclamou ele antes de se comprometer com uma vida ao ar livre à mercê dos elementos, concluindo: "[na natureza] vejo coisas extraordinárias e terei de me decidir a só fazer coisas ao ar livre." Dia após dia, do amanhecer ao cair da noite, ele se sentava diante de uma montanha ou do mar em sua Provença natal e pintava o que via. A seu ver a tarefa do artista era chegar "ao coração do que tem diante de si e expressar-se tão logicamente quanto possível".

Isso se revelou um desafio maior do que ele havia previsto. Como um pai empreendedor que assume uma pequena tarefa doméstica e acaba se vendo impotente, metido em complicações inesperadas, Cézanne descobriu que toda vez que superava um problema associado à documentação fiel da natureza, como escala ou perspectiva, descobria-se exposto a mais uma dúzia, como formas enganosas ou composições imprecisas. A busca o deixava confuso, exausto e cheio de dúvidas acerca de si mesmo. É surpreendente que não tenha acabado no mesmo asilo que Van Gogh, que ficava a pouca distância de sua casa na Provença. Mas Cézanne não era do mesmo estofo que seu colega holandês. Como Zola escreveu: "Ele [Cézanne] é feito de uma só peça, obstinado e duro; nada pode vergá-lo, nada lhe arranca uma concessão."

Esse foi um traço de caráter que seu pai não demorou a descobrir. *Père* Cézanne era um homem rico e bem-sucedido que sabia alguma coisa sobre subir na vida. A ideia do filho de ser pintor não lhe parecia muito boa. Não era um trabalho respeitável. Afinal, onde estavam a gravata, o terno elegante, os sapatos engraxados e o escritório com seu nome gravado na porta? Assim, ele disse ao teimoso menino para se tornar advogado. "Não", respondeu Paul. E isso parecia ter funcionado, pois o pai ajudou (com relutância) a pagar os estudos do filho na escola de arte e seus anos de formação como pintor. Mas a relação era sempre tensa, uma situação não amenizada por Cézanne, que não contava ao pai que tinha uma amante e um filho. Só quando o pai morreu, em 1886, deixando-lhe uma grande soma de dinheiro e a propriedade em Aix, o artista finalmente encontrou paz e fez da Provença o seu lar.

O Mont Sainte-Victoire domina a paisagem local, uma enorme e desolada montanha que pode ser vista a quilômetros de distância a seu redor. Sua imutabilidade, sua história, a simples força de sua presença exerciam um efeito magnético sobre um artista igualmente obstinado na tentativa de fazer pinturas que dessem uma impressão de permanência. A maneira como Cézanne escolhia representar esse tesouro que lhe era tão valioso dependia de seu estado de espírito. Enquanto Van Gogh expressava seu sentimento por um tema através da distorção, Cézanne o fazia por meio de desenho e cor, como pode ser visto em sua tela *Mont Sainte-Victoire* (c.1887) (ver Lâmina 10), que hoje pertence à Courtauld Gallery em Londres.

Nessa ocasião, Cézanne escolheu pintar a vista da região a oeste de Aix, perto da casa de sua família. Uma colcha de retalhos de campos verdes e dourados (pintados de pelo menos dois ângulos) rola em direção à montanha azul-rosa, que parece um gigantesco ferimento na paisagem. O modo como Cézanne pintou a montanha sugere que somente alguns campos o separavam de sua base, quando de fato ele estava a cerca de treze quilômetros de distância. Era isso que ele tinha em mente quando falava em expressar suas próprias sensações por meio de linha e cor. Ele não desenhou o Mont Sainte-Victoire numa perspectiva precisa, mas escorçou a visão para refletir que em sua mente e a seus olhos ela era o elemento dominante. A paleta fria com que pintou a montanha comunica sua sólida dureza física contra as cores mais suaves, mais quentes, dos campos.

Cézanne era capaz de ver como um morcego é capaz de escutar: numa frequência diferente da nossa. Ele havia solucionado alguns problemas da representação precisa de nossa percepção visual com sua técnica de perspectiva dual, suas composições harmoniosas e o realce que dava a elementos específicos, subjetivamente escolhidos. Mas ainda não estava satisfeito. "Devemos ver a natureza como ninguém a viu antes de nós", disse ele ao jovem artista francês Émile Bernard (1868-1941).

Bernard havia trabalhado com Gauguin em Pont-Aven, na Bretanha, onde os dois haviam se desentendido depois que Bernard alegou (muito razoavelmente) que Gauguin havia furtado suas ideias e seu estilo. Por outro lado, ele teria sido o primeiro a admitir que não só seguiu o conselho de Cézanne mas também lhe copiou as ideias, mais obviamente estas palavras de sabedoria do artista em geral taciturno: "Permita-me repetir o que lhe disse ... trate a natureza por meio do cilindro, da esfera, do cone."

A ideia que Cézanne está defendendo, que descobrira para si mesmo ao ver "a natureza como ninguém a vira antes", era que não vemos realmente detalhes ao olhar para uma paisagem, vemos formas. Cézanne começou a reduzir terra, construções, árvores, montanhas e até pessoas a uma série de formas geométricas. Um campo tornava-se um retângulo verde, uma casa era pintada como uma caixa cúbica marrom e uma grande rocha tomava a forma de uma bola. Podemos ver a técnica na pintura da Courtauld Gallery, que na realidade é pouco mais que uma pilha de formas. Era uma abordagem radical e revolucionária que fazia muitos amantes da arte tradicional coçar a cabeça. Maurice Denis (1870-1943), um jovem artista francês, tentou explicar isso dizendo que uma pintura podia ser julgada por um critério que não o tema que descreve. Disse ele: "Lembre-se de que uma pintura, antes de ser um cavalo de batalha, uma mulher nua ou uma anedota ou outra, é essencialmente uma superfície plana coberta com cores arranjadas numa certa ordem."

Vinte e cinco anos mais tarde a abordagem analítica de Cézanne à representação baseada na redução de detalhes a formas geométricas conduziria à sua conclusão lógica: a abstração total. Artistas na Rússia, Alemanha, Itália, França, Holanda e, por fim, nos Estados Unidos (na forma dos expressionistas abstratos) começariam a fazer uma arte que consistia de planos geométricos chatos e monocromáticos – quadrados, círculos, triângulos e romboides. Para alguns, as formas eram uma alusão ao mundo conhecido (um círculo amarelo para o Sol, um retângulo azul para o mar ou o céu); para outros, a reunião de quadrados e triângulos nada mais era que um desenho formal. Nesses casos o pintor estava pedindo que seu trabalho fosse avaliado com base na afirmação filosófica de Maurice Denis citada acima. É bastante espantoso pensar que Cézanne, com seu jeito de ermitão, exilado em Aix, longe da vanguarda em Paris, exerceria um efeito tão profundo sobre a arte do século XX. Mais surpreendente ainda, portanto, descobrir que ele ainda não tinha terminado.

Mais uma progressão lógica lhe parecia necessária para alcançar seu objetivo de transformar o "impressionismo em algo mais sólido e duradouro, como a arte dos museus". Era pegar sua ideia de simplificar uma paisagem em grupos de formas interconectadas e levá-la um passo adiante – introduzir algo que se aproximava de um rigoroso sistema de grades. Ou, como ele o expressou de maneira bem mais lírica: "As linhas paralelas ao horizonte dão a extensão, seja uma seção da natureza ou, se você preferir, do espetáculo que o *Pater Omnipotens Aeterne Deus* (Deus Pai Onipotente e Eterno) expõe diante de nossos olhos. As linhas perpendiculares a esse horizonte dão a profundidade."

Mais uma vez, podemos ver a evidência de Cézanne pondo suas ideias em prática no *Mont Sainte-Victoire* da Courtauld Gallery. Ele construiu uma estrutura de linhas horizontais paralelas, com os campos, o viaduto ferroviário, os tetos das casas e no ponto em que as terras cultivadas terminam e os contrafortes da montanha começam. Depois, para dar aquela impressão de profundidade, acrescentou um tronco de árvore agressivamente escorçado e desgalhado que corre de alto a baixo no lado esquerdo da tela. Ele funciona como Cézanne disse que faria, sugerindo que a montanha e os campos estão a distância. Você pode comprovar essa teoria removendo o tronco de árvore vertical de vista (tapando-o com a mão). Faça isso e experimentará a sensação de espaço tridimensional desaparecer. Isso muda por completo a maneira como você "interpreta" os galhos da árvore, concebidos por Cézanne como um artifício de enquadramento. Eles ainda acompanham a forma da crista da montanha e fazem eco a ela; se o tronco for removido, porém, eles parecem se tornar parte do céu. No entanto, reintroduza o tronco e os galhos passam a formar um imponente elemento do primeiro plano escorçado, pairando, somos levados a imaginar, logo acima da cabeça do artista.

Mas um galho que se projeta na metade do tronco da árvore é incomum. Cézanne usou suas folhas para unir fundo e primeiro plano; para fechar um hiato de treze quilômetros mediante a mera aplicação de algumas pinceladas paralelas, diagonais, de tinta verde. Ele fundiu tempo e espaço ao sobrepor e integrar planos separados de cor numa técnica conhecida como *passage* (que levou ao cubismo). Tudo isso é parte de sua busca por telas que reflitam a "harmonia da natureza", sendo ao mesmo tempo fiéis à maneira como vemos objetos e espaço, que não é nem de uma perspectiva fixa nem sem conhecimento anterior.

No início de sua jornada em busca de "acrescentar um novo elo" à arte do passado, Cézanne entreabriu inadvertidamente a porta para o modernismo. Quando ele morreu, ela estava girando em seus gonzos. Suas ideias de estruturas semelhantes a grades e de simplificação dos detalhes em formas geométricas podem ser vistas na arquitetura de Le Corbusier, nos projetos angulares da Bauhaus e na arte de Piet Mondrian. Foi o holandês quem levou as ideias de Cézanne ao extremo com suas famosas pinturas De Stijl, em que uma grade de linhas pretas verticais e horizontais com um retângulo ocasional de cor primária era toda a pintura.

Cézanne morreu em outubro de 1906 aos 67 anos, de complicações causadas por um acesso de pneumonia contraída após ser apanhado por uma tempestade quando pintava ao ar livre. Um mês antes ele escrevera numa carta: "Alcançarei algum dia o fim pelo qual me esforcei tão intensamente e por tanto tempo?" O tom é desesperado e frustrado e uma marca do homem. Sua dedicação à arte era total e inabalável. Ele havia proposto para si mesmo desafios intelectuais e técnicos que claramente nunca sentiu ter superado, mas em seus esforços determinados realizara mais que qualquer um de seus pares. Em 1906 ele havia ganhado um status quase mítico. Isso se devia em parte a seu exílio autoimposto em Aix e a uma falta geral de interesse por vender suas pinturas (e da necessidade de fazê-lo). Quando as enviava a Paris, porém, elas vendiam bem. Ele havia se tornado o grande rebelde da vanguarda parisiense: quanto menos dizia, mais suas palavras lhe pareciam relevantes. Muitos artistas que se tornariam mais tarde os nomes famosos de sua geração já estavam sob seu domínio, inclusive Henri Matisse (1869-1954) e Pierre Bonnard (1867-1947). Poucos, porém, se sentiam mais intensamente atraídos por ele que um talentoso jovem espanhol chamado Pablo Picasso, que disse: "Cézanne foi meu único mestre! Claro que observei suas pinturas ... passei anos estudando-as."

Em 1907 o Salon d'Automne montou uma Exposição Memorial de Cézanne. Foi uma sensação. Artistas do mundo inteiro foram ver a obra a que o Mestre de Aix se dedicara a vida toda. Muitos ficaram estupefatos; muitos ficaram humilhados, perplexos com a maneira pela qual Cézanne voltara os olhos para os velhos mestres em busca de ajuda para levar a arte adiante. A exposição fora realizada num momento em que vários elementos da safra atual de pintores jovens e brilhantes começavam a se desiludir com a superficialidade de seu mundo moderno. Observando as realizações de Cézanne, eles começaram a ponderar sobre o que se poderia aprender olhando ainda mais para trás: para um tempo anterior à civilização moderna.

6. Primitivismo, 1880-1930/Fauvismo, 1905-10: Grito primal

O PRIMITIVISMO ATRAVESSA a história da arte moderna como o Tâmisa atravessa Londres. O termo se relaciona a pinturas e esculturas do século XX ocidental que copiaram – ou apropriaram – artefatos, talhas e imagens produzidas por culturas nativas antigas. Ele está contaminado com conotações imperialistas, sendo um termo condescendente cunhado por europeus "civilizados" e esclarecidos para se referir à arte das tribos sem instrução e "incivilizadas" da África, América do Sul, Austrália e do Pacífico Sul.

A palavra pressupõe uma falta de evolução nessas culturas e na arte que elas produzem: uma escultura africana de madeira de 2 mil anos é indistinguível de uma feita na semana passada – ambas são consideradas primitivas. A ironia de que a versão moderna provavelmente foi produzida para ser vendida a turistas – um caso de exploração de ocidentais crédulos pelos astutos "primitivos" – terá quase certamente escapado àqueles que, mais cedo no século XX, trombeteavam com entusiasmo os valores dessas culturas "*naïve*", incólumes, constituídas por nobres selvagens.

A noção sentimental e idealizada do nobre selvagem remonta à era do Iluminismo, que teve início no fim do século XVII. Em termos de arte moderna, sabemos que Gauguin foi um dos primeiros a adotá-la. Foi ele quem abandonou a decadência europeia em 1891 para viver entre os nativos no Taiti, declarando que, ao chegar lá, se tornaria um "selvagem" e faria arte inspirada em seu ambiente "primitivo" (e, pelo que se viu depois, espalharia doença venérea). Era uma proposta de retorno ao essencial que pautou também o movimento decorativo internacional *fin-de-siècle* conhecido seja como art nouveau (na França), Jugendstil (na Alemanha) ou Secessão de Viena (na Áustria). Os artistas e artesãos envolvidos faziam produtos e pinturas sensuais e curvilíneos que evocavam a elegância da cerâmica antiga e a simplicidade dos motivos da natureza.

Gustav Klimt (1862-1918) talvez seja o artista mais conhecido associado a esse movimento guiado pelo desenho, cuja imagem mais famosa é possivelmente sua pintura *O beijo* (1907-08). O casal apaixonado na pintura poderia ter sido pintado no muro de uma caverna, tal é a bidimensionalidade da cena e sua qualidade atemporal. Um homem está de pé, a cabeça curvada sobre a face de sua amante de joelhos, cujos pés expostos aninham-se num prado florido. Os dois estão envoltos no fulgor dourado emitido por seus trajes extremamente ornados. Ele veste uma túnica longa dourada decorada com um antigo padrão mosaico; ela usa um vestido dourado enfeitado com símbolos geométricos que parecem esplêndidos fósseis pré-históricos. O fundo para o que parece ser um abraço ritualístico é achatado, brônzeo e perfeito, como o mundo que eles habitam.

A pintura de Klimt tem o ar místico do primitivismo, mas é muito mais opulenta e refinada que a obra que seria produzida pelos artistas modernos de Paris similarmente inspirados pelo passado distante. Embora compartilhassem muitas das mesmas referências antigas, os artistas parisienses tinham suas influências específicas. Os franceses haviam estabelecido uma colônia na África ocidental, o que ocasionara a chegada a Paris de um fluxo de artefatos, levados pelos negociantes franceses que haviam estado na África. Eles retornavam com toda espécie de mementos "exóticos", como têxteis vivamente coloridos, figuras entalhadas e itens variados usados em rituais nas aldeias africanas. Um item particularmente apreciado, que podia ser encontrado tanto nas lojas de bricabraque da cidade como no museu etnográfico, era a máscara africana entalhada, um objeto que viria a se tornar um fio essencial do DNA da arte moderna.

Aos olhos dos jovens artistas que viviam na Paris *fin-de-siècle*, esses totens entalhados alcançavam uma simplicidade e retidão que já não lhes era acessível, pois haviam sido treinados a suprimir seus próprios impulsos primais pelas escolas de arte. Eles adotavam uma visão romântica: a "arte nativa" era produzida por mentes não conspurcadas pela cultura ocidental materialista, mentes que ainda podiam ter acesso à sua criança interior e criar obras inocentes, profundamente verdadeiras.

O artista Maurice de Vlaminck (1876-1958) é considerado o responsável por induzir a geração mais jovem a tomar esse caminho. Segundo ele, tudo começou quando viu três máscaras africanas num café em Argenteuil, um subúrbio a noroeste de Paris, em 1905. Fora um dia de forte calor e o artista estava em busca de um refrescante copo de vinho como recompensa depois de horas de pintura ao ar livre. Se a mistura de muito sol com muito álcool havia ou não afetado seu estado de espírito é uma questão em aberto, mas o fato é que ele viu as máscaras e se sentiu imediatamente impactado pelo poder expressivo do que lhe pareceu ser uma "arte instintiva". Após muito regatear, ele acabou comprando as máscaras do dono do café. Embrulhou-as com cuidado e levou-as para casa para mostrar a uns dois amigos que, a seu ver, poderiam compartilhar seu fervor.

Estava certo. Henri Matisse e André Derain (1880-1954) ficaram impressionados. Os três artistas já compartilhavam uma admiração pela vívida paleta de Van Gogh e pelos gostos primitivos de Gauguin. Agora, ao estudar as talhas africanas de Vlaminck, podiam ver que as máscaras tinham uma liberdade que sua arte ocidental não possuía. O treinamento formal que haviam recebido os ensinara a se esforçar para alcançar uma beleza idealizada, mas esses artefatos africanos não faziam nenhuma tentativa nesse sentido – longe disso; eles muitas vezes representavam malformações e eram valorizados por seu simbolismo. E se os três artistas radicados em Paris fizessem o mesmo? E se estivessem livres da representação naturalista e fizessem pinturas que acentuassem as características inerentes a seus temas?

Dentro de um curto espaço de tempo, a conversa que as máscaras provocaram entre os três artistas os havia motivado a adotar uma nova abordagem à pintura que privilegiasse a cor e a expressão emocional em detrimento da representação literal. Naquele verão, Matisse e Derain, velhos amigos que haviam estudado juntos em Paris, deixaram o ligeiramente maçante Vlaminck para trás e rumaram para umas férias de verão em Collioure, no sul da França. Ali descobriram um sol tão brilhante e cores tão vívidas que se sentiram inspirados a entrar num ritmo febril de atividade, produzindo centenas de pinturas, esboços e esculturas. Suas pinturas eram emocionalmente desinibidas e desbragadamente coloridas, alardeando a mensagem de que o mundo era um lugar maravilhoso. *Barcos no porto de Collioure* (1905), de Derain, é típico das pinturas que os dois artistas fizeram.

Cores naturais, perspectiva, realismo, tudo isso foi dispensado em favor da apreensão do que Derain sentiu ser o caráter essencial do porto. Isso significou uma representação muito diferente da clássica praia mediterrânea. Em vez de uma extensão dourada de praia salpicada com barquinhos, Derain pinta a areia de um vermelho flamengo para indicar o calor abrasador de sua superfície. Ele acentua os barcos de pesca rudimentarmente construídos ao pintá-los com pinceladas toscas de azul e laranja. Não faz nenhuma tentativa de registrar com precisão as montanhas distantes, contentando-se em garatujá-las com um par de pinceladas de tinta rosa e marrom para equilibrar e emoldurar sua colorida composição. O mar é feito de curtas estocadas de tinta azul-escura e verde-cinza, lembrando o impressionismo inicial de Monet ou o pontilhismo de Seurat, mas com muito menos atenção ao detalhe: o mar de Derain mais parece um piso em mosaico. O resultado é uma pintura evocativa que não só nos mostra Collioure, como nos faz sentir o lugar. A mensagem do artista é clara: o porto é quente, rústico, sem complicações e pitoresco. Eles estavam usando a cor como um poeta usa palavras: para revelar a essência de um tema.

De volta a Paris, Matisse e Derain mostraram a Vlaminck o que tinham andado fazendo. Derain estava nervoso e inseguro quanto ao modo como o irascível Vlaminck poderia reagir, tendo testemunhado as desagradáveis repercussões do temperamento tempestuoso do amigo quando os dois haviam passado um período juntos no Exército. Vlaminck deu uma olhada no trabalho produzido pelos artistas em férias e se afastou. Foi direto para seu ateliê, pegou o cavalete, uma tela e alguns tubos de tinta e saiu.

Pouco depois produziu *Restaurant de la Machine à Bougival* (c.1905). A pintura mostra a elegante aldeia a oeste de Paris numa tarde abafada.

Ela está deserta, presumivelmente porque os moradores estão em casa, poupando os olhos da cena ofuscante lá fora. É como se estivéssemos vendo a aldeia da mesma maneira que Vlaminck. Ele girou o botão da intensidade da cor ao máximo, transformando um ambiente tranquilo numa alucinação multicor. Aos olhos do artista, o pavimento das ruas de Bougival é realmente dourado. Enquanto isso, o agradável gramado da aldeia tornou-se uma estonteante colcha de retalhos de laranjas, amarelos e azuis. A casca da árvore não é marrom ou cinza como seria de esperar, mas uma mistura caleidoscópica de vermelho vivo, água-marinha e verde-limão. Quanto às casas situadas do outro lado da rua de tijolos amarelos de Vlaminck, bem, elas se tornaram formas simplificadas, seus telhados moldados por simples pinceladas de tinta azul-turquesa, suas fachadas representadas por borrifos de branco e rosa.

O efeito global é como um choque elétrico ocular. Vlaminck usou tinta sem mistura diretamente do tubo para produzir uma imagem de colorido extremo que expressa suas sensações extremas. Certa vez ele disse sobre seu trabalho durante esse período: "Transpus para uma orquestração de cor pura cada coisa que sentia ... Traduzi o que via instintivamente, sem nenhum método, e transmiti a verdade, não tanto artística quanto humanamente. Espremi, arruinei tubos de água-marinha e vermelhão." De fato. *Restaurant de la Machine à Bougival* é uma pintura da vida real, mas não como a maioria de nós a conhece.

No outono, os três artistas concluíram que tinham produzido um número suficiente de obras chocantemente coloridas para participar do Salon d'Automne de 1905. Tratava-se de um novo salão criado em 1903 em oposição à exposição anual da Academia, cada vez mais inatingível, com o objetivo de proporcionar aos artistas de vanguarda um lugar alternativo onde pudessem exibir seu trabalho. Parte do comitê de seleção olhou para suas propostas psicodélicas e pronunciou-se contra sua exposição pública. Matisse, figura influente no comitê, insistiu que não só ele e seus dois amigos iriam mostrar suas pinturas, como elas seriam todas penduradas na mesma sala, permitindo ao visitante beneficiar-se do pleno impacto de sua estonteante paleta.

A reação a seus esforços foi duvidosa. Alguns se divertiram com as cores flamejantemente saturadas, mas a maioria não se impressionou. O influente crítico de arte Louis Vauxcelles, homem de gostos conservadores, disse de modo depreciativo que as pinturas eram o trabalho de *Les Fauves* (as feras). Foi um comentário desdenhoso feito por um crítico que iria, mais uma vez, fornecer nome e ímpeto a um novo movimento na arte moderna.

Derain, Matisse e Vlaminck não haviam pretendido iniciar um movimento; não tinham nenhum manifesto ou programa político. Sua intenção havia sido simplesmente explorar o território expressivo revelado por Van Gogh e Gauguin, e tentar compreender e expressar a mesma veia atavística que lhes parecia evidente nos artefatos africanos de Vlaminck. Mas cabe dizer em defesa de Vauxcelles que, depois, suas experiências os haviam levado a desenvolver uma paleta que deve ter parecido descontrolada e indomada a um crítico de arte de 1905. Seus olhos não deviam estar acostumados a ver combinações de cor conscientemente escolhidas para chocar, de modo a produzir uma arte tão inflexível e memorável quanto os artefatos tribais que pouco a pouco tomavam conta dos ateliês dos artistas. Para um mundo artístico que ainda estava chegando a um acordo com os impressionistas e pós-impressionistas, as cores intensificadas usadas pelos fauvistas deviam parecer vulgares e berrantes ao extremo. Embora, na verdade, houvesse poucas personalidades menos selvagens que Matisse no mundo das artes parisiense.

Ele era um compenetrado pai de três filhos que se vestia sobriamente e ainda atuava como o advogado que fora outrora. A única coisa "selvagem" que já fizera fora contrariar os desejos do pai e desistir do direito em favor da arte. Sob os demais aspectos, era reto como uma pista de aeroporto. Uma vez declarou que sua ambição era tornar a arte tão agradável e "confortável como sentar-se numa poltrona". Não foi assim que os visitantes do Salon d'Automne de 1905 se sentiram em relação a seu trabalho. Foi uma das pinturas de Matisse que causou maior rebuliço. *Mulher com chapéu* (1905) é um retrato de meio-corpo de sua esposa, Amélie, vestida com sua melhor roupa e olhando por sobre o ombro para um ponto a meia distância. Sabemos que os impressionistas e pós-impressionistas eram fortemente adeptos de pinturas informais que evocassem um estado de ânimo, mas até eles teriam feito objeção ao retrato de Matisse. Não ele próprio.

Mulher com chapéu leva o espírito reinante de inconformismo a novas alturas. A tela tem um canteiro de cores tão desregrado que parece um rabisco feito ao acaso sobre uma paleta muito usada. O que, tendo-se em vista o tema da obra – sua mulher – e o tratamento que Matisse lhe dá, era escandaloso. Ele tinha começado de maneira bastante convencional, pintando a mulher vestida com uma roupa chique, condizente com um membro elegante da burguesia francesa. Seu braço enluvado, como pedia a moda, segura um leque, enquanto seu belo cabelo castanho-avermelhado está em grande parte escondido sob um elaborado chapéu. Até aí, tudo bem. Madame M. teria ficado encantada. Mas ela não ficou satisfeita quando viu o resultado final. Seu marido reduziu seu rosto a um esboço semelhante a uma máscara africana, colorida com pinceladas incompletas de amarelos e verdes. Seu chapéu parece a obra de uma criança de dois anos tentando pintar uma tigela cheia de frutas tropicais, enquanto seu lindo cabelo foi liquidado às pressas com uma ou duas pinceladas de tinta vermelho-alaranjada, assim como suas sobrancelhas e seus lábios. Quanto a seu vestido – bem, Matisse prescindiu disso também, fazendo-a envergar em seu lugar algo que lembra uma banca de brechó: uma mixórdia de cores vistosas e não naturalistas aplicadas ao acaso. O plano de fundo é quase inexistente, consistindo em quatro ou cinco áreas de cor negligentemente pintadas. Tudo considerado, um crítico não iniciado poderia ter a impressão de que a obra foi concluída numa apressada meia hora por um decorador modesto, mais acostumado a testar amostras de tinta numa parede raspada, não por um artista reverenciado em sua melhor forma.

Ela é colorida? Eu diria que sim. Precisa? Nem um pouco. Quando foi que você viu um nariz verde pela última vez? Embaraçosa para madame Matisse? Muito. Se Matisse tivesse tratado uma paisagem dessa maneira, isso teria causado um estardalhaço, mas retratar assim uma mulher causou indignação. Para piorar ainda mais as coisas, diz-se que, quando perguntaram ao artista o que sua mulher estava realmente usando, ele teria respondido: "Preto, é claro." A pintura é mais esquemática que uma obra impressionista, mais vivamente colorida que um Van Gogh e mais flamejante que Gauguin em sua máxima efervescência. De fato, é à obra de Cézanne que ela mais se assemelha. A maneira como Matisse estruturou sua imagem, bloco de cor por bloco de cor, sugere que ele havia seguido o conselho de Cézanne de pintar o que realmente via, não o que fora ensinado a ver. A viva explosão de cores de sua expressão pictórica revelava a paixão que esse homem reservado sentia pela esposa.

Após vários dias de agitação, *Mulher com chapéu* foi comprada por um expatriado norte-americano chamado Leo Stein. Ele era uma das metades da formidável dupla de irmão e irmã que havia se mudado para Paris em 1903. O apartamento de Leo e Gertrude Stein na rue des Fleurus, na elegante área de Montparnasse, ao sul do rio Sena, tornou-se um ponto de encontro central para artistas, poetas, músicos e filósofos que moravam na cidade ou a estavam visitando. Seus *"salons"* regulares eram *o* lugar onde convinha estar e ser visto. Leo era crítico de arte e colecionador, Gertrude, uma carismática intelectual e escritora. Juntos eles haviam formado uma incrível coleção de arte moderna e uma influente rede de amigos. A contribuição de ambos para a história da arte moderna é importante. Além de serem figuras de destaque na intelligentsia da cidade, agiam como agitadores para os artistas em seu círculo. Não só os estimulavam como sustentavam suas palavras comprando suas obras – mesmo quando não as apreciavam muito. Foi esse o caso de *Mulher com chapéu*, de Matisse, que Leo descreveu como "o mais detestável borrão de tinta que já vi".

Mais tarde ele mudou de opinião com relação à pintura e à nova abordagem que Matisse estava adotando. Tanto que no ano seguinte comprou mais uma obra controversa do artista intitulada *A alegria de viver* (1905-06) (ver Lâmina 11). A compra demonstra a crença dos Stein em seus amigos artistas e em seu próprio julgamento. É também um exemplo de como um protetor astuto pode desempenhar um papel significativo ajudando um artista a estabelecer uma carreira importante, como foi o caso com Leonardo da Vinci no século XV e mais recentemente com Damien Hirst. Felizmente para os Stein, eles tinham um vasto apartamento para abrigar suas paixões. *A alegria de viver* é uma pintura ampla, com aproximadamente 2,4 × 1,8 metros, que teve de ser espremida em meio a todas as outras telas de Cézanne, Renoir e Henri de Toulouse-Lautrec que o casal já possuía, além de *Mulher com chapéu*, de Matisse.

A alegria de viver era a quintessência da pintura fauvista. O ponto de partida de Matisse é a cena pastoral, um gênero antigo dentro da pintura de paisagem tradicional. Ele produziu uma imagem de deleites hedonistas – pessoas se amando, fazendo música, dançando, tomando banho de sol, colhendo flores e relaxando – que têm lugar numa luminosa praia amarela pontilhada com árvores alaranjadas e verdes. Estas se curvam graciosamente para oferecer manchas de sombra em uma relva fresca azul-arroxeada sobre a qual amantes se beijam e se acariciam. O mar calmo a distância, da mesma cor extravagante que a relva, funciona como uma linha divisória horizontal entre a areia dourada e o céu estranhamente cor-de-rosa.

Os estudos para essa pintura haviam sido feitos em sua recente visita a Collioure com Derain, mas suas referências são muito mais antigas. Elas remontam ao século XVI e a uma gravura de Agostino Carracci (1557-1602) intitulada *Reciproco Amore*, que representa uma cena quase idêntica. Ambas as imagens retratam um grupo de alegres dançarinos quase a meia distância, com um par estendido na areia no primeiro plano, em frente a eles. Nas duas vemos dois amantes sentados à sombra do canto direito inferior da tela e ambas são emolduradas por galhos de árvore que se projetam, canalizando o olhar para uma clareira brilhante, exatamente no centro. Oh, e em ambas todas as figuras estão nuas em pelo. A semelhança é notável.

A diferença é que a versão de Matisse é uma visão com cores de bala, retratando figuras toscamente desenhadas, extravagantes. É uma obra extremamente individual que mostra Matisse atingindo o apogeu, não só como um grande colorista, mas também como um mestre do desenho. Acompanhar a desenvoltura, a elegância e a fluidez das linhas que ele pinta é uma alegria para os olhos. Sua habilidade para fazer uma simples marca na tela que estabelece uma conexão imediata e memorável com o espectador o eleva da categoria de bom pintor para a de grande artista. O efeito equilibrador de suas formas contrastantes e a coerência de suas composições foram igualados por muito poucos artistas na história da pintura. Surpreendentemente, um daqueles raros talentos que podiam resistir a uma comparação com ele estava vivendo em Paris exatamente na mesma época.

Pablo Picasso (1881-1973) era um jovem e precoce artista espanhol que havia deixado rapidamente sua marca na primeira visita a Paris, em 1900, quando era ainda um adolescente. Em 1906 ele residia na cidade, uma estrela da vanguarda e um visitante frequente no apartamento cheio de obras de arte dos Stein. Foi ali que viu o último trabalho de Matisse e ficou tão verde quanto o nariz pintado de madame Matisse. Os dois homens se tratavam com polidez, mas por dentro eram ferozmente competitivos, e um não se descuidava de ficar de olho no trabalho do outro. No íntimo, reconheciam que seriam os dois únicos a disputar o título de Maior Artista Vivo, um título que se tornara disponível recentemente, com a morte de Cézanne.

Pablo Picasso e Henri Matisse não se pareciam. Fernande Olivier, amante e musa de Picasso na época, atribuiu a Matisse o comentário de que os dois artistas eram "tão diferentes quanto o polo Norte é do polo Sul". Picasso vinha da quente costa sul da Espanha, Matisse, do frio do norte da França: cada um tinha o temperamento condizente com seu local de nascimento. Embora mais de uma década mais velho, em termos profissionais Matisse era contemporâneo do espanhol, pois sua carreira inicial como advogado resultara num início tardio para sua vida como artista.

Nas memórias que publicou, Fernande Olivier explica em detalhe a diferença física entre os dois artistas. Matisse, escreveu ela, "parecia um velho e imponente artista", graças a seus "traços regulares e sua espessa barba dourada". Ela o considerava "sério e cauteloso", com uma "assombrosa lucidez". Ao que parece, muito diferente de seu namorado, que ela descreveu como "pequeno, moreno, atarracado, inquieto e inquietante, com olhos tristes, fundos, penetrantes e curiosamente parados". Ela não hesitou em escrever que não "havia nele nada de especialmente atraente", antes de admitir que ele tinha um "brilho, um fogo interior que se sentia nele [e que] lhe conferia uma espécie de magnetismo".

Quando Picasso viu *Mulher com chapéu*, a pintura fauvista de Matisse, respondeu com um *Retrato de Gertrude Stein* (1905-06). O retrato de três quartos de comprimento da mulher que se tornou sua principal defensora e cliente entusiasta é diferente em muitos aspectos. Picasso usou uma paleta de marrons abrandados, não os vermelhos e verdes vívidos de Matisse. E sua obra não dá a mesma impressão de espontaneidade: parece mais sólida, imutável. Vendo-se as duas telas juntas, parece inacreditável que sejam contemporâneas, de tal modo as atitudes dos artistas são diferentes. Matisse fez um trabalho que sugere a velocidade e a vibração da vida moderna, Picasso, a superestrutura que a sustenta. O de Matisse é a efusão espontânea de uma emoção, o de Picasso é uma resposta refletida. O de Matisse é free jazz, o de Picasso, um concerto formal. O que é o oposto do que seria de imaginar.

A amizade que os dois artistas haviam desenvolvido com os Stein forneceria o catalisador para um dos maiores avanços da história da arte moderna. Num dia de fim de outono de 1906, Picasso fez uma visita casual aos Stein para tomar um drinque. Ao chegar, constatou que Matisse já estava lá. Cumprimentou-o e foi se sentar em frente a ele. Quando se inclinou para entabular uma conversa, viu que o pintor fauvista estava segurando alguma coisa furtivamente no colo. Observador e esperto, Picasso ficou desconfiado.

"O que você tem aí, Henri?", perguntou.

"Err, ah, humm, n... nada, na verdade", respondeu Matisse de maneira pouco convincente.

"É mesmo?", insistiu Picasso.

"Bem", disse o ex-advogado, brincando nervosamente com os óculos, "é só uma escultura à toa."

Picasso estendeu a mão como um professor primário confiscando um brinquedo de uma criança. Matisse hesitou, em seguida lhe entregou o objeto.

"Onde encontrou isto?", murmurou Picasso, maravilhado.

Vendo o efeito que seu objeto estava tendo sobre o espanhol, Matisse tentou subestimá-lo.

"Oh, peguei-o para me divertir um pouco numa barraca de curiosidades a caminho daqui."

Picasso olhou para o outro lado da sala. Ele conhecia bem demais o rival para acreditar naquilo. Matisse nunca fazia coisa alguma para "se divertir um pouco". Picasso se divertia. Matisse, não.

Passaram-se vários minutos enquanto Picasso estudava a "cabeça de negro" de madeira que Matisse lhe entregara. Por fim devolveu-a.

"Lembra a arte egípcia, não acha?", perguntou um intrigado Matisse.

Picasso levantou-se e foi até a janela sem responder.

"As linhas e a forma", continuou Matisse, "são semelhantes à arte dos faraós, não é?"

Picasso sorriu, pediu licença e foi embora.

Não era sua intenção ser grosseiro com Matisse; estava simplesmente sem fala – profundamente assombrado pelo que vira. Para ele a escultura africana era um fetiche, um objeto mágico destinado a repelir espíritos desconhecidos. Ela possuía poderes estranhos e misteriosos, incognoscíveis e incontroláveis. O espanhol estava num transe induzido pelo objeto. Não se sentia frio e amedrontado, mas quente e cheio de vida. Era essa sensação, pensava Picasso, que a arte devia dar. Ele sabia o que fazer em seguida.

Foi ao Musée d'Ethnographie du Trocadéro para ver a coleção de máscaras africanas ali exposta. Chegando à sala onde estavam, sentiu-se repugnado pelo cheiro e a maneira descuidada como eram mostradas. Mais uma vez, porém, sentiu o poder dos objetos. "Eu estava completamente sozinho", contou. "Queria ir embora. Mas não saí. Fiquei. Fiquei. Compreendi algo muito importante: alguma coisa estava acontecendo comigo." Ele estava assustado, acreditando que os artefatos estavam mantendo fantasmas misteriosos e perigosos a distância. "Olhei para aqueles fetiches e me dei conta de que eu também estava contra tudo. Eu também acredito que tudo é desconhecido e hostil", disse Picasso tempos depois.

Há muitos pretensos momentos de "big bang" na arte, em que o curso da pintura e da escultura supostamente mudou de maneira radical e permanente. Bem, nesse caso isso aconteceu. O encontro de Picasso com as máscaras provocou uma das mais fundamentais de todas as mudanças.

Em poucas horas o artista havia repensado uma pintura em que vinha trabalhando havia algum tempo. Muito mais tarde ele concluiu que, ao ver as máscaras, "compreendeu por que era um pintor". "Completamente sozinho", contou, "naquele museu horrível, as máscaras, as bonecas dos peles-vermelhas, os manequins empoeirados, *Les demoiselles d'Avignon* deve ter chegado a mim naquele dia, mas não por causa de todas as formas: mas porque ela foi minha primeira tela de exorcismo – sim, com certeza!"

Les demoiselles d'Avignon (1907) (ver Lâmina 13) foi *a* pintura que levou ao cubismo. Até hoje ela continua sendo considerada por muitos artistas contemporâneos a pintura isolada mais influente já criada. É estranho pensar que se trata de uma pintura (que examinaremos em detalhe no próximo capítulo, dedicado ao cubismo) que provavelmente não teria existido se Picasso não tivesse decidido dar uma passada pelo apartamento dos Stein naquele dia de outono em 1906.

Embora gostasse da hospitalidade e da proteção dos Stein, Picasso sentia-se igualmente feliz recebendo em seu ateliê em Montmartre. Era um espaço simples dentro de um prédio de ateliês de artistas conhecido como Le Bateau-Lavoir, o que significa "barco-lavanderia", uma referência à maneira como o edifício estalava, como um barco de madeira açoitado pela ventania. Ali ele dava festas para os amigos e organizava jantares para apoiar e promover as carreiras de colegas artistas. Certa vez, deu um banquete em homenagem a um favorito especial...

"Merde!", murmurou um frustrado Picasso.

A culpa era dele mesmo; ele sabia que não adiantava lançá-la sobre mais ninguém. Como podia ter sido tão idiota? Não era uma coisa tão difícil de lembrar – a data de um jantar. Sobretudo quando você mesmo era o anfitrião! O pequeno espanhol com crescente reputação percorreu com os olhos seu vacilante ateliê em busca de inspiração – um dom que de hábito tinha em abundância. Mas não hoje, numa noite escura de novembro em que a pressão era grande e as expectativas, elevadas.

Dentro de duas horas a nata da vanguarda parisiense subiria o íngreme monte no norte de Paris e esperaria ser recompensada com uma excelente refeição e uma noitada de arromba. O poeta Guillaume Apollinaire, a escritora Gertrude Stein e o pintor Georges Braque (1882-1963) eram apenas alguns dos nomes numa lista de convidados impressionante. A expectativa era de que aquela seria uma noite inesquecível.

Picasso era o artista flamejante e *connaisseur* que gostava de fazer surgir como que por encanto uma noite de alta culinária e vinhos finos, cuja magia era regada com absinto e muita farra. Mas enquanto os convidados estavam em casa se aprontando, Picasso via seus planos irem por água abaixo. Ele dera a data errada para o fornecedor da comida, que, mesmo após as demoradas súplicas do artista consternado, se recusara a ajudá-lo a sair do apuro. Picasso havia encomendado a comida para dali a dois dias, isto é, com dois dias de atraso. *Merde*, realmente.

Por outro lado, porém... E daí? Não havia nada de que Picasso e seus jovens amigos gostassem mais do que inaptidão infantil e travessuras de estudante. Mesmo que o jantar fosse um desastre, na certa seria fonte de futura diversão. Eles se lembrariam da noite hilariante em que o convidado de honra de Picasso – o artista Henri Rousseau (1844-1910), então com 64 anos – chegou esperando ser conduzido por um tapete vermelho a um banquete realizado em seu nome, mas ao invés disso descobriu que o evento havia sido cancelado e todos os convidados haviam se mandado para o Moulin Rouge, logo ali embaixo. Felizmente isso não aconteceu. Se bem que a incorrigibilidade da geração mais nova teria sido um tributo adequado para um artista autodidata que a maioria do establishment da arte considerava, bem, incorrigível.

Henri Rousseau era um homem simples, de pouca instrução, com um ar de inocente ingenuidade. A turma de Montmartre apelidou-o de "Le Douanier", isto é, "O Aduaneiro", referindo-se a seu trabalho como coletor de impostos na aduana. Como a maioria dos apelidos, este tinha uma conotação carinhosa, mas zombeteira. Havia algo de ridículo na ideia de que Rousseau era um artista. Ele não tinha nenhuma formação, nenhum contato, e só se dedicara à pintura como um hobby para preencher as tardes de domingo quando já tinha quarenta anos. Além do mais, realmente não correspondia ao modelo. Os artistas tendiam a ser boêmios, ou indivíduos de mentalidade acadêmica decididos a resolver problemas artísticos formais, ou ambas as coisas. Rousseau não era nem uma nem outra. Era um homem comum: de meia-idade, desinteressante, vivendo sossegadamente sua vida monótona em meio às multidões.

Coletores de impostos excêntricos e quarentões não se transformam em superastros da arte moderna. Bem, não com muita frequência. Como se verificou, Rousseau foi a Susan Boyle de seu tempo. Você se lembra de como todos pensaram que a escocesa grisalha e malvestida era uma piada, uma presença deslocada naquele palco? Em seguida ela começou a cantar. Nesse momento os cínicos descobriram que ela tinha um grande dom, que não se reduzia a uma bela voz, mas envolvia a capacidade de interpretar uma canção com sinceridade, um poder que vinha de sua ingenuidade. Podia não haver programa de calouros no tempo de Rousseau, mas havia um equivalente. O recém-criado Salão dos Independentes era uma exposição sem júri em que todos que desejassem expor seu trabalho eram bem-vindos. Em 1886 Rousseau decidiu aproveitar a oportunidade. Nessa altura ele estava com quarenta e poucos anos e alimentava a esperança otimista de iniciar uma nova carreira como um artista genuíno.

Não deu certo. Rousseau foi a piada da exposição. Críticos e visitantes abafavam risadinhas enquanto ridicularizavam seu trabalho, horrorizados ao ver que alguém tão inapto julgara seu trabalho digno de exibição pública. Sua pintura *Uma noite de carnaval* (1886) foi terrivelmente execrada. O tema era razoável: um jovem casal trajando fantasias de carnaval ruma para casa através de um campo arado numa noite de inverno, iluminada por uma lua cheia suspensa no céu acima de uma floresta de árvores desfolhadas. Mas a maneira isenta de sofisticação como Rousseau executara a cena era inaceitável para um público criado vendo a pintura da Academia. Eles ainda estavam tentando digerir as novas ideias introduzidas pelos impressionistas e não suportaram os esforços deploravelmente amadores apresentados por Le Douanier. Viram como os pés do jovem casal pairavam muitos centímetros acima do chão, como Rousseau fora incapaz de criar uma impressão crível de perspectiva e como a composição, como um todo, era irremediavelmente plana e desajeitada. Foi um dos primeiros casos em que pessoas disseram: "Meu filho de cinco anos poderia ter feito isso."

Mas a falta de habilidade técnica e conhecimento de Rousseau resultava, na verdade, num estilo extremamente característico: um híbrido do tipo de ilustração simplista que vemos num livro de figuras para crianças com a limpidez pictórica bidimensional de uma estampa japonesa produzida com matriz em bloco de madeira. É uma combinação poderosa que confere impacto e individualidade às suas pinturas. Ninguém menos que o grande impressionista Camille Pissarro elogiou *Uma noite de carnaval* por sua "precisão de … valores e riqueza de tons".

A inocência de Rousseau tinha a vantagem de torná-lo menos suscetível a críticas. Ele acreditava estar no caminho certo desde o momento em que iniciara sua carreira tardia, e nada poderia convencê-lo do contrário. Assim, fez o que fazem os arquitetos quando se defrontam com um obstáculo feio mas irremovível: transformou o problema – sua ingenuidade – na principal característica de seu trabalho.

Em 1905 ele se aposentara do emprego de coletor de impostos para se tornar artista profissional. Inscreveu sua obra *O leão faminto* (ver Lâmina 12) no prestigioso Salon d'Automne. Tecnicamente, a tela é ainda bastante desajeitada. O antílope atacado pelo leão mais parece um burro; o leão supostamente feroz tem tanta crueldade quanto um fantoche; e as várias criaturas empoleiradas na selva circundante, observando a ação desprovida de impacto acontecer, parecem ter saído diretamente de um livro do tipo *Onde está Wally?*. Essa é uma de várias pinturas tendo a selva por tema, todas as quais seguem o mesmo padrão: a figura central é um animal predador que derruba sua vítima no chão em meio a uma luxuriante floresta de folhas, flores e capins exóticos. O céu é sempre azul; o sol – quando aparece – está se levantando ou se pondo, mas nunca lança luz ou sombra. Nenhuma das pinturas dessa série é remotamente realista ou convincente, por motivos óbvios.

A probabilidade de que Rousseau tivesse algum dia visitado um lugar mais exótico que o jardim zoológico de Paris é tão remota quanto eram remotos os lugares que ele dizia ter visitado. Le Douanier era propenso a ideias extravagantes: ele era um sonhador, um fantasista que gostava de perpetuar a história de que essas pinturas eram inspiradas no tempo que passara no México, lutando junto aos homens de Napoleão III contra o imperador Maximiliano. Não há nenhuma evidência de que ele algum dia tenha visto ação – de fato, nem de que tenha saído da França. Isso fazia dele um alvo de troça aos olhos de muitos. Mas para outros, inclusive Picasso, Rousseau era uma espécie de herói. Não em razão de sua habilidade pictórica; todos sabiam muito bem que ele não podia ser comparado a Leonardo, Velázquez ou Rembrandt. Mas havia alguma coisa em suas imagens estilizadas que atraía o espanhol e seu círculo.

Era a sua bisonha inocência. Picasso, fascinado pelos antigos e o oculto, sentia que a arte de Le Douanier ia além da representação do mundo natural e ingressava na esfera do sobrenatural. A suspeita do jovem artista era que Rousseau tinha uma linha direta com o mundo dos mortos; que sua ingenuidade lhe dava acesso ao núcleo do que significa ser humano, profundamente enterrado em todos nós: um lugar de revelação que a educação tornou inacessível à maioria dos artistas. Os instintos de Picasso deviam ter sido intensificados pelas circunstâncias em que ele se deparou com *Retrato de uma mulher* (1895), a pintura de Rousseau que se revelaria a catalisadora do banquete.

Ele não encontrou o quadro na galeria de um marchand com clientela abastada, ou num *salon*, topou com ele por acaso num bricabraque na rue des Martyrs, em Montmartre. Ele estava sendo vendido pelo dono da loja, um marchand medíocre, pela soma vil de cinco francos, avaliado não como uma obra de arte, mas como uma tela de segunda mão a ser reutilizada por um artista empobrecido. Picasso comprou a pintura no ato e guardou-a consigo pelo resto da vida, relembrando mais tarde que ela "tomou conta de mim com a força de uma obsessão … ela é um dos mais verdadeiros retratos psicológicos franceses".

Se Rousseau tivesse pintado seu *Retrato de uma mulher* em 1925 e não em 1895, ele teria sido considerado uma obra de arte surrealista, tal é sua atmosfera onírica, em que a normalidade é levada a parecer estranha. A pintura é um retrato de corpo inteiro de uma mulher severa, de meia-idade, que olha friamente por cima do ombro do espectador. Ela usa um vestido preto longo com uma gola azul-clara e um cinto da mesma cor.

Rousseau a põe de pé na sacada do que parece ser um apartamento parisiense burguês, com uma cortina ricamente colorida puxada para o lado a fim de revelar jardineiras cheias de plantas. Atrás dela, a distância, estão as fortificações de Paris, provavelmente para imitar o plano de fundo da *Mona Lisa* de Leonardo (Rousseau tinha acesso ao Louvre, onde a *Mona Lisa* está exposta, como copista). Na mão direita a mulher segura um raminho cortado de um amor-perfeito, enquanto sua mão esquerda apoia-se num galho de árvore invertido que lhe serve de bengala. Uma ave voa no céu a meia distância (na verdade, parece estar a ponto de voar diretamente para a têmpora da mulher, mas isso deve ser atribuído à falta de perspectiva de Rousseau).

Como preparativo para "Le Banquet Rousseau", Picasso retirou sua crescente coleção de artefatos tribais africanos da parede de seu ateliê e pendurou o *Retrato de uma mulher* na posição mais destacada que pôde. Era um toque gentil, mas ele continuava sem nenhuma comida para alimentar o exército de vanguardistas que se aproximava. Assim que Gertrude Stein chegou, ele a despachou para uma orgia de compras de comida de última hora. Nesse meio-tempo, Fernande Olivier preparava um prato à base de arroz misturado com tudo que conseguira encontrar na cozinha, juntamente com um prato de carnes frias. Enquanto ela picava e mexia freneticamente, o compatriota de Picasso e também pintor Juan Gris (1887-1927) corria para limpar o seu ateliê de modo a criar espaço onde os convidados pudessem deixar chapéus e casacos.

O evento tinha todos os ingredientes de um fracasso, mas, como as coisas aconteciam tantas vezes quando Picasso estava envolvido, transformou-se num acontecimento lendário. Quando Apollinaire chegou de táxi com um lisonjeado mas aturdido Rousseau, os cerca de trinta outros convivas estavam sentados, prontos para saudar o convidado de honra. Apollinaire bateu à porta do ateliê com seu usual floreio teatral, depois a abriu devagar e fez entrar gentilmente o perplexo Rousseau. O pintor baixo e grisalho ficou parado, cheio de expectativa, enquanto a turma mais descolada de Paris dava vivas e batia palmas para ele até sacudir os caibros podres do ateliê. Com uma mistura de orgulho e embaraço, o pintor de cenas na selva e paisagens suburbanas dirigiu-se para o assento semelhante a um trono que Picasso preparara para ele e sentou-se. Em seguida tirou a boina de pintor da cabeça, pousou o violino que viera carregando no chão a seu lado e abriu o mais largo sorriso que já dera.

O fato de que, em alguma medida, todo o evento era uma brincadeira gentil à sua custa escapou por completo a Rousseau. Mais tarde naquela noite, sua falta de autoconsciência ainda mais diminuída pelo álcool, Le Douanier foi até Picasso e lhe disse que eles dois eram os maiores pintores de seu tempo: "Você no estilo egípcio, eu no moderno!"

Como quer que Picasso tenha recebido esse comentário particular, ele não o impediu de aumentar sua coleção de pinturas de Rousseau, que lhe pareciam ao mesmo tempo inspiradoras e agradáveis. Consta que Picasso teria certa vez refletido que levara quatro anos para aprender a pintar como Rafael, mas uma vida inteira para aprender a pintar como uma criança. Nesse aspecto, Rousseau foi seu mestre.

O primitivismo na escultura

O "Aduaneiro" morreu em 1910. O grupo de Montmartre, que o recebera em seu seio como uma espécie de diversão, ficou genuinamente triste com seu falecimento. Appollinaire escreveu o seguinte epitáfio para sua pedra tumular:

> Gentil Rousseau, ouve-nos,
> Nós te saudamos,
> Delaunay, sua mulher, monsieur Queval e eu;
> Deixa nossa bagagem passar gratuitamente pelos portões do céu;
> Nós te levaremos pincéis, cores, telas
> Para que possas consagrar teus lazeres sagrados à luz real
> A pintar, como traçaste meu retrato,
> A face das estrelas.

Ele foi gravado na pedra por um escultor chamado Constantin Brancusi (1876-1957), que havia sido um dos convivas no famoso "Banquet Rousseau". Ele, mais do que a maioria, tinha uma afinidade com a arte e a atitude de Rousseau.

Ambos eram *outsiders*. Rousseau, o francês, nunca foi plenamente aceito pelo establishment artístico parisiense; Brancusi, um romeno, foi abraçado por ele, mas escolheu manter certa distância para proteger suas raízes balcânicas. As semelhanças não terminam aí. Ambos eram hábeis em se envolver em automitologia. Rousseau gostava de falar sobre grandes aventuras ultramarinas que nunca haviam acontecido, ao passo que Brancusi se apresentava como um artesão-camponês empobrecido que tinha empreendido uma peregrinação artística épica, percorrendo a pé todo o caminho do seu lar rural nos contrafortes dos montes Cárpatos, na Romênia, a Paris, o centro da arte mundial.

Não havia nenhum fiscal de prova no percurso para confirmar ou negar a validade da afirmação de Brancusi, mas sabemos que ele nascera numa família rica o bastante para enviá-lo à escola de arte em Bucareste e dar-lhe terras para financiar sua viagem à França. Não há dúvida, porém, de que provinha da Romênia rústica. Nem de que as igrejas de madeira em ruínas, espalhadas pelos morros onde o menino vivia, ajudaram a definir seu senso de beleza. Dentro delas ele devia ter visto ornamentos toscamente entalhados e ouvido sermões inspirados por folclore, cujas lembranças moldaram-no e à sua obra.

Com Gauguin ausente há muito tempo, Brancusi assumiu o bastão do artista travestido de camponês. Usava tamancos, guarda-pós, macacão branco e exibia uma espessa e desgrenhada barba preta (mais tarde grisalha). Era genuína e sem refinamento a mensagem um tanto contraditória transmitida por um homem profundamente mergulhado na vida da cidade mais refinada do mundo. Apesar disso, ela combinava com a disposição do primitivismo na época. Assim como sua arte.

Seu talento como escultor ficou evidente para a vanguarda parisiense desde o momento em que Brancusi, com os pés machucados, chegou à capital francesa em 1904. Cargos muito valorizados em escolas de arte foram encontrados para ele, assim como estágios com artistas estabelecidos. Um deles foi com o augusto Auguste Rodin (1840-1917), que, como pai da escultura moderna, havia transformado a disciplina da produção idealizada de gerações passadas em obras de natureza mais impressionista. Brancusi, no entanto, sentiu-se frustrado. Parecia-lhe que a escultura ainda era excessivamente literal e podia ser aperfeiçoada em termos tanto de estética quanto de produção.

Alguns comentários maldosos haviam sido feitos quando as pessoas descobriram que Rodin não fazia realmente seu próprio trabalho. Ele produzia um modelo do que queria, mas em seguida o entregava para artesãos que se encarregavam de executá-lo para ele. Questões de autenticidade e integridade foram suscitadas, apesar do fato de que artistas tão estimados como Leonardo e Rubens haviam empregado métodos semelhantes. Isso foi convenientemente esquecido quando um mundo artístico moralizador franziu as sobrancelhas na direção de Rodin.

A posição geral de Brancusi era clara: o que importava era o resultado final, não o processo de produção. Mas sua abordagem pessoal era a de pôr as mãos na massa. Diferentemente de Rodin, ele se incumbia de seu próprio trabalho, e muitas vezes eliminava o estágio da feitura do modelo entalhando diretamente em seu material escolhido – pedra ou madeira – para produzir uma escultura. Essa prática era uma novidade, assim como o retorno a materiais "inferiores" como esses, em vez do método mais tradicional de entalhar mármore ou fazer moldes de bronze.

Um dos grandes triunfos da famosa escultura *O beijo* (1901-04) de Rodin (ver Fig. 7) foi sua dupla ilusão: um único bloco de bronze que é ao mesmo tempo não só os corpos esbeltos de dois jovens amantes, como a pedra irregular sobre a qual eles se acariciam. Ao produzir seu próprio *O beijo* (1907-08) (ver Fig. 8), Brancusi fez uso do mesmo truque, mas de uma maneira muito mais moderna e contudo muito mais arcaica. Ele entalhou num pedaço de pedra (com cerca de trinta centímetros quadrados) a forma de um casal se beijando que aparece como única entidade. Diferentemente de Rodin, Brancusi não fez nenhuma tentativa de disfarçar as propriedades físicas da pedra; na verdade, escolheu de propósito uma pedra não polida por sua superfície áspera. Em seguida entalhou uma representação básica

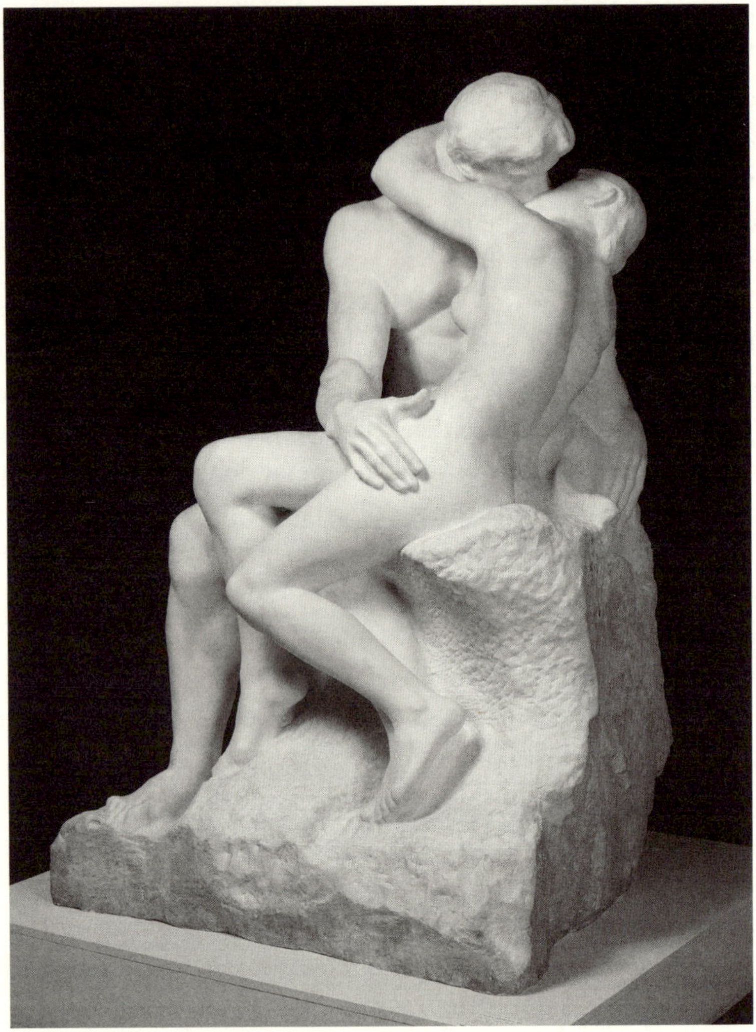

FIG. 7. Auguste Rodin, *O beijo*, 1901-04.

de um casal amoroso do peito para cima. A composição é maravilhosamente simples. As duas figuras estão seladas num beijo, seus braços se abraçando, suas mãos de dedos atarracados enroladas por trás do pescoço uma da outra, puxando-a gentilmente para mais perto. Se víssemos a escultura num museu de arte africana tribal, ou em alguma ruína antiga à margem do Nilo, ela não nos teria parecido deslocada.

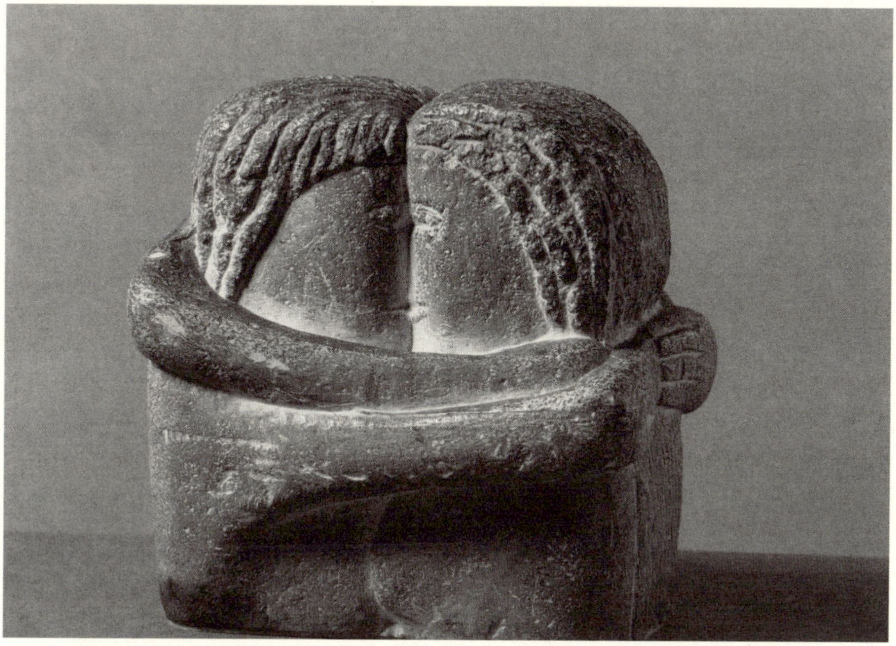

FIG. 8. Constantin Brancusi, *O beijo*, 1907-08.

Mas ela estava em Paris na primeira década do século XX. Pedra e não bronze, entalhe "direto" sem refinamento, não beleza acetinada, e, para culminar, um casal comum se beijando, não um encontro romântico entre duas figuras míticas. Brancusi estava desafiando a convenção ao usar materiais inferiores e retratar pessoas insignificantes. Estava também dando a conhecer um manifesto pessoal, que era fazer escultura com a humildade de um artesão, não a altivez de um grande artista. Isso, ele acreditava, permitiria uma relação mais honesta entre artista, objeto e espectador. O abandono da feitura do modelo em favor do entalhe direto em materiais era, disse ele, "o verdadeiro caminho para a escultura".

Brancusi fez uma série de cabeças de pedra e mármore de tamanho natural que se assemelhavam variadamente a antigas estátuas egípcias de esfinges ou reis, rostos da arte tribal africana e até a estranhas expressões captadas por máscaras mortuárias medievais. *Musa adormecida* (1909-10), que ele entalhou no mármore, é um exemplo em que a essência de todas essas três tradições parecem ter sido unificadas num único objeto de perfeição. Usando a brancura pura e fria do mármore, Brancusi moldou com delicadeza uma cabeça em repouso serenamente deitada de lado. Sua *Musa adormecida* tem pele perfeita e traços belamente simétricos que se curvam de modo suave em torno das pálpebras em repouso da figura. Ela é a expressão máxima da bela adormecida.

O artista italiano Amedeo Modigliani (1884-1920) era outro homem com gosto pelo antigo e olho para a forma sensual. Quando se mudou para Paris em 1906 ele devorou a arte de Cézanne e Picasso, mas foi só em 1909, quando conheceu Brancusi e viu as esculturas "primitivas" do romeno, que pôs de lado o pincel e pegou um cinzel. Passou os anos seguintes dedicado a fazer trabalhos no estilo do romeno, sobretudo entalhando cabeças em calcário. Hoje Modigliani é mais conhecido por suas pinturas decorativas e sensuais de nus voluptuosos, cujas formas alongadas lembram a *femme fatale* das histórias em quadrinhos. Mas foi com suas esculturas *Cabeça* que ele encontrou seu estilo, o qual, se podemos nos guiar pelos preços alcançados em leilão, continua a ser apreciado. Em 2010, *Cabeça*, entalhada por Modigliani entre 1910 e 1912, foi vendida na Christie's, na França, por 52,6 milhões de dólares, quebrando o recorde da época para a venda de uma obra de arte em leilão naquele país.

Mas isso não passou de um troco comparado à venda, meses antes, da obra de um outro escultor também com elementos do primitivismo. *Homem caminhando I* (1960) (ver Fig. 9), de Alberto Giacometti (1901-66), foi vendida por assombrosos 104 milhões de dólares, um recorde na época para qualquer obra de arte vendida em leilão. A Sotheby's, responsável pela venda, pensou que, se tivessem sorte, ela poderia alcançar 28 milhões de dólares. O preço é um atestado do poder duradouro das esculturas expressionistas de Giacometti. Seu *Homem caminhando* carbonizado, frágil, parece estar consumido pelo pavor enquanto se move – ligeiramente curvado para a frente – rumo a um futuro incerto. A figura, que parece feita de varetas, com 1,82 metro de altura, esquelética e emaciada, acentua a linha vertical, que, como Cézanne ressaltara meio século antes, intensifica a percepção de profundidade espacial do espectador. Neste caso,

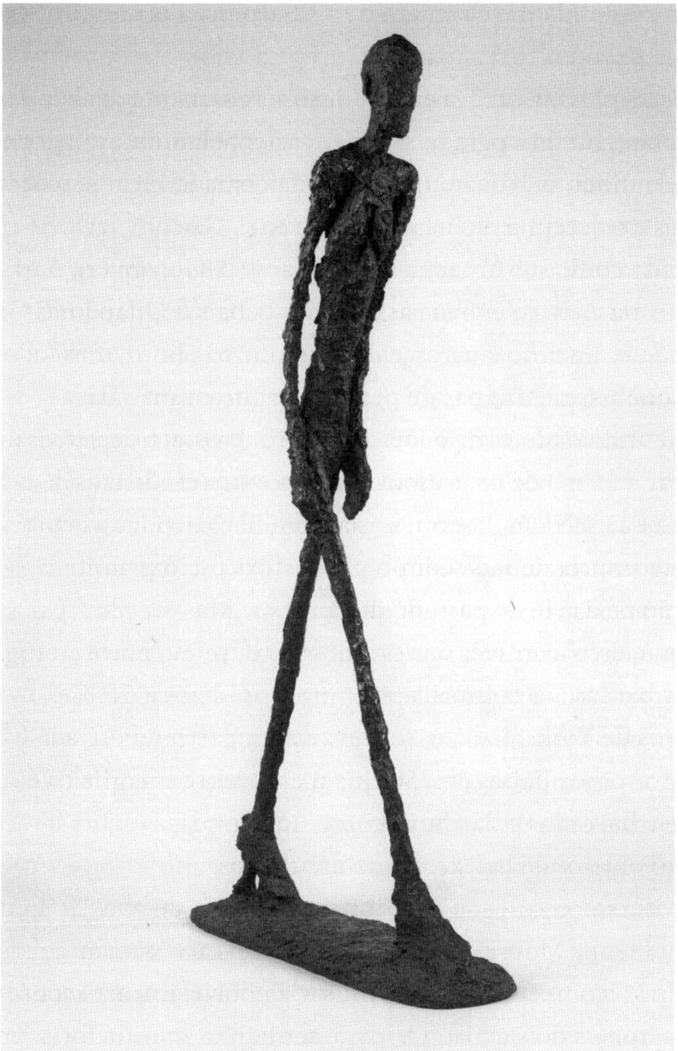

FIG. 9. Alberto Giacometti, *Homem caminhando I*, 1960.

contribui para o drama existencial em que o *homem caminhando* está preso para sempre: um prisioneiro do mundo moderno, privado de esperança e envolto apenas por um difuso ar de desolação.

Giacometti havia se mudado para Paris no início de sua carreira. Ali ele também descobriu as esculturas de Brancusi, que o levaram a acompanhar o romeno em seu interesse por arte não ocidental. Sua atenção foi atraída pelas colheres rituais feitas pela tribo africana dan, que vivia nas florestas pluviais da Costa do Marfim. Esses utensílios pretos de madeira, ou conchas para grãos, frequentemente assumiam a forma de um corpo de mulher, o cabo comprido transformado num pescoço e cabeça alongados e o receptáculo no torso. Em 1927, Giacometti fez o que é hoje reconhecido como sua obra mais importante, *Mulher-colher*. A escultura de bronze é uma clara referência às colheres tribais dos dan, mas Giacometti simplificou o desenho e acrescentou um curto plinto afunilado na parte inferior, que parece um par de pernas envolto numa saia.

Essa curiosidade com relação ao primitivo e o desejo associado de simplificar a forma de uma escultura não eram exclusivos de artistas residentes em Paris. Na Inglaterra, a escultora Barbara Hepworth (1903-75) era vivamente impressionada com o pré-histórico e o primitivo desde cedo. Sua afeição pela arte do passado distante surgira quando o pai a levava de carro para a escola através da agreste zona rural do norte da Inglaterra. A jovem Barbara ficava fascinada pelos ombros largos e os recessos sombrios dos morros de Yorkshire que se elevavam a partir da estrada e dos quais se divisava toda a paisagem. Só que a estudante imaginativa não via os morros encharcados pela chuva como uma ameaça escura e melancólica, mas como objetos de beleza: como esculturas.

Após deixar o colégio ela foi para a escola de arte de Leeds, onde conheceu Henry Moore (1898-1986), o que levou a uma amizade e a uma visão artística compartilhada que causaria notável impacto sobre o mundo da escultura. Os dois artistas viam e sentiam a mesma força primordial na paisagem do norte da Inglaterra: adquiriram uma afinidade com pedras grandes e ásperas que iria pautar seu trabalho. Eles visitaram Paris, tornaram-se amigos de Picasso e Brancusi, entre outros, e começaram a incorporar algumas das ideias que encontraram nessas viagens a seu próprio trabalho. Esse amálgama de influências levou, no início dos anos 1930, a uma grande virada que abriu a escultura para uma nova dimensão, quando eles introduziram a ideia de furar um buraco através de uma obra de arte tridimensional.

Em 1931 Hepworth fez uma escultura abstrata de alabastro – destruída mais tarde durante a Segunda Guerra Mundial – intitulada *Forma perfurada*. O aspecto global dava a impressão de que se estava vendo alguém preso dentro de um saco perfurado por uma bala de canhão. Moore logo adotou a inovação de Hepworth, proclamando 1932 o "ano do buraco".

Enquanto Moore se concentrava em esculturas figurativas, que deviam muito tanto a Picasso quanto à arte primitiva, Hepworth perseguiu um caminho abstrato. Suas obras lisas e arredondadas punham em evidência o material da escultura e o espaço em torno (e através) delas. Ela fez várias peças de madeira pintadas em duas cores – como *Pelagos* (1946) – do tamanho aproximado de um torso humano, através das quais entalhou um buraco, e depois acrescentou algumas cordas como as de violão para criar tensão na peça (ideia introduzida pela primeira vez por Vladimir Tatlin, o construtivista russo, sobre quem falaremos no Capítulo 10). *Pelagos* é uma obra inteiramente abstrata, mas sua superfície lisa, o buraco suave e a forma agradável provocam uma sensação muito tangível de harmonia e beleza.

Em 1961 Hepworth foi encarregada pelas Nações Unidas de produzir uma escultura que desempenharia o papel de um símbolo da paz para ser colocada na United Nations Plaza em Nova York. Sua resposta foi uma escultura de bronze de 6,5 metros chamada *Forma única* (1961-64): o desenho de uma vela de barco que ela havia composto em madeira, numa escala muito menor, em 1937. Na versão original ela entalhou uma depressão côncava no canto superior da escultura, mas na peça da ONU fez um grande buraco redondo, através do qual a luz do mundo poderia brilhar.

Quando Barbara Hepworth tinha sete anos de idade, a diretora da escola onde estudava fez uma palestra sobre a arte dos antigos egípcios. Isso mudou a vida da menina. Ela diria mais tarde ter sido "fulminada", e daquele momento em diante o mundo passara a consistir em "contornos, formas e têxteis". Picasso, Matisse, Rousseau, Brancusi, Modigliani, Giacometti, Moore e muitos outros sucumbiram ao feitiço da arte tribal e antiga. Sentiram-se atraídos por seu caráter livre e a força emotiva da forma simplificada. Ela ancorou esses artistas modernos numa história tão antiga quanto o homem, e sua arte ao passado, tanto quanto ao futuro.

7. Cubismo: Um outro ponto de vista, 1907-14

GUILLAUME APOLLINAIRE, o poeta, dramaturgo e defensor da vanguarda artística francês nascido na Itália, nem sempre acertava suas estocadas literárias. Seu intelecto o tornava suscetível a exibições retóricas: uma excessiva disposição para fornecer de imediato um *bon mot* interpretativo sobre arte moderna, que com frequência mais confundia do que elucidava. Por vezes, porém, seu dom para a linguagem lhe permitia ir ao âmago de uma obra de arte ou de um artista de uma maneira que poucos outros conseguiam.

Ninguém rivalizou com a astuta observação de Apollinaire com relação à verdadeira natureza do cubismo, um movimento artístico que pode muitas vezes parecer difícil a ponto de ser impenetrável. Falando de seu amigo Pablo Picasso, o cofundador do movimento, Apollinaire disse: "Picasso estuda um objeto da maneira que um cirurgião disseca um cadáver." Essa é a própria essência do cubismo: tomar um objeto e desconstruí-lo mediante intensa observação analítica.

Era uma abordagem à feitura de arte que até o progressista Apollinaire levou algum tempo para apreciar. Seu primeiro encontro com ela ocorreu numa visita ao ateliê de Picasso em 1907. O espanhol convidara o poeta para ir ver sua última obra em andamento, para a qual fizera mais de cem esboços preparatórios. Quase concluída, ela era o ponto culminante da ambição de Picasso de combinar uma vasta série de influências artísticas com suas próprias e cruciais preocupações, como reafirmar a preeminência da linha desenhada que fora abandonada pelos impressionistas. Mas quando um orgulhoso Picasso mostrou a seu fiel amigo sua nova pintura, *Les demoiselles d'Avignon* (ver Lâmina 13), a reação de Apollinaire foi de choque e perplexidade. O escritor viu-se confrontado por cinco mulheres nuas que olhavam de uma gigantesca tela de 2,5 metros quadrados, seus corpos cruamente pintados destacados da paleta de marrons, azuis e rosas por uma série de nítidas linhas angulares aplicadas de uma maneira que estilhaçava a imagem como um espelho quebrado. Apollinaire pensou que a pintura faria o mesmo com a carreira de Picasso. Não podia compreendê-la. Por que Picasso sentia necessidade de se afastar da elegante e atmosférica pintura figurativa que se provara tão apreciada por colecionadores e críticos, rumo a um estilo que parecia não só primitivo como severo demais?

A resposta estava, em certa medida, na natureza competitiva de Picasso. Ele estava abalado pela ameaça profissional representada por Matisse à sua posição como o artista mais empolgante e promissor do momento, uma preocupação latente que se transformara num medo real quando o pintor fauvista produziu *A alegria de viver* em 1906. Mas ele estava também instigado pela Exposição Memorial de Cézanne, realizada mais cedo em 1907. Ela o deixara inspirado e determinado a levar adiante a linha de investigação do Mestre de Aix sobre perspectivas e maneiras de ver.

Foi o que fez, produzindo um incrível efeito em *Les demoiselles d'Avignon*, pintura que se baseou nas ideias de Cézanne e conduziu a um novo movimento na arte. Há pouco senso de profundidade espacial no quadro de Picasso. As cinco mulheres são aproximações bidimensionais, seus corpos humanos reduzidos a uma série de formas triangulares e losânguicas que poderiam ter sido cortadas de um pedaço de papel rosa-terracota. Os detalhes foram simplificados ao extremo: um seio, um nariz, uma boca ou um braço consistem em pouco mais que uma ou duas curtas linhas angulares (mais ou menos como Cézanne representaria um campo). Não há nenhuma tentativa de imitar a realidade – as duas mulheres da direita desse grupo macabro, grotesco, tiveram suas cabeças substituídas por máscaras africanas; a mulher na extrema esquerda foi transformada numa estátua do Egito Antigo, enquanto as duas figuras centrais são pouco mais que caricaturas estilizadas. Todos os seus traços faciais foram rearranjados como um compósito multiangular: seus olhos elípticos desalinhados, suas bocas contorcidas.

A pintura induz no espectador uma sensação de claustrofobia, em razão do radical escorço do plano de fundo. Não experimentamos a tradicional ilusão da imagem recuando rumo à distância; ao invés disso, as mulheres saltam agressivamente da tela como uma cena congelada num filme 3D. Essa foi a intenção do artista. Porque essas mulheres são, na realidade, prostitutas que se oferecem, tendo se alinhado numa fila para que você, o cliente, faça sua escolha. O Avignon do título refere-se a uma rua de Barcelona conhecida por suas prostitutas (não à pitoresca cidade do sul da França). A seus pés elas têm uma tigela de frutas maduras, uma metáfora dos deleites humanos em oferta.

Segundo Picasso, essa era uma "pintura de exorcismo". Em parte porque *Les demoiselles* apagava algo de seu próprio passado artístico, representando, portanto, uma nova e audaciosa direção, mas ele estava também aludindo às duras mensagens contidas na pintura, que diziam respeito aos perigos da gratificação instantânea e do sexo com prostitutas. Essas eram tentações pelas quais alguns de seus amigos haviam pagado duas vezes: com dinheiro e, mais tarde, com a vida. Ela é uma sombria advertência contra os perigos da doença venérea, que se alastrava de maneira descontrolada em meio à boemia artística da Paris *fin-de-siècle* (já matara Manet e Gauguin). Em seus esboços preparatórios havia um elenco de sete pessoas: as cinco prostitutas mais dois homens – um marinheiro (o cliente) e um estudante de medicina segurando um crânio (um símbolo da morte). A intenção original de Picasso fora talvez fazer uma pintura mais moralizadora, demonstrando as "recompensas do pecado". Mas pareceu-lhe que a remoção dos elementos narrativos da composição aumentava sua força visual.

Enquanto competia com Matisse e desenvolvia o trabalho de Cézanne, Picasso estava também pilhando o catálogo retrospectivo da história da arte. Numa frase amplamente citada, ele teria dito: "Os maus artistas copiam, os grandes furtam." Essa é uma abordagem à feitura da arte que hoje em dia chamaríamos de pós-moderna; naquela época, porém, era uma piada sucinta que podia razoavelmente ser empregada quando se comparava sua pintura protocubista de 1907 com a obra-prima de El Greco, o artista espanhol do Renascimento, *A abertura do quinto selo* (1608-14) (ver Fig. 10), que Picasso havia estudado detidamente.

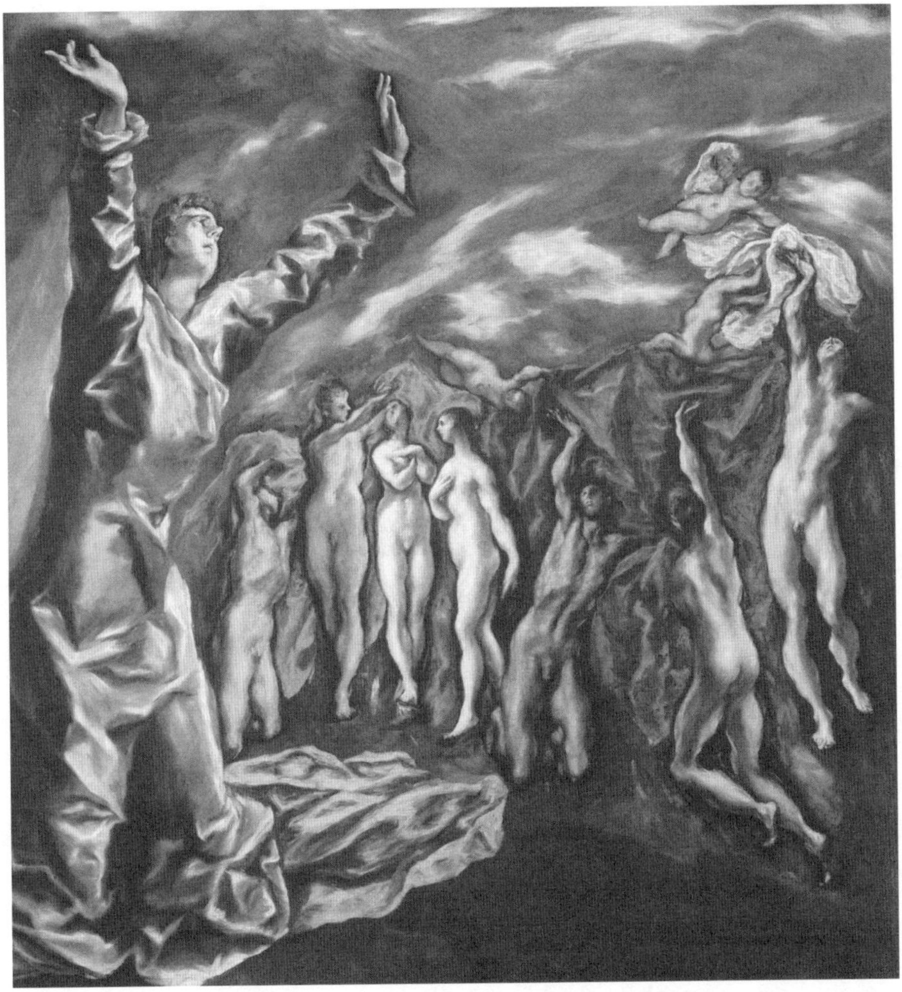

FIG. 10. El Greco, *A abertura do quinto selo*, 1608-14.

A abertura do quinto selo baseia-se numa história bíblica do Apocalipse (6:9-11), em que a salvação é concedida aos que tinham morrido fazendo a obra de Deus. O manto azul usado por são João Batista, que pode ser visto pedindo misericórdia aos céus com os braços para o alto no primeiro plano, é de uma cor semelhante à cortina no fundo de *Les demoiselles*. Assim também o modo como Picasso executa o pano, que parece dever muito ao uso que El Greco faz da tinta branca, das linhas nítidas e do sombreado dramático para que as pregas e dobras pareçam profundas e suntuosas. Há uma alusão direta na tela de Picasso às três graças que estão nuas no centro da pintura de El Greco, tendo ele chegado até a retratar uma das figuras de perfil, voltada para as outras duas. E o céu apocalíptico tenso e sombrio da pintura não poderia ter passado despercebido a um jovem artista que estava tentando evocar uma atmosfera similarmente intensa.

Os historiadores da arte tiveram mais de um século para coçar o queixo e refletir sobre *Les demoiselles*; para traçar os paralelos e identificar as influências. A visão retrospectiva não era uma opção para um despreparado Apollinaire. Ele não podia saber que artistas de vanguarda no século XXI estariam citando a pintura feita em 1907 por Picasso como uma das obras mais importantes já produzidas. Ou que dentro de um ano ela conduziria ao cubismo. O poeta tinha de julgar o que estava diante de si, que era assombrosa e incompreensivelmente diferente. Sua reação negativa não foi única. Matisse riu de Picasso, e depois ficou irritado, suspeitando que o espanhol estava tentando destruir a arte moderna.

Tendo ouvido as opiniões desfavoráveis dos amigos, Picasso parou de trabalhar na pintura, embora a considerasse inacabada. Enrolou a tela e a deixou no fundo do ateliê, onde ela permaneceu por um longo tempo, juntando poeira. Por fim um colecionador comprou-a às cegas em 1924, mas mesmo então ela continuou sendo, de maneira geral, mantida fora da vista e raramente exibida até o fim dos anos 1930, quando foi comprada pelo MoMA. A reação negativa à pintura era tal que André Derain disse: "Um dia vamos descobrir que Picasso se enforcou atrás de sua enorme tela." Nem mesmo o pintor Georges Braque, que, como Picasso, comparecera à exposição póstuma de Cézanne e se sentira transformado e fascinado, conseguia entender o que o espanhol estava tentando realizar. Diferentemente dos outros, porém, que vinham, franziam o nariz e depois iam embora, Braque voltou pouco tempo depois para oferecer a Picasso suas reflexões e ajuda.

No que ele descreveria como uma odisseia artística comparável a "dois alpinistas amarrados um ao outro", e que Picasso chamaria de um "casamento", os dois jovens artistas formaram uma estreita parceria artística da qual emergiu o cubismo. Foi uma parceria cujo produto definiria as artes visuais do século XX, levando à estética modernista de assoalhos de pinho despojados e lâmpadas Anglepoise. Foi uma parceria que começou em 1908 e terminou com a inoportuna chegada da Primeira Guerra Mundial.

É extraordinário, portanto, o fato de que eles poderiam nunca ter alcançado o ímpeto necessário para forçar tamanha mudança na arte não fosse a ajuda de um empresário visionário chamado Daniel-Henry Kahnweiler. Esse homem de negócios nascido na Alemanha começou como um corretor da Bolsa em Londres, mas descobriu que tinha alma demais para ficar satisfeito com uma vida nas finanças. Mudou-se para Paris a fim de tentar a sorte como marchand, e logo visitou o ateliê de Picasso, onde viu *Les demoiselles*. Diferentemente dos outros, Kahnweiler achou o quadro magnífico e quis comprá-lo de imediato. Como Picasso objetou, Kahnweiler comprometeu-se a lhe dar o dinheiro de que precisava para continuar sua pesquisa artística, prometendo comprar suas obras à medida que elas emergissem. Quando Braque juntou forças com Picasso um pouco mais tarde, Kahnweiler estendeu o acordo para ele (embora em termos menos generosos). Com seus temores financeiros aplacados, os dois artistas estavam livres para correr riscos sem medo de rejeição pelo establishment.

O ponto de partida dos dois, como ocorrera com *Les demoiselles*, foi Cézanne, cujas inovações ambos os artistas já vinham investigando. Pois Braque, o ex-fauvista, ia muitas vezes pintar ao ar livre em L'Estaque, uma cidadezinha próxima a Marselha que escolhera porque era também um dos lugares onde Cézanne mais gostava de pintar. Ali ele produziu pinturas que usavam as técnicas de Cézanne e sua paleta de verdes e marrons. Mas as pinturas de Braque eram notavelmente diferentes. Vejamos, por exemplo, *Casas em L'Estaque* (1908), uma tela típica das que produziu na viagem. Braque representou uma cena de encosta dominada por casas, entremeadas por uma árvore ou arbusto ocasionais. Ele o fez como se estivesse ajustando o foco de uma câmera: dando zoom numa área específica, intensificando a visão e eliminando a profundidade de campo. Os elementos que esperaríamos encontrar numa paisagem, como o céu ou o horizonte, foram sacrificados em favor da preferência do artista por um desenho que cobrisse toda a superfície.

Esse era o objetivo de Cézanne também, mas enquanto este podia trazer temas do plano de fundo mais para diante, Braque trazia todos eles. Todas as coisas eram trazidas para a frente, como passageiros jogados contra a janela de um carro quando o motorista dá uma freada brusca. Suas casas na encosta trepam umas sobre as outras, mas não têm nenhuma janela, nem porta, nem jardim, nem chaminé. O detalhe foi sacrificado em prol da concentração na composição, e no modo como partes individuais se relacionam umas com as outras. Como no trabalho de Cézanne, apenas de maneira mais extrema, a paisagem foi reduzida a formas geométricas: imóveis de luxo foram metamorfoseados numa série de leves cubos marrons, com pequenas manchas de tinta marrom mais escura para sugerir sombra e profundidade. Uma ou outra mancha de arbusto ou árvore verde permite aos olhos descansar da monotonia quadrada com que cuboides se superpõem uns aos outros.

Quando Braque submeteu algumas de suas obras da série à consideração do Salon d'Automne, o comitê de seleção primeiro as rejeitou e depois as ridicularizou. Matisse, um dos jurados, disse desdenhosamente: "Braque acaba de mandar uma pintura feita de cubinhos." O comentário foi feito a Louis Vauxcelles, o homem que havia (sarcasticamente) cunhado o termo "fauve" para descrever o trabalho anterior de Matisse. E, como tantas vezes acontece com essas coisas, isso foi o bastante – o nome colou: o cubismo nascera.

Bem, o nome, sim, mas o movimento ainda não começara propriamente. O que era uma pena, porque o termo acrescentava complicação adicional a um movimento artístico já complicado. A palavra "cubismo" podia descrever razoavelmente algumas das pinturas influenciadas por Cézanne que Braque produziu em L'Estaque em 1908, mas não refletia em absoluto a natureza do trabalho pioneiro que ele e Picasso empreenderam daquele outono em diante. O termo é uma denominação imprópria: não há cubos no cubismo – ao contrário.

O cubismo diz respeito ao reconhecimento da natureza bidimensional da tela, NÃO envolvendo, de maneira categórica, a tentativa de recriar a ilusão de três dimensões (um cubo, por exemplo). A pintura de um cubo requer que o artista olhe para um objeto de um único ponto perspectivo, ao passo que Braque e Picasso estavam agora olhando para um objeto de todos os ângulos concebíveis.

Pense numa caixa de papelão. Braque e Picasso estavam metaforicamente rasgando-a e abrindo-a para fazer um plano chato: mostrando todos os lados ao mesmo tempo. Mas eles queriam também retratar uma percepção da tridimensionalidade da caixa na tela, o que um plano chato não faz. Por isso davam uma volta imaginária em torno da caixa e escolhiam as visões que lhes pareciam melhor descrever o objeto que tinham diante de si. Depois pintavam e rearranjavam essas "visões" ou "pedaços" na tela numa série de planos chatos encadeados. A ordem era uma aproximação grosseira da forma tridimensional original da caixa, de modo que ela ainda era discernível como um cubo, mas exposto em duas dimensões. Dessa maneira, acreditavam eles, suas composições evocariam no espectador uma sensação de reconhecimento muito mais forte relacionada à verdadeira natureza da caixa (ou de qualquer que fosse o tema). Era uma questão de instigar nosso cérebro à ação e nos estimular a prestar alguma atenção ao corriqueiro e ao inobservado.

Era também uma questão de apresentar uma imagem mais precisa de como realmente observamos um objeto. Esse é um conceito que podemos pôr à prova olhando para a obra de Braque *Violino e paleta* (1909) (ver Fig. 11). Ele produziu a pintura um ano depois de formar sua parceria com Picasso, durante a primeira fase do cubismo, conhecida como cubismo analítico (1908-11) – assim chamada por causa de sua obsessiva análise de um tema e do espaço que ele ocupa.

Em termos de composição, *Violino e paleta* é um quadro simples. Um violino domina os dois terços inferiores da tela, situado abaixo de uma partitura pousada sobre uma estante. Acima disso há uma paleta de pintor pendurada num prego na parede, ao lado da qual há uma cortina verde. Braque manteve a paleta de marrons e verdes pálidos de Cézanne. Dessa vez, porém, não como uma homenagem, mas por necessidade. Ele se deu conta, como Picasso, de que só usando uma paleta abrandada poderia

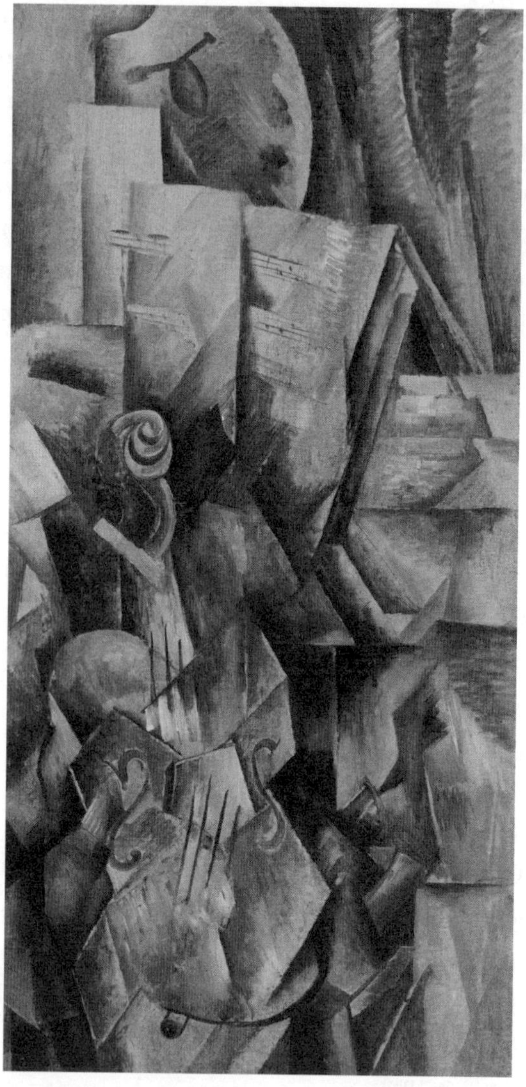

FIG. 11. Georges Braque, *Violino e paleta*, 1909.

fundir com sucesso múltiplos pontos de vista sobre o mesmo tema numa única tela – o pintor não teria como configurar uma variedade de cores vivas e nos apresentaria uma trapalhada indecifrável. Em vez disso, eles desenvolveram uma técnica em que uma linha reta marcava uma mudança de ponto de vista, ao passo que um sombreamento tonal sutil demonstrava para o espectador que uma transição estava ocorrendo. O benefício adicional dessa abordagem era uma composição global equilibrada e coerente.

Esse é um aspecto importante do cubismo. Pela primeira vez estava sendo produzida uma arte em que a tela não mais pretendia ser uma janela – um instrumento de ilusão –, apresentando-se ela própria como um objeto. Picasso chamou isso de "pintura pura", querendo dizer que o espectador deveria julgar a pintura pela qualidade da composição (cor, linha e forma), não com base na qualidade de um engano ilusório. A coisa mais importante agora era o prazer lírico e rítmico a ser desfrutado pelos olhos enquanto eles percorriam as formas angulares expostas na tela.

E elas abundam em *Violino e paleta*, de Braque. Ele desconstruiu o violino em vários pedaços e depois o remontou frouxamente na forma correta, cada elemento representando um ponto de vista diferente. O violino pode agora ser visto de ambos os lados, de cima e até de baixo, tudo ao mesmo tempo. Não é o tipo de representação direta que uma câmera poderia produzir, ou a mímica da arte anterior, mas uma maneira totalmente nova de retratar e ver o instrumento musical. Braque deu vida a um objeto estático. Para mim, é como se música estivesse realmente sendo tocada a partir de suas arestas trêmulas e cordas semelhantes a flechas. As páginas da partitura intensificam a impressão de execução, à medida que se desprendem da estante e despencam, acompanhando o ombro retangular do violino.

Até aí, tudo bem. Mas em seguida Braque faz algo totalmente em desacordo com o resto da pintura. O prego na parede, de que pende a paleta, foi pintado de maneira naturalista, usando a perspectiva tradicional. A parede dos fundos, que se fundia com as folhas da partitura como parte da tela bidimensional, torna-se agora parte do embuste tridimensional tradicional. Por quê? O que está acontecendo? Terá Braque perdido a confiança? Isso é uma piada?

Não. O piadista era Picasso, não Braque. O artista francês estava simplesmente tentando resolver um outro problema. Temia que sua pintura tivesse se tornado uma unidade hermeticamente fechada, dissociada da realidade, existindo em seu próprio mundo interior. Imaginou que acrescentando um elemento do "mundo real" ancoraria a imagem em nossa mente, estabelecendo uma forte conexão com nosso banco de memórias visuais e encorajando-nos a olhar para a pintura com mais atenção: era como as ofertas dos supermercados – uma maneira de nos atrair para a pintura. A adição do prego ilusório não foi um sinal de derrota, uma admissão de que o antigo papel de janela para o mundo da tela era melhor. Nem de longe; ele estava usando a técnica clássica para realçar a novidade radical de sua nova abordagem. Assim como cores que se opõem mutuamente no círculo cromático, quando postas lado a lado, revelam o que a outra tem de melhor, assim também Braque estava enfatizando a novidade do cubismo mediante a introdução da perspectiva tradicional.

Era uma nova visão de mundo que refletia desenvolvimentos revolucionários recentes na ciência e na tecnologia e reagia a eles. Em 1905, Albert Einstein, jovem cientista nascido na Alemanha e domiciliado na Suíça, propusera sua teoria da relatividade. Tanto Braque quanto Picasso tinham conhecimento desse trabalho revolucionário, bem como das conclusões de Einstein com relação à natureza relativa do tempo e do espaço. Como muitos de seus amigos, os artistas apreciariam as conversas durante jantares em Paris sobre o conceito da quarta dimensão, e discutiriam com prazer as ramificações de outras descobertas científicas. Em especial, a compreensão de que o átomo não era o ponto final, que concluía definitivamente o conhecimento científico, mas de fato apenas o fim do prólogo. Essa era uma nova informação desconcertante, que transformava o que havia sido um mundo certo e tranquilizador numa quantidade perturbadoramente desconhecida. Ela fazia sua ideia cubista de decompor a matéria numa série de fragmentos inter-relacionados parecer um passo perfeitamente lógico a dar. Assim como o advento da tecnologia dos raios X os havia estimulado a olhar além do superficial para pintar o que não pode ser visto, mas sabemos que existe.

Fora do laboratório científico, havia o entusiasmo das novas perspectivas aéreas dos irmãos Wright, somando-se ao fermento de novos pensamentos que se difundiam nos cafés de Paris (Picasso chamava Braque de "Wilbourg", em alusão a Wilbur Wright) – uma mistura já estonteante que o controverso trabalho psicanalítico de Sigmund Freud sobre a mente inconsciente tornava ainda mais embriagadora. Tudo pesado e medido, nunca houve, nem antes nem desde então, um tempo em que tantas supostas verdades sobre as quais a civilização se assentara estivessem sendo questionadas ou refutadas como falácias.

Não admira que essa atmosfera de ideias levasse dois artistas tão ambiciosos, talentosos e curiosos a buscar uma abordagem mais conceitual da arte. Pois suas obras não se enraizavam em representação direta, mas numa preconcepção. Braque e Picasso estavam tentando inventar uma nova fórmula para a arte que levasse em conta não apenas o que eles viam, mas o que já sabiam sobre um tema: seu conhecimento prévio. Segundo Apollinaire eles estavam "pintando novas estruturas a partir de elementos tomados não da visão, mas da realidade da compreensão". Suas obras pretendiam ser uma representação de como vemos verdadeiramente as coisas e existimos no mundo. Cada faceta individual em uma pintura cubista existe dentro de seu próprio tempo e espaço (tendo sido observada pelo artista num tempo diferente, situada num espaço diferente), estando no entanto relacionada a todos os demais fragmentos que orbitam no universo da pintura, dos quais é parte.

Embora isso desse lugar a montagens muito complexas, era uma maneira notavelmente moderna de fazer arte que começava a se infiltrar, além da privacidade de seu ateliê, na comunidade artística mais ampla. Um grupo experimental de artistas residentes em Paris que incluía Fernand Léger, Albert Gleizes, Jean Metzinger e Juan Gris havia compreendido o cubismo e começara a trabalhar na mesma linha por volta de 1910. Foram esses artistas, não os fundadores do cubismo, que lançaram publicamente o novo movimento artístico no Salão dos Independentes em 1911 (e por isso seriam conhecidos dali em diante como os cubistas do Salão). A mostra não incluiu nenhuma obra de Braque ou Picasso, que haviam optado por não participar.

Seu principal elo com a exposição era a obra de Juan Gris. Como Picasso, ele era um espanhol que fizera de Paris o seu lar. Ingressara no estreito círculo do Bateau-Lavoir e começara a desenvolver sua própria forma de cubismo, mais estilizada, mais fluente. Pinturas como *Natureza-*

morta com flores (1912) têm um aspecto quase metálico, como se fossem feitas de lâminas de aço. Gris usa a técnica cubista de fraturar objetos e espaço para depois misturá-los com pouca diferenciação entre uma coisa e outra. No caso desta pintura, porém, o estilo *all-over* é tão dominante que só o braço e o corpo do violão são facilmente reconhecíveis como objetos. O resto do quadro consiste numa série "ilegível" de formas geométricas... as formas de coisas por vir.

A abstração total seria o legado inevitável do cubismo. Dentro de poucos anos os artistas por trás do suprematismo e do construtivismo na Rússia, e do movimento De Stijl na Holanda, estariam produzindo pinturas e esculturas compostas apenas por círculos, triângulos, esferas e quadrados. Eles não fariam nenhuma tentativa de descrever o mundo conhecido. Mas essa não era a intenção do cubismo. Picasso disse uma vez que jamais havia feito uma pintura abstrata em sua vida. Parte da razão pela qual ele e Braque escolhiam pintar objetos tão corriqueiros – cachimbos, mesas, instrumentos musicais, garrafas – era o desejo de facilitar o reconhecimento dos vários componentes de suas complicadas construções. Mas à medida que avançaram em sua trajetória cubista, compreenderam que suas pinturas estavam de fato se tornando cada vez mais "ilegíveis".

Nesse estágio do desenvolvimento do cubismo, Picasso tinha dado um outro grande salto inovador, o qual, embora engenhoso, não era absolutamente de nenhuma ajuda no tocante à legibilidade de sua obra. O espanhol havia "perfurado" a forma. Isto é, em vez de distorcer e contorcer a imagem para apresentar um tema a partir de múltiplos pontos de vista, Picasso começara a remover elementos – digamos, um seio –, deixando um buraco (perfurado) no tema. O seio reapareceria depois em outro lugar, talvez num ombro, o que tornava a imagem ainda mais desconjuntada que suas pinturas cubistas anteriores.

A inclusão por Braque do prego naturalista pintado de maneira tradicional em *Violino e paleta* foi um passo no sentido de assegurar que o cubismo não perdesse o contato com a realidade. Mas ele e Picasso precisavam fazer mais para melhor orientar e informar o espectador sobre o assunto de suas pinturas. A solução, pensaram, era acrescentar letras e palavras às suas telas, prática da qual podemos ver um dos primeiros exemplos na obra de Picasso *Ma Jolie* (1911-12) (ver Fig. 12).

Ma Jolie é um retrato de Marcelle Humbert, amante de Picasso. A forma de sua cabeça e de seu torso pode ser aproximadamente divisada no agrupamento de formas que domina o painel central da tela. À direita,

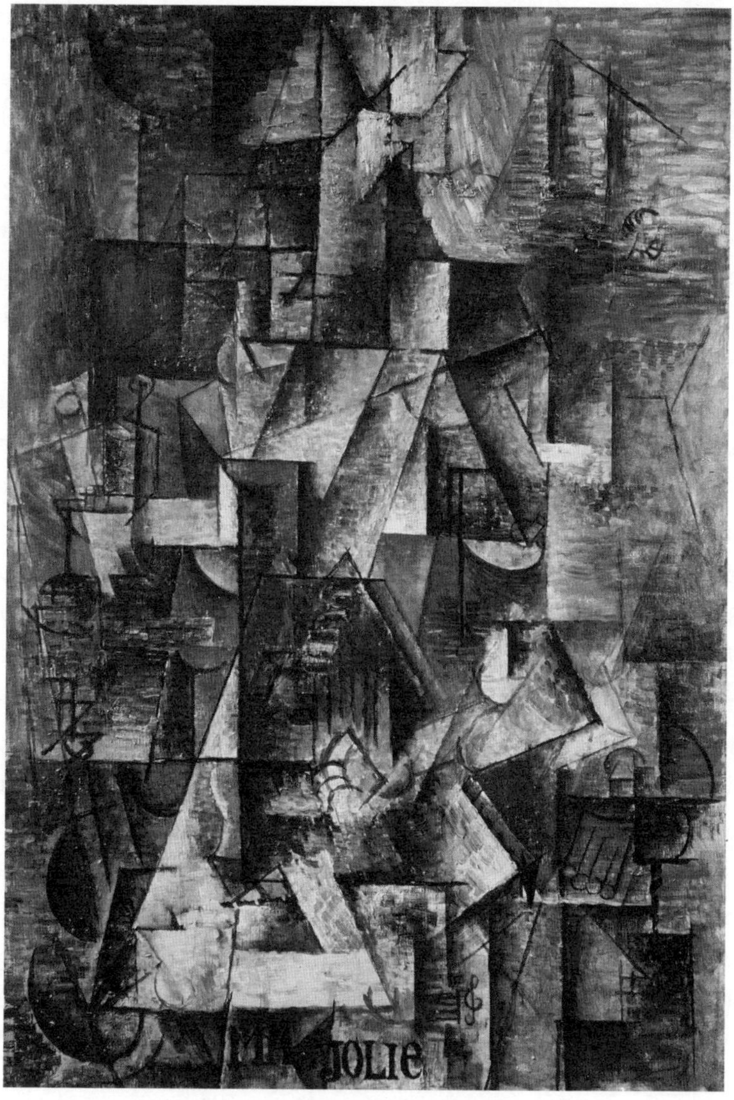

FIG. 12. Pablo Picasso, *Ma Jolie*, 1911-12.

perto da seção inferior da pintura, estão as seis cordas do violão que ela dedilha suavemente. Depois, perto da base da tela, há alguns elementos muito mais claramente discerníveis. As palavras "MA JOLIE" (minha bela) estão escritas em letras maiúsculas. Esse era o apelido que Picasso dera a Marcelle, tomado do refrão de uma conhecida canção de *music hall*. Picasso aludiu a esse duplo sentido musical pondo uma clave de sol logo à direita do "e" em "Jolie" – na posição de um sinal de potenciação na notação matemática.

A introdução de texto foi audaciosa. A arte sempre envolvera imagens, não letras. Tomar um elemento de uma forma de comunicação para sustentar outra era um lance corajoso. Tratava-se de uma citação literal da vida cotidiana, ajudando a tornar a pintura mais fácil de decifrar. Mas as letras não eram uma panaceia. Braque e Picasso haviam encontrado outros problemas com o cubismo. O mais premente deles era seu sucesso na representação de temas tridimensionais numa tela bidimensional. Os artistas temiam que suas pinturas tivessem se tornado tão achatadas que o espectador talvez fosse incapaz de diferenciar entre o meio e a imagem que ele carregava. Não há nada de errado, é claro, com um pedaço de material decorado com um motivo aparecendo como uma entidade única, mas a palavra para essa combinação não é "arte", é papel de parede. Tudo bem, Braque podia ter sido outrora um pintor de paredes e decorador, mas felizmente deixara isso para trás. Agora era um artista consumado, como Picasso. Eles não eram, definitivamente, ilustradores de papel de parede. Por outro lado, que tal se...

Que tal se... eles pegassem um pedaço de papel de parede e o colassem em suas telas? Hummm...

Braque começou a fazer experimentos com as técnicas que aprendera em seu tempo de decorador. Passou a misturar areia e estuque à sua tinta para lhe dar mais textura quando aplicada à superfície da tela, e ocasionalmente trocava o pincel por um pente para criar um efeito *trompe-l'oeil* de tábua de assoalho. Enquanto ele misturava e penteava, Picasso ocupava-se vasculhando o ateliê em busca de inspiração. No início do verão de 1912 ele produziu uma obra chamada *Natureza-morta com palhinha de cadeira* (1912). A metade superior da pintura oval é puro cubismo. Pedaços recortados de jornal, cachimbos e um copo entremesclam-se como as cartas de um baralho caído no chão. A segunda metade, porém, é muito, muito diferente. Picasso colou um pedaço de oleado barato, do tipo normalmente usado para forrar gavetas ou como um substituto inferior de papel de embrulho. O padrão pré-impresso no oleado é de um assento de cadeira de palhinha trançada. Ele emoldurou a pintura com um pedaço de cordão torcido.

A inclusão do oleado foi uma guinada revolucionária. Em 1912 as pessoas já tinham se acostumado a ver artistas representando a vida cotidiana: temas do mundo real convertidos em arte através de pincelada e tinta. Não estavam, contudo, acostumadas a ver artistas apropriando-se de elementos reais da vida cotidiana e incorporando-os a suas pinturas: uma ação que reescrevia totalmente o livro de regras sobre a relação da arte com a vida.

A inclusão do oleado estampado por Picasso surtiu o efeito desejado de tornar sua pintura mais facilmente compreensível. Torna-se razoavelmente óbvio, muito depressa, que a tela oval representa um típico tampo de mesa de café. O cachimbo, o copo e o jornal (indicado pelas letras JOU, representando *Journal*) são os itens que esperaríamos encontrar em semelhante situação. O oleado pode ser visto ou como uma cadeira que foi ordeiramente empurrada para debaixo da mesa ou como uma toalha de mesa. Mas a espirituosa intervenção de Picasso tem um significado muito maior do que simplesmente tornar pinturas cubistas mais legíveis. Ao colocar um fragmento de oleado em sua pintura ele elevou seu status de trapo inútil às esferas elevadas das belas-artes. Picasso pegara um produto produzido em massa e o transfomara em algo único e valioso.

Meses depois, Braque tinha ido ainda mais longe. Em setembro do mesmo ano ele fez *Fruteira e copo* (1912), em que cortou e colou numa tela papel de parede estampado com um padrão de apainelamento de madeira. Sobre esse papel, ele esboçou com carvão um prato de frutas e um copo de estilo cubista. Não há nenhuma pintura nessa "pintura". A cor é fornecida pelo papel de parede, que Braque comprou numa loja de produtos para bricolagem em Avignon, no sul da França. Agora estamos profundamente mergulhados no território da tentativa de manipulação psicológica. Braque pegou um pedaço de papel de parede em que se estampara um padrão para fazê-lo parecer madeira. Em seguida pôs essa imagem "falsa" em sua pintura, que por sua própria natureza é uma fabricação. Ao fazê-lo, porém, alterou o status do papel de parede, que se tornou então a única coisa "real" na pintura. Complicado, eu sei. Mas digno de reconhecimento. Porque foi aí que a arte conceitual começou. Não com Marcel Duchamp, ou com os artistas performáticos dos anos 1960. Foi com Braque e Picasso em Paris, 1912.

O papel de parede de Braque e o oleado de Picasso podiam ser materiais vulgares sem valor, mas em termos da história da arte foram como bananas de dinamite. Cézanne abrira a porta para o modernismo; esses dois jovens aventureiros a explodiram, arrancando-a do batente. Eles não estavam copiando a vida real: estavam se apropriando dela. O cubismo analítico estava se transformando em cubismo sintético, que é a denominação oficial dada à introdução de *papier collé* por Braque e Picasso, uma expressão que deriva do verbo francês *coller*, colar ou grudar. Esses dois grandes pioneiros da arte haviam mais uma vez triunfado: tinham inventado a colagem.

Você se lembra das precárias criações que fazíamos nas aulas de arte na escola? Aquelas em que recortávamos coisas de revistas e jornais e as colávamos num pedaço de cartolina? Parecia tão óbvio, tão fácil; tão infantil. Mas antes de Braque e Picasso ninguém, absolutamente ninguém, tinha pensado nisso como uma forma de arte. Sim, as pessoas já tinham feito recortes e os prendido em alguma outra coisa – coleções de lembranças num livro de recortes, por exemplo. Os antigos chegavam até a decorar suas pinturas com joias, e Degas enrolou um pedaço de musselina e seda no corpo de sua escultura *Bailarina de 14 anos* (1880-81). Mas a ideia de que materiais corriqueiros e ordinários podiam ser usados no altar sagrado do cavalete do artista era totalmente nova.

E eles tinham mais um truque na manga de seus guarda-pós: o *papier collé* tridimensional. No linguajar artístico de hoje, essas precárias compilações de barbante, cartolina, madeira e papel pintado seriam chamadas de assemblages e talvez até de esculturas. Mas nos idos de 1912 a palavra "assemblage" não existia, e as esculturas eram peças grandiosas de mármore modelado ou entalhado ou de bronze fundido que repousavam sobre plintos.

Quando o poeta e crítico André Salmon visitou o ateliê de Picasso no outono de 1912 e viu *Violão* (1912) pendurado na parede, ficou atordoado. O artista espanhol tinha feito uma imagem tridimensional de um violão colando pedaços de papelão dobrado, arame e cordão.

"O que é isso?", perguntou Salmon.

"Não é nada", respondeu Picasso. "É *'el guitare'*!"

"O" violão, observe, não "um" violão. Fazia algum tempo que Braque e Picasso vinham fazendo esses modelos tridimensionais para ajudar no traçado de suas pinturas cubistas. Agora eles os haviam simplesmente promovido de substitutos a atores principais. Era a ruptura final com a tradição. Tornara-se possível fazer arte com qualquer coisa.

Durante os dois anos seguintes eles foram como uma dupla de músicos de jazz, improvisando com toda espécie de material e surrupiando ideias um do outro. Suas invenções de mídia mista, em que fundiam materiais inferiores com a herança de status elevado das belas-artes, tiveram ramificações imediatas e duradouras. Marcel Duchamp, no passado um cubista parisiense, foi para os Estados Unidos e logo produziu sua própria obra de arte feita com um material corriqueiro: *Fonte* (1917), um mictório reconstituído. Os surrealistas veneravam *Les demoiselles*, de Picasso, obra cujo título teria sido sugerido por seu líder, André Breton. E o que são as latas de sopa Campbell de Andy Warhol, os cachorrinhos de alumínio de Jeff Koons e os tubarões em conserva de Damien Hirst se não a apropriação de objetos comuns por um artista que os reapresenta num contexto novo, artístico?

Estes são exemplos de apenas um lado do influente legado do cubismo de Braque e Picasso. É possível encontrá-lo em grande parte da arte e do design do século XX. A estética cubista angular, despojada e consciente do espaço que Braque e Picasso desenvolveram a partir do exemplo de Cézanne, levou diretamente à estética angular, despojada e consciente do espaço do modernismo. A arquitetura elegante mas austera de Le Corbusier, o estilo art déco dos anos 1920 e o estilo elegante de Coco Chanel – todos têm uma dívida para com os dois jovens artistas. O mesmo pode ser dito da prosa modernista fragmentada de James Joyce, da poesia de T.S. Eliot e da música de Igor Stravinsky. Se você levantar a cabeça deste livro e olhar à sua volta neste instante, verá o legado do cubismo olhando-o de volta.

Esse legado provavelmente viverá para sempre, embora o próprio movimento artístico mal tenha durado uma década. O cenário parisiense e o mundo de que Braque e Picasso haviam emergido – cheio de libertinos boêmios movidos a cafeína e absinto – estavam chegando ao fim. A *belle époque* estava prestes a ser usurpada pelo maior show de horrores que o homem já concebera: a Primeira Guerra Mundial. Muitos dos principais atores na história do cubismo foram convocados, inclusive Braque. Assim também o poeta e crítico Guillaume Apollinaire, uma figura central e poderoso defensor durante aqueles primeiros anos da arte moderna. Ele morreu de gripe em 1918, quando já estava debilitado por ferimentos sofridos em combate. Daniel-Henry Kahnweiler, o marchand e financiador dos artistas, era alemão, e portanto foi considerado inimigo do Estado. Recebeu ordem de deixar Paris.

A festa terminara. A Primeira Guerra Mundial pôs fim ao cubismo; Picasso declarou nunca mais ter visto seu irmão na arte. Isso não era estritamente verdadeiro: ele o viu. Braque sobreviveu à guerra, voltou a Paris e continuou sua carreira como artista; encontrava-se regularmente com seu antigo parceiro de pintura, que permanecera em Paris, famoso demais para que os alemães o ameaçassem. O que Picasso realmente queria dizer era que a aventura artística de ambos se encerrara. O cubismo chegara ao fim. Eles haviam levado a busca por uma nova forma de representação até onde era possível. Nessa altura estavam famosos, assim como suas descobertas.

Para dois jovens ainda de vinte e poucos anos, podemos somente nos assombrar com suas façanhas, tanto artísticas quanto intelectuais. O cubismo nunca teve um manifesto, e Braque e Picasso tampouco estavam politicamente motivados. Isto já não pode ser dito do movimento de arte seguinte que pôs suas ideias em ação. O futurismo teve um programa muito diferente, e um legado mais sombrio…

8. Futurismo: Avanço rápido, 1909-19

Os OITO ANOS ENTRE 1905 e 1913 viram movimentos de arte moderna surgirem como parentes há muito desaparecidos no funeral de um bilionário; grupos de que até então nunca se ouvira falar reivindicando a condição de novos pioneiros da arte porque se declaravam primos distantes do impressionismo de Monet ou das teorias da cor de Seurat. Eles vinham da França (fauvismo, cubismo, orfismo, surrealismo), Alemanha (Die Brücke e Der Blaue Reiter), Rússia (raionismo, suprematismo, construtivismo), Holanda (neoplasticismo, De Stijl), Grã-Bretanha (vorticismo) e Suíça (dadaísmo). Alguns foram maiores que outros; alguns influenciaram outros; todos deram uma contribuição.

A rapidez de sua chegada – e por vezes partida – refletia a Europa da época: um continente em fluxo, onde a mudança era o novo status quo. Havia uma constante sucessão de novos inventos mecânicos que vinham melhorar cada vez mais a vida para uma nova classe média que apreciava o lazer. A confiança era alta, e grupos de artistas, poetas, filósofos e romancistas encontravam-se, bebiam e trocavam ideias em suas grandes cidades recém-modernizadas; vastos playgrounds metropolitanos fervilhando de vida durante 24 horas ao maravilhoso fulgor da nova lâmpada elétrica. A doença e a esqualidez urbana do século anterior eram coisas do passado. O grito que ressoava por toda a Europa era: Fora o velho, viva o novo!

Pelo menos era isso que saía da boca e da pena de Filippo Tommaso Marinetti (1876-1944), um provocativo poeta e romancista italiano. Nascido no Egito de pais italianos, Marinetti foi criado em Alexandria, onde jesuítas de Lyon lhe deram uma educação franco-italiana. Só visitou de fato a Itália e a França aos dezoito anos, quando já havia desenvolvido uma visão extremamente romantizada de ambos os lugares. Ele havia também adquirido um gosto pela discussão e um pendor para as declarações polêmicas. Havia consumido as palavras experimentais dos escritores de vanguarda residentes em Paris como se fossem vinho fino, revirando-as em sua cabeça, embriagado por seu poder. Aos vinte e poucos anos, estabeleceu-se em Milão, na Itália, e logo decidiu que o que realmente faltava a seu país adotivo era um lugar na elite da arte moderna. Uma questão que ele resolveu em dois tempos propondo um novo conceito chamado futurismo.

Em contraste com movimentos anteriores, o futurismo foi abertamente político desde o começo. O turbulento Marinetti queria mudar o mundo. E em certa medida conseguiu – para o bem e para o mal. Ele era um homem de muitos defeitos, mas a timidez e a reclusão não estavam entre eles. Isso significava que, se Marinetti tinha uma visão, o mundo sem dúvida iria ouvir falar dela. E não há como não admirar sua ousadia. Ali estava ele, um poeta e escritor, não muito conhecido fora da vanguarda italiana, que decidiu publicar seu manifesto num jornal – na primeira página. E não se tratou de um jornalzinho local sem importância, ou mesmo de um jornal publicado em sua Itália natal (que já cobrira suas proclamações futuristas). Não; no sábado, 20 de fevereiro de 1909, Marinetti apresentou seu *Manifesto futurista* ao mundo por meio do jornal mais famoso da França, *Le Figaro*. Foi um lance precoce, calculado e brilhante. Marinetti sabia que a única chance de fazer suas ideias serem notadas pela elite artística e intelectual internacional seria ir para o quintal deles – Paris – e anunciá-las aos gritos. Oh, e comprar uma briga. Foi o que fez, com os maiores, os mais malvados rapazes da cidade: Georges Braque, Pablo Picasso, o cubismo em geral e seu maior defensor, Guillaume Apollinaire.

Os proprietários de *Le Figaro* ficaram claramente nervosos antes da publicação. Para se distanciar do agitador italiano, eles introduziram o manifesto de Marinetti com uma ressalva: "Será necessário dizer que atribuímos ao próprio autor plena responsabilidade por suas ideias singularmente audaciosas e sua extravagância com frequência injustificada em face de coisas eminentemente respeitáveis e, felizmente, respeitadas em toda parte? Mas pareceu-nos interessante reservar para nossos leitores a primeira publicação deste manifesto, qualquer que venha a ser seu julgamento sobre ele." O texto do manifesto ocupou duas colunas e meia da primeira página de *Le Figaro*. Ele consistia de um título, *Le Futurisme*, seguido por um texto explanatório e depois o manifesto de onze pontos. Era uma baboseira vigorosa; podia-se compreender por que os proprietários do jornal estavam um pouco sobressaltados.

À guisa de apresentação de si mesmo e de seu bando de colaboradores, Marinetti escreveu: "É da Itália que lançamos para o mundo todo este nosso manifesto incendiário, absolutamente violento, com que estamos fundando o 'futurismo', porque desejamos libertar nossa pátria do cancro fétido de seus professores, arqueólogos, guias de excursão e antiquários." Ele continuava, discorrendo interminavelmente sobre o país e seu rico passado artístico. A ideia era que a criatividade da Itália contemporânea estava sendo bloqueada pelo peso das idades de ouro artísticas anteriores do país, em especial as da Roma antiga e do Renascimento. Ele protestava como um irmão caçula frustrado aprisionado na sombra de seu bem-sucedido e elogiado irmão mais velho. Claro que não expressava as coisas exatamente assim: "Por um tempo longo demais a Itália foi uma feira livre para comerciantes de rebotalho. Queremos nosso país livre do número interminável de museus que o cobrem por toda parte como incontáveis cemitérios. Museus, cemitérios!... Eles são a mesma coisa... Venham, pois! Ateiem fogo às estantes das bibliotecas! Desviem os canais de modo que possam inundar os museus... Agarrem suas picaretas, seus machados e martelos e depois arrasem, arrasem impiedosamente todas as cidades veneradas!" Tudo isso antes do prato principal, o manifesto propriamente dito.

Ponto 3: "Queremos exaltar o movimento agressivo, a insônia febril, o passo de corrida, o salto-mortal, o bofetão e o soco." Certo, ele está se aquecendo, mas o melhor ainda está por vir. Na altura do ponto 4 Marinetti se preparava para ganhar velocidade: "Um automóvel de corrida com seu cofre enfeitado com tubos grossos, semelhantes a serpentes de hálito explosivo... um automóvel rugidor, que corre sobre a metralha, é mais bonito que a Vitória de Samotrácia" (antiga estátua grega exposta no Louvre). E logo adiante vinha o ponto 9, e nessa altura a retórica estava fora de controle. Com as palavras iconoclastas que se seguem ele garantiu para si mesmo a atenção pela qual ansiava, mas também plantou as sementes de um futuro hediondo para si mesmo e para o futurismo, como precursor e colaborador do fascismo: "Queremos glorificar a guerra – única higiene do mundo –, o militarismo, o patriotismo, o gesto destruidor dos libertários, as belas ideias pelas quais se morre e o desprezo pela mulher." Caramba.

Apesar de tudo, o manifesto surtiu o efeito desejado. Da noite para o dia, o que se dizia a respeito de Marinetti passara de "Quem é ele?" para "Quem diabos ele pensa que é?". A reação da intelligentsia parisiense foi rápida e condenatória. Um esteta de ideias elevadas declarou: "Ele deveria ter intitulado aquilo de manifesto não do futurismo, mas do vandalismo." Enquanto o respeitado diretor de teatro Jacques Copeau observou: "A agitação do sr. F.T. Marinetti ilustra apenas uma grande insuficiência de reflexão ou uma grande sede de publicidade."

Sua estratégia de publicidade era astuta, profissional e muito eficaz; sua sofisticada manipulação da mídia e do público teria deixado orgulhosos os melhores publicitários da Madison Avenue. O crítico francês Roger Allard

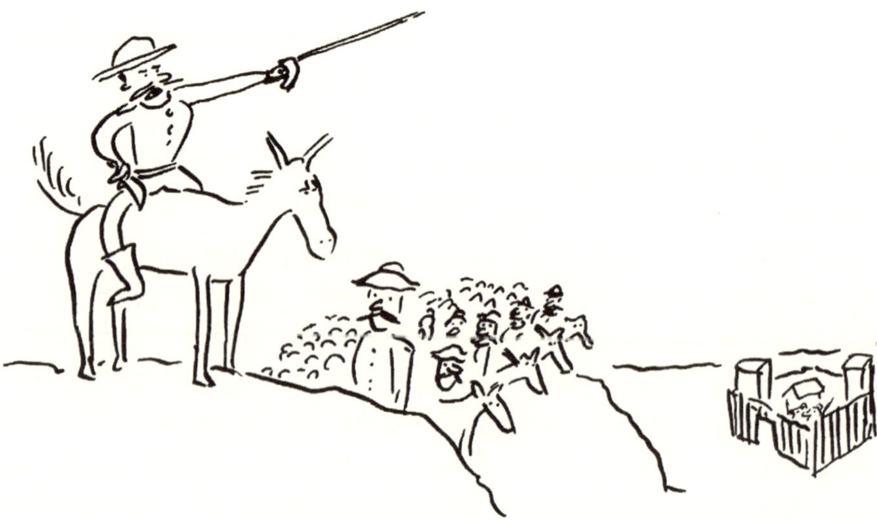

"Faça entrar os ativistas da arte."

escreveu em 1913: "Com a ajuda de artigos na imprensa, exposições sagazmente organizadas, conferências provocativas, controvérsias, manifestos, proclamações, prospectos e outras formas de publicidade futurista, é lançado um pintor ou um grupo de pintores. De Boston a Kiev e Copenhague, esse estardalhaço cria uma ilusão e o *outsider* dá algumas ordens." Seria com Marinetti que, mais tarde, os dadaístas, Marcel Duchamp, Salvador Dalí, Andy Warhol e Damien Hirst iriam, todos, aprender como jogar o jogo da publicidade em benefício próprio.

Mas o que era o futurismo além de um manifesto? Afinal, Marinetti era um escritor, não um artista plástico, como tampouco, na época do lançamento, eram seus seguidores. Um ano depois, porém, ele havia resolvido esse problema. Recrutou os artistas italianos Umberto Boccioni (1882-1916), Carlo Carrà (1881-1966), Gino Severini (1883-1966) e Giacomo Balla (1871-1958), que forneceram pinturas e esculturas para acompanhar seus pronunciamentos frenéticos: eles eram os ilustradores de suas teses bombásticas. Retratar o dinamismo da vida moderna, ou pelo menos algo que a sugerisse, era o requisito visual. Marinetti falava da beleza e do movimento agressivo das máquinas: os artistas o representavam. Suas pinturas eram vigorosas e cheias de movimento, inspirando-se nas fotografias pioneiras feitas no fim do século XIX pelo cientista francês Étienne-Jules Marey e por Eadweard Muybridge, que haviam produzido sequências de imagens imóveis de cavalos galopando. Segundo os futuristas, suas pinturas não estavam "fixadas no momento" como o mundo estático, interior, que Braque e Picasso perseguiam tão sobriamente, embora elas de fato copiassem a ideia de retratar um objeto a partir de múltiplos ângulos. Na verdade, o futurismo era cubismo em velocidade.

Algumas vezes isso funcionava melhor que em outras. O divertido mas um tanto ridículo *Dinamismo de um cão na coleira* (1912) (ver Fig. 13), de Giacomo Balla, mostra um cão e seu dono caminhando com múltiplos pés para sugerir movimento. Agradável, mas tolo. Ao passo que a escultura de Umberto Boccioni *Formas únicas de continuidade no espaço* (1913) (ver Fig. 14) é sem dúvida maravilhosa, encarnando perfeitamente os objetivos artísticos do movimento – fundir o homem e seu ambiente recém-mecanizado

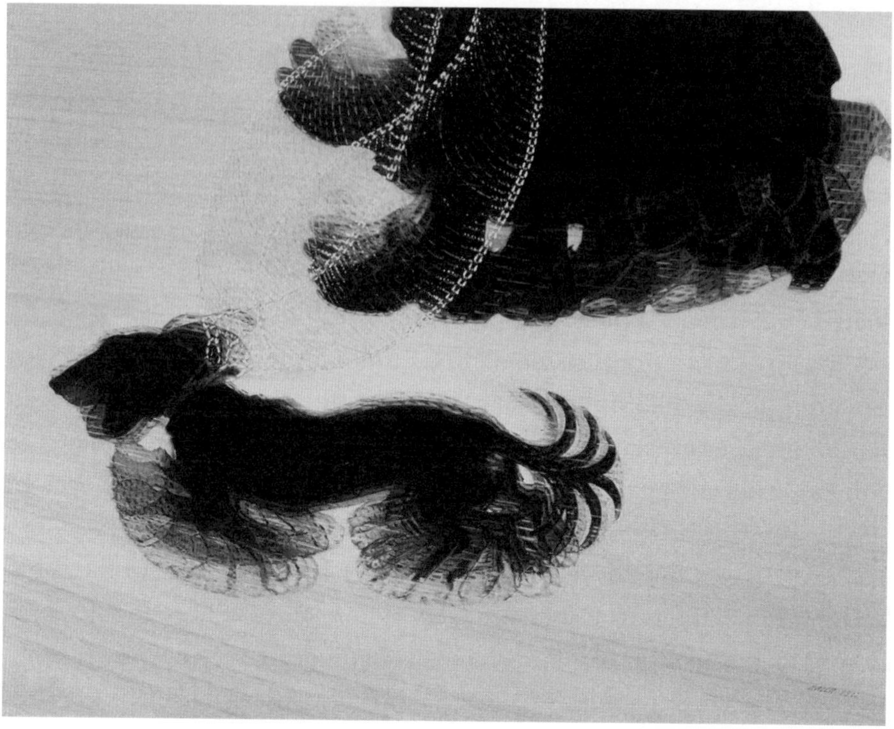

FIG. 13. Giacomo Balla, *Dinamismo de um cão na coleira*, 1912.

numa vigorosa imagem de velocidade e progresso. Feita de bronze, ela descreve um *cyborg* avançando a passos largos, metade homem, metade máquina. Ele não tem rosto nem braços, mas seu corpo encurvado e aerodinâmico está pronto e apto para voar e deslizar pelos ares e a entrar em ação numa velocidade que meros mortais desconhecem. Foram peças como essa que alçaram "futurista" à condição de adjetivo usual para todas as coisas que prefiguravam os arroubos tecnológicos que estavam por vir; conhecidas daqui em diante simplesmente como "futuristas".

As esculturas e pinturas futuristas deviam muito às invenções do cubismo no tocante à técnica e à composição. Elas também estavam empenhadas em fundir tempo e espaço numa única imagem, e adotaram técnicas semelhantes de planos superpostos e fraturados para criar o efeito. No entanto, enquanto os cubistas consideravam que o objeto de sua arte era sua arte, os futuristas queriam provocar reações emocionais inflamadas, fazer declarações políticas e construir uma tensão dinâmica entre os temas do mundo real descritos em suas pinturas.

As semelhanças entre futuristas e cubistas ficaram ainda mais acentuadas depois que o grupo de Marinetti fez uma excursão a Paris em 1911 e viu pinturas cubistas de Braque e Picasso na galeria de Kahnweiler e as dos "cubistas do Salão", entre os quais Robert Delaunay, Jean Metzinger e Albert Gleizes, no Salão dos Independentes. O impacto imediato de sua visita a Paris em 1911 pode ser visto no tríptico de Boccioni, *Estados de espírito* (1911).

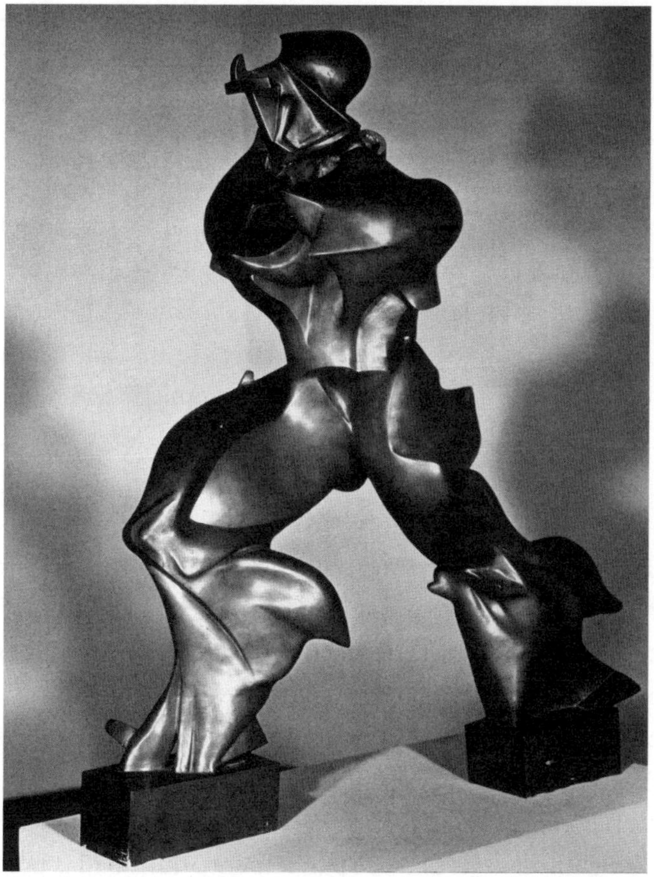

FIG. 14. Umberto Boccioni, *Formas únicas de continuidade no espaço*, 1913.

Ele pintou a série duas vezes em 1911, uma antes da viagem a Paris e outra depois. Nos dois casos, a ideia narrativa era a mesma, ponto que Boccioni realçou dando títulos idênticos a cada uma das três pinturas em ambas as versões: *Os que partem*, *As despedidas* e *Os que ficam*. O artista queria retratar o impacto psicológico sobre o homem da interação com uma máquina, neste caso um trem. *Os que partem* representa pessoas prestes a iniciar uma viagem de trem. Boccioni as descreveu como assoladas por "solidão, angústia e aturdida confusão". *As despedidas* são como seria de esperar: passageiros acenam de um trem que se põe em movimento. E *Os que ficam* representa a profunda melancolia induzida nos que foram deixados para trás.

Todas as pinturas anteriores à viagem parecem muito pós-impressionistas, cheias do expressionismo de Van Gogh, do simbolismo de Gauguin, da paleta de Cézanne e das teorias da separação das cores de Seurat. De fato, as primeiras versões das pinturas de Boccioni parecem mais algo saído da mente perturbada de Edvard Munch do que da cabeça de um futurista afoito, amante da velocidade, voltado para o futuro e ambicioso.

Já o tríptico que ele pintou após a viagem a Paris é muito mais como imaginamos uma obra de arte futurista. As formas angulosas, desconstruídas, de *Estados de espírito II: Os que partem* são instantaneamente reconhecíveis como inspiradas pelo cubismo. O sistema de emendar e fatiar os temas da pintura em seções que se superpõem faz eco ao cubismo de Picasso e Braque, assim como a paleta de tons elétricos e a composição estilhaçada.

Mas a atmosfera é muito diferente e caracteristicamente futurista. *Os que partem* é emocionante de uma maneira que nada tinha a ver com a sobriedade do cubismo. As cores escuras de Boccioni e as flechas fragmentadas de tinta azul diagonal transpiram ansiedade. As cabeças dos passageiros são em parte humanas, em parte robôs, e devem ter sido uma inspiração para o Homem-Máquina de Fritz Lang em sua obra-prima de ficção científica cinematográfica *Metrópolis* (1927). De fato, a pintura toda tem uma qualidade cinematográfica. Ou talvez lembre um cartaz de filme, com sua mistura de interior (as pessoas palidamente iluminadas por lâmpadas de teto no trem) e exterior (a cidade banhada pelo sol ao fundo), cobrindo eventos que ocorreram ao longo de um período de tempo, mas apresentados numa só imagem. Os futuristas tinham uma palavra para essa técnica de compressão de intensas atividades no tempo: simultaneidade.

Estados de espírito I: As despedidas (ver Lâmina 14) emprega truques estilísticos semelhantes. Dessa vez o herói da pintura é óbvio: o sombrio poder da máquina a vapor, em que Boccioni incluiu o número do trem à maneira tipográfica desenvolvida por Braque e Picasso. A história nessa pintura é a de pessoas que se encontram numa estação ferroviária para chegar e partir. Há abraços envoltos em vapor, há vagões e campos e torres de alta tensão enquadradas contra o sol poente. Este é o futuro para as pessoas que se reúnem na estação, tal como vistas em suas mentes pelo artista – um futuro movido a eletricidade e máquinas velozes, de transitoriedade e transcendência, um futuro em movimento.

Estados de espírito III: Os que ficam não tem nem a cor nem a energia das duas primeiras pinturas. É uma imagem quase monocromática de derrota. Figuras fantasmagóricas azul-esverdeadas arrastam-se penosamente, deixando para trás a estação, obscurecida em parte por uma cortina semitransparente de grossas linhas verticais, sugestiva de uma chuva fria e pesada. Eles estão retornando ao infeliz passado, sem seus entes queridos que tomaram o trem expresso para o futuro. As figuras infelizes de inspiração cubista inclinam-se em ângulos de 45 graus, como se prestes a desabar sob o peso de sua existência antiquada.

O tríptico *Estados de espírito*, uma pintura futurista quintessencial, foi um dos destaques de Futuristas, a primeira exposição do grupo em Paris, realizada em 1912 na Galérie Bernheim-Jeune. Por si só, o fato de Boccioni ter escolhido apresentar um tríptico parece estranho, dada a associação do formato com peças de altar do Renascimento e o desejo dos futuristas de eliminar todas as referências ao passado. Mas foram as referências mais contemporâneas que perturbaram os críticos, um dos quais declarou: "As larvas do sr. Boccioni são um tedioso plágio de Braque e Picasso."

De fato, artistas de ambos os lados – cubistas e futuristas – continuavam a se olhar e a se influenciar de forma mútua. O cubista francês Robert Delaunay (1885-1941) era um dos que estavam claramente prestando atenção aos esforços dos colegas italianos. Sua pintura *L'Équipe de Cardiff* (1912-13) mostra muitas características cubistas e futuristas.

Ela retrata duas equipes esportivas disputando um jogo de rúgbi em Paris. Um dos jogadores salta para pegar uma bola muito acima de sua cabeça, com o pescoço esticado a fim de olhar para cima. O jogo é emoldurado por motivos de atividades de lazer mais modernas: uma roda-gigante, um avião bimotor e a grande atração turística da cidade, a Torre Eiffel. O simbolismo visual é claro: trata-se de movimento para cima, em busca de alcançar o céu – o futuro. Múltiplas ações aparecem em diferentes momentos e lugares, e são todas mescladas: mais um exemplo da técnica futurista da simultaneidade. A montagem de imagens também lembra uma colagem cubista (e um cartaz publicitário recente). Mas a maneira como Delaunay pintou a cena difere tanto da estética futurista quanto da cubista. Ela não tem nada da energia fraturada e do dinamismo de uma obra de arte futurista, e é colorida demais para se encaixar no cânone de Braque ou Picasso.

Isso deu a Apollinaire a oportunidade que procurava para afastar seus amigos franceses do movimento de Marinetti, que não apreciava. Ele havia chamado o futurismo de "um frenesi grotesco, o frenesi da ignorância" e uma "tolice". Mas o movimento estava pegando, inclusive entre sua turma. Assim, não desejando se desmoralizar perante o homem de Milão, Apollinaire simplesmente inventou um novo nome para o que era de fato um híbrido, uma espécie de cubofuturismo. Declarou que *L'Équipe de Cardiff*, de Delaunay, era o início de (mais) um novo movimento artístico, que rotulou de orfismo (de Orfeu, que enganava os deuses com uma música que falava à alma).

Mas era tarde demais para a intelligentsia francesa conter ou se apropriar do futurismo ou de Marinetti, com sua incansável promoção do movimento. A exposição futurista realizada em Paris viajou pela Europa: esteve em Londres, Berlim, Bruxelas, Amsterdã e além. E em cada parada, lá estava Marinetti, encenando, reivindicando, persuadindo. De São Petersburgo a San Francisco, Marinetti conversava com as pessoas e lhes enchia os ouvidos antes de revelar as pinturas que expressavam sua visão mecânica e cada vez mais maníaca. E o mundo lhe dava atenção. Os futuristas haviam quebrado o domínio férreo que Paris exercera sobre o desenvolvimento da arte moderna. De 1912 em diante, os novos capítulos na história da arte seriam escritos em diferentes cidades em muitas partes do mundo, todas postas em pé de igualdade por sua resposta ao cubofuturismo.

Na Grã-Bretanha, o artista e escritor Wyndham Lewis (1882-1957) tomou a frente de um grupo de pintores e escritores de ideias semelhantes radicados em Londres num novo movimento artístico que surgiu do cubofuturismo chamado vorticismo. Esse nome lhes foi dado em 1913-14 pelo poeta norte-americano expatriado Ezra Pound, que disse que "o vórtex é o ponto de energia máxima". A intervenção da Primeira Guerra Mundial significou que o movimento desapareceu antes de ter propriamente começado. Mesmo assim, houve tempo para que algumas obras de arte memoráveis fossem produzidas, a mais poderosa das quais foi *Rock Drill* (1913-15), de Jacob Epstein.

Epstein (1880-1959) nasceu e formou-se nos Estados Unidos, mas foi para a Grã-Bretanha em 1905 e lá ficou. Ele visitou Picasso em Paris, e o espanhol lhe pareceu ser "um artista extraordinário, tanto como um virtuose quanto como um homem de requintado gosto e sensibilidade". Pouco tempo depois, Epstein fez *Rock Drill*, uma escultura que parece totalmente futurista hoje, muito embora tenha sido produzida nos idos de 1913. Uma máquina robótica de dois metros de altura, ao mesmo tempo reptiliana e humana, encavala-se sobre uma enorme perfuratriz de rocha muito acima do solo. A perfuratriz é sustentada por um tripé sobre duas pernas, do qual a ameaçadora criatura se ergue, tendo a negra perfuratriz pneumática equilibrada entre as pernas e apontando para baixo como um falo desmedido, pronto para mergulhar sua ponta de aço na Mãe Terra. A cabeça do monstro olha para cima como um louva-a-deus rezando, seus olhos escondidos por uma viseira afunilada, desafiando os que se aproximam para uma luta. É uma celebração do erotismo das máquinas, uma máquina dos sonhos para Marinetti.

Segundo Epstein, ele a fez "nos dias experimentais de 1913, antes da guerra ... estimulado [por] meu entusiasmo por máquinas ... aqui está a figura sinistra armada de hoje e de amanhã". Muito depressa seu monstro à Frankenstein começou a parecer morbidamente profético, à medida que o cruel banho de sangue da Primeira Guerra Mundial revelou o horrendo revés da união de homem e máquina. Epstein perdeu o interesse por máquinas e desmontou a obra, refazendo apenas parte da peça na forma de uma escultura de bronze que consiste de um monstro máquina-homem, agora horrivelmente amputado, cortado no torso, com metade de seu braço esquerdo faltando. O rosto com viseira, outrora o de um invencível guerreiro, tem agora o aspecto derrotado dos permanentemente aturdidos.

A arte de Epstein pode ter mudado de direção, mas o futurismo de Marinetti foi em frente, proclamando, promovendo e lutando. O showman italiano da arte nunca teve medo de uma briga em suas performances. Ele reconhecia que uma boa polêmica lhe proporcionaria o oxigênio de que seu movimento artístico precisava para sobreviver: publicidade. Mas quando a Primeira Guerra Mundial chegou e foi embora, a teatralidade de Marinetti e suas arengas para agitar multidões começaram a parecer um pouco agourentas. A paisagem política estava mudando. Populações insatisfeitas em toda a Europa estavam felicíssimas em ouvir um canto futurista de "Fora o velho, viva o novo!". O comunismo estava a caminho. E também o fascismo.

Numa jogada que contraria a percepção da maioria das pessoas de que a arte sempre foi um jogo jogado por liberais de inclinações esquerdistas, Filippo Marinetti aplicou suas habilidades literárias para ajudar a escrever o *Manifesto fascista* da Itália em 1919, exatamente dez anos após publicar seu *Manifesto futurista*. Ele fez amizade com Mussolini e até disputou uma cadeira no Parlamento em 1919 (sem sucesso) numa chapa fascista. Deve-se dizer que, na visão de Marinetti, o fascismo era significativamente diferente da entidade venenosa que se tornou. E essas diferenças logo se manifestaram, o que levou Marinetti a sair pela tangente. Mas ele permaneceu leal a Mussolini, defendendo-o resolutamente em público.

Dizer que o futurismo levou diretamente ao fascismo seria um exagero. Por outro lado, ignorar aquele tempo em que a arte influenciou a política de maneira tão surpreendente e calamitosa seria evitar uma verdade inconveniente. O futurismo estará para sempre inextricavelmente ligado ao fascismo.

9. Kandinsky/Orfismo/O Cavaleiro Azul: O som da música, 1910-14

"Arte abstrata" designa pinturas ou esculturas que não imitam ou mesmo tentam representar um objeto físico, como uma casa ou um cão. Fazê-lo seria um fracasso aos olhos do artista abstrato, que visa produzir uma obra de arte que seja uma façanha da imaginação, em que sejamos incapazes de reconhecer alguma coisa de nosso mundo conhecido. Por vezes ela é chamada de "arte não figurativa".

Você conhece esse tipo de coisa, aqueles rabiscos e quadrados aparentemente aleatórios que nos levam a pensar: "Uma criança de cinco anos poderia ter feito isso." O que poderia ser o caso, mas na realidade é muito improvável. É algo surpreendentemente difícil definir com clareza o que é que torna essas linhas de alguma maneira diferentes daquelas que você ou eu poderíamos desenhar, mas existe alguma coisa. Há algo relacionado à sua fluidez, ou composição, ou forma, que leva milhões de nós às galerias de arte moderna para ver pintores como Mark Rothko e Wassily Kandinsky. De alguma maneira eles conseguiram arranjar suas formas e pinceladas em desenhos capazes de estabelecer uma conexão significativa conosco, sem que saibamos como ou por quê. A verdade é que a arte abstrata encerra certo mistério; algo que confunde nossos cérebros racionais quando acreditamos que pinturas e esculturas precisam contar uma história. Trata-se de uma ideia complexa que é tipicamente expressada de maneira simples, e é isso que vou tentar fazer ao longo dos próximos capítulos.

Seria possível afirmar que Édouard Manet começou tudo isso em meados do século XIX, quando começou a eliminar (abstrair) detalhes pictóricos em suas pinturas, como *O bebedor de absinto* (1858-59). Cada geração

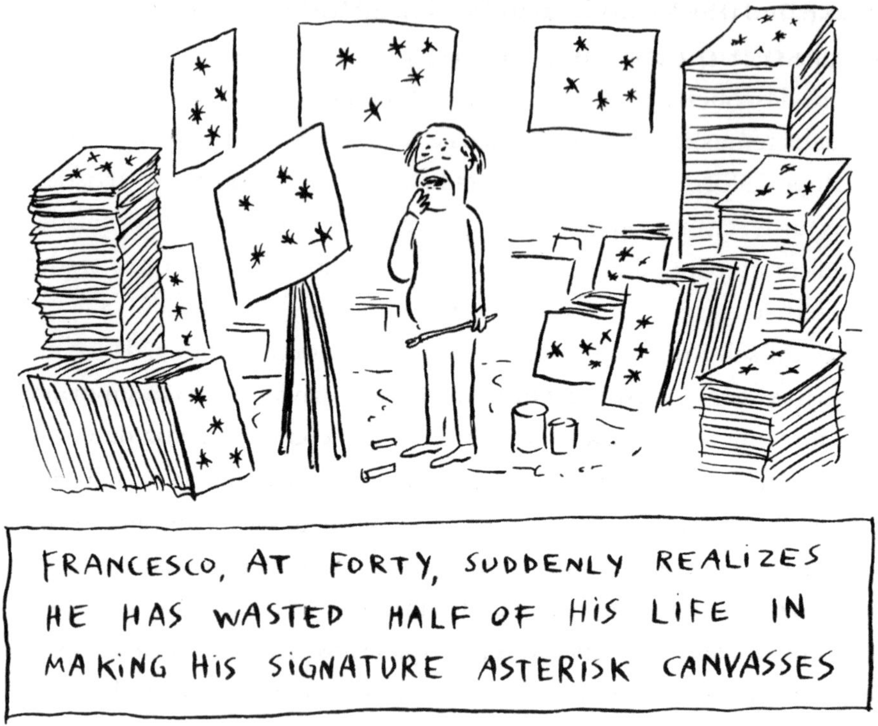

"Aos quarenta anos, Francesco percebe de repente ter desperdiçado metade da vida fazendo suas peculiares telas com asteriscos."

subsequente de artistas eliminou um pouco mais de informação visual numa tentativa de apreender a luminosidade atmosférica (impressionismo), acentuar as qualidades emotivas da cor (fauvismo) ou olhar para um tema de múltiplos pontos de vista (cubismo).

Olhando para trás, parece inevitável que esse processo levaria por fim à eliminação de todos os detalhes e ao advento da arte moderna. Manet e seus sucessores haviam definido seu papel como artistas numa era pós-fotográfica como o de um observador social, filósofo e "profeta", que expõe as verdades escondidas da vida. A câmera os libertara do trabalho de produzir semelhança para garantir o próprio sustento e lhes permitia explorar novas formas de representação que poderiam provocar no espectador pensamentos e sentimentos antes inexplorados.

Era um papel a que os pintores e escultores pioneiros que viviam na Europa se entregaram de maneira entusiasta e incansável. Essa liberdade recém-descoberta e o direito autoatribuído de vagar os levou a simplificar seus temas, deformando traços e seccionando corpos em colchas de retalhos de formas geométricas, tudo em nome do progresso artístico. E mais tarde, em 1910, quarenta anos depois do início dessa revolução que redefinira o papel da arte e dos artistas, a ruptura final com a tradição foi efetuada.

František Kupka (1871-1957) fazia parte do movimento artístico cubofuturista surgido em Paris que Apollinaire havia chamado de orfismo. Em 1910 ele começou a produzir telas que estavam acima da compreensão óbvia: pinturas coloridas que não forneciam nenhuma pista sobre seu tema. Para todo mundo, exceto o próprio artista e seu círculo mais chegado, elas não consistiam em nada além de formas indefinidas. *The First Step* (c.1910), de Kupka, é um dos primeiros exemplos de sua incursão experimental na arte abstrata. A pintura resume-se a uma série de círculos e discos pintados sobre um fundo preto. O círculo mais dominante está situado na metade superior da tela, no centro; é grande, branco e cortado no alto como um ovo cozido, com uma seção esquerda inferior que se superpõe marginalmente a um disco cinza ligeiramente menor. Pendendo num arco em volta desses dois discos maiores há um colar de onze e meia pastilhas azuis e vermelhas. Cada uma dessas pequenas formas redondas está emoldurada dentro de um círculo verde. À esquerda da pintura há um grande anel vermelho que corta todos os discos ao estilo de um diagrama de Venn. E pronto.

The First Step não é a imagem de coisa alguma; é totalmente abstrato. A pintura é uma investigação por Kupka de nossa relação com o espaço exterior e o Universo: uma alegoria visual da interconectividade entre o Sol, a Lua e os planetas (o que torna seu título impressionantemente presciente). Kupka está registrando alguns pensamentos na tela, não retratando um tema específico.

Dois anos depois, Robert Delaunay, o artista a quem se atribui a fundação do orfismo, fez seu movimento em direção à arte abstrata com uma pintura que se provaria extremamente influente. *Disco simultâneo* (1912) iria inspirar a vanguarda alemã e, um pouco mais tarde, os expressionistas abstratos norte-americanos. À primeira vista, a tela parece um alvo multicolorido para dardos. Mais uma vez, como no caso de *The First Step*, não há nenhum tema físico óbvio. Mas há uma diferença crucial em relação ao trabalho de Kupka: neste caso não há nenhuma alusão a um objeto físico, de natureza interplanetária ou outra. Em vez disso, o artista escolheu fazer da *cor* o seu tema.

Como Seurat, Delaunay era fascinado pela teoria das cores. Ele também foi inspirado pelo trabalho de Michel Eugène Chevreul, em especial pelo livro *A lei do contraste simultâneo das cores* (daí o nome da pintura de Delaunay), publicado em 1839. Chevreul demonstrou como as cores adjacentes no círculo cromático influenciavam-se mutuamente (um tema recorrente até hoje na arte moderna). Seurat usou o sistema para responder ao impressionismo; Delaunay o usou como uma maneira de acrescentar alguma cor ao cubismo. Ele aplicou as técnicas desconstrutivistas de Braque e Picasso ao círculo cromático, desmontando-o e depois o reconstruindo na forma de um alvo redondo dividido em quatro fatias, como uma pizza pré-cortada. Cada quarto contém sete segmentos de uma única cor, radiando do centro em seções curvas. O resultado são sete círculos concêntricos que consistem em quatro cores fragmentadas.

Delaunay escolheu a cor como o único tema de sua pintura após chegar à conclusão de que a realidade corrompia "a ordem da cor". Ele estava tentando fazer uma pintura que vibrasse com harmonia e tom, de maneira não muito diferente de uma peça de música. Esse era o objetivo do orfismo, como sugeria o nome do movimento, que vem de Orfeu, poeta e músico grego. O sentimento em meio à vanguarda era que música e artes visuais eram estreitamente relacionadas.

Este é um entendimento útil para a compreensão da obra desses pioneiros da arte abstrata. Seus traços e borrões não eram uma tentativa de enganar o grande público fazendo decorações passarem por belas-artes; eles não estavam tampouco tentando se dissociar da realidade para serem vistos como figuras proféticas ou místicas de alguma espécie. Eles se comparavam a músicos, sua obra assemelhando-se a uma partitura musical.

Isso explica sua motivação para ingressar na arte abstrata. Porque a música, quando não acompanhada por canto ou palavras, é uma forma de arte totalmente abstrata. Os sons de violino que se elevam nos ares ou de tambores que retumbam podem transportar o ouvinte para uma cena imaginária sem que ele nunca precise recorrer à representação direta. O ouvinte está livre para deixar a mente vagar e interpretar pessoalmente o significado da música. Se ele se comove, é porque o compositor arranjou as notas de uma maneira que evoca essa reação. Os primeiros exemplos de arte abstrata são muito semelhantes, exceto que os artistas estavam fazendo arranjos com cores e formas.

Richard Wagner, o grande compositor romântico do século XIX, vira o potencial do casamento da música com as artes visuais mais de um século antes. Sua visão foi fazer uma *Gesamtkunstwerk*, isto é, "uma obra de arte total". A ideia era unir formas de arte para produzir uma entidade criativa sublime que tivesse o poder de transformar vidas e dar uma contribuição significativa à sociedade. Ele era um homem ambicioso.

O conceito foi fundamentado a partir da sua admiração pelo filósofo alemão Arthur Schopenhauer (1788-1860), cujas teorias sobre música o haviam impressionado. Schopenhauer foi um misantropo – a vida, pensava ele, era um exercício fútil em que somos todos escravos de nossa "vontade", aprisionados por nossos desejos básicos e insaciáveis de sexo, alimento e segurança. Segundo ele, as artes eram o único meio ao nosso alcance para amenizar essa rotina enfadonha, pois podiam oferecer transcendência, uma fuga intelectual e um breve consolo. E, em sua opinião, a melhor forma artística para proporcionar esse tão ansiado lampejo de liberdade era a música, em razão de sua natureza abstrata – as notas são ouvidas e não vistas, libertando nossa imaginação da prisão de nossa "vontade" e razão.

Wagner adotou essa ideia e dividiu as artes em dois campos distintos. Pôs a música, a poesia e a dança em um lado, porque, argumentou, sua produção dependia unicamente dos esforços do "homem artístico". Em seguida pôs a pintura, a escultura e a arquitetura no outro, porque elas dependiam da moldagem de "materiais da natureza" pelo "homem artístico". A ideia era projetar um formato que permitisse a cada forma de arte realizar seu verdadeiro (e glorioso) potencial entrando em correspondência com as outras.

A ambição do compositor de realizar uma *Gesamtkunstwerk* deve ter conseguido penetrar na alma de suas composições, pois foi ao ver uma encenação de sua ópera *Lohengrin* no Teatro Bolshoi, em Moscou, que um jovem professor de direito russo se viu pensando nas mesmas linhas. Alguns compassos após a abertura da narrativa épica do século X de Wagner, Wassily Kandinsky (1866-1944) começou a "ver" coisas. Sua imaginação começou a evocar uma vívida imagem mental. Era uma imagem de sua amada Moscou, estilizada como uma cidade de conto de fadas, enraizada no folclore e na arte popular da Rússia. "Vi ... cores ... diante dos olhos. Linhas desordenadas, quase loucas, traçaram-se em frente a mim." Foi o bastante para deixar Kandinsky, um aplicado artista amador, intrigado. Seria ele capaz de fazer uma pintura tão emocionante e épica quanto uma ópera de Wagner? Não o faria com o intuito de imitar a música do maestro, mas de produzir uma experiência paralela em que as cores fossem as notas e sua composição, a tonalidade.

No mesmo ano, 1896, a paixão de Kandinsky pelas artes estimulou-o a visitar uma exposição itinerante de arte impressionista francesa que passava por Moscou. Ali ele se viu diante das pinturas de Monet que representam montes de feno num campo. Foi um momento de epifania para o jovem russo. "Até então", disse ele, "eu só conhecia arte realista, na verdade apenas os russos ... E de repente, pela primeira vez, vi uma pintura. Era um *Monte de feno*, o catálogo me informava. Eu não o reconheci ... Tive a vaga sensação de que o objeto estava ausente nesse quadro. E notei, com surpresa e confusão, que a pintura não só prendia minha atenção, como se imprimia indelevelmente em minha memória."

Kandinsky, então com trinta anos, sentiu-se irresistivelmente impelido a perseguir uma meta. Renunciou ao cargo de professor na Faculdade de Direito da Universidade de Moscou, decidiu deixar a Rússia e, em dezembro de 1896, rumou para Munique, importante centro europeu de arte e ensino. Assim que chegou à cidade alemã, matriculou-se num curso de belas-artes. O novo estudante aprendeu rapidamente as maneiras pictóricas dos impressionistas, pós-impressionistas e fauvistas, e não demorou a ser um membro reconhecido da vanguarda alemã.

As primeiras pinturas profissionais de Kandinsky foram um compósito de Monet e Van Gogh. *Munique – Planegg 1* (1901), um esboço a óleo, representa uma senda enlameada que atravessa um campo na diagonal antes de desaparecer horizontalmente ao lado de um grande penhasco de granito no fundo. Kandinsky aplicou sua tinta de uma maneira curta, grossa, *stacatto*, e a manipulou com uma faca de paleta. O céu azul-púrpura é expressionismo à maneira de Van Gogh, e o campo banhado de sol lembra o impressionismo de Monet.

Alguns anos depois seu estilo de pintura estava mais de acordo com as cores vibrantes e as formas simplificadas do fauvismo. Durante vários anos, ele fez da aldeia alemã de Murnau objeto de intenso estudo. Sua pintura *Murnau, rua de aldeia* (1908) é típica desse período de seu desenvolvimento. Blocos de cores intensas e vivas definem a cena, cujas características pictóricas individuais Kandinsky eliminou quase inteiramente, à maneira de Matisse e André Derain. Quando pintou *Kochel, estrada reta* (1909) um ano depois, sua redução dos detalhes foi tal que apenas a visão de três árvores esparsamente pintadas e um par de bonecos de palitos permitem ao espectador entender a pintura. Sem eles como guias narrativos, ela só seria legível como uma colcha de retalhos de cores intensas: laranja (uma casa), amarelos e vermelhos (campos) e azuis (azul-claro para a estrada, escuro para uma montanha).

Ao longo de toda essa jornada rumo à abstração total, por toda a carreira de Kandinsky, a música conservaria seu domínio sobre sua arte e vida. No mesmo ano em que pintou *Kochel, estrada reta*, ele produziu uma série de trabalhos com o prefixo "Improvisação", palavra escolhida por suas conotações musicais. O objetivo do artista com suas pinturas da série *Improvisação* era criar uma "paisagem sonora": telas que permitissem ao espectador ouvir o "som interno" de uma cor. Isso significou a eliminação de ainda mais referências ao mundo real. Kandinsky raciocinava que "som interno" só podia ser ouvido quando uma pintura não possuía um "significado convencional" para distrair o espectador-ouvinte.

Improvisação IV (1909) não é a primeira obra verdadeiramente abstrata de Kandinsky, embora precisemos de uns dois minutos para compreender que a estrutura azul no meio é uma árvore, que a base vermelha em que ela se assenta é um campo, e que o quarto direito superior da pintura é o céu. Quanto a deduzir que a cacofonia de cores no canto esquerdo superior representa um arco-íris, bem, isso só é possível se soubermos que o "prisma no céu" era um motivo habitual para esse pintor fixado em cores.

Agora o artista russo estava prestes a cortar todos os laços com a realidade em seu trabalho. O fato de estar fazendo isso exatamente ao mesmo tempo que Kupka e Delaunay, em Paris, perseguiam o orfismo com um programa abstrato semelhante não era uma coincidência. O mundo da arte de vanguarda do início do século XX podia ter se ampliado além da França para abranger Alemanha, Itália, Rússia, Holanda e Grã-Bretanha, mas continuava sendo povoado por um pequeno grupo de artistas, muitos dos quais conheciam uns aos outros. Eles eram (e ainda são) uma turma itinerante. Por exemplo, Kandinsky, que nascera em Moscou, residia em Munique, mas havia passado um tempo em Paris, onde chegara a conhecer Gertrude Stein (e sua coleção de pinturas de Matisse e Picasso). Nesse meio-tempo, o francês Delaunay havia conhecido a ucraniana Sonia Terk (1885-1979), com quem se casou; essa talentosa artista, educada em São Petersburgo, frequentara uma escola de arte na Alemanha antes de se estabelecer por fim em Paris, em 1905.

Assim, embora não estivessem no mesmo lugar ao mesmo tempo, todos eles respiravam o mesmo ar artístico. E este reverberava ao som da música. Foram as explorações de Delaunay sobre os efeitos sonoros das combinações de cores que o puseram no caminho da abstração total. Kandinsky chegaria ao mesmo destino, mas a partir de uma direção diferente. Seu grande momento de compreensão veio, mais uma vez, após assistir a um concerto.

Em janeiro de 1911 o artista viajou a Munique para ouvir a música atonal do controverso compositor vienense Arnold Schoenberg (1874-1951). Profundamente comovido pelo que ouvira, Kandinsky começou nessa noite a pintar *Impressão III (Concerto)* (1911) em resposta. Dois dias depois o trabalho estava concluído, revelando claramente o impacto do concerto de Schoenberg. Um grande triângulo de tinta preta no canto direito superior da tela denota o piano de cauda, cujo magnetismo atrai a ávida plateia para mais perto ainda. Juntos, piano e pessoas formam uma linha diagonal que divide a pintura em duas. De um lado da linha há uma massa de vibrante tinta amarela, representando o maravilhoso som que o piano produz. O outro lado é mais nebuloso. É muito menos denso, com abundância de tinta branca entremesclada com roxos, azuis, laranjas e amarelos. É possível que isso aluda a alguma coisa, mas teríamos dificuldade em dizer exatamente o quê.

O artista estava chegando muito, muito perto da abstração total. Dentro de meses ele produziria por fim uma pintura que não continha nenhum elemento reconhecível do mundo físico: uma revolução que Schoenberg ajudou a promover. Kandinsky encontrara um espírito afim. Ele escreveu para o músico, compartilhando suas teorias sobre a cor e propondo que a pintura podia "desenvolver as mesmas energias que a música". Schoenberg respondeu de maneira encorajadora, o que levou a uma amizade por toda a vida entre os dois artistas. Na troca de cartas que se seguiu, eles escreveram sobre conceitos sofisticados, como encontrar uma "harmonia moderna" de uma "maneira antilógica". E (fazendo eco a Schopenhauer) a "eliminação da vontade consciente na arte". A ideia principal era que Kandinsky devia se libertar da representação e produzir uma pintura que viesse do instinto e não do saber: uma pintura que maltratasse um pouco o espectador e despertasse suas sensibilidades, pondo lado a lado cores e pinceladas incompatíveis. Ou, no linguajar musical: dissonância.

Pintura com um círculo (1911) é a primeira obra de arte completamente abstrata de Kandinsky. É uma tela de quase um metro e meio de altura por um metro de largura, cheia de cores turbulentas e indecifrável. Os roxos, azuis, amarelos e verdes que ressoam a partir de sua superfície não têm forma e não fazem nenhum sentido literal. Um zigue-zague rosa-malva cai pelo lado esquerdo da tela. Em seu caminho ele atravessa uma série de manchas de cor largas e sem forma, não muito diferentes das que faz um decorador amador ao testar amostras de tinta numa parede em casa.

No alto do quadro, Kandinsky pintou duas formas circulares – uma preta, a outra azul – que parecem olhos, mas esta interpretação não é o que o artista tinha em mente.

Kandinsky pretendia que *Pintura com um círculo* fosse análoga a uma partitura musical: inteiramente abstrata e ainda mais sonora por sê-lo. Nem observadores experimentados do pintor, que sabiam encontrar cossacos, cavalos, morros, torres, arco-íris e histórias bíblicas em suas composições, conseguiriam identificar qualquer desses motivos familiares. O artista pintou essa tela no mesmo ano (1911) em que escreveu um livro chamado *Do espiritual na arte*, em que discutia suas muitas teorias sobre arte e cor. Numa curta passagem, ele esclarece o simbolismo por trás da musicalidade de sua arte: "Em termos gerais, a cor é uma força que influencia diretamente a alma. A cor é o teclado, os olhos são os martelos; a alma é o piano com suas muitas cordas. O artista é a mão que toca, pressionando uma tecla ou outra, para causar vibrações na alma." O espírito empolgante, emocionante, de *Pintura com um círculo* é a resposta inicial de Kandinsky a uma ópera de Wagner. Mas ele não ficou feliz com a pintura. Sentia que podia fazer melhor.

O ano de 1911 estava se provando tão tumultuoso na vida de Kandinsky quanto as pinturas que produzia agora. Primeiro houve o concerto de Schoenberg, depois a revolucionária *Pintura com um círculo*, após a qual veio a publicação de seu livro. Era muito num só ano. Mas havia mais por vir. O artista russo havia se desentendido com seus colegas alemães na vanguarda de Munique. Ele havia sido o líder da turma das artes visuais, mas afastou-se dos amigos quando eles começaram a questionar seu movimento rumo à abstração. Abandonou-os para criar seu próprio clube, um coletivo multidisciplinar chamado Der Blaue Reiter (O Cavaleiro Azul).

Convites foram enviados a Robert Delaunay e Arnold Schoenberg, ambos os quais aceitaram. O mesmo fizeram dois artistas alemães, Franz Marc (1880-1916) e Auguste Macke (1887-1914), que também haviam rompido com o círculo artístico da moda de Munique. O "azul" em O Cavaleiro Azul era simbolicamente importante para o grupo, que acreditava que essa cor estava imbuída de qualidades espirituais singulares. A seu ver, o azul podia combinar a natureza interna das coisas – os sentimentos e a mente inconsciente – com o mundo externo e o universo. O "cavaleiro" era simbólico também. Os artistas compartilhavam um amor pelos cavalos que vinha de seu interesse romântico pelo folclore. Eles associavam a natureza primitiva do animal com suas próprias metas artísticas de aventura, liberdade, ação instintiva e uma rejeição do mundo moderno, comercial.

O grupo deu a Kandinsky o espaço de que ele precisava para continuar trabalhando no que seria sua mais importante série de pinturas, mais uma vez prefixada com uma metáfora musical. Ele havia começado a trabalhar em suas *Composições* em 1910, com a ambição de fazer pinturas que tivessem a escala e a estrutura de uma sinfonia. Suas três primeiras *Composições* foram destruídas durante a Segunda Guerra Mundial, o que hoje faz de *Composição IV* (1911) a primeira da série. Ela mostra a influência continuada dos fauvistas sobre Kandinsky no que é uma tela extremamente colorida medindo impressionantes 2 × 1,59 metros.

Ela demonstra também quanto ele devia ter ficado infeliz com a abstração total de *Pintura com um círculo*, porque *Composição IV* – pintada no mesmo ano – é uma tela razoavelmente figurativa. Ela mostra uma paisagem de três montanhas: uma pequena (roxa) à esquerda, uma grande (azul) no meio e uma ainda maior (amarela) à direita. No alto do pico azul há um castelo, enquanto duas torres adornam os lados da vizinha amarela. Três cossacos estão parados diante da montanha azul, empunhando duas lanças pretas que de fato dividem a pintura em duas. À direita das lanças, tudo é paz e harmonia, com dois amantes reclinados em meio a uma paleta de cores pastel suavemente misturadas. No lado esquerdo das lanças, a vida é bem mais animada. Dois barcos, os remos projetando-se agressivamente, lutam contra um mar bravio. Linhas de tinta preta entrecruzam-se em pleno ar como espadas numa luta, e uma violenta tempestade se anuncia no arco de um tímido arco-íris.

A pintura trata de muitas das preocupações de Kandinsky: a relação entre homem e mito, céu e terra, bem e mal, guerra e paz. Estes são temas épicos que estavam também próximos do coração de Wagner e do espírito do romantismo alemão. Mas ela ainda não era a *Gesamtkunstwerk* com que Kandinsky sonhara. Não se comparava com o sucesso do próprio grande compositor alemão em criar uma obra de arte total, o que ele acreditava ter feito com o *Ciclo do Anel*. Para isso Kandinsky teria de esperar mais dois anos.

Composição VII (1913) (ver Lâmina 15) é o *Ciclo do Anel* de Kandinsky. Foi o pináculo da série e de sua carreira. Medindo 2 × 3 metros, foi uma de suas maiores pinturas e a culminação triunfante de anos de estudo, esboços preparatórios e investigação artística. Agora Kandinsky sabia que a abstração era o ingrediente mágico quando se tratava de fazer uma pintura comparável a uma sinfonia. Sem dar ao espectador nenhuma pista visual com relação a seu tema, *Composição VII* exige que a confrontemos em seus próprios termos.

O artista pôs um círculo preto malformado no meio da pintura: um olho no centro de sua tempestade psicodélica. Em torno dele cores explodem como fogos de artifício, correndo ao léu em todas as direções. O lado esquerdo da pintura é mais caótico, frenético; linhas curvas multicoloridas marcam a superfície e manchas pretas e de um vermelho carregado sugerem feridas infligidas e recebidas. O lado direito parece mais calmo, com áreas maiores de tinta fundindo-se de maneira mais harmoniosa. Mas quando o olho viaja para a borda da pintura, a escuridão desce em meio a um aumento angustiante de pretos, verdes e cinzas.

Nossa inclinação natural a tentar decodificar a imagem é frustrada pela inabalável recusa de Kandinsky a fornecer qualquer pista identificável de temas conhecidos, o que torna o estudo da tela ao mesmo tempo arrebatador e exaustivo. Notavelmente, ela alcança o efeito desejado: começamos a "ouvir" a pintura, a pôr sons em suas pinceladas. Cores se entrechocam como címbalos; as linhas amarelas dentadas são os sons ruidosos de uma trombeta; o centro negro evoca o intenso queixume produzido por uma fileira de violinos. Um grande contrabaixo zumbe no fundo. Depois, no centro da parte inferior da pintura, vê-se uma fina linha preta, exposta e solitária. Isso é com certeza o maestro, a pessoa encarregada de introduzir alguma ordem no caos.

Olhando e admirando o virtuosismo de Kandinsky estava o artista alemão Paul Klee (1879-1940), nascido na Suíça. Como Kandinsky, ele estudara em Munique e fizera experiências com o expressionismo e o simbolismo alemão. Também compartilhava uma visão de vida semelhante à do russo, acreditando que a arte podia ajudar a ligar o homem a seu ambiente e a seu eu espiritual. E também sentia um profundo amor por música (seus pais eram bons instrumentistas, sua mulher era pianista) e manifestava interesse por arte primitiva e popular. Kandinsky convidou o artista mais jovem a ingressar no grupo O Cavaleiro Azul. Foi o que lhe permitiu florescer.

Embora naturalmente talentoso, Klee vinha lutando para encontrar sua voz artística. Estudara os velhos mestres, os impressionistas, os fauvistas e a obra cubista de Picasso e Braque, mas ainda estava por definir seu próprio estilo. Kandinsky, Delaunay e outros membros de O Cavaleiro Azul lhe deram a confiança e o incentivo para perseguir uma visão pessoal. Seu momento de revelação chegou no devido tempo; para Klee, no entanto, esse momento veio não através da música, mas através da viagem. Em 1914 o artista foi pintar em Túnis, uma experiência que o transformou e também sua arte. Antes da viagem estivera produzindo sobretudo esboços gráficos, águas-fortes e estampas em preto e branco.

Após alguns dias em Túnis a luz do norte da África abriu seus olhos para o verdadeiro potencial da cor. Uma longa luta pessoal terminou. Um Klee aliviado e alvoroçado anunciou: "A cor e eu somos um só. Sou um pintor." Uma declaração autenticada por *Hammamet com sua mesquita* (1914), uma aquarela que pintou enquanto estava na Tunísia. É uma imagem de duas metades ligadas por uma mistura de rosas delicados. A metade superior é uma representação em silhueta bastante exata da cidadezinha de Hammamet, a noroeste de Túnis. Há uma mesquita e algumas árvores frondosas iluminadas por um céu azul-claro. A metade de baixo está mais próxima da abstração. Uma colcha de retalhos imaginária de rosas e vermelhos, entremeada com um toque de roxo e verde, cobre a tela como um fino tecido.

A composição faz eco à espiritualidade presente no âmago do grupo O Cavaleiro Azul. A vida real é representada na metade superior, só para se fundir com o mundo etéreo que Klee expôs na metade inferior da pintura: mundos interno e externo expressados e combinados por meio da cor. Klee, como Kandinsky, acreditava que a arte não existia para "reproduzir o visível; o que ela faz é, antes, tornar [a vida] visível".

Os sinais reveladores do Paul Klee maduro estão também visíveis na pintura: o estilo informal e infantil, as escolhas de cor não realistas e ingênuas que criam uma composição surpreendentemente sofisticada, em que os tons se apoiam e definem uns aos outros. Como toda a sua obra, ela é uma miscelânea de influências, da dimensionalidade do cubismo de Braque ao orfismo lírico de Delaunay e à paleta contrastante da abstração de Kandinsky, que é na verdade o tema do artista. Mas a composição é unida por sua própria e singular habilidade para o desenho.

Klee começava uma pintura com um ponto e em seguida "levava uma linha para passear". Ele não tinha nenhuma ideia real do que acabaria fazendo, mas supunha que tudo apareceria após algum tempo: uma imagem emergiria, e ele a desenvolveria com seções de blocos planos de cor. E enquanto pintava ouvia música ao pousar sua paleta, sentindo os diferentes sons que cada tom representava à medida que construía sua imagem.

Kupka, Delaunay, Kandinsky e Klee avançavam rumo à abstração com música ressoando em seus ouvidos. Eles produziam pinturas que recortavam o mundo conhecido de modo a permitir que os sentidos e a alma do espectador fossem despertados e libertos da prisão da realidade. Para lograr isso, faziam da cor e da música o tema de sua arte. Esse devia certamente ser o fim da jornada rumo à abstração. Isto é, para onde mais ela poderia ir?

10. Suprematismo/Construtivismo: Os russos, 1915-25

Uma maneira não convencional de fazer uma abordagem não musical à arte abstrata seria abandonar por completo a noção de um tema – físico ou imaginário. Eu sei, isso soa estúpido. Afinal, como se pode representar nada?

A resposta é: não se pode. Mas pode-se fazer uma obra de arte focada nas propriedades físicas da própria obra. Em vez de tentar representar a vida real – paisagens, pessoas, objetos – seu objetivo poderia ser um exame de cor, tom, peso e textura da tinta (ou de qualquer material usado para criar a obra de arte); e das qualidades de movimento, espaço e equilíbrio da composição. Em suma, a obra de arte passaria a ser o tema.

Para fazer isso seria necessário eliminar da arte os elementos de anedota, ideia que parece absurda. A arte é uma linguagem visual; sua função é descrever e representar. Uma pintura ou escultura sem alusão seria como um romance sem história ou uma peça teatral sem trama. Mesmo a arte abstrata de Kandinsky e Delaunay oferecia ao espectador algum tipo de narrativa, seja na forma de simbolismo musical e alegoria bíblica (Kandinsky) ou de um ponto de partida tangível como o círculo cromático (Delaunay). Para focalizar exclusivamente os aspectos técnicos e materiais de uma obra de arte e sua relação com a vida, o Universo e todas as coisas, seria preciso empreender uma abrangente reavaliação do papel da arte e das expectativas do público. Isso significaria romper com a tradição artística da alusão que remonta às pinturas rupestres pré-históricas. E para que isso acontecesse seria necessário um conjunto muito particular de circunstâncias.

As papoulas, nós sabemos, crescem em solo revolto. Vá aos campos abandonados do norte da França, onde as horripilantes batalhas da Primeira Guerra Mundial foram travadas, e, se o verão estiver no auge, você verá um rubor efervescente como uma névoa matinal pairando sobre o chão. Ele vem dos milhões de papoulas que agora vivem naquela terra, cujo solo foi arado por bombas e enriquecido com a carne e o sangue dos mortos.

Convulsões calamitosas e eventos sísmicos também têm uma tendência a fomentar arte de primeira grandeza. Não foi por coincidência que a arte moderna nasceu na França, país envolto em revolução e guerra. Ou que seu grande rompimento seguinte com a tradição – o abandono de qualquer forma de tema ou representação – tenha acontecido num país similarmente povoado por uma intelligentsia de vanguarda que se deixou inflamar pela inquietação civil atiçada por líderes de ideias revolucionárias.

Foram os artistas da Rússia pré-revolucionária que escreveram o capítulo seguinte na história da arte moderna. O país suportara um ingresso traumático no século XX. Uma guerra com o Japão, iniciada em 1904, havia terminado em humilhação e derrota, e a culpa por isso foi atribuída ao autocrático monarca do país, o czar Nicolau II. Os problemas do impopular soberano eram agravados por lutas domésticas. A classe trabalhadora da Rússia, que compreendia a vasta maioria da população do país, estava amargamente desiludida com as más condições de trabalho, os baixos soldos e as longas jornadas que o czar Nicolau e seus comparsas aristocráticos os forçavam a suportar. Sua fúria culminou em 22 de janeiro de 1905, numa marcha de protesto que terminou no suntuoso Palácio de Inverno do czar em São Petersburgo. Mas ao chegar ali constataram que o czar não estava disposto a fazer concessões. O verdadeiro governante do país ordenou que a polícia investisse contra os manifestantes, o que resultou na morte de mais de cem trabalhadores num acontecimento que ficou conhecido como Domingo Sangrento.

Os métodos brutais do czar provaram-se eficazes: os manifestantes foram derrubados. Por outro lado, eles foram a semente da queda do czar. Os trabalhadores saíram de cena, mas não iriam embora. Em outubro de 1905, uma greve nacional de grandes proporções levou a uma espécie de revolução, auxiliada e instigada pela fundação do Soviete de São Petersburgo (um conselho de trabalhadores) por, entre outros, Leon Trótski. Logo havia cinquenta sovietes espalhados por todo o país. Nesse meio-tempo Vladimir Lênin, o líder dos bolcheviques, entre os quais estava também Josef Stálin, proclamou: "A insurreição começou."

O czar sobreviveu ao concordar em estabelecer a Duma, um corpo parlamentar em que os trabalhadores teriam representantes. Mas Nicolau não acreditava realmente nesse organismo, como tampouco os revolucionários conspiradores. O detestado monarca foi salvo pelo advento da Primeira Guerra Mundial, em 1914. O país se uniu atrás do czar, que reforçou seu recém-recuperado poder de atração responsabilizando-se pessoalmente pelo que era percebido em geral como um exército de desempenho inferior. Esse não se revelou um bom plano a longo prazo para um mau líder. O exército não teve um desempenho melhor sob o comando do soberano, a única diferença sendo que agora o público tinha uma pessoa a quem culpar. Em 1917 o czar Nicolau II foi sumariamente desalojado do poder; um ano depois seria assassinado. Lênin e seu partido bolchevique estavam agora no governo da Rússia, declarando-a uma república comunista movida pela força da crença do povo num ideal utópico. A Rússia mudara a ponto de se tornar irreconhecível, e, na altura em que Lênin assumiu o poder, o mesmo ocorrera com a arte.

Enquanto Trótski, Lênin e Stálin conspiravam e planejavam para criar uma forma de governo igualitário nunca experimentada e posta à prova, a vanguarda do país pensava também em fazer um tipo de arte que nunca se tencionara fazer antes. Os bolcheviques optaram por um sistema inspirado por Karl Marx chamado comunismo. Os artistas propuseram um novo tipo de arte que pretendia ser igualmente avançado e democrático, chamado arte não objetiva.

Em termos de influência global e longevidade, os artistas russos ganharam de seus políticos com um pé nas costas. O comunismo provocou uma guerra fria com o Ocidente, poderia ter acabado num Armagedom e acabou fracassando. Enquanto isso, a arte não objetiva deu forma ao design moderno do século XX e forneceu a base para o minimalismo que emergiria nos Estados Unidos cerca de cinquenta anos depois, um desenvolvimento que não deixou de ser irônico. Enquanto os políticos se envolviam na guerra fria, a arte demonstrava que os dois países se influenciavam mutuamente muito mais do que gostariam de admitir.

A pintora russa Natalia Goncharova resumiu a confiança que fluía nas veias dos artistas russos em 1912 quando escreveu: "A arte da Rússia contemporânea alcançou tais alturas que, neste momento, ela desempenha um importante papel na arte mundial. As ideias ocidentais contemporâneas não podem ter mais nenhuma utilidade para nós." Era uma maneira oblíqua de admitir que ela e os demais artistas russos haviam absorvido com prazer tudo que a arte europeia ocidental tinha a oferecer e agora estavam prontos para seguir adiante sozinhos.

Muitos artistas russos haviam viajado extensamente pela Europa em busca de inspiração e instrução artística. Até os artistas nativos sem condições de fazer uma viagem a Paris ou Munique podiam ver os melhores exemplos das últimas obras produzidas pela vanguarda internacional na residência moscovita de Sergei Shchukin, um rico comerciante de têxteis e colecionador apaixonado da mais recente arte moderna. Todos os domingos ele convidava os mais destacados artistas e intelectuais russos para examinar em sua casa sua coleção de arte digna de um museu.

Em 1913 os artistas progressistas russos já se haviam equiparado a seus colegas europeus ocidentais. Tinham assimilado as ideias e os estilos de Monet, Cézanne, Picasso, Matisse, Delaunay e Boccioni e agora eram defensores e praticantes do cubofuturismo. O grupo de São Petersburgo tornara-se tão confiante em seus talentos artísticos que começou a pôr em dúvida o arrojo de seus amigos no Ocidente. Vários artistas russos pensavam que Picasso e companhia tinham ido longe, mas não longe o suficiente.

Entre eles estava Kazimir Malevich (1878-1935), um talentoso pintor de trinta e poucos anos que ainda trabalhava num estilo cubofuturista no início de 1913, embora suas frustrações com o movimento artístico franco-italiano estivessem começando a se manifestar. Malevich havia começado a brincar com a ideia de um "alogismo" – um "ismo" obscuro que deriva da palavra "alogia", significando absurdo de um ponto de vista "racional". O artista estava interessado na interseção em que o senso comum e o absurdo entram em conflito. Ele fez uma "pintura manifesto" chamada *Vaca e violino* (1913) que é em boa medida uma pintura cubofuturista comum, com muitos planos bidimensionais que se superpõem e um violino posto no centro. Não há nada de extraordinário nisso. Mas não se pode dizer o mesmo da vaca de chifres curtos que ele pintou bem no meio do quadro, parada de lado e parecendo bastante espantada. É engraçado, é estranho e é extravagante – um leve interlúdio na seriedade constrangida da arte moderna. A tela *Vaca e violino* prenuncia tanto o dadaísmo quanto o surrealismo e poderia facilmente ser tomada por engano como obra de Terry Gilliam, o criador da ilustração surreal Big Foot em *Monty Python's Flying Circus*. Malevich era rápido na decifração dos sinais do tempo.

Sua experimentação com o absurdo e o direito do artista à autoexpressão estava em conformidade com o espírito da vanguarda russa, que desenvolvera sua própria concepção antiestablishment do futurismo, sintetizada no título de seu manifesto futurista de 1913, *Um tapa na cara do gosto público*.

Essa foi uma ameaça artística que eles cumpriram com uma incompreensível ópera de tema futurista intitulada *Vitória sobre o Sol* (1913). O libreto foi escrito pelo poeta futurista russo Aleksei Kruchenykh (coautor do manifesto *Tapa na cara*) numa língua "transracional" inventada chamada *zaum*: uma versão disparatada do russo baseada na emoção suscitada pelo som das palavras e não em seu significado, despojando-as assim das faculdades descritivas que pretendem ter. O enredo era igualmente excêntrico.

Os Homens Fortes do Futuro arrancam o Sol do céu e o aprisionam numa caixa, sob a alegação de que ele representa o passado decadente, a tecnologia ultrapassada e uma dependência excessiva da natureza. Com o Sol devidamente afastado, a Terra está livre para avançar gloriosamente através do espaço e rumo ao futuro. Nesse ponto um sujeito que está viajando no tempo entra na briga, e parte a toda velocidade para o século XXXV para ver como vão todos num mundo movido por invenções feitas pelo homem. Ele descobre que os Novos Homens estão se saindo bem e amando as energias high-tech de sua vida na era espacial, mas alguns – os

Covardes – estão se esforçando para superar as dificuldades porque "não são fortes". Acho que deu para entender o espírito da coisa.

Mas não a plateia que se reuniu no Teatro Luna Park, em São Petersburgo, para a estreia. Eles voltaram para casa frustrados e irritados. O texto era ininteligível, a história mirabolante demais e a música da ópera não proporcionava nenhum alívio. A partitura, composta por Mikhail Matyushin (1861-1934), incluía passagens desarmoniosas e quartos de tom dissonantes, dos quais só restaram pequenos fragmentos. O que é uma pena para fãs incondicionais do futurismo, mas para 99,9% da população mundial provavelmente não foi ruim. Seja como for, a música não foi a contribuição mais importante de Matyushin para a produção, ou para as artes.

Esta veio por meio de seu convite a Kazimir Malevich. O compositor pediu ao amigo artista para desenhar os cenários e figurinos da produção. Malevich aceitou e produziu uma composição cubofuturista de coloridos collants de aspecto robótico e panos de fundo decorados com formas geométricas. Eles eram flamejantes e adequadamente futurista, embora não particularmente radicais nesse contexto. Exceto por uma peça de cenário que apareceu perto do fim da ópera. Era um pano de fundo branco, liso, no qual Malevich pintara um único quadrado preto. A intenção era que ele fosse parte do projeto geral dos cenários, não uma obra de arte, mas foi assim que funcionou.

O simples quadrado preto num pedaço de pano branco se tornaria um dos grandes momentos sísmicos da arte, para figurar ao lado da descoberta da perspectiva matemática, dos experimentos binoculares de Cézanne e do mictório de Duchamp. Não que Malevich tivesse consciência do significado de sua composição naquele momento. Mas quando veio 1915 e uma segunda encenação da ópera, o artista já apreendera plenamente as implicações de seu quadrado preto. Em carta a Matyushin – que trabalhava na reprise –, ele pediu: "Eu ficaria muito agradecido se você mesmo pusesse no lugar meu desenho de cortina para o ato em que a vitória é conquistada [e em que o quadrado preto aparece] … Esse desenho terá grande significado para a pintura; o que foi feito de maneira inconsciente está agora gerando frutos extraordinários."

Os "frutos" a que ele se refere era um estilo de expressão artística genuinamente original. Ele o chamou de suprematismo, uma forma de pura abstração: um tipo de pintura totalmente não descritivo. As pinturas suprematistas de Malevich consistiam em uma única forma geométrica bidimensional ou em duas espalhadas, pintadas sobre um fundo branco. Cada quadrado, retângulo, triângulo ou círculo era pintado em blocos de preto, vermelho, amarelo ou azul (e ocasionalmente verde). O artista dizia estar removendo todas as pistas visuais do mundo conhecido, de modo que o observador pudesse desfrutar a "experiência de não objetividade ... a supremacia da pura sensação".

À sua maneira típica, Malevich começou fazendo uma "pintura manifesto" para condensar essa nova direção na arte. Inspirado por sua própria peça de desenho cênico em *Vitória sobre o Sol*, ele escolheu uma tela de 80 × 80 centímetros, pintou-a inteiramente de branco e em seguida desenhou um grande quadrado preto no meio. Chamou a obra de *Quadrado negro* (1915) (ver Fig. 15). A escolha de um título tão secamente literal foi um ato de provocação. Ele estava desafiando o espectador a não procurar sentido além da própria pintura. Não havia mais nada para "ver" – tudo que ele precisava saber estava no título e na tela. Malevich disse ter "reduzido tudo a nada".

Ele queria que as pessoas estudassem *Quadrado negro*. Pensassem sobre a relação e o equilíbrio entre a margem branca e o centro preto; desfrutassem a textura da pintura, sentissem a ausência de peso de uma cor e a densidade da outra. Esperava até que essas "tensões" dentro de sua imagem ultraestática dessem às pessoas uma impressão de dinamismo e movimento. Na mente de Malevich, tudo isso era possível porque ele havia "libertado a arte do fardo do objeto". Agora estávamos livres para ver tudo e qualquer coisa que quiséssemos.

Quadrado negro podia parecer simplista, mas as intenções de Malevich eram complexas. Ele sabia que mesmo que tivesse eliminado toda e qualquer referência ao mundo conhecido, o cérebro do espectador tentaria racionalizar a pintura; tentaria encontrar sentido. Mas o que havia para

FIG.15. Kazimir Malevich, *Quadrado negro*, 1915.

compreender? As pessoas iriam inevitavelmente continuar retornando ao fato essencial de que aquilo era um quadrado preto sobre um fundo branco. Suas mentes conscientes ficariam trancadas num ciclo frustrado, como um GPS à procura de sinal. Nesse meio-tempo, enquanto essa confusão prosseguia, Malevich esperava que no fundo da psique do espectador seu inconsciente tivesse uma chance de operar sua mágica. E assim que tivesse escapado de sua prisão racionalista, esse inconsciente seria capaz de "ver" que o artista estava apresentando todo o cosmo, e toda a vida dentro dele, em sua pequena, quadrada e simples pintura.

Malevich pensava que sua pintura em dois tons encarnava a Terra no Universo, lidava com luz e escuridão, vida e morte. E, como ocorria com todas as suas pinturas suprematistas, não havia nenhuma moldura em torno dessa obra, porque isso seria demasiado restritivo, demasiado sugestivo de limites terrestres. Em vez disso, o fundo branco se confunde com a parede branca sobre a qual o quadro está pendurado para dar uma impressão de infinitude. O quadrado preto flutua no espaço, livre do puxão da gravidade: sinal de um cosmo ordenado ou um buraco em que toda a matéria foi sorvida. De uma maneira ou de outra, ele era um salto no escuro.

O suprematismo era um conceito audacioso. Pelo menos as pinturas abstratas de Kandinsky davam ao público um deleite visual, mesmo que fossem indecifráveis. Ninguém podia ficar parado em frente a uma de suas gigantescas telas da série *Composições* sem ficar impressionado com a beleza das cores que explodem e dançam sobre a superfície da pintura. Podemos amá-las ou detestá-las, mas não há dúvida de que Kandinsky tinha a capacidade de pintar como poucos. Com o suprematismo de Malevich era diferente.

Um quadrado preto sobre uma tela branca? Qual é?! Todos nós podemos fazer isso. Por que seus esforços são reverenciados e valem milhões de dólares, quando os nossos seriam considerados fáceis e inúteis? Será que se trata – como disse certa vez a artista britânica contemporânea Tracey Emin ao se defender de uma acusação semelhante feita a seu trabalho – simplesmente de um caso de ter tido a ideia primeiro?

Sim, em certa medida, creio que é disso que se trata. Originalidade em arte é importante. Não há nenhum valor intelectual no plágio. Mas na autenticidade, sim. A arte moderna é uma questão de novidade e originalidade, não de status quo, ou pior, de pálida imitação. Depois, há o valor financeiro que atribuímos à raridade em nossa sociedade capitalista, regida pelas leis da oferta e da procura. Junte essas três coisas – originalidade, autenticidade, raridade – e você saberá por que o *Quadrado negro* de Malevich custa um milhão de dólares e uma versão feita por você ou por mim, não. Aquele é um objeto único, historicamente importante, que exerceu um impacto de longo alcance sobre todas as artes visuais.

Quando as pessoas dizem "Aquilo é arrojado", em geral estão se referindo a alguma coisa criada por um designer influenciado pela arte abstrata de Malevich. O "look" de Tom Ford, os produtos Bang & Olufsen, as capas da Factory Records, o logo do metrô de Londres, Brasília, piscinas infinitas: tudo isso compartilha o mesmo projeto – a arte abstrata geométrica do suprematismo. Remova o excesso, simplifique, reduza a paleta de cores e concentre-se na pureza da forma. Não podemos nos impedir de sentir que o visual mínimo, econômico, é um sinal de inteligência, reflexão, modernidade e sofisticação.

Ainda assim, quando voltamos os olhos para a gênese desses desenhos, para o *Quadrado negro* de Malevich, resta uma suspeita de que a pintura era – e ainda é – uma trapaça, uma zombaria: tola. Posso entender que isso ocorra (embora essa nunca tenha sido a intenção do artista), porque o artista está pedindo muito do observador. O ceticismo que envolve *Quadrado negro* e quase toda a arte abstrata do mesmo gênero que se seguiu é resultado do fato de Malevich ter virado a relação tradicional entre artista e público de cabeça para baixo.

Historicamente, o papel do artista era ser subserviente. Pintores e escultores estavam ali para documentar, inspirar e embelezar em benefício do establishment e nosso. Desfrutávamos a posição privilegiada de ser capazes de decidir se o artista havia ou não feito uma tentativa decente de representar algo: igreja/cachorro/papa. Mesmo quando artistas se rebelavam contra as academias e seguiam seu próprio caminho, levando as pinturas a se tornarem cada vez menos claras, conservávamos o controle. Ainda cabia ao artista nos agradar ou intrigar com uma pintura do mundo conhecido. A abstração de Kandinsky adotou uma abordagem de status mais elevado, pedindo-nos para ir ao encontro do pintor na metade do caminho. O trato era que Kandinsky pintaria um quadro lindo, vibrante, na esperança de que resistiríamos à tentação de traduzir as cores em objetos ou temas conhecidos, permitindo-nos em vez disso ser transportados para um mundo imaginário, mais ou menos como o faríamos se estivéssemos ouvindo uma peça de música.

Quanto a isso, a verdade é que Kandinsky deixava alusões narrativas e combinações requintadas de cor suficientes em suas pinturas para que as pessoas pudessem apreciá-las pelo que eram, sem precisar seguir toda a rota do "O que significa tudo isso?". A arte não objetiva de Malevich não fazia concessões desse tipo. Era uma abrupta confrontação com o espectador, desafiando quem quer que olhasse para *Quadrado negro* a acreditar que ele era mais que um desenho em preto e branco superficial. "Cor e textura na pintura são fins em si mesmos", concluía Malevich.

Ele estava, na verdade, transformando o artista num xamã. E a arte num jogo mental em que o artista estabelece todas as regras. A pessoa com o pincel ou o cinzel do escultor era agora a figura dominante na relação, tendo atirado a luva para um espectador recém-transformado num ser subordinado e vulnerável, desafiando-nos a dar um salto de fé. Hoje, isso continua valendo: a arte abstrata nos expõe ao risco de passar por bobos, acreditando em algo que não está ali. Ou, é claro, de rejeitar levianamente uma obra de arte reveladora porque nos falta coragem para acreditar.

Malevich trabalhou em segredo em suas pinturas suprematistas durante os dois anos que se seguiram à estreia de *Vitória sobre o Sol* em 1913. Segundo ele, elas o estavam "levando a descobrir coisas que ainda escapavam à cognição". Era uma reivindicação ambiciosa. Assim como sua afirmação: "Minha nova pintura não pertence unicamente à Terra." Continuando, ele se autodenominou o "presidente do espaço" e cogitou a ideia de um satélite suprematista que "viajaria em sua órbita, criando sua própria trajetória". Por fim fez um acréscimo a essa intensa sobrecarga de trabalho intergaláctica atribuindo-se a tarefa de "recodificar" o mundo.

Seus comentários, embora excêntricos, revelam a disposição de espírito em que muitos artistas e intelectuais se encontravam no início do século XX. A noção de viagem espacial ainda era um caso de ficção científica, não uma realidade. Viajar além da Terra era uma perspectiva cheia de ilimitadas possibilidades sobre as quais podiam conjecturar aquelas almas otimistas dotadas de vívida imaginação. Mas as declarações de Malevich têm um aspecto mais melancólico, menos positivo. Elas indicam uma crescente ansiedade em meio à vanguarda com relação aos efeitos colaterais da modernização. A catástrofe da Primeira Guerra Mundial desdobrava-se diante de seus olhos; comunidades se rompiam; milhões estavam morrendo. Kandinsky, Malevich e muitos outros artistas identificavam a obsessão da sociedade pelo materialismo e um progressivo egoísmo como as razões para o tumulto e o derramamento de sangue.

Malevich achava que chegara a hora de um novo começo, de construir um ideal utópico: um sistema em que todos poderiam viver felizes para sempre. Sua contribuição seria uma nova forma de arte que obedecia às leis do Universo e traria ordem para o desassossego global. Sua pintura *Suprematismo* (1915) combina muitos dos temas recorrentes do novo movimento de Malevich. É uma tela em formato de retrato em que ele arranjou uma série de retângulos de diferentes larguras e alturas – alguns tão estreitos que mais parecem uma linha reta – sobre um fundo branco. Um grande retângulo preto que se alarga ligeiramente enquanto faz sua descida num ângulo de 45 graus imprime uma trajetória diagonal descendente à metade superior da pintura. Retângulos menores nas cores azul, vermelho, verde e amarelo se superpõem à forma preta. Uma fina linha preta divide a pintura em dois. Abaixo dela há um pequeno quadrado vermelho sobre grossas faixas retangulares amarelas e marrons. Não há nenhum tema mundano reconhecível; a pintura é sobre a sensação que ela mesma evoca no espectador. E essa sensação, graças ao modo como as formas interagem no vasto fundo branco, poderia ser um reflexo do constante movimento da vida cotidiana no Universo. Cada bloco de cor individual na pintura afeta a aparência dos demais – da mesma maneira como nós nos influenciamos uns aos outros em nossa rotina diária. Aos olhos de Malevich, o suprematismo era arte pura, com a tinta a óleo ditando cor e forma, e não configurações copiadas da natureza.

As telas produzidas por Malevich entre 1913 e 1915 foram exibidas no que se tornou depois uma exposição lendária. Foi uma mostra coletiva realizada em Petrogrado (hoje, São Petersburgo) chamada A Última Exposição Futurista: 0,10, um título intencionalmente dramático. Era uma mensagem enviada ao mundo pelos artistas experimentais da Rússia, anunciando o fim do futurismo italiano (antes dos dois-pontos) e o início de uma nova fase na arte moderna (0,10) no outro lado. O título 0,10 (ou Zero-Dez) foi ideia de Malevich. Ele se refere aos dez artistas originais

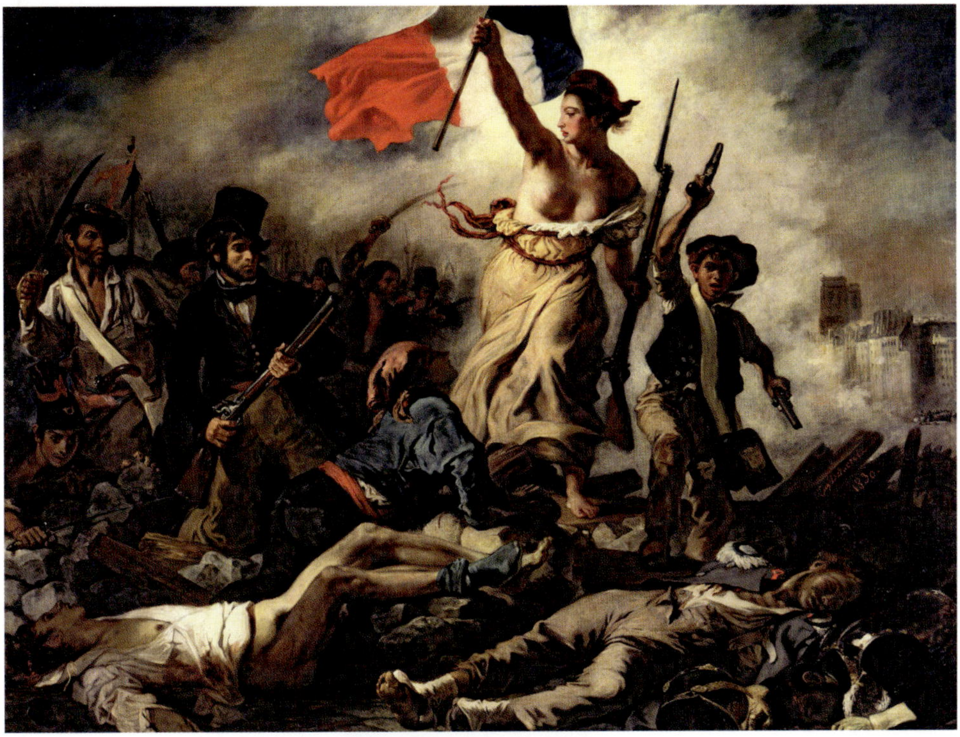

1. Eugène Delacroix, *A Liberdade guiando o povo* (1830).

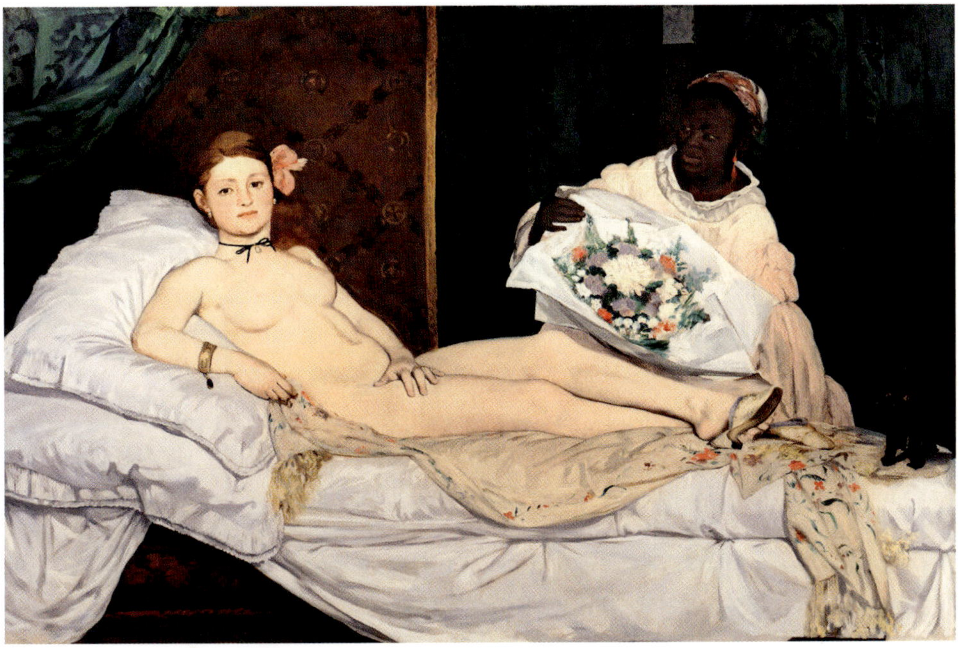

2. Édouard Manet, *Olympia* (1863).

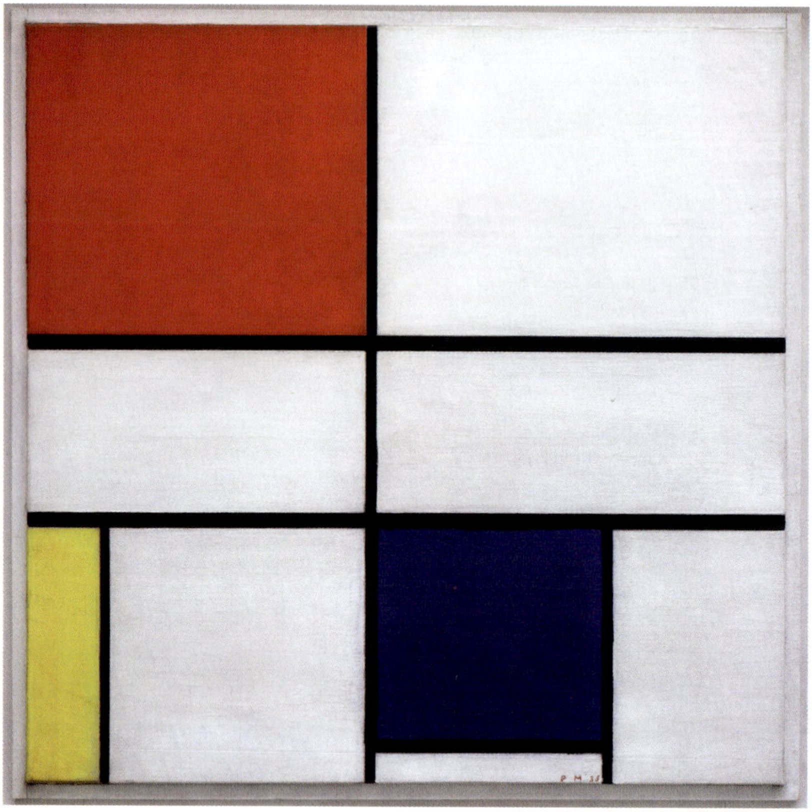

18. Piet Mondrian, *Composição C (nº III), com vermelho, amarelo e azul* (1935).

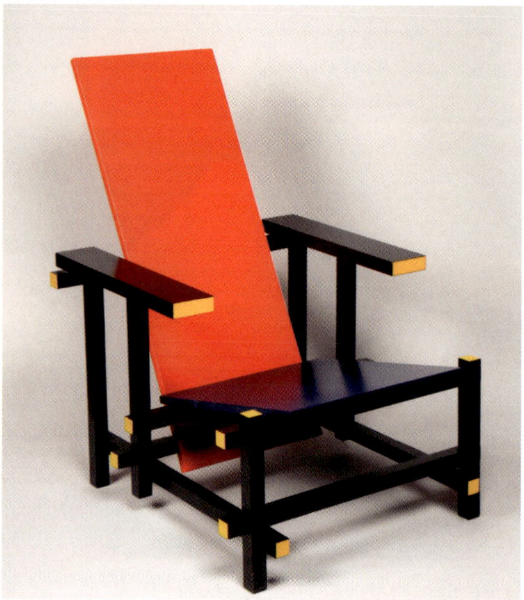

19. Gerrit Rietveld, *Cadeira vermelha e azul* (c.1923).

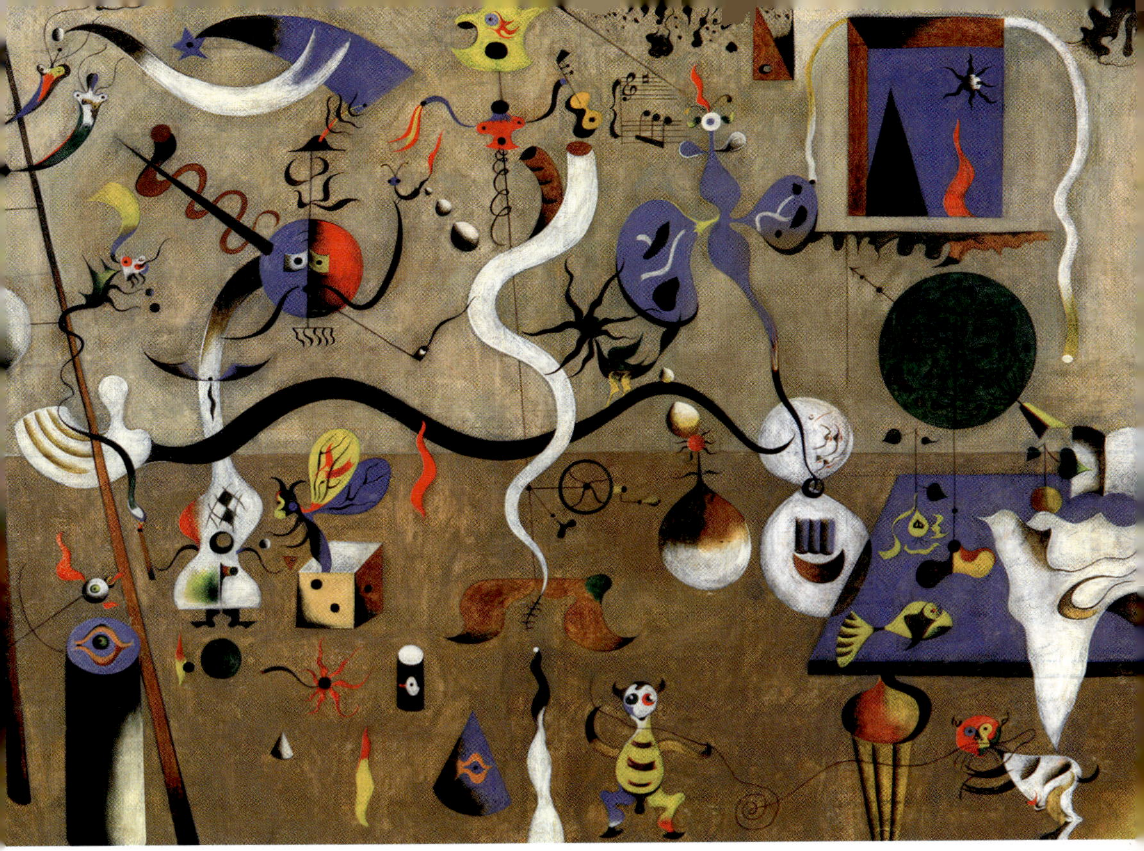

20. Joan Miró, *O carnaval do Arlequim* (1924-25).

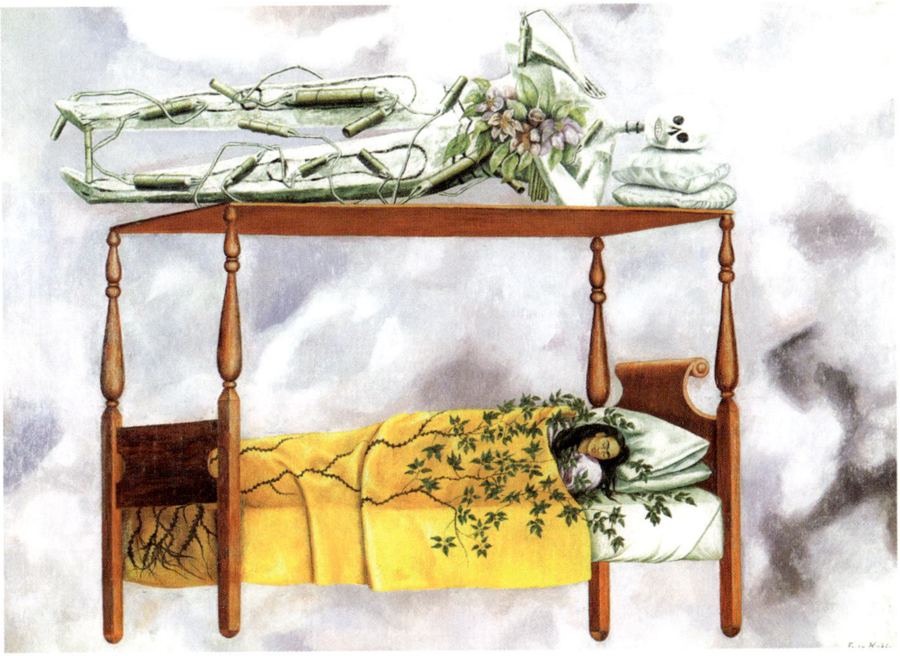

21. Frida Kahlo, *O sono, ou O sonho* (1940).

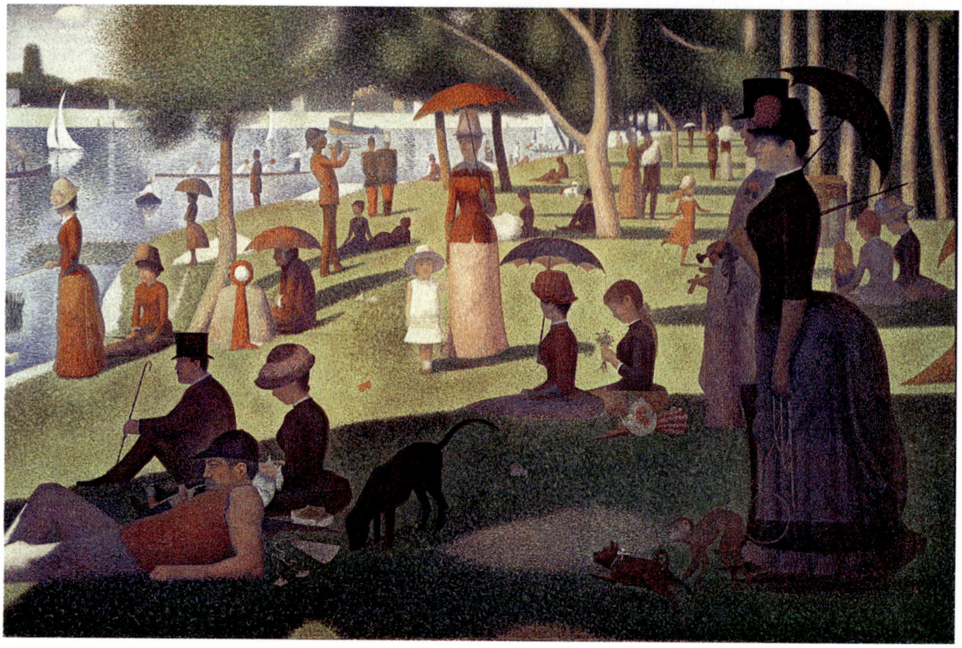

7. Georges Seurat, *Domingo à tarde na ilha de La Grande Jatte* (1884).

8. Círculo cromático.

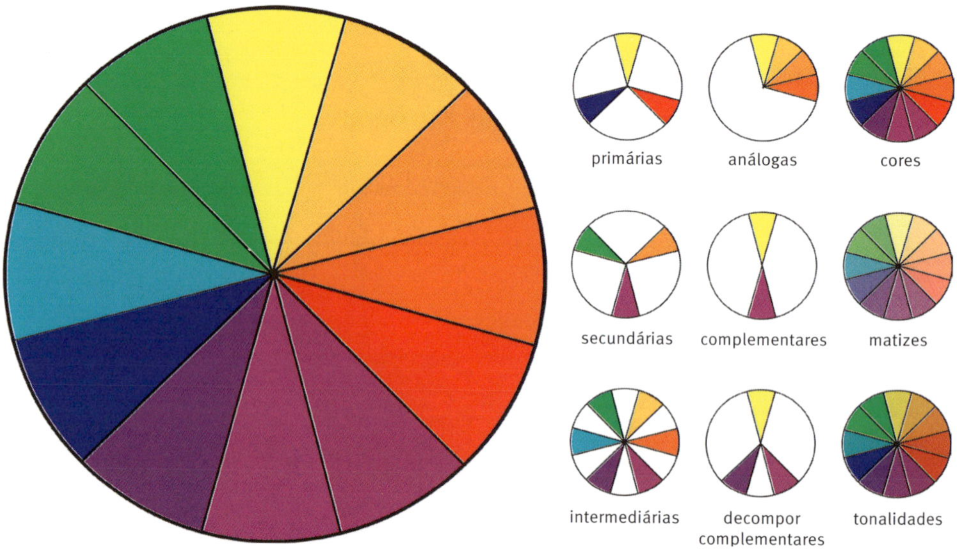

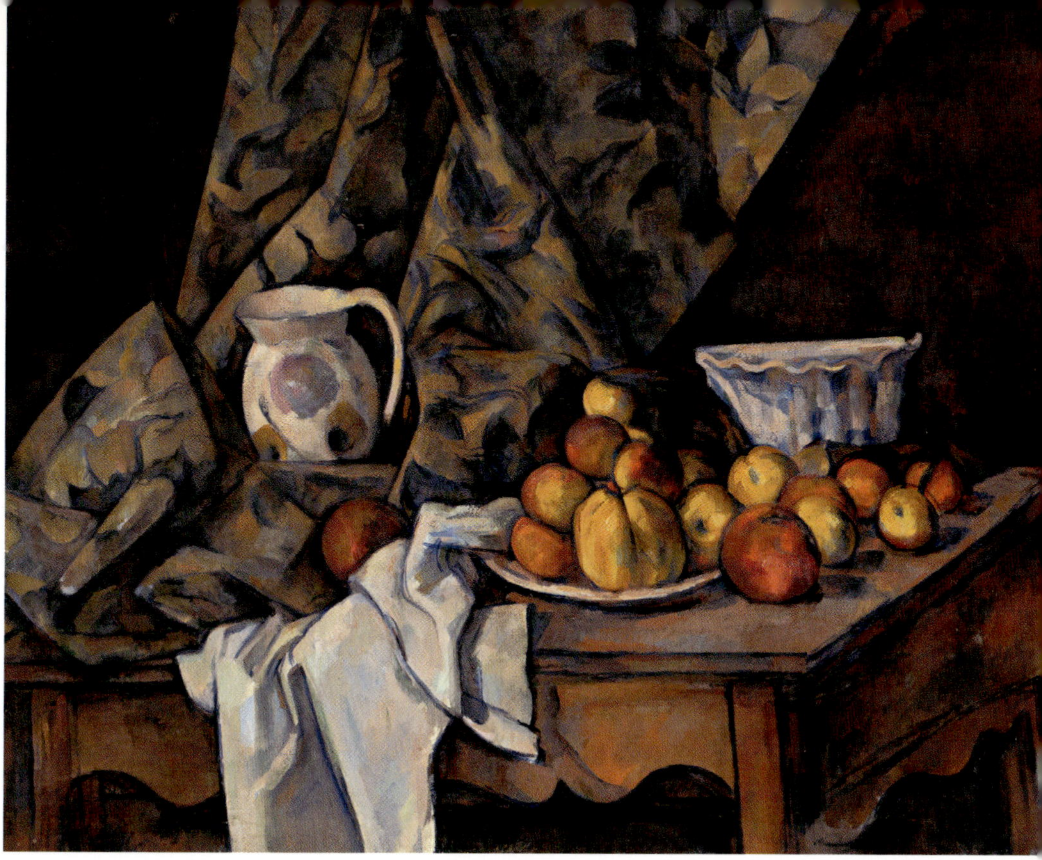

9. Paul Cézanne, *Natureza-morta com maçãs e pêssegos* (1905).

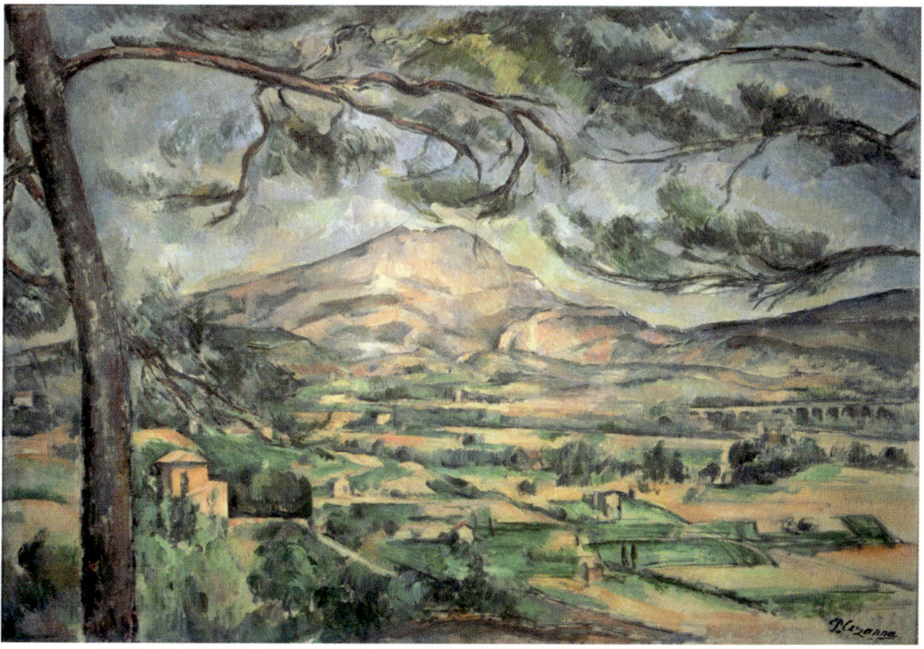

10. Paul Cézanne, *Mont Sainte-Victoire* (c.1887).

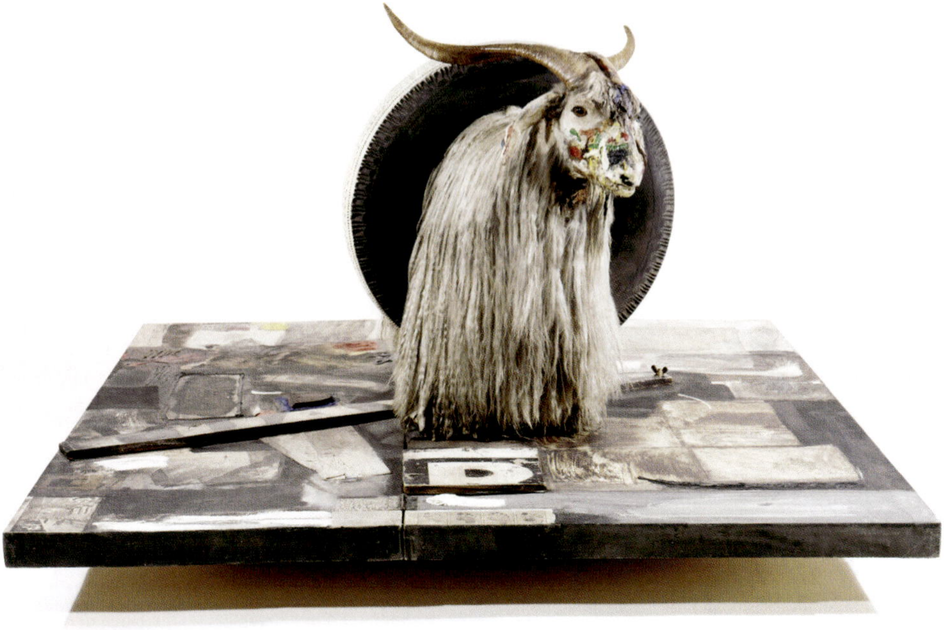

24. Robert Rauschenberg, *Monograma* (1955-59).

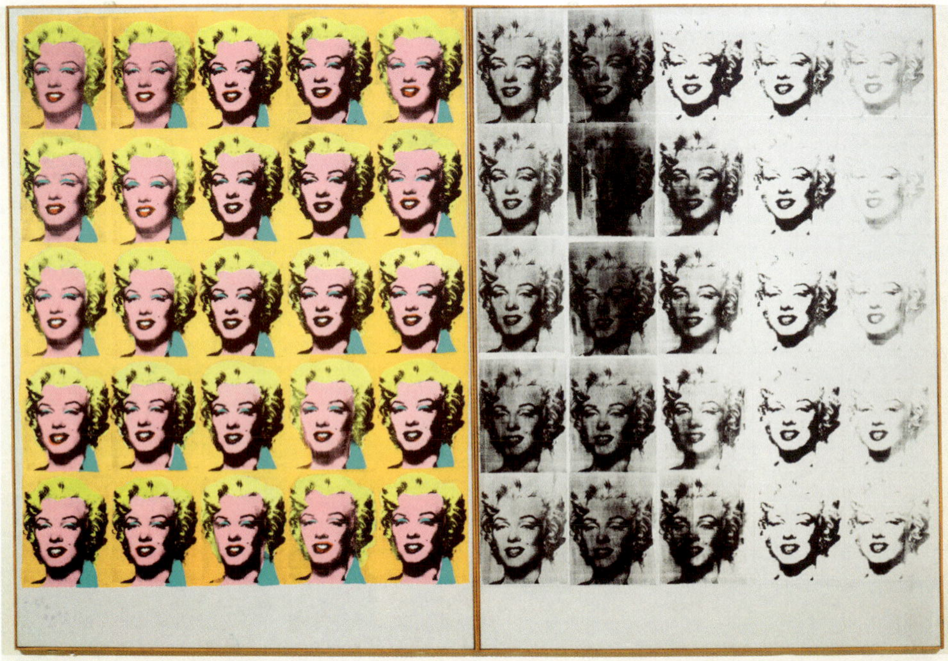

25. Andy Warhol, *Díptico de Marilyn* (1962).

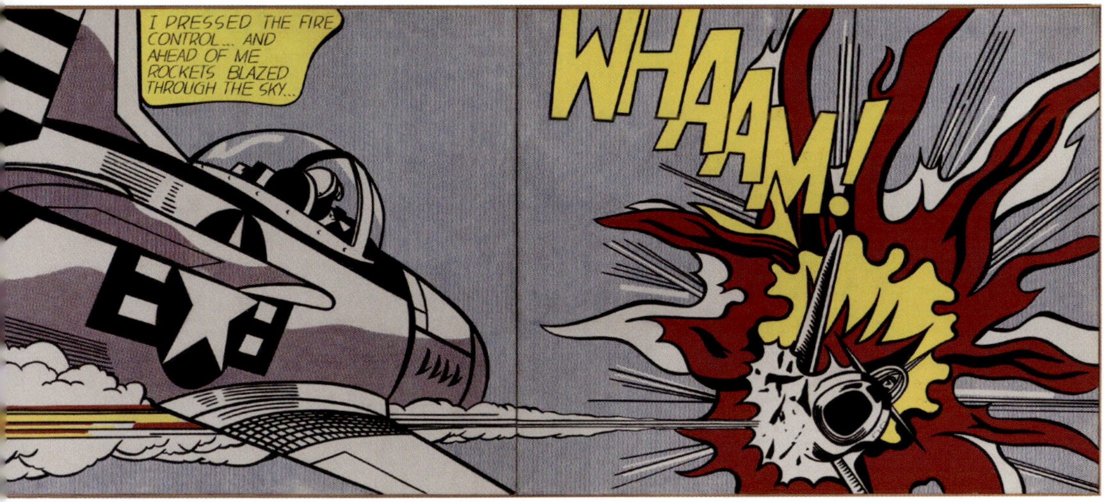

26. Roy Lichtenstein, *Whaam!* (1963).

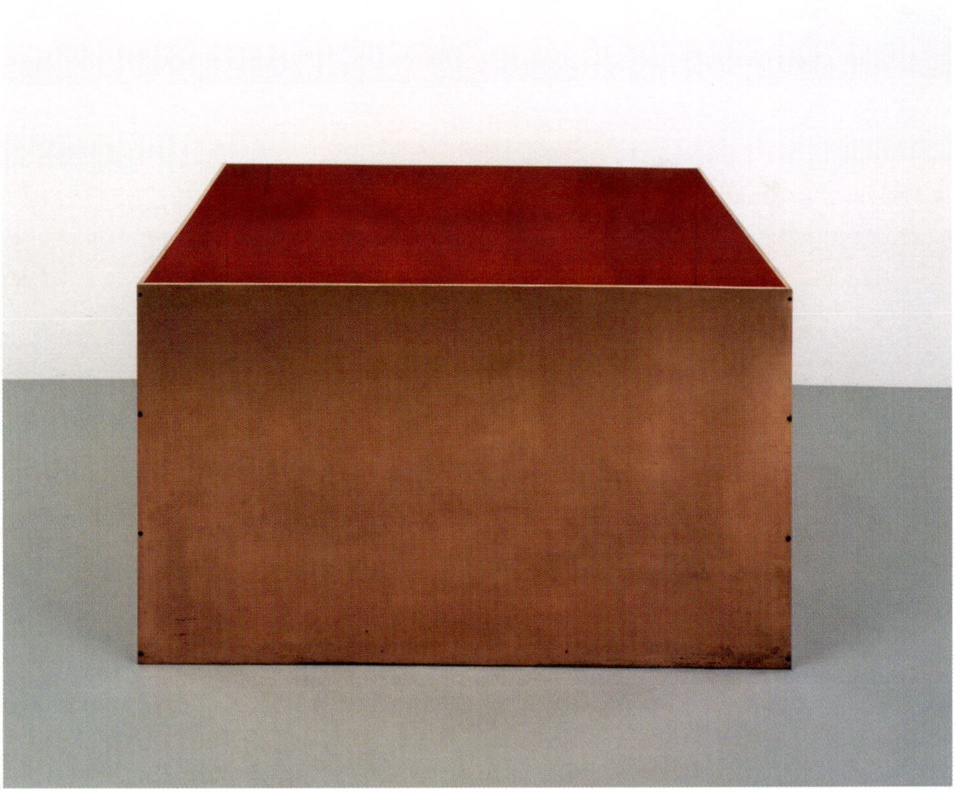

27. Donald Judd, *Sem título* (1972).

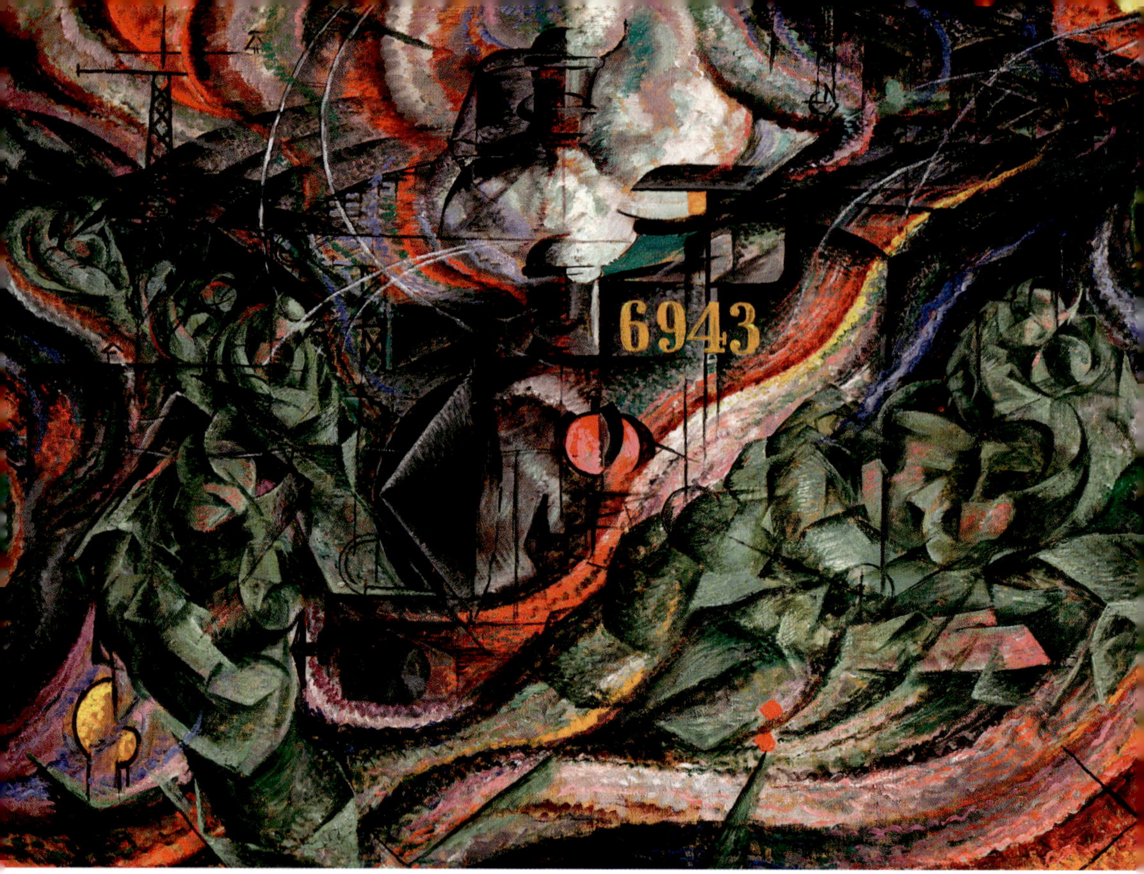

14. Umberto Boccioni, *Estados de espírito I: As despedidas* (1911).

15. Wassily Kandinsky, *Composição VII* (1913).

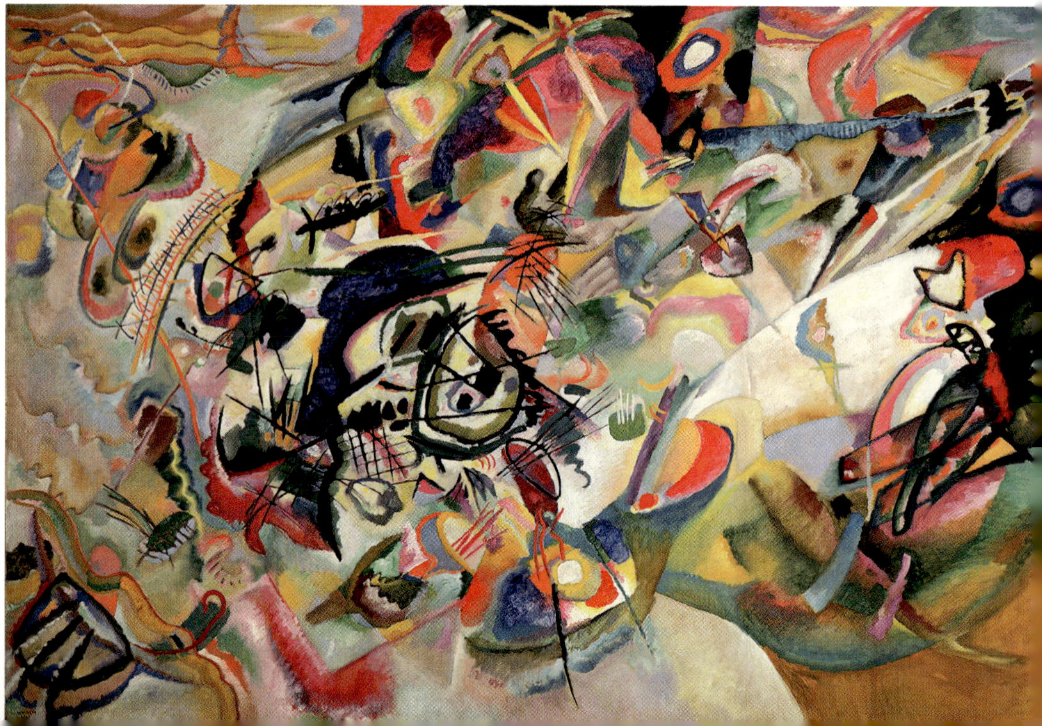

escolhidos para expor (no final, catorze o fizeram), todos os quais haviam chegado ao "zero". Isso queria dizer, no linguajar de Malevich, que eles tinham eliminado todo assunto reconhecível: não estavam representando nada.

Malevich apresentou dezenas de suas pinturas suprematistas, e o lugar de honra coube a *Quadrado negro*. O quadro foi pendurado perto do teto, no alto de um canto, posicionado diagonalmente sobre o ângulo reto em que as duas paredes se encontravam. O local era importante. Tratava-se de uma alusão ao status icônico que o artista estava atribuindo à pintura, pois essa era a posição reservada para a iconografia religiosa nos lares ortodoxos russos.

Entre os outros artistas que expunham com Malevich estava seu compatriota ucraniano Vladimir Tatlin (1885-1953). Os dois eram figuras respeitadas na cena artística de vanguarda russa. Ambos eram membros influentes da União da Juventude, uma sociedade para novos escritores, músicos e pintores com sede em São Petersburgo. Eles haviam mostrado seu trabalho nas mesmas exposições coletivas. E caberia a Malevich e Tatlin indicar o caminho da arte não objetiva. Eles poderiam ter sido o Braque e o Picasso da Europa oriental, lutando juntos heroicamente para desbravar um novo território artístico. Em vez disso, eram mais parecidos com o czar Nicolau II e os bolcheviques. Ciúme, rivalidade e divergências artísticas levaram a acalorados desentendimentos e grande aversão mútua. Na época da exposição 0,10, eles abominavam a visão um do outro.

À medida que a inauguração da exposição se aproximava, os níveis de hostilidade entre os dois artistas cresciam cada vez mais. Ambos prepararam suas obras para a exposição às escondidas, um temendo que o outro conseguisse alguma vantagem (ou surrupiasse uma ideia) e por isso recebesse maior aclamação. A pressão dos preparativos de última hora acrescentou uma pitada de paranoia a uma relação já envenenada. A situação não melhorou quando Tatlin descobriu que Malevich tinha pendurado *Quadrado negro* num canto. Ficou furioso.

O canto era um achado seu. Ele havia criado uma escultura especificamente para ser pendurada no canto de uma sala, com o título, muito apropriado, de *Contrarrelevo de canto* (1914-15) (ver Fig. 16). E agora aqui estava, tendo de ver seu arquirrival furtando sua ideia e reduzindo o impacto de sua obra. Foi a gota d'água. E assim, como todos os homens em momentos como esse – até artistas de vanguarda –, Tatlin e Malevich optaram por resolver suas diferenças à maneira tradicional e engalfinharam-se numa briga de socos (a história não conta quem venceu).

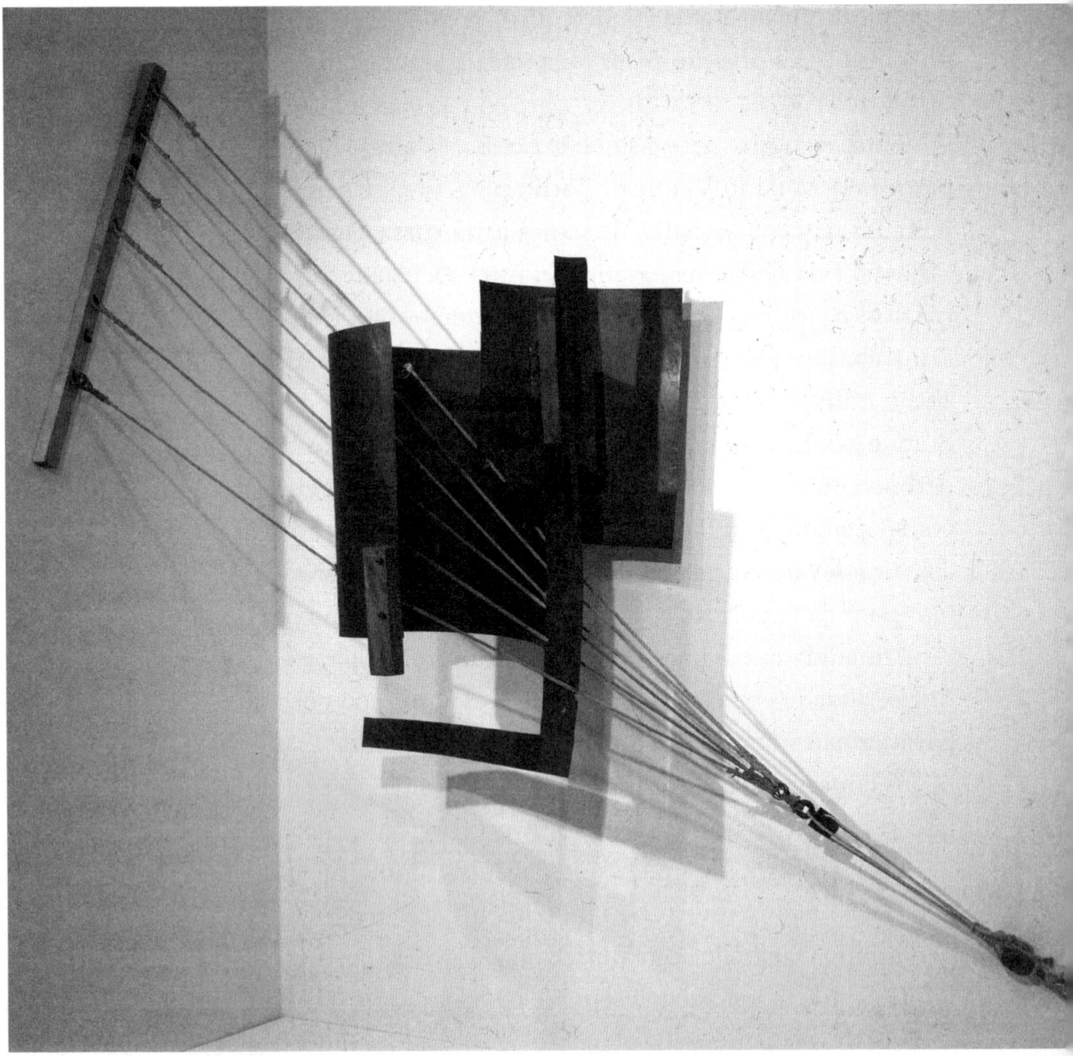

FIG. 16. Vladimir Tatlin, *Contrarrelevo de canto*, 1914-15.

Quanto à exposição, foi de fato Malevich quem roubou as atenções. O suprematismo foi lançado com sucesso e *Quadrado negro* foi a estrela da mostra – embora tenha deixado muitos visitantes absolutamente perplexos. Mas isso foi naquela época; hoje os *Contrarrelevos de canto* de Tatlin são devidamente reconhecidos pelo que eram: uma revelação escultural. Usando lata, cobre, vidro e estuque, Tatlin fez várias dessas curiosas construções, que eram amarradas sobre um canto na altura do peito. Elas haviam sido inspiradas por sua visita ao ateliê de Picasso em 1914, pouco antes do início da guerra. Ali ele viu as assemblages de *papier collé* do espanhol, inclusive o famoso *Violão* (1912). Tatlin descobriu uma maneira de usar a técnica para criar sua própria arte – não com a miscelânea de restos encontrados no ateliê, como Picasso fizera, mas usando modernos materiais de construção. Para Tatlin isso fazia sentido artística e politicamente. Vidro, ferro e aço representavam o futuro na era industrial inspirada pelos bolcheviques da Rússia. Ele estava convencido de que podia reuni-los (construir) de maneira a fazer uma obra de arte mais interessante, poderosa e honesta que as duras pinturas de Malevich, carregadas de simbolismo cósmico.

A arte de Tatlin não tinha essas pretensões sublimes. Era o que era, e pronto. Numa abordagem à estética assemelhada à de um arquiteto, os interesses de Tatlin concentravam-se nas propriedades físicas dos materiais que estava usando, e em seu arranjo. Seus *Contrarrelevos de canto* tridimensionais pretendiam chamar atenção para a textura da construção da obra de arte, a natureza e o volume dos materiais e o espaço que eles ocupavam. Diferentemente de Picasso, ele não alterava muito as sobras que usava por meio de tinta ou preparação, nem as configurava de maneira que parecessem representar alguma coisa. Embora fosse mais prático que Malevich, compartilhava muitos de seus interesses em sua não objetividade: objetos no espaço, desafio à gravidade, textura, peso, tensão, cor e equilíbrio.

Os *Contrarrelevos de canto* feitos por Tatlin em 1914-15 ainda parecem modernos. As lâminas de metal que ele manipulava em esferas e curvas lembram a arquitetura de Frank Gehry, em particular o teto ondulante do festejado Guggenheim (1997), em Bilbao. Depois há o arame esticado que se estende entre as paredes que se cortam, mantendo coesa a montagem de materiais de Tatlin, que traz à mente a espetacular ponte suspensa de Norman Foster sobre o viaduto Millau (2004), no centro da França. E há alguma coisa do satélite que orbita a Terra na maneira como os incongruentes *Contrarrelevos de canto* estão pendurados no ar. E isso antes de reconhecermos a influência que eles tiveram sobre o futuro da arte. Tatlin reinventou a noção de escultura. Aqui estava uma obra tridimensional que, pela primeira vez, não tentava copiar ou caricaturar a vida real – era um objeto por si mesmo, a ser julgado em seus próprios termos. Não estava sobre um pedestal, não era possível andar à sua volta e não tinha nada da solidez da pedra ou do bronze.

O DNA dos *Contrarrelevos de canto* pode ser encontrado nas esculturas de Barbara Hepworth e Henry Moore, nas peças minimalistas de luz fluorescente de Dan Flavin e na famosa pilha de tijolos usada por Carl Andre. Não há dúvida de que o título da exposição estava correto; a mostra de fato anunciava o fim do futurismo.

Ela lançou no mundo o suprematismo de Malevich e o construtivismo de Tatlin, embora o movimento de Tatlin só tenha sido oficialmente batizado e lançado como tal em 1921 no *Manifesto construtivista*. Mas o termo construtivismo existia desde cerca de 1917, quando o maldoso Malevich referiu-se a ele de maneira depreciativa como sendo "arte de construção".

A vanguarda russa havia posto a arte sobre novas bases, tal como Lênin estava fazendo com o mundo ao criar seu Estado socialista. O dogmático político tinha ideias sobre quase tudo, inclusive arte. Para começar, a arte tal como praticada no Ocidente era decadente, capitalista e burguesa. Na nova Rússia soviética, proclamou ele, a arte deveria ter um objetivo. Ela deveria ser "inteligível para milhões", servindo às necessidades das pessoas e do regime. Tatlin, agora instalado numa posição superior dentro da academia artística, estava plenamente engajado nesse esforço. Assim também seus colegas construtivistas, Lyubov Popova (1889-1924), Aleksandr Rodchenko (1891-1956) e Aleksandra Ekster (1882-1949).

Numa aliança incomum na história da arte moderna, os artistas da Rússia eram entusiasticamente a favor do Estado, não contra ele. E para os bolcheviques não havia maneira melhor de promover seu novo modo de vida radical e progressista do que abraçar os artistas radicais e progressistas do país. A tarefa dada aos artistas era clara: criar uma identidade visual para o comunismo. Os construtivistas aceitaram a determinação e fazendo isso associaram para sempre a arte de vanguarda com a esquerda.

Eles deram ao ideal utópico do comunismo um visual instantaneamente reconhecível, confiantemente afirmativo e psicologicamente poderoso. Baseando-se nas obras de arte não objetivas de Tatlin de 1915, começaram a definir o papel de um artista dentro da comunidade. A noção de um intelectual distante, produzindo obras enigmáticas que não significavam coisa alguma para ninguém salvo uma pequena elite autosselecionada, não serviria. Seu papel era conectar a arte com as pessoas, estar a serviço delas. Isso significava ser mais que artistas. Em 1919 foi dito que "o artista é agora simplesmente um construtor e técnico, um líder e capataz". E em certa medida eles eram tudo isso, além de professores.

Seu empreendimento era igualitário. E dessa vez artistas do sexo feminino não foram relegadas a fazer pontas, mas ocuparam posições de destaque no âmago do movimento. Lyubov Popova, Aleksandra Ekster e a mulher de Rodchenko, Varvara Stepanova (1894-1958) – todas elas desempenharam um papel importante na definição, desenvolvimento e criação da arte construtivista. Popova propôs uma primeira definição de sua prática, dizendo: "Construção em pintura é a soma da energia de suas partes."

Segundo os construtivistas, até o papel da tela de um artista tinha mudado, e ela deveria agora ser apreciada por seu valor intrínseco: um material "concreto" sobre o qual sua construção de formas geométricas era pintada. Os construtivistas usavam o termo "*faktura*" para descrever sua prática de acentuar e demonstrar as propriedades inerentes às matérias-primas de suas pinturas. A tela, a tinta, a moldura de madeira a que a tela é presa, tudo isso teve seu status elevado como parte de uma obra de arte construída.

A paixão pelos materiais e a tecnologia inspirava nos construtivistas um intenso interesse por arquitetura. Alguns até se autodenominavam engenheiros-artistas. Tatlin era um deles. E é por uma construção que ele projetou, mas que nunca foi erguida, que o movimento é hoje mais famoso. Ela atualmente é conhecida como Torre de Tatlin (ver Fig. 17). Se algum dia um projeto expressou plenamente a ambição de um movimento artístico, foi essa torre espiralada: uma estrutura de vidro, ferro e aço de quatrocentos metros de altura que deveria ser uma declaração ao mundo de que a União Soviética era maior, melhor e muito mais moderna que qualquer outro lugar (em particular Paris, com sua insignificante Torre Eiffel de trezentos metros).

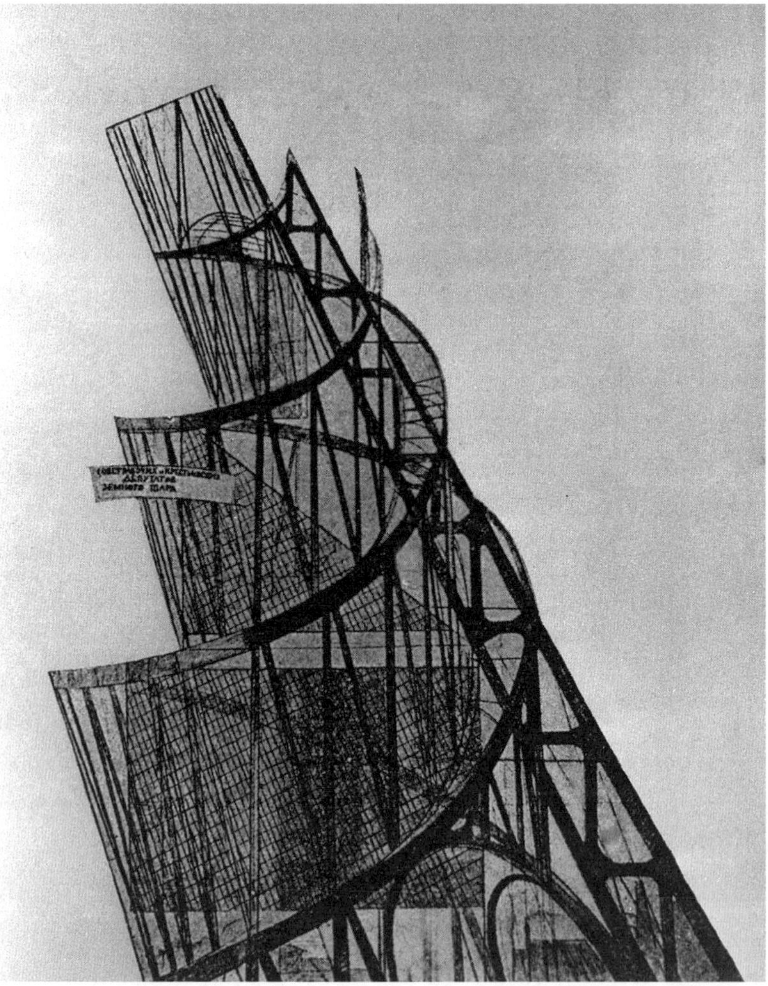

FIG. 17. Vladimir Tatlin, *Monumento à Terceira Internacional (Torre)*, 1919-20.

O tamanho e os materiais foram apenas o começo da visão ambiciosa do artista russo. A construção deveria se chamar *Monumento à Terceira Internacional*: a sede global do comunismo. A intenção era construí-la na margem norte do rio Neva, em São Petersburgo, com a estrutura inclinada e afunilada semelhante a um andaime de construção apontando para cima e para o mundo num agressivo, mas elegante, ângulo de sessenta graus. A torre tinha três níveis, feitos de formas geométricas tipicamente construtivistas. Embaixo ficava o cubo, que segundo Tatlin giraria em torno do próprio eixo uma vez por ano. Acima ele pôs uma estrutura menor, piramidal, que giraria uma vez por mês. E acima disso a torre teria um nível cilíndrico, que transmitiria propaganda para o mundo. Este giraria 360 graus por dia.

Na visão de Tatlin, sua torre não era uma obra de arte, mas uma proposta séria para uma construção. Ela lhe teria valido nota dez por esforço e engenhosidade, sete por engenharia (poderia ser realmente construída? Provavelmente não) e um retumbante "reprovado" por seu senso de oportunidade. Ele concluiu o plano em 1921, ano nada propício para um projeto grandioso na Rússia. O país experimentava seca, fracasso de colheitas e uma fome catastrófica. Milhões de pessoas estavam morrendo e a Torre de Tatlin não só não era prioritária, como possivelmente era um desatino. Posta temporariamente de lado, ela nunca mais reapareceu.

Nesse meio-tempo os construtivistas estavam montando uma exposição chamada 5 × 5 = 25. Fazendo eco ao título 0,10 de Malevich, essa mostra de 1921 em Moscou consistiu em cinco obras de arte da autoria de cinco artistas construtivistas. Os antigos companheiros de Tatlin, Rodchenko e Popova, estavam envolvidos, mas não ele próprio. Rodchenko expôs um tríptico intitulado *Cor vermelha pura*, *Cor azul pura* e *Cor amarela pura* (1921), que tem o título coletivo *A última pintura* ou *A morte da pintura*. Cada tela monocromática estava simplesmente coberta com a cor de seu título, como uma placa de carpete modular. Era, como disse Rodchenko, o que acontece quando "reduzíamos a pintura à sua conclusão lógica". "Afirmei", declarou ele, "que cada plano é um plano e não deve haver nenhuma representação. Tudo terminou." Sua descrição da obra estava correta; a conclusão não poderia ser mais equivocada.

Aquelas três telas monotônicas estão entre os primeiros exemplos do que o mundo veria em quantidade nos anos seguintes: telas pintadas com uma única cor. No futuro elas seriam apresentadas como expressionismo abstrato – o nome era diferente, mas o resultado era o mesmo. O que distingue então a conclusividade das telas monocromáticas de Rodchenko e as dos expressionistas abstratos, que pretendiam conter uma dimensão espiritual capaz de instigar sentimentos profundos, ocultos, no público?

Não muito. Trata-se sobretudo de uma questão da intenção do artista. Rodchenko diz que suas telas completamente pintadas de uma só cor são não representacionais, não passando de um pedaço de material pintado, ao passo que Mark Rothko diz que suas telas monocromáticas são muito mais, tendo uma profundidade mística, emocional e espiritual.

A intenção de Rodchenko era desafiar o sistema de crenças que Malevich instigara em torno de sua arte não objetiva. O suprematista dizia ao espectador que seus triângulos e quadrados não eram simplesmente peças agradáveis de desenho gráfico; dizia que sua arte continha um sentido oculto e verdades universais. Como foi discutido antes, essa abordagem baseia-se na crença do público de que o artista é abençoado com especial talento e intuição. Mas Rodchenko estava afirmando que suas pinturas construtivistas não eram obras de arte especiais ou transcendentais. Na verdade ele sequer as considerava objetos de arte, dizendo serem parte de sua pesquisa sobre as qualidades dos materiais. E essa tinha como objetivo a construção de produtos.

Em 1921 Rodchenko anunciou oficialmente o surgimento dos construtivistas com um manifesto. Quase imediatamente depois, produziu um outro manifesto pronunciando a "morte da arte", classificada de "burguesa". Para deixar clara a sua posição – e a dos demais artistas construtivistas – fazia-se necessária uma mudança de nome. Dali em diante eles deveriam ser conhecidos como produtivistas. Concluído esse ato administrativo, eles abandonaram a torre de marfim da arte e se dedicaram ao negócio de fazer coisas úteis: tornaram-se designers, atendendo ao pedido de Lênin de que ampliassem sua contribuição à sociedade. Eles desenharam cartazes, fontes tipográficas, livros, roupas, móveis, edifícios, cenários teatrais, papel de parede e produtos de uso doméstico. Sua produção foi fecunda. Reaplicaram com sucesso ao design gráfico a paleta de cores, as formas geométricas e as qualidades estruturais que haviam desenvolvido em sua arte construtivista. As estridentes cores vermelha, branca e preta de seus cartazes são de imediato reconhecíveis. O mesmo pode ser dito de suas fontes em negrito, semelhantes a blocos, e roupas estampadas.

Lyubov Popova desenhou alguns vestidos elegantes decorados com círculos verdes ou azuis que não teriam caído mal nas melindrosas hedonistas que enchiam os clubes de jazz de Montmartre a Manhattan (ver Lâmina 17). Aleksandr Rodchenko tornou-se um mestre da gravura e do desenho gráfico. Sua capa para o livro de Leon Trótski *Questões do modo de vida* (1923) deve muito à arte não objetiva de Malevich e Tatlin. Um grande quadrado vermelho sobre um fundo branco é o centro de interesse. No meio dele veem-se dois pontos de interrogação: uma versão grande em preto que vai de alto a baixo e, dentro dela, uma versão branca muito menor, como um leve eco. Linhas grossas vermelhas e pretas emolduram a composição em cima e embaixo.

É uma imagem impactante. Mas não tão memorável quanto o cartaz produzido por El Lissitzky (1890-1941), que se formara como arquiteto antes de se deixar enfeitiçar pelo suprematismo de Malevich. O jovem Lissitzky desenvolvia-se artisticamente em meio ao fervor da Rússia pós-revolucionária. O país caíra na guerra civil, com a Guarda Branca antibolchevique procurando desalojar o governo socialista de Lênin. Lissitzky queria dar sua contribuição em apoio à causa bolchevique. Ele o fez produzindo um cartaz que usava formas geométricas, planos superpostos e a paleta preta, branca e vermelha do suprematismo. *Derrote os Brancos com a cunha vermelha* (1919) (ver Lâmina 16) tornou-se desde então um dos cartazes mais icônicos já produzidos. Forte e claro, é um exemplo do uso da arte para fins de propaganda. Lissitzky dividiu a pintura ao meio com uma linha diagonal, fazendo um lado branco e o outro preto. No lado branco há um grande triângulo vermelho, bidimensional, cuja ponta aguda avança através da divisória preta/branca e penetra no círculo branco que domina o lado preto. Da ponta do triângulo escapam vários estilhaços que voam através do espaço preto e em torno do círculo branco.

É interessante ver as formas e o estilo da arte não representacional sendo usados de uma maneira extremamente simbólica, representacional. Lissitzky incorporou-as para contar uma história do mundo real com impressionante clareza, sugerindo que Malevich e Tatlin estavam certos: essas formas aparentemente triviais de fato desencadeiam uma reação emocional do espectador quando arranjadas com equilíbrio e habilidade. As imagens e o estilo de Lissitzky influenciaram mais tarde muitos designers gráficos e vários grupos pop. O Kraftwerk, pioneiro alemão da música eletrônica, fez amplo uso da estética suprematista e construtivista com a famosa capa de seu álbum *The Man-Machine* (1978). E a banda escocesa Franz Ferdinand escolheu um franco pastiche Rodchenko/Lissitzky ao conceber as capas para muitos de seus sucessos no início dos anos 2000.

O impacto e o legado duradouro do cartaz de Lissitzky demonstram o poder da arte não objetiva. Nas mãos de grandes artistas ela alcança seu objetivo: atravessar a confusão da vida moderna e descrever algo mais intenso, mais profundo. É por isso que ela nos afeta. Há na simplicidade dessas formas rígidas adornadas com cores primárias algo de magnético e atraente que é impossível explicar ou racionalizar. De alguma maneira, aqueles artistas russos foram capazes de reduzir tudo a nada de modo a expor mais do que sabíamos estar lá. É uma questão de equilíbrio e óptica, tensão e textura. Mais do que isso, porém, é uma questão do inconsciente. Uma arte de que gostamos mas não sabemos ao certo por quê. Malevich, Tatlin, Rodchenko, Popova e Lissitzky foram visionários brilhantes, os pioneiros da primeira arte totalmente abstrata.

Mas não estavam sozinhos...

11. Neoplasticismo: Impasse, 1917-31

ALGUMAS VEZES, aqueles de nós envolvidos no mundo das artes falamos e escrevemos disparates pretensiosos. É um fato da vida: estrelas do rock destroem hotéis, esportistas se machucam; as pessoas do mundo das artes dizem bobagens. Entre os principais culpados estão os curadores e museus, que têm uma tendência a escrever passagens algo pomposas e inteiramente incompreensíveis em guias de exposição e painéis de texto em galerias. Na melhor das hipóteses, o que eles dizem sobre "justaposições rudimentares" e "práxis pedagógica" desconcerta visitantes; na pior, humilha, confunde e afasta as pessoas da arte para sempre. Nada bom. Em minha experiência, porém, os curadores não estão tentando ser deliberadamente obscuros; estão sendo movidos pelo medo.

Os museus são instituições acadêmicas cheias de intelectuais brilhantes, onde não é incomum descobrir que os seguranças e os garçons do café têm doutorado em história da arte por uma renomada universidade. Reina dentro deles uma atmosfera intelectualmente competitiva, em que caçoar de uma pessoa ou ganhar pontos sobre ela usando um fato pictórico esotérico é parte do bate-papo diário. O conhecimento das minúcias é moeda corrente; por exemplo, saber que Rothko usou um esmalte feito à base de resina dâmar, ovo e ultramarino sintético em seus últimos trabalhos!

Diz-se que não há história da arte suficiente para tantos historiadores da arte, o que ajuda a explicar por que os que trabalham em museus ficam tão presos a detalhes ínfimos. Muitas obras de arte foram pesquisadas à exaustão; há informação demais. O pobre curador de museu tem de absorver tudo isso e em seguida acrescentar suas próprias reflexões para evitar ser acusado de plágio por seus colegas acadêmicos. Depois o curador tem de transmitir essa informação sem parecer tolo diante de seus colegas extremamente críticos. Porque isso seria a morte de sua carreira. A prioridade é a reputação profissional, não as necessidades do público. É por isso que a legenda na parede da galeria, ou o ensaio no folheto distribuído na exposição, é tão impenetravelmente cheio de termos e frases obscuros. O museu diz que a informação é para o visitante não iniciado, mas a verdade é que, na maioria das vezes, ela foi escrita para uma meia dúzia de especialistas numa linguagem que só os entendidos de arte compreenderiam.

O artista não está inteiramente a salvo de cair na mesma armadilha. Entrevistei artistas brilhantes, justamente reverenciados pela inteligência, argúcia e beleza de seu trabalho. No entanto, quando eles se veem com um microfone debaixo do nariz, toda essa clareza vai embora. Não é incomum descobrir que após ouvir meia hora de orações subordinadas, ressalvas e metáforas sinuosas, não ficamos em nada mais perto de compreender a obra de um artista; na verdade, ficamos mais longe. É como estar no mundo de Tristram Shandy, em que as pessoas são tagarelas e divertidas, mas nunca chegam ao maldito ponto.

Mas e daí? Os artistas escolhem comunicar-se numa linguagem visual possivelmente porque lhes parece difícil ordenar seus pensamentos por meio da palavra escrita ou falada. E – sob o risco de parecer eu mesmo pretensioso – há um paradoxo em jogo aqui. Em minha experiência, os artistas abstratos – aqueles que passam suas vidas eliminando detalhes para revelar uma verdade universal – são os mais propensos a usar linguagem empolada e imprecisa para descrever seu trabalho. Malevich falava de naves espaciais e ocorrências cósmicas. Kandinsky, sobre ouvir o som de suas pinturas. Até Tatlin, tão pé no chão, discorria sobre a materialidade do volume e a tensão gerada pelo espaço tridimensional. Mas a medalha de ouro em confusão ao tentar explicar sua própria arte abstrata vai para o pintor holandês Piet Mondrian (1872-1944).

O homem famoso por suas simples telas "grade" optou certa vez por explicar seu trabalho empregando o mesmo artifício narrativo intricado, forçado, usado pelo crítico de arte Louis Leroy nos idos de 1874, ao escrever seu famigerado veredicto condenatório sobre a primeira exposição impressionista francesa. A crítica de Leroy consistia numa conversa ficcional entre ele mesmo e um artista inventado (e cético). Mondrian arranjou seu falso diálogo de outra maneira: fez o papel de um artista moderno, intelectual, e acabou escolhendo um cantor (que podia ou não ser real) para fazer o papel do observador cheio de dúvidas, o que o autorizou a usar referências musicais. Intitulado por Mondrian "Diálogo sobre nova plástica" (1919), ele começava assim:

> *A: Um cantor*
>
> *B: Um pintor*
>
> A: Admiro seu trabalho anterior. Ele significa tanto para mim que eu gostaria de compreender melhor sua atual maneira de pintar. Não vejo nada nesses retângulos. O que você pretende com eles?
>
> B: Minhas novas pinturas têm o mesmo objetivo que as anteriores. Todas têm o mesmo objetivo, mas meu trabalho mais recente o revela de maneira mais clara.
>
> A: E qual é ele?
>
> B: Expressar *relações* plasticamente por meio de oposições de cor e linha.
>
> A: Mas seu trabalho anterior não representava a *natureza*?
>
> B: Eu expressava a mim mesmo *por meio* da natureza. Mas se você observar com cuidado a sequência de minhas obras, verá que pouco a pouco elas abandonaram a aparência naturalista das coisas e enfatizaram cada vez mais a expressão plástica de relações.
>
> A: Você pensa, então, que a aparência natural interfere na expressão plástica de relações?
>
> B: Você há de concordar que se duas palavras forem cantadas com a mesma força, com a mesma ênfase, uma enfraquece a outra. Não podemos expressar tanto a aparência natural tal como a vemos quanto as relações plásticas com o mesmo grau de determinação. Na forma naturalista, na cor naturalista e na linha naturalista as relações plásticas estão veladas. Para serem expressas plasticamente de uma maneira precisamente definida, as relações devem ser representadas apenas por meio de cor e linha.

A conversa prossegue nessa toada por um bom tempo, repisando o tema das relações e da plástica. Em defesa de Mondrian, vale dizer que ele se propôs uma tarefa árdua: explicar algo que era inteiramente novo e desconhecido. A estrutura e o tom do texto sugerem que o artista holandês se vê como um professor, um explanador – uma pessoa cujo ofício é nos explicar a vida.

Quando Mondrian se refere a "plástico", está falando sobre as artes plásticas: uma expressão formal usada para descrever a pintura e a escultura, em que os materiais são configurados ou moldados. Sua visão era uma nova (neo) abordagem às artes plásticas (plasticismo), baseada em relações universais. Como Malevich, Mondrian sentia-se capaz de desenvolver uma forma de pintura que destilaria tudo que sabemos e sentimos em um único sistema simplificado, e assim conciliaria os grandes conflitos da vida. Malevich fez isso em resposta à Rússia revolucionária; para Mondrian, o ímpeto veio do derramamento de sangue da Primeira Guerra Mundial. Ele formou suas ideias para uma nova arte – o neoplasticismo – enquanto a guerra devastava a Europa entre 1914 e 1918. Sua intenção era ajudar a sociedade a começar de novo com uma nova atitude, na qual unidade, não individualismo, fosse a prioridade. Seu objetivo era "expressar de maneira plástica o que todas as coisas têm em comum em vez daquilo que as separa".

Ele concluiu que para alcançar seus objetivos precisaria reduzir a arte a seus elementos mais simples: cor, forma, linha e espaço. Depois, para simplificar as coisas ainda mais, ele apresentaria esses elementos mais simples em sua forma mais pura: a cor seria limitada às três primárias (vermelho, azul e amarelo); haveria uma escolha de duas formas geométricas – quadrados e retângulos; e só linhas retas horizontais e verticais pintadas em preto seriam usadas. Não deveria haver absolutamente nenhuma ilusão de profundidade. Com esse kit irredutível de componentes, Mondrian acreditava poder dar sentido à vida, equilibrando harmoniosamente todas as forças que se opõem no Universo. A rejeição de qualquer tema reconhecível lhe parecia essencial. Ele não pensava ser tarefa da arte imitar a vida real: a seu ver a arte era *parte* da vida real, como a língua e a música.

Composição C (nº III), com vermelho, amarelo e azul (1935) (ver Lâmina 18) é um Mondrian "clássico". A tela tem um fundo branco liso (o fundo era quase sempre branco), que parecia ao artista uma base universal e pura sobre a qual construir uma pintura. Por cima, ele pintou uma tela esparsa de linhas pretas horizontais e verticais de diferentes grossuras. Esse é um detalhe importante. Mondrian queria transmitir em seus quadros uma ideia do movimento perpétuo da vida, e pensava que poderia alcançá-lo de maneira subliminar variando a largura das linhas pretas. Seu raciocínio era que quanto mais fina é a linha, mais rapidamente o olho "lê" sua trajetória, e vice-versa; assim, se alterasse as larguras, poderia usar a linha como o pedal do acelerador num carro. E isso o ajudaria a alcançar seu objetivo máximo: fazer pinturas dotadas de "equilíbrio dinâmico".

Equilíbrio, tensão e equidade eram tudo para Mondrian. Sua arte era um manifesto político reivindicando liberdade, unidade e cooperação. "A verdadeira liberdade", disse ele, "não é igualdade mútua, mas equivalência mútua. Na arte, formas e cores têm diferentes dimensões e posições, mas são iguais em valor." Em *Composição C (nº III), com vermelho, amarelo e azul* – e em todas as suas obras abstratas de 1914 em diante – as linhas horizontais e verticais expressam as tensões entre os opostos da vida: negativo e positivo, consciente e inconsciente, mente e corpo, masculino e feminino, bom e mau, claro e escuro, discórdia e harmonia: yin/yang. O lugar em que os eixos X e Y se cruzam ou se unem é o momento em que a relação entre os dois é estabelecida e um quadrado, ou retângulo, se forma.

É aí que a graça começa para Mondrian. Suas composições são sempre assimétricas, pois isso ajudava a criar uma impressão de movimento, o que o desafiava a usar sua paleta limitada para equilibrar a composição. No caso de *Composição C (nº III), com vermelho, amarelo e azul*, ele pintou um grande quadrado vermelho no canto esquerdo superior, depois contrabalançou-o pondo um quadrado azul "mais denso", porém menor, na parte inferior da pintura, logo à direita do centro. Em seguida acrescentou um retângulo amarelo delgado no canto esquerdo extremo, que funciona como um contrapeso para os outros dois. Os blocos brancos remanescentes, embora "mais leves" que as seções coloridas, ganham "equivalência" ao ocupar mais espaço da tela que as três cores juntas. Nenhum elemento domina: é mutualidade para todos, numa superfície plana, ou, nos termos do clichê esportivo, num campo nivelado. Segundo Mondrian, "O neoplasticismo toma partido da igualdade porque ... é possível para cada um, apesar das diferenças, ter o mesmo valor que outros".

Este é um comentário revelador. Ele realça a grande diferença entre o neoplasticismo de Mondrian e a arte abstrata de Kandinsky, Malevich e Tatlin. Em nenhum ponto da carreira madura do artista holandês elementos individuais se fundem; eles são sempre independentes. Não há superposição de planos ou transições tonais. A razão disso é que Mondrian estava interessado em unificar as relações entre os elementos individuais, e não no tradicional ideal romântico do amor, em que dois convergem em um. Ele estava definindo uma nova ordem social.

A jornada de Mondrian rumo à abstração começou no mesmo lugar que a de Tatlin: o ateliê de Picasso em Paris. Antes de sua visita em 1912 o holandês vinha pintando paisagens naturalistas razoavelmente convencionais num estilo fauvista e pontilhista. Mas depois de estudar as pinturas cubistas e a paleta de cores terrosas de Braque e Picasso, ele voltou para casa um homem transformado. Dentro de poucos anos, também tinha inventado um movimento na arte moderna. O neoplasticismo seria a mais pura forma de arte abstrata inventada até então.

Há uma sequência espetacular de quatro pinturas que mostra a trajetória de Mondrian de aspirante a velho mestre a modernista pioneiro, todas as quais têm uma árvore como tema central. A primeira é *Árvore vermelha* (1908). Mondrian pintou uma árvore velha e nodosa em pleno inverno. A penumbra baixara, deixando um plano de fundo azul-cinza contra o qual a árvore desfolhada parece tremer. Seu emaranhado de galhos espalha-se por toda a largura da tela como veias nas costas da mão. O tronco vermelho e marrom inclina-se fortemente para a direita, puxado pelo peso de seus próprios galhos que pendem até varrer o chão. Essa pintura é prova da influência que os paisagistas holandeses românticos do século XVII exerciam sobre Mondrian na época. Suas cores expressivas – os vermelho-escuros, os azuis e os pretos – também sugerem que o artista estivera prestando atenção a um outro compatriota, mais contemporâneo: Vincent van Gogh.

A árvore cinzenta (1912) é a segunda pintura da sequência. O despertar abstrato de Mondrian começara; a influência de sua recente exposição a pinturas cubistas é clara. Novamente a árvore não tem folhas, seu tronco está centralmente posicionado, os galhos estendem-se horizontalmente pela largura da tela e verticalmente até o alto. Dessa vez, porém, a paleta de cores é muito mais escura. As graduações tonais de cinza imitam os matizes escuros preferidos por Braque e Picasso em sua fase do cubismo analítico. Detalhes da árvore foram simplificados enquanto Mondrian tenta conferir alguma estrutura composicional a uma pintura em que a profundidade espacial foi quase eliminada.

Em seguida vem *Macieira em flor* (1912). Nessa pintura, Mondrian avançou ainda mais na estrada rumo à abstração. Tanto que, se não soubéssemos que é a pintura de uma árvore, teríamos dificuldade em adivinhar. Ele representou seu tema na paleta ocre e cinzenta de Braque. Os galhos da árvore estão agora muito estilizados; todos os detalhes foram eliminados. Mondrian os representa com uma série de linhas curtas, grossas e pretas suavemente curvadas, algumas das quais se juntam para formar uma miscelânea de formas elípticas que flutuam horizontalmente através da tela. Ele acrescentou algumas linhas pretas verticais para ancorar a pintura e dar-lhe estrutura. É uma composição bidimensional que toma a tela toda.

Por fim, em 1913, vem *Quadro nº 2/Composição nº VII*. O tema continua sendo uma árvore (acredite em mim), mas o nível de abstração é muito maior do que o de qualquer obra cubista. Mondrian quebrou o motivo em minúsculos planos fragmentados, deixando uma imagem do que parece ser um campo de lama na África, ressecado e gretado pelo sol. Mais ainda, ele desenraizou sua árvore e deixou-a flutuando no espaço, o que reduz mais ainda as pistas visuais de sua identidade. As cores continuam atenuadas, com exceção de um intenso amarelo que escapa da imagem. É provável que isso seja uma alusão à espiritualidade inerente que ele pretendeu retratar na pintura.

Mondrian, como Kandinsky e Malevich (e muito mais tarde Jackson Pollock), estava fortemente imbuído de um sistema de crenças da moda, quase religioso, chamado teosofia, que incorporava muitos dos dogmas em torno dos quais os artistas construíram sua filosofia. As ideias de unir o universal e o individual, a igualdade dos elementos e a unificação de interno e externo são todas extraídas da teosofia.

Religião e espiritualidade são o tema de *Composição nº VI* (1914), uma pintura que mostra Mondrian prestes a completar sua jornada rumo à pura abstração. O tema é uma igreja, embora seja impossível deduzir isso olhando a imagem. A pintura é em formato de retrato com um fundo pintado de cinza, sobre o qual o artista acrescentou uma grade de linhas pretas horizontais e verticais, que, por meio de interseções planejadas, formam um padrão de retângulos e quadrados. Algumas dessas formas geométricas simples são molduras "abertas" postas sobre o fundo cinza, ao passo que outras são "sólidas", tendo sido preenchidas pelo artista com uma tinta rosa-claro. A indicação de que a imagem tem um tema religioso é fornecida pela presença de linhas pretas na forma de três letras "T" maiúsculas no centro da tela, que poderiam ser interpretadas como cruzes cristãs. Afora isso, é uma pintura totalmente abstrata. Em breve Mondrian abandonaria esses últimos vestígios de referência visual a temas conhecidos e concentraria sua atenção unicamente na produção de imagens abstratas que comunicariam, pretendia ele, harmonia transcendental.

Foi nessa altura do desenvolvimento de sua carreira que o idealista Mondrian conheceu um entusiástico artista, designer e empresário holandês chamado Theo van Doesburg (1883-1931). Em 1917 eles fundaram uma revista juntos, com Van Doesburg assumindo o papel de editor. Intitularam-na *De Stijl*, que significa "O Estilo" (quando pronunciado em inglês o título soa como "*distil*", ou destilar, o que, por acaso, descreve sua filosofia estética). Diferentemente de movimentos artísticos anteriores, De Stijl teve ambições globais desde o início, o que os fundadores deixaram claro ao publicar seu manifesto de 1918 em quatro línguas. Eles eram motivados por um desejo de pós-guerra de começar de novo: criar um estilo internacional que "trabalharia em prol da formação de uma unidade internacional na Vida, na Arte e na Cultura".

Mondrian descreveu como De Stijl captaria "a pura criação do espírito humano ... expressa na forma de relações estéticas puras manifestadas em forma abstrata". Em outras palavras, seria um novo movimento artístico autônomo construído em torno das composições "grade" nas cores primárias de seu neoplasticismo. A visão era uma espécie de refinado Lego artístico para adultos de mentalidade espiritualizada: um kit de componentes que poderiam ser usados por todos que quisessem participar de um esforço coletivo destinado a criar e sustentar um futuro utópico.

As formas naturais seriam "erradicadas", pronunciou o *Manifesto De Stijl*, pois eram "obstáculos à pura expressão artística". A única coisa que realmente importava era produzir obras que encontrassem unidade através das relações entre cor, espaço, linha e forma. Um conceito, concluíram eles, que poderia ser aplicado a todas as formas de artes visuais, da arquitetura ao design.

Isso foi provado por um dos primeiros participantes do movimento De Stijl, o marceneiro e arquiteto alemão Gerrit Rietveld (1888-1964). Rietveld já estava trabalhando na linha de frente do design contemporâneo, tendo sido inspirado pela arquitetura angulosa do norte-americano Frank Lloyd Wright e o trabalho do designer escocês Charles Rennie Mackintosh, do movimento Arts & Crafts. Foi a famosa *Cadeira com encosto de escada* (1903) – com seu encosto de pequenas tábuas de madeira elevando-se como barras de parede num ginásio do piso até muito acima da cabeça da pessoa sentada – que motivou Rietveld a fazer sua muito mais simples, mas historicamente importante, *Poltrona* (1918).

Van Doesburg foi desde o princípio um grande admirador do design austero e econômico de Rietveld, que consistia numa prancha de madeira para o encosto da cadeira e numa mais curta para o assento. Rietveld havia apoiado essas duas partes utilitárias numa estrutura de madeira semelhante a um andaime. Como algo em que relaxar depois de um dia de trabalho duro ela parece sem dúvida pouco convidativa. Mas o conforto pessoal não estava na lista de atributos importantes de Van Doesburg quando ele incluiu uma imagem dela na segunda edição de *De Stijl*. Ele a descreveu como uma escultura que era um estudo de relações espaciais: um objeto "real-abstrato".

Cinco anos depois, tendo mergulhado por completo na estética do movimento De Stijl, Rietveld fez uma outra versão da cadeira, mas dessa vez incorporou as cores primárias e as linhas pretas do neoplasticismo de Mondrian. *Cadeira vermelha e azul* (c.1923) (ver Lâmina 19) parece uma pintura de Mondrian em três dimensões: talvez continuasse sendo desconfortável, mas era muito mais atraente. O painel do encosto está pintado num vermelho acolhedor e o assento num atraente azul-escuro. A estrutura pintada de preto ganha um ar mais brincalhão, favorecido pela tinta amarela que o designer acrescentou às pontas serradas da cadeira.

No ano seguinte Rietveld foi um estágio além e projetou uma casa inteira baseada nos princípios do movimento De Stijl. A Casa Schröder (1924) em Utrecht – assim chamada em alusão a Truus Schröder, a rica viúva que encarregou Rietveld da construção – está hoje tombada pela Unesco como Patrimônio Mundial. O que Truus Schröder pediu a Rietveld foi que criasse uma casa em que o interior estivesse ligado ao exterior; uma casa não dividida em compartimentos separados, mas em que as áreas se inter-relacionassem. Sua filosofia era a de Mondrian, assim como a de Rietveld.

A Casa Schröder destaca-se do resto da rua em que foi construída como uma lanterna numa caverna. Seus planos retangulares individuais de paredes de concreto caiado dançam em torno das janelas de vidro iluminadas por trás num alegre *pas de deux* arquitetônico que faz as tristes casas de tijolos em que ela toca parecerem fúnebres. A estrutura externa parece ser mantida coesa por duas finas barras de metal horizontais que se dobram na forma de balaustradas nos balcões do primeiro andar. De um lado da casa uma longa trave amarela vertical se eleva do solo como um feixe de luz. Atrás dela, em relevo, estão janelas do térreo e do segundo andar, que têm ambas um lintel pintado: um de vermelho, o outro de azul. É uma pintura de Mondrian em que se pode morar.

O interior continua no mesmo estilo neoplástico/De Stijl. Paredes deslizam para revelar vastos espaços iluminados pela luz natural que entra em abundância pelas muitas janelas, algumas das quais têm persianas azuis, algumas vermelhas e outras (não há nenhuma surpresa aqui) amarelas. A mobília (que inclui uma cadeira vermelha e azul) é composta por superfícies planas sustentadas por armações feitas com ângulos retos. Até nos corrimãos foram usadas extensões horizontais e verticais de madeira, pintadas – é claro – de preto. Não há nada na Casa Schröder que tenha sido desenhado sem o uso de um esquadro.

O poder da visão estética de Mondrian continuou a influenciar o mundo da arquitetura e do design. Em 1965 o estilista francês Yves Saint Laurent produziu um vestido tubinho de lã sem mangas decorado com os blocos de cor primária e as linhas retas pretas da *Composição com vermelho, azul e amarelo* (1930) de Mondrian. Retratado na capa da *Vogue* francesa no número de setembro de 1965, ele levou a uma explosão de objetos decorados à maneira de Mondrian que continua até hoje, numa interminável série de aplicações que vão de ímãs de geladeira a capas de iPhone. Essa popularidade é prova do sucesso dos princípios artísticos do holandês. Abraçando a filosofia do menos é mais, ele queria que sua arte fosse indestrutível, irredutível, escrupulosa, pura e virtuosa. Seu objetivo era derrotar "a supremacia do individual" com um conceito unificador acessível a todos.

Yves Saint Laurent possuía quatro Mondrians, que pendurou em seu espetacular apartamento parisiense. Entre eles estava *Composição nº I*, uma pintura que mostra o artista no limiar do estilo econômico que ele passaria o resto de sua carreira tentando aperfeiçoar. Diferentemente das imagens "clássicas" de Mondrian, *Composição nº I* não tem um fundo branco nem o sentido de espaço de seu trabalho maduro. Ela me parece mais semelhante a um desenho para vitral, o que era uma parte das obras De Stijl (Van Doesburg produziu muitos desenhos para vitrais e os dois homens sentiam-se atraídos por sua óbvia espiritualidade latente). É muito mais "cheia" que obras posteriores. Todos os painéis retangulares estão pintados – alguns de azul, vermelho e amarelo, ao passo que outros estão em tons de cinza ou são simplesmente pretos. A maioria dos blocos de cor primária está aprisionada no centro, ao passo que em obras futuras Mondrian tenderia a situá-los na margem da pintura, onde poderiam sangrar para o infinito.

Alguns meses depois, Mondrian tinha decifrado o código. *Composição com vermelho, preto, azul e amarelo* (1921) é imediatamente identificável como um "Mondrian". Todos os ingredientes estão lá: a composição assimétrica, as grandes extensões abertas de tela imprimada, os blocos de cor primária emergindo dos lados da pintura, contrabalançando-se uns aos outros numa grade rigorosa de linhas verticais e horizontais de diferentes comprimentos. Nas palavras de Yves Saint Laurent, Mondrian produziu arte que "é pureza, e não pode ir mais longe".

O ambicioso Van Doesburg não concordava. A seu ver, teria sido possível ao menos inserir uma linha diagonal avulsa para acrescentar um pouco mais de dinamismo. Mondrian recusava-se categoricamente a considerar semelhante concessão, julgando que suas pinturas já continham movimento suficiente. Assim, após algumas discussões, o fundador do neoplasticismo retirou-se do projeto De Stijl em 1925. Van Doesburg estava pronto para uma mudança de qualquer maneira. Queixando-se de que era "impossível infundir vida nova na Holanda", ele partiu numa turnê pela Europa para pregar o evangelho do movimento De Stijl. Explicaria que a grade geométrica de linhas pretas representava a "imutabilidade" do mundo; as cores primárias representavam sua qualidade "interiorizante". Definia a arte não objetiva premeditada do movimento De Stijl, do construtivismo e do suprematismo como "abstração racional", ao passo que a obra de base mais simbolista de Kandinsky era "abstração impulsiva" (uma distinção semelhante seria feita nos anos 1950 com relação a duas diferentes abordagens ao expressionismo abstrato: a *action painting* sendo instintiva e o *color field*, preconcebido).

A sucinta avaliação de Van Doesburg foi o ponto culminante de uma década extraordinária na história da arte. Artistas em toda a Europa haviam trilhado caminhos diferentes, chegando contudo ao mesmo lugar – abstração. Eles estavam motivados por um objetivo semelhante – ajudar a criar e definir um mundo novo e melhor. Agora que o século entrara em sua terceira década, muitos desses artistas, e outros associados a seus movimentos, iriam se congregar em Weimar, Alemanha, para fazer parte da legendária Bauhaus de Walter Gropius. Wassily Kandinsky e Paul Klee, do grupo O Cavaleiro Azul, ganharam cargos de professor na famosa escola de arte. Outros, como El Lissitzky, chegaram para compartilhar suas experiências com o construtivismo russo e o suprematismo. E lá estava também Van Doesburg, defendendo e desafiando em igual medida. Não tendo conseguido convencer Gropius a lhe dar um cargo, o ativo holandês criou seu próprio curso extracurricular para ensinar os princípios do movimento De Stijl, que foi aberto aos alunos da Bauhaus. E agradou, como Van Doesburg relatou: "Estou tendo muito sucesso com meu curso Stijl. Já são 25 participantes, a maioria deles *Bauhäusler*."

Por um momento, entre as duas guerras mundiais, uma atmosfera de otimismo e aventura pairou sobre essa parte da Alemanha rural, onde artistas, arquitetos e designers trabalhavam juntos numa tentativa de criar uma taquigrafia visual unida para o mundo.

12. Bauhaus: Reunião de escolas, 1919-33

Certa vez tive um cortador de grama tipo carrinho durante um breve período em que vivi na zona rural. Era amarelo vivo, pegava sempre de primeira e conseguia cortar grama comprida e emaranhada como *dreadlocks*. Colada no dorso da besta estava a legenda: "Fabricado com Orgulho nos Estados Unidos" – cercada de estrelas e listras. Zombei do cabotinismo e pomposidade da declaração: que grosseria, pensei; uma companhia britânica nunca faria isso.

Claro que não. Principalmente porque não se fabrica praticamente mais nada na Grã-Bretanha hoje em dia. O outrora coração pulsante do mundo industrial deixou de fazer coisas; tudo é terceirizado ou importado. Segundo sir Terence Conran, o respeitado designer britânico de móveis e objetos de uso doméstico, essa abordagem culminará na ruína criativa e financeira do país.

A situação era muito diferente no fim do século XIX. Era a Alemanha que temia o fracasso em decorrência de uma falta de habilidades técnicas e atividade industrial. Seus líderes políticos lançavam um olhar invejoso para a Grã-Bretanha e viam uma nação confiante fazendo as coisas acontecerem: um país criando riqueza por meio de engenhosidade artística e de sua aplicação comercial. Decidiram então fazer um pouquinho de espionagem. Em 1896 um arquiteto e funcionário público chamado Hermann Muthesius (1861-1927) foi enviado a Londres como adido cultural na embaixada alemã para descobrir sobre que fundamentos a Grã-Bretanha construíra seu sucesso industrial. No devido tempo, Muthesius comunicou seus achados numa série de relatórios que acabaram se tornando um livro de três volumes intitulado *The English House* (1904), em que identificou um "ingrediente mágico" aparentemente improvável na florescente economia capitalista do Reino Unido. Era o recém-falecido designer William Morris (1834-96), fundador do movimento Arts & Crafts e socialista confesso.

Morris fundou sua célebre companhia de design em 1861 com o arquiteto Philip Webb e os artistas pré-rafaelitas Edward Burne-Jones, Ford Madox Brown e Dante Gabriel Rossetti. Eles queriam tomar os valores das belas-artes e aplicá-los aos ofícios, produzindo objetos feitos a mão com todo o amor, atenção e habilidade individuais devotados à pintura de uma paisagem ou a uma escultura de mármore.

A firma especializou-se em decoração de interiores, fabricando vitrais, móveis, acessórios, papéis de parede e tapetes – todos respondendo à natureza e refletindo-a. Era uma abordagem influenciada por John Ruskin, historiador da arte britânico do século XIX e intelectual de esquerda que se sentia consternado com a era industrial. Ele declarou um "ódio à civilização moderna", citando a natureza divisiva do capitalismo e sua compulsão a pôr o lucro acima de tudo. A seu ver, a industrialização era um mal que degradava o artesão, transformando-o numa ferramenta – um lacaio encardido sob o comando de uma máquina reluzente e sem alma.

Ruskin propôs teorias de justiça social e respaldou sua retórica doando grande parte de seu próprio dinheiro. Ele compilou uma série de seus controversos ensaios num livro, *Unto This Last* (1862), em que reivindicou comércio justo e os direitos dos trabalhadores; um plano nacional para a sustentabilidade industrial; e muito mais cuidado com o meio ambiente. Eram textos inteligentes que atraíram alguns fãs notáveis. Mohandas "Mahatma" Gandhi ficou tão impressionado com a publicação que a traduziu em guzerate, dizendo ter descoberto algumas de suas "mais profundas convicções refletidas nesse grande livro".

Ruskin e Morris acreditavam que o passado ainda tinha bastante a oferecer, e que havia no estilo de vida medieval muita coisa que deveria ser aplaudida. Morris pretendia criar uma fraternidade de trabalhadores baseada no sistema de aprendizado das guildas de ofício medievais, em que uma pessoa começava como aprendiz, desenvolvia-se num artífice assalariado e, por fim (se tivesse talento suficiente), tornava-se um mestre artesão. Adotava uma filosofia de bem-estar social segundo a qual as pessoas deviam trabalhar em condições humanas, seguras e respeitosas e receber salários razoáveis por seus esforços. Morris acreditava em "artes para todos" – a democratização da beleza e das ideias, a arte feita pelo povo e para o povo. Esse grito seria repetido muitas vezes ao longo de todo o século XX (e continua a ser repetido hoje por pessoas como os artistas britânicos Gilbert & George).

Herr Muthesius havia formulado sua própria concepção do movimento britânico Arts & Crafts. Que tal, refletiu ele, se os princípios de William Morris fossem aplicados em escala industrial? De volta para casa, mencionou essa ideia a seus patrões. Logo oficinas de artesanato brotavam por toda a Alemanha como barracas num festival pop. Com elas veio uma grande revisão da educação artística na Alemanha. Por fim, em 1907, foi estabelecida a Werkbund alemã. Esse foi um lance certeiro: um esforço de caráter abertamente nacionalista baseado nos ideais de Morris. Seu objetivo era acrescentar algum estilo às ambições industriais do país – ajudar a promover seus esforços, aumentar a demanda dos consumidores e educar o público em matéria de gosto. Foi formado um conselho, composto de eminentes representantes das artes e dos negócios.

Entre eles estava Peter Behrens (1868-1940), um arquiteto residente em Berlim cujas simpatias artísticas estavam voltadas para os princípios do design de Morris, baseados na habilidade individual. Behrens era um faz-tudo criativo que, como Morris, havia projetado a própria casa, bem como todos os seus conteúdos. Em 1907 – o mesmo ano em que Behrens ingressou no Conselho da Werkbund alemã – a companhia alemã de eletrônica AEG o contratou como "consultor artístico". Sua missão era supervisionar todas as decisões estéticas tomadas pela companhia, da identidade empresarial e anúncios na imprensa a lâmpadas e prédios. Behrens foi, na verdade, o primeiro consultor de marca do mundo.

Ele explicou para a AEG que seu trabalho não deveria ser visto como mera decoração, mas como a expressão exterior do "caráter" interior de seus produtos. Era um ponto de vista intrigante, mas não de todo original. Em 1896 o influente arquiteto norte-americano Louis H. Sullivan (1856-1924) expressara o mesmo pensamento num texto chamado *The Tall Office Building Artistically Considered*. Certo, o título não é arrebatador, mas trata-se de um ensaio surpreendentemente divertido escrito por um homem no limiar do mundo moderno. O trabalho de Sullivan era concentrado em Chicago, uma cidade que se expandia tão rápido que o ponderado arquiteto foi levado a indagar se havia algum lugar para a sensibilidade visual quando se projetavam edifícios para a insensível paisagem moderna industrializada. Ele estava particularmente preocupado com o impacto social e emocional sobre os habitantes da cidade do arranha-céu – esse emblemático farol do progresso econômico que havia começado a dominar as calçadas de Chicago como Gulliver em Lilliput.

Arranha-céus eram a especialidade de Sullivan. A tal ponto, de fato, que ele era conhecido como "o pai do arranha-céu" por seu trabalho pioneiro usando as novas técnicas de construção com estrutura de aço para produzir edifícios muito altos. Tijolos apenas, ele compreendeu, eram um material de construção que limitava a altura em razão de seu peso e densidade: quanto mais alto se vai com tijolos, mais difícil fica para a base suportar o peso. Uma estrutura de aço não estava sujeita a tais restrições, por isso os prédios podiam se elevar – cada vez mais.

Sullivan gostava de ser uma das pessoas por trás da explosão dos espigões. Mas também tinha consciência de que edifícios altos como os seus existiriam por um longo tempo e iriam definir cidades e nações. Ninguém, no entanto, dedicara alguma reflexão real à necessidade de conferir uma forma apropriada e agradável a essa nova técnica arquitetônica. Segundo ele, era preciso criar um guia de estilo para evitar que os Estados Unidos fossem deteriorados por uma arquitetura insossa e feia. Seu ponto de vista estético dizia que era preciso considerar a finalidade do edifício antes de decidir que aspecto ele deveria ter, o que o levou a cunhar a frase hoje famosa: "A forma [sempre] acompanha a função." O que vinha a ser a mesma ideia que Behrens estava defendendo.

"Como proclamaremos da altura estonteante desse telhado moderno estranho, esquisito, o evangelho pacífico do sentimento e da beleza, o culto de uma vida mais elevada?", indagou Sullivan. Isso é expressionismo arquitetônico: um projetista de edifícios tocado pelo espírito de Van Gogh. Sua conclusão foi que era preciso acentuar a natureza vertical do edifício, não seus andares horizontais individuais. "Ele deve ser alto", disse, "cada centímetro dele alto. A força e o poder da altitude devem ser nele a glória e o poder da exaltação." Para esse fim, Sullivan inventou para o edifício alto um formato simples em três partes, que consistia numa base definida, uma haste alongada e um frontão de topo chato. Basicamente, estava transformando a coluna grega antiga num edifício ultramoderno.

Entre 1890 e 1892 a parceria arquitetônica Alder & Sullivan concluiu um novo prédio de escritórios para um rico cervejeiro radicado em Saint Louis, Missouri. O Wainwright Building, de nove andares, foi um dos primeiros arranha-céus do mundo, encarnando a filosofia de design de Sullivan e estabelecendo um modelo para edifícios altos no mundo todo – ele era uma forma retangular ininterrupta como uma caixa de fósforos em pé sobre uma ponta. Sullivan revestiu o Wainwright Building com terracota e arenito marrom, com fileiras de pilares de tijolos verticais que enfatizavam a altura subindo por sua face perpendicular de maneira uniforme, como soldados numa parada. É um exemplo belamente contido de arquitetura para escritórios que faz um cumprimento ao passado, mas abraça um futuro *high-tech*, de ritmo acelerado. A forma havia realmente seguido a função.

O mesmo fez Behrens ao projetar a monumental Fábrica de Turbinas da AEG (1909): uma monumental declaração arquitetônica com a forma de um enorme vagão de metrô, feita de alvenaria e dotada de colossais janelas com molduras de aço. O prédio era prático, como não podia deixar de ser, mas Behrens acrescentara alguns objetivos menos tangíveis durante sua concepção. Ele queria que a arquitetura tivesse um efeito positivo sobre os operários: oferecer-lhes dignidade num mundo brutal, inspirar e estimular. Ao mesmo tempo, desejava que o passante visse o prédio e notasse a confiança e a ambição que estavam agora no coração de uma Alemanha industrial. A Fábrica de Turbinas da AEG era exatamente o tipo de propaganda artisticamente inspirada que a Werkbund alemã fora criada para fornecer.

A crescente reputação de Behrens estava atraindo algumas das melhores mentes jovens na arquitetura para seu escritório. A lista de projetistas de rostos jovens com um lampejo pioneiro nos olhos que faziam fila para trabalhar ao lado do "grande homem" e aprender com ele não era apenas impressionante; era uma chamada dos gigantes da arquitetura moderna. Mies van der Rohe e Le Corbusier trabalharam ambos para Behrens, assim como Adolf Meyer, que o deixaria pouco depois do projeto da fábrica da AEG para fundar uma nova firma com Walter Gropius (1883-1969), outro protegido de Behrens, destinado a ser o fundador da mais famosa escola de arte do mundo.

Observando o sucesso que Behrens fazia com sua abordagem moderna do projeto arquitetônico e dos materiais, Gropius e Meyer sentiram-se inclinados a fazer uma experiência, montando seu próprio escritório. Foi o passo certo na hora certa, e logo eles fizeram seu nome. No início de 1911 o proprietário da Fagus – empresa que fabricava formas para sapateiros – encarregou-os de construir a fachada de uma nova fábrica em Alfeld-an-der-Leine, cerca de 65 quilômetros ao sul de Hanover. Atentos ao edifício da AEG de Behrens, eles puseram mãos à obra. Quando o inverno chegou, a maior parte da Fagus Werk estava pronta.

Os dois arquitetos novatos haviam produzido um projeto de espantosa modernidade. Em frente às colunas de tijolos amarelos da construção retangular, tinham pendurado o que parecia ser uma parede de vidro flutuante: uma cortina diáfana fornecendo luz aos operários e um anúncio brilhante para o mundo (eles haviam posicionado o prédio de tal modo que ele podia ser visto pelos passageiros de trem indo e vindo de Hanover). O edifício era uma declaração de missão para uma nova Alemanha – símbolo de um país que podia integrar a arte moderna com a máquina moderna de produzir mercadorias que não só eram necessárias ao mundo, mas lhe pareciam desejáveis. Em 1912 o talentoso Gropius foi recrutado pela Werkbund alemã para fazer parte da elite do establishment responsável por renovar a imagem do país.

E em seguida veio a guerra.

A Bauhaus

De início vários artistas e intelectuais alemães mostraram-se entusiasmados em relação à Primeira Guerra Mundial, vendo-a como uma oportunidade para um novo começo. Walter Gropius alistou-se e lutou na frente ocidental, mas sentiu-se repelido pela impiedosa destruição que testemunhou. A experiência o motivou a fazer alguma coisa que pudesse ajudar a evitar uma repetição dos horríveis eventos que tiveram lugar nos campos de batalha da Europa entre 1914 e 1918.

Seu otimismo foi alimentado pelo surgimento de uma nova era na Alemanha. O impopular kaiser Guilherme II havia abdicado ao trono, pondo fim ao regime monárquico e abrindo caminho para a nova Alemanha democrática, conhecida entre 1919 e 1933 como República de Weimar. Gropius queria fazer sua parte para apoiar a nova arrancada de seu país devastado fundando uma instituição que, ele esperava, beneficiaria não só a Alemanha, mas o mundo todo.

Sua experiência anterior com a Werkbund alemã lhe mostrara o potencial das artes e ofícios para dar uma contribuição positiva à vida emocional e financeira do país. Ele formulou um plano para criar um novo tipo de escola de arte, cujo objetivo seria equipar uma nova geração de jovens com as habilidades práticas e intelectuais necessárias à construção de uma sociedade mais civilizada, menos egoísta. Seria uma escola de arte e design assumindo o papel de um reformador social.

Sua instituição seria democrática, coeducacional e ensinaria um currículo liberal não convencional, concebido para estimular os estudantes a encontrar o artista que tinham dentro de si mesmos e seu ritmo pessoal. A chance de pôr suas ideias em prática lhe foi dada quando o sondaram a respeito de um emprego em Weimar, a cidade alemã em que a Constituição democrática do país fora assinada recentemente. A oferta era para o cargo de diretor de um estabelecimento de ensino resultante da fusão de duas instituições anteriores: a Academia de Belas-Artes do Grão-Ducado da Saxônia e a Academia de Artes e Ofícios do Grão-Ducado da Saxônia. Gropius aceitou e chamou a nova entidade conjunta de Staatliches Bauhaus in Weimar.

Era 1919 e a Bauhaus nascera. Gropius anunciou que ela seria uma "importante instituição de educação artística usando ideias modernas", que combinaria o "currículo teórico de uma academia de artes" com "o currículo prático de uma escola de artes e ofícios", proporcionando um "sistema abrangente para estudantes talentosos". Ele rejeitou a política de produção em massa industrializada da Werkbund alemã, vendo-a como uma diminuição do indivíduo – uma atitude que, a seu ver, havia levado à guerra.

Ele também insistia que os estudantes de belas-artes descessem de sua torre de marfim para sujar as mãos com os artesãos, declarando que "não existe isso de arte profissional … o artista é um artesão inflado. Vamos derrubar a arrogante barreira entre artesãos e artistas! Vamos … criar juntos o novo edifício do futuro. Ele combinará arquitetura, escultura e pintura numa única forma". Isso é um eco da *Gesamtkunstwerk* de Wagner: uma obra de arte total em que todas as formas de arte se reúnem para realizar uma entidade gloriosa, afirmadora da vida.

O grande compositor considerava a música a forma mais elevada de esforço criativo humano, e raciocinava que ela era portanto o ambiente natural para tentar produzir uma *Gesamtkunstwerk*. Gropius tinha outro pensamento. Ele sustentava que a forma de arte superior era a arquitetura, dizendo que "o fim supremo de toda atividade criativa é a construção". Daí o nome Bauhaus, que significa, em alemão, "casa da construção" ou "casa para a construção".

Gropius planejou a estrutura para o desenvolvimento educacional de seus estudantes segundo o modelo do aprendizado baseado nas guildas medievais de William Morris. Os alunos da Bauhaus começariam como aprendizes, antes de progredir para artífices e, por fim, se fossem suficientemente bons, tornar-se jovens mestres. Todos os estudantes seriam ensinados por mestres estabelecidos, ativos e reconhecidos em determinado segmento artístico. Gropius via a Bauhaus como "uma república de intelectuais" que um dia "ascenderia ao céu a partir das mãos de um milhão de trabalhadores como um símbolo cristalino de uma nova e promissora fé".

E, em certa medida, teve sucesso. A "nova e promissora fé" do século XX veio a ser um consumismo voraz, impelido por uma tecnologia que, na maioria das vezes, estava elegantemente vestida pela ousada escola de design cujas bases Gropius lançou na Bauhaus: uma estética despojada e de bom gosto conhecida em geral como modernista. O Fusca da Volkswagen, as lâmpadas Anglepoise, as antigas capas dos livros da Penguin, as saias-lápis dos anos 1960; os vastos espaços brancos do MoMA, do Guggenheim e da Tate Modern; a beleza aerodinâmica da era espacial, tudo isso atende aos critérios do modernismo.

Os sucessos estéticos de Gropius estenderam-se à arquitetura, onde, mais uma vez, seu "símbolo cristalino" uniu o mundo. Do Leste comunista ao Oeste capitalista, a marca do modernismo inspirado pela Bauhaus é evidente nas estruturas geométricas gigantescas, simples e revestidas de concreto que passaram a dominar o ambiente urbano do século XX. Do Lincoln Center na cidade de Nova York aos Dez Grandes Edifícios que emolduram a Praça da Paz Celestial em Pequim, a impressão digital do modernismo despojado e anguloso de Gropius pode ser facilmente detectada.

Isso é assombroso, pois a Bauhaus existiu por apenas catorze anos. Mais assombroso ainda quando levamos em conta que o design austero, sóbrio e elegante a que ela ficaria para sempre associada nada tinha a ver com o espírito criativo com que a instituição fora criada, como a imagem na capa de seu primeiro prospecto, em 1919, demonstra claramente. Trata-se de uma xilogravura do artista Lyonel Feininger (1871-1965), membro do grupo O Cavaleiro Azul, de Wassily Kandinsky, que Gropius nomeara mestre encarregado da oficina de impressão gráfica. A composição de Feininger obedece a um estilo cubofuturista e representa uma catedral gótica com três espiras, cercada por raios de bordas dentadas que enviam fortes cargas de eletricidade para o mundo. É uma ilustração carregada de simbolismo.

Gropius concebia a Bauhaus como uma catedral de ideias que lançaria centelhas de energia e vida num mundo deprimido e pardacento. Os raios representam o dinamismo e a criatividade dos estudantes e mestres. A enorme catedral representa uma *Gesamtkunstwerk*: uma construção que une o espiritual e o material, amorosamente criada por artistas e artesãos, e em que pessoas se reúnem, música é executada e corais cantam. Esse era o espírito romântico da instituição em seus anos de formação, quando era povoada por estudantes e mestres idealistas, prontos a fazer sua parte na construção de uma utopia moderna. Nesse estágio inicial, o lugar se assemelhava mais a uma comunidade hippie que ao instituto profissionalizado de design funcional que se tornaria mais tarde.

A trajetória de um estudante na Bauhaus começava sempre com um curso preliminar de seis meses conhecido como *Vorkurs*, concebido e conduzido originalmente por um artista e teórico nascido na Suíça, Johannes Itten (1888-1967). Ele era um homem incomum em muitos aspectos, inclusive por ser um professor tarimbado, uma raridade entre os mestres na Bauhaus. Era filiado ao Mazdaznan, um movimento espiritual que preconizava o vegetarianismo, um estilo de vida saudável, exercícios e muito jejum. As aulas de Itten tinham igualmente um foco na nova era, enquanto ele tentava ajudar seus alunos a encontrar de forma intuitiva sua voz artística. Enquanto eles investigavam profundamente e esperavam inspiração, Itten perambulava pela sala de aula – e por Weimar – vestindo uma túnica escura que prenunciava o terno clássico do presidente Mao. Ele completava a indumentária raspando a cabeça e usando óculos redondos que o faziam parecer em parte vilão de James Bond, em parte líder de uma seita religiosa. E era mais ou menos assim que os estudantes viam seu professor: alguns o reverenciavam a ponto de fazer dele objeto de um culto ocultista, outros não suportavam a visão de sua cabeça calva e modos afetados. Gropius o tolerava... a princípio.

Itten estava em conformidade com a filosofia original de retorno à natureza nas artes e ofícios. Enquanto outras escolas de arte induziam seus alunos a copiar servilmente os velhos mestres, Itten baseava suas aulas nas cores e formas primárias. Levava os aprendizes a moldar vários materiais em formas geométricas para lhes ensinar sobre linha, equilíbrio e substância. Depois eles trabalhavam sobre suas próprias ideias, que podiam consistir em um relevo de gesso do tamanho de um pôster feito de quadrados e retângulos, ou talvez numa manta de feltro com aplicações de remendos vermelhos e marrons, demonstrando uma compreensão de transições tonais.

Naquela época a Bauhaus tinha um ambiente entre o caseiro e o medieval. Além das aulas teóricas de Itten, os aprendizes frequentavam oficinas, onde lhes eram ensinadas habilidades artesanais que iam da encadernação de livros à tecelagem. A madeira era o material de construção favorito; com ela Gropius planejava construir um conjunto de casas no campus para permitir a estudantes e mestres viver e trabalhar juntos em harmonia. Reinava uma atmosfera de antimaterialismo, com um toque do espírito gótico do expressionismo alemão. Isso não era exatamente surpreendente, dadas as características do corpo de professores. Tanto Johannes Itten quanto Lyonel Feininger eram originários da escola expressionista, fundada na Alemanha pré-guerra.

O expressionismo alemão começou em 1905 com o grupo Die Brücke (A Ponte), radicado em Dresden, seguido alguns anos depois pela turma de O Cavaleiro Azul, de Kandinsky. Ambos os grupos haviam sido inspirados pelo expressionismo de Van Gogh e Munch, o primitivismo de Gauguin e as cores não naturalistas dos fauvistas, antes de acrescentar à mistura uma dose da tradição gótica alemã. O mestre dessa conjunção particular foi Ernst Ludwig Kirchner (1880-1938), artista do grupo Die Brücke. Antes da guerra, ele e seus companheiros estavam produzindo telas despreocupadas e cruamente pintadas de mulheres nuas em paisagens de colorido psicodélico. Depois da guerra, a arte de Kirchner assumiu um tom mais sombrio. Seu *Autorretrato como um soldado* (1915) é um exemplo do que há de mais triste e pungente no expressionismo alemão. A alegre atitude boêmia do grupo Die Brücke dera lugar a figuras distorcidas, linhas afiadas e uma paleta com a lividez da morte. Kirchner retrata-se como um amputado de olhos vazios vestindo uniforme militar, mantendo o coto do braço direito ensanguentado para cima como evidência da inutilização de um artista pela carnificina da guerra. Atrás dele está uma mulher nua, pintada com o esquematismo de um desenho rupestre. Ela está presente mas parece ocupar um outro mundo. A mensagem é clara: a guerra castrou o soldado; ele nunca mais amará de novo.

Esse é o mundo emocionalmente perturbado de que Gropius, Itten, Feininger e a Bauhaus tinham emergido. As imagens deformadas, a espiritualidade mística, as ideias libertárias e a crueza gótica do expressionismo alemão eram parte intrínseca do ethos original da Bauhaus. Assim, quando chegaram para assumir cargos de ensino uns dois anos mais tarde, Wassily Kandinsky e Paul Klee sentiram-se inteiramente em casa.

Feininger ficou encantado por se reunir a seus antigos colegas, ao passo que Gropius deve ter visto o ingresso dos dois como um triunfo para a Bauhaus. Você consegue imaginar isso hoje em dia? Dois dos artistas mais reverenciados no mundo chegando a uma escola de arte para morar no campus e lecionar em tempo integral? Pouco provável. Mas a atração do lugar e o empenho desses artistas em tentar construir um futuro melhor eram tais que Kandinsky tornou-se, com muito prazer, o chefe da oficina de pintura mural, e Paul Klee assumiu a direção da oficina de vitrais. A vida na Bauhaus era boa e estava melhorando. O único problema era que além dos limites do campus ela era ruim e estava piorando.

A Alemanha lutava para cumprir as obrigações que lhe haviam sido impostas pelo Tratado de Versalhes: o pagamento de reparações de guerra à Tríplice Entente (Grã-Bretanha, França e Rússia). Era uma tarefa árdua, não facilitada pela escassez de matérias-primas (parte da razão do entusiasmo de Gropius pela madeira), as quais ou tinham sido usadas para fazer a Primeira Guerra Mundial ou haviam sido pilhadas posteriormente pelos vencedores. No âmbito político, a Alemanha estava cheia de problemas. A nova república estava dividida e tensa, com diferentes partidos políticos manobrando em busca de posição e poder. Facções de direita dentro do governo regional que havia financiado a Bauhaus começavam a ver a instituição como uma entidade política. Temiam que ela tivesse se tornado um viveiro de socialistas parasitas e bolcheviques rebeldes que nada produziam de valor ou mérito. Gropius estava sendo pressionado a provar o valor da Bauhaus, a mostrar que ela não era um ornamento rebuscado, reproduzindo radicais de esquerda, mas um sólido investimento financeiro do governo local num futuro industrial. O astuto Gropius se deu conta de que era hora de promover uma mudança.

Saiu de cena a filosofia não comercial e autocentrada da intuição pregada por Johannes Itten e em seu lugar entrou um novo grito de batalha de Gropius: "Arte e tecnologia, uma nova unidade." Foi uma completa reviravolta da parte do fundador e líder da instituição, que antes declarara a Werkbund alemã "morta e enterrada" quando ela apregoava uma linha semelhante.

Para substituir Itten, Gropius escolheu não contratar outro mestre originário do expressionismo alemão. Em vez disso optou por um artista húngaro com uma ideologia construtivista no intuito de introduzir um elemento de rigor e racionalidade no corpo docente. László Moholy-Nagy (1895-1946) assumiu o cargo de mestre de forma e a oficina de metais em 1923, e aceitou compartilhar a condução do *Vorkurs*, o curso preliminar antes ministrado por Itten, junto com Josef Albers (1888-1976), o primeiro aprendiz da Bauhaus a se tornar mestre.

Albers e Moholy-Nagy iriam transformar a Bauhaus na fonte de modernismo pela qual ela é hoje lendária. Eles o fizeram com a ajuda de um incontrolável artista, editor, teórico e designer que conhecia sua própria mente e se realizava ao influenciar as dos outros. O holandês do movimento De Stijl estava de volta.

Theo van Doesburg viera da Holanda para ensinar os princípios do movimento De Stijl aos *Bauhäusler*. Era hora de livrar o lugar de toda aquela "embrulhada expressionista", disse ele. E embora não tivesse sido realmente contratado por Gropius, o holandês logo fez sentir sua presença na Bauhaus. Seu curso De Stijl fora do campus tornou-se um ímã para os alunos da instituição, que compareciam em massa. Seu ensino era a antítese da escola de criatividade do "qualquer coisa serve" de Itten. Disciplina e precisão, esse era o nome do jogo De Stijl – instrumentos mínimos, máximo impacto; pode-se dizer mais com menos.

Gropius havia reunido em Weimar representantes de todas as escolas de arte abstrata: Kandinsky, Klee e Feininger, do grupo O Cavaleiro Azul, Van Doesburg representando De Stjil e o neoplasticismo e Moholy-Nagy e Albers defendendo a arte não objetiva dos russos. Aquela instituição pequena, com poucos recursos, havia atraído uma soma de talento artístico semelhante à de Florença durante o Renascimento e à da Paris *fin-de-siècle*.

A nova equipe provocou um impacto imediato. O amante da tecnologia Moholy-Nagy estimulou seus alunos de design a usar materiais modernos e remeter às composições de Malevich, Rodchenko, Popova e Lissitzky. Em semanas os aprendizes pararam de produzir vasos de barro a mão, começando em vez disso a fazer objetos perfeitamente acabados com o uso de máquinas e ferramentas. Marianne Brandt (1893-1983), uma designer internacionalmente renomada cujo trabalho seria visto como o epítome do visual da Bauhaus, estava entre os primeiros estudantes a serem instruídos por Moholy-Nagy.

Em 1924, quando era uma jovem aprendiz, ela produziu um aparelho de chá quase impecável que tinha uma graça cativante. O bule ganha a forma de um recipiente perfeitamente redondo, como uma bola de prata cortada ao meio. Ele se sustenta sobre um suporte especial feito de duas curtas extensões de metal cruzadas. O bico brilhante materializa-se sem esforço a partir do ápice do lado curvo do bule e termina na altura exata de seu topo. A asa deslocada espelha a forma esférica do bule, ao mesmo tempo que serve como moldura para sua tampa circular. O puxador da tampa, fino e oblongo, fica equilibrado e aprumado como uma bailarina.

A sofisticada resposta de Marianne Brandt ao programa de Moholy-Nagy de uso de materiais industriais modernos não foi única. Wilhelm Wagenfeld e Karl Jucker desenharam uma sensacional lâmpada de mesa feita de vidro e metal, hoje conhecida como *Lâmpada Wagenfeld* (1924). Com um abajur constituído por um recipiente redondo de vidro opaco e um pé e uma base de vidro claro, o objeto tem a aparência de um cogumelo. Sua forma geométrica simples é realçada por detalhes sutis de design que a promovem de mera luminária a objeto de desejo. A cúpula de vidro é orlada com um aro de metal cromado; alguns centímetros abaixo, projeta-se uma curta corrente que permite ligar e desligar a lâmpada, dando ao objeto um simpático toque assimétrico. O pé e a base de vidro claro são perfeitamente proporcionados para compor uma lâmpada (e uma forma) dotada de uma elegância atraentemente descomplicada.

A *Lâmpada Wagenfeld* tornou-se um clássico do design e é considerada um dos primeiros exemplos de excelência em design industrial. Mas há nisso certo mal-entendido. Nessa altura a Bauhaus podia ter se tornado um expoente de arte e tecnologia, mas os estudantes ainda estavam fazendo seus objetos a mão. Quando Gropius enviou Wagenfeld a uma exposição comercial para vender sua lâmpada, o jovem estudante viu os fabricantes caírem no riso ao invés de abrir seus livros de encomenda. Desenhar um objeto para dar a impressão de que foi produzido em massa e desenhar um objeto para que seja produzido em massa são coisas muito diferentes.

Quando não estavam supervisionando os aprendizes, Albers e Moholy-Nagy estavam dando sua própria contribuição para a estética da Bauhaus. Moholy-Nagy estava produzindo telas abstratas como *Telephone Picture EM1* (1922) – uma imagem esparsa dominada por uma grossa linha vertical ao longo de toda a tela. Logo acima da metade de sua extensão, e à direita da faixa preta, vê-se uma pequena cruz amarela e preta, sob a qual há uma outra forma de crucifixo de cabeça para baixo. É uma espécie de combinação construtivista/Mondrian.

Josef Albers estava ocupado com a concepção de *Conjunto de quatro mesas empilháveis* (c.1927). Todas as quatro mesas têm uma moldura retangular de madeira simples a que Albers integrou um tampo de vidro inteiriço. Cada tampo é pintado com uma das três cores primárias – a quarta e maior mesa é acabada em verde. As mesas ficam consecutivamente menores, permitindo ao orgulhoso proprietário empilhá-las de maneira ordenada quando não estão em uso, uma dentro da outra, como uma boneca russa. Ainda é possível comprar uma dessas.

Albers não foi o único aprendiz da Bauhaus a se tornar mestre. Tampouco foi o único mestre a produzir algo que continua à venda hoje em dia. Marcel Breuer (1902-81), um jovem designer húngaro, seguiu a trajetória de Albers de aprendiz a mestre em 1925, quando Gropius o nomeou responsável pela oficina de móveis. Um dia, quando ia de bicicleta para o trabalho, ele olhou para seu guidom e teve uma ideia. Poderia a barra de aço tubular oca que ele estava segurando ser usada para um outro propósito? Afinal, aquele era um material moderno, relativamente barato e passível de produção em massa. Provavelmente era possível usá-lo de uma outra maneira – para fazer uma cadeira, talvez...

Com uma mãozinha de um encanador local, e depois de um ou dois protótipos, Breuer apresentou sua *Cadeira B3* (ver Fig. 18): uma estrutura tubular de aço cromado que ele curvou em ângulos retos e vestiu com tiras de lona para fornecer um assento, braços e espaldar. Para Breuer esse tinha sido seu "trabalho mais extremo ... o menos artístico, o mais lógico, o menos 'aconchegante' e o mais mecânico", e ele previu críticas generalizadas. O ataque nunca se materializou. A cadeira foi imediatamente apreciada pelo que era: um design moderno e sofisticado, que pode ser visto até hoje em salas de diretoria e saguões de empresas no mundo todo. Uma das primeiras pessoas a cumprimentar Breuer por seu design inovador foi o também mestre Wassily Kandinsky. Em retribuição às palavras gentis do colega, ele batizou sua cadeira de "Wassily".

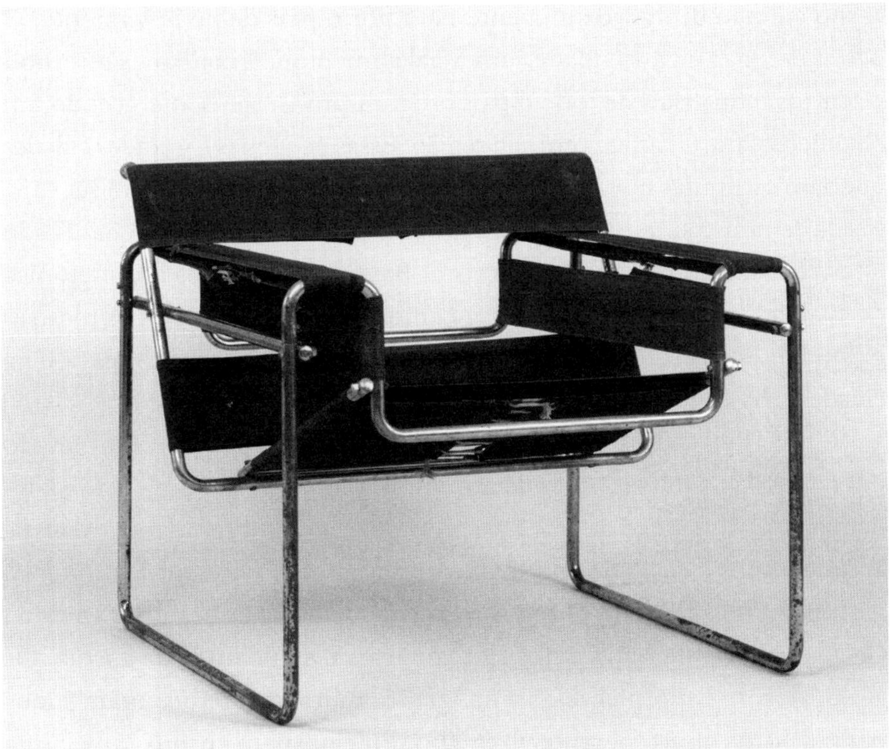

FIG. 18. Marcel Breuer, *Cadeira B3/Wassily*, 1925.

A vida voltara aos trilhos na Bauhaus mais uma vez. E mais uma vez isso foi anulado por eventos externos. Em 1923 a Alemanha deixou de pagar suas reparações de guerra. Tropas francesas e belgas entraram no país; seguiu-se a hiperinflação, bem como o desemprego em massa. Uma Alemanha empobrecida e depreciada deu uma guinada para a direita. As verbas destinadas à Bauhaus foram drasticamente reduzidas; Gropius foi informado de que seu contrato seria encerrado e grande parte do apoio político que recebia foi retirado, enquanto artistas e intelectuais do mundo todo olhavam incrédulos. Quando a Sociedade dos Amigos da Bauhaus, fundada às pressas, conseguiu se organizar (Arnold Schoenberg e Albert Einstein eram membros), os dias da Bauhaus em Weimar estavam terminados.

Depois, finalmente, a sorte virou: para a Bauhaus e para a Alemanha. Os norte-americanos intervieram com sucesso, emprestando ao governo alemão dinheiro suficiente para pôr o país de pé novamente. O desemprego caiu; a atividade comercial aumentou. A confiança retornou, e centros industriais de todo o país procuraram Gropius, oferecendo um recomeço para a Bauhaus em sua região. Essas pequenas e grandes cidades queriam estimular novas empresas em sua área, mas precisavam ser capazes de demonstrar que tinham um grupo preparado de pessoal qualificado e residências modernas disponíveis. A Bauhaus e a prática arquitetônica de Walter Gropius podiam fornecer ambas as coisas. Em 1925 os mestres e estudantes da escola de design mais famosa do mundo se instalaram na cidadezinha de Dessau, um pouco ao norte de Weimar.

E para lhes dar as boas-vindas ali, Walter Gropius havia projetado uma das mais notáveis obras da arquitetura modernista: uma verdadeira Bauhaus. O complexo de oficinas, acomodações para estudantes, teatros, áreas comuns e casas dos mestres inaugurado em 1926 (ver Fig. 19) foi a realização do sonho de Gropius para sua instituição. Era uma genuína *Gesamtkunstwerk* criada pelos funcionários e estudantes da escola. Os acessórios, móveis, placas de sinalização, murais e prédios eram todos parte de uma visão coerente. O prédio principal para ensino exibia uma enorme fachada retangular de vidro, uma épica parede de vidro ensan-

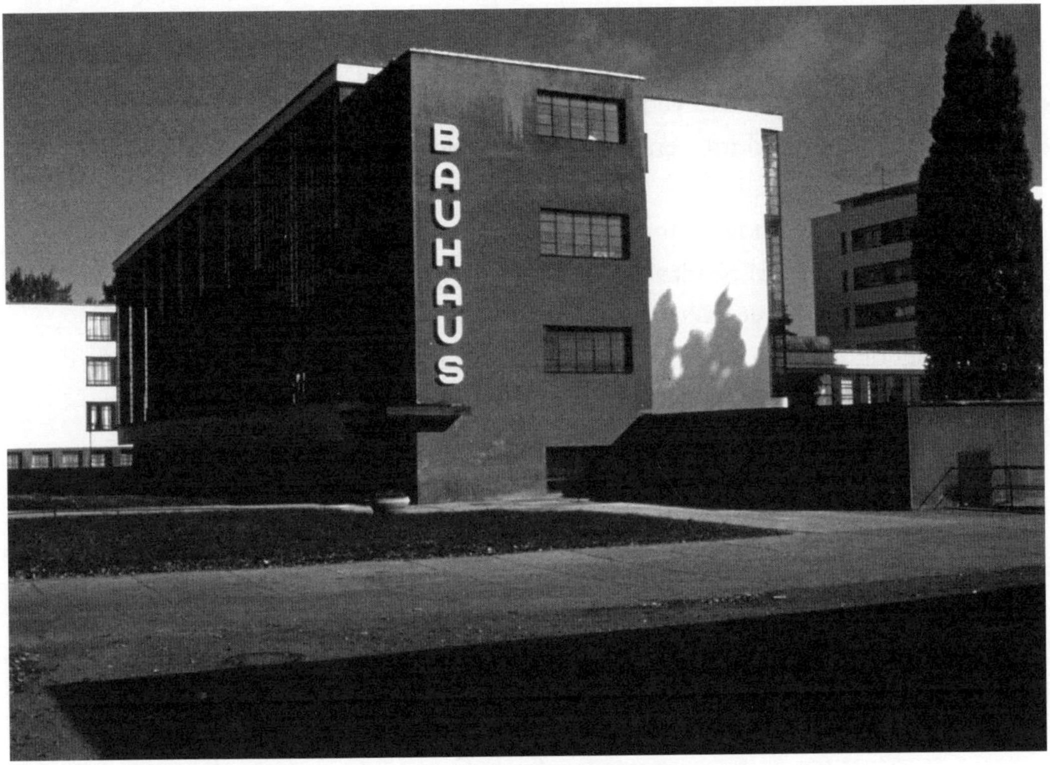

FIG. 19. Walter Gropius, Bauhaus, Dessau, 1926.

duichada entre duas finas linhas horizontais de concreto branco: uma delas um plinto elevado, a outra um frontão de topo chato. Vistos de cima, os prédios interconectados da Bauhaus Dessau parecem uma pintura de Mondrian: uma grade assimétrica de linhas verticais e horizontais que produzem uma composição equilibrada de retângulos.

As acomodações que Gropius projetou para os mestres situavam-se numa pequena mata não longe da nova Bauhaus. Eram quatro construções no total: uma residência separada para Gropius e três outros imóveis divididos em seis residências semigeminadas. Todos compartilhavam uma mesma sensibilidade estética, francamente modernista. Gropius os projetara segundo os mesmos princípios retilineares De Stijl empregados por Gerrit Rietveld na Casa Schröder. Com a diferença de que as cores primárias não adornavam as casas dos mestres de Gropius, cujas paredes verticais planas foram executadas em estuque e pintadas de um branco puro. Nessas duras elevações foram cortadas janelas retangulares e quadradas, sem moldura e encaixadas de modo a acentuar o caráter abrupto de suas linhas.

A agressividade da forma geométrica das casas é enfatizada com telhados planos e abóbadas suspensas de concreto, que entram em choque com as árvores que as cercam, com seus troncos tortos e galhos sem forma, folhudos. Há algo de puritano e duro nas casas dos mestres: sua aparência maquinal é implacável e intransigente. Em mãos menos competentes elas poderiam facilmente ter sido monstros brutais, ameaçadores e frios como tantas construções de concreto sem alma erguidas desde então em nome do modernismo. Mas Gropius evitou essa armadilha; ele era sensível demais à linha, à forma e ao equilíbrio. Em vez disso, suas casas têm uma beleza intrínseca (a casa de Gropius foi destruída na guerra), embora Kandinsky, ao se mudar para uma delas, tenha pintado seu interior de múltiplas cores.

Gropius demitiu-se em 1928 para levar adiante a carreira de arquiteto em Berlim. Sua partida deixou um vácuo que foi prontamente preenchido por um corpo de estudantes com simpatias comunistas cada vez mais radicalizado. Os políticos de Dessau que financiavam a instituição não ficaram felizes com o rumo que as coisas estavam tomando. Pediram a Gropius que os ajudasse a encontrar um novo diretor com a autoridade e reputação necessárias para introduzir alguma ordem. Gropius sugeriu Ludwig Mies van der Rohe (1886-1969), um arquiteto alemão de vanguarda com quem havia trabalhado no escritório de Peter Behrens em 1908.

Mies van der Rohe aceitou o convite e assumiu a direção da Bauhaus em 1930. Sua reputação internacional como um eminente profissional da arquitetura moderna fora recentemente assegurada quando da inauguração de seu Pavilhão da Alemanha na Exposição Internacional de 1929 em Barcelona. A construção era uma síntese arquitetônica de todos os movimentos de arte abstrata.

Um grande telhado chato e discreto projeta-se do pavilhão de um único andar, pairando como uma nave espacial, sua superfície inferior tão imaculada e uniforme quanto uma parede de galeria de arte. Sob ele Mies van der Rohe dispôs um sistema de grades como as de Mondrian com uma combinação de materiais que teria agradado a Tatlin. Uma estrutura de aço suporta uma série de telas retangulares soltas feitas de vidro, mármore e ônix que dividem o espaço sem nunca fechá-lo. Em vez disso, seu posicionamento não uniforme conduz o visitante pelo pavilhão de plano aberto para testemunhar vistas interiores e exteriores meticulosamente planejadas pelo arquiteto. Ele estava apresentando uma nova face, menos agressiva, da Alemanha: uma república progressista, aberta, empreendedora, racional e sofisticada.

Ao ser informado de que o governo alemão iria receber o rei e a rainha da Espanha em seu pavilhão quando eles fossem abrir a exposição, o arquiteto sentiu que a ocasião exigiria um assento especial para os prestigiosos visitantes. Assim, pegou papel e lápis e pôs mãos à obra. O design resultante lembra uma espreguiçadeira fixada numa posição vertical. De lado, a única coisa que podemos ver são duas barras de aço cromado que fazem um "X" onde se cruzam. Uma é mais longa e ligeiramente curva, como uma lua nova, começando no pé da frente da cadeira e estendendo-se para cima a fim de fornecer o espaldar. A outra começa no pé de trás e avança suavemente para a frente numa forma de "S" para oferecer uma moldura em cantiléver para o assento. A esse desenho simples e elegante Mies van der Rohe acrescentou duas almofadas de couro creme: uma para o assento, outra para o espaldar.

No fim das contas, o rei e a rainha preferiram não se sentar na cadeira Barcelona ou no banco que a acompanhava – mas milhões de pessoas o fizeram desde então. Nenhum loft em Manhattan ou escritório de arquiteto para clientes abonados estaria completo sem a cadeira Barcelona de duas peças. Não há dúvida de que Mies van der Rohe era o homem certo para a diretoria da Bauhaus. Tampouco há dúvida de que ele pôde fazer muito pouco para evitar a extinção da escola. Gropius teve muitos inimigos, mas nenhum tão mau ou poderoso quanto Adolf Hitler. O outrora artista e autor de *Mein Kampf* odiava o modernismo e os intelectuais. O que, no fundo, significava que odiava a Bauhaus. Em 1933, com sua posição política segura, ele impôs o fechamento da melhor escola de arte e design do mundo. E para que ninguém esquecesse quão apaixonadamente ele abominava a instituição e todas as pessoas associadas a ela, promoveu uma exposição de *Entartete Kunst* (arte degenerada) quatro anos depois, em 1937.

Hitler ordenou a seus capangas que pilhassem os museus do país e removessem todas as obras de arte moderna produzida após 1910 que eles abrigassem. Obras de Paul Klee, Wassily Kandinsky, Lyonel Feininger e Ernst Ludwig Kirchner (entre muitos outros) foram confiscadas, antes de serem expostas de maneira caótica e acompanhadas por textos escarnecedores, destinados a estimular o público a rir da "arte degenerada". Ninguém sabe como os muitos que visitaram a exposição entenderam tudo isso, mas os artistas sabiam o que estava se passando.

Uma outra guerra era iminente. Na Primeira Guerra Mundial, artistas haviam ou se alistado ou retornado a seus países de origem. Dessa vez muitos reagiram de maneira diferente, escolhendo nem lutar, nem voltar para casa. Preferiram rumar em massa para o mesmo lugar. Foram para um país que havia criado belas cidades em conformidade com o espírito do modernismo: um lugar que eles um dia ajudariam a transformar no epicentro da arte moderna. Walter Gropius, Ludwig Mies van der Rohe, Wassily Kandinsky, László Moholy-Nagy, Josef Albers, Marcel Breuer, Lyonel Feininger, Piet Mondrian e muitos outros rumaram para oeste, para a terra da liberdade: os Estados Unidos.

13. Dadaísmo: O reinado da anarquia, 1916-23

Maurizio Cattelan (n.1960) tem um nariz grande. Não quero ser grosseiro ou ofensivo, apenas relatar que essa é a primeira coisa que notamos ao encontrá-lo – esse é seu traço saliente, por assim dizer. Mas como ele é alto, esbelto, latino e charmoso, seu narigão é sem dúvida atraente: uma característica cativante e bastante apropriada para uma pessoa que lida com o cômico e o absurdo.

Cattelan é um artista. Seu truque, que se provou um sucesso de crítica e comercial, é fazer gags visuais bem-humoradas com uma pitada de pathos para lhes dar peso intelectual. Ele é o Charlie Chaplin da arte contemporânea: portando-se como um palhaço para revelar algumas das duras realidades da vida.

Estive com ele alguns anos atrás para discutir como ele poderia contribuir para um fim de semana de arte performática que eu estava ajudando a montar na Tate Modern. Ele sugeriu usar sua criação Jolly Rotten Punk – ou Punki, para abreviar. Punki, eu descobri, era um pequeno e desbocado fantoche vestido de xadrez, basicamente uma versão em miniatura de John Lydon (também conhecido como Jonny Rotten), o vocalista dos Sex Pistols, a banda de punk rock icônica dos anos 1970. Um titereiro escondido numa enorme mochila presa às costas de Punki operava o sujeitinho maldoso.

Segundo as instruções de Cattelan, Punki deveria atacar visitantes na galeria e maltratá-los rotineiramente. Você sabe, tirar os frequentadores de seu mundo complacente e insular. Achei que isso parecia bastante divertido, mas sugeri que talvez fosse melhor fazer o fantoche ficar passeando em frente à galeria e "receber" os visitantes. "Não", respondeu o artista com firmeza. Isso não serviria. "Por que não?", perguntei. Porque Punki "não trabalha fora do contexto do museu", insistiu ele. "Não seria arte." Nesse ponto Cattelan deve ter visto uma expressão de ceticismo nos meus olhos, pois começou a explicar.

Disse que todo o seu trabalho dependia de estar num ambiente de museu ou galeria de arte; não seria eficaz de outra maneira. Mencionou *A nona hora* (1999), uma de suas peças mais conhecidas: um modelo de cera em tamanho natural do papa João Paulo II paralisado, derrubado e pregado no chão por um meteorito, agarrando-se desesperadamente à sua cruz processional em busca de apoio físico e espiritual. É uma escultura cômica – violenta e ao mesmo tempo divertidamente boba, como um desenho animado de Tom e Jerry. Mas o título da obra revela um aspecto mais sombrio. A nona hora é tradicionalmente um momento de oração para muitos cristãos (cerca de três horas da tarde) e é mencionada na Bíblia. Em Marcos 15:34, o apóstolo escreve que foi na nona hora que o Jesus crucificado olhou para o céu e exclamou: "Meu Deus, meu Deus, por que me abandonastes?", para depois "dar seu último suspiro". O papa derrubado de Cattelan está experimentando as mesmas dúvidas.

O valor de choque e a aceitação da mídia vêm do fato de isso ser classificado como arte, como escultura. Se o mesmo objeto, feito com os mesmos materiais, tivesse sido usado como acessório num filme, ou para a vitrine de uma loja, poucas pessoas lhe teriam dirigido um segundo olhar. Mas como *A nona hora* foi exibida numa galeria de arte – como uma obra de arte –, alguém pagou 3 milhões de libras pelo papa derrubado em 2006 e páginas e mais páginas de jornais foram dedicadas à discussão de seus méritos. O que, claro, é ligeiramente ridículo e absurdo. Isso cria também a tensão e a controvérsia que a arte de Cattelan requer. Ele está se beneficiando do status elevado de que os museus e galerias de arte moderna gozam em nossa sociedade.

Como artista, ele tem esse direito. Galerias são para artistas o que teatros são para dramaturgos e atores: fornecem um ambiente em que o público está disposto a levar a sério, permitindo que sejam ditas e feitas coisas que em outro contexto seriam consideradas inaceitáveis ou não seriam ouvidas. E isso põe o artista hoje numa posição privilegiada, baseada numa confiança que, como em qualquer esfera da vida, é passível de abuso. O que é uma constante preocupação para nós, o público, que queremos gostar de arte moderna, mas estamos sempre desconfiados e vigilantes, temendo descobrir que estamos sendo enganados.

Em *A nona hora* Cattelan está tirando proveito da crença das pessoas em Deus e de sua aceitação de que o papa está mais perto Dele que qualquer outra pessoa – uma posição ocupada outrora por Jesus. Mas está também questionando a crença das pessoas na arte, e no modo como ela se tornou uma forma de culto numa sociedade secular – está questionando nossa fé recém-adquirida. Sua rocha cósmica esmaga um novo sistema de crença, e um antigo, numa só tacada.

Cattelan ridiculariza o mundo em que negocia e as próprias pessoas que o pagam regiamente para isso. Como seu fantoche Punki, e o movimento punk em geral, seu trabalho rebelde, irreverente e provocativo é mais eficaz quando opera dentro do establishment. Isso faz dele um porta-voz do dadaísmo nos dias de hoje, o movimento artístico fundado no início do século XX por um grupo de anarquistas intelectuais germanófonos, cuja motivação não era ridicularizar o mundo da arte, mas destruí-lo.

Os dadaístas originais eram consumidos por um ódio que havia sido provocado pela hedionda carnificina da Primeira Guerra Mundial. Eles ferviam de descontentamento e cinismo pelo que viam como suas causas, a saber, o establishment e sua excessiva confiança em razão, lógica, regras e regulamentos. O dadaísmo, propuseram, ofereceria uma alternativa baseada na conduta irracional, ilógica e desordenada.

Tudo havia começado de maneira bastante suave, quando Hugo Ball (1886-1927), um jovem alemão objetor de consciência e escritor, fugiu para a neutra Zurique, na Suíça, durante a Primeira Guerra Mundial. Uma vez estabelecido, Ball, pianista e teatral, abriu um clube de artes com o objetivo de proporcionar um espaço que permitisse a "homens independentes acima da guerra e do nacionalismo viver para seus ideais". Ele alugou uma pequena sala nos fundos de uma taberna que, por acaso, ficava na mesma rua estreita de Zurique em que Vladimir Lênin estava morando e traçando seus planos para um novo clube.

Ball deu a seu estabelecimento o nome do escritor satírico do Iluminismo Voltaire, cujas palavras haviam prenunciado a Revolução Francesa. Em fevereiro de 1916, ele distribuiu o seguinte *press release*:

> Cabaré Voltaire. Sob este nome foi formado um grupo de jovens artistas e escritores cujo objetivo é criar um centro de entretenimento artístico. A ideia do cabaré será convidar artistas a comparecer e apresentar números musicais e leituras nos encontros diários. Os jovens artistas de Zurique, seja qual for sua orientação, estão convidados a dar sugestões e contribuições de todos os tipos.

A pessoa mais notável entre as que aceitaram o convite foi um poeta romeno chamado Tristan Tzara (1896-1963), um jovem intenso e raivoso com talento para a oratória e determinado a se fazer ouvir. Foi ao se apresentar no Cabaré Voltaire que Tzara tornou-se amigo de Ball, num clássico caso de atração de opostos. Ball era calmo e subversivo, Tzara era ruidoso e niilista, o que resultou numa mistura altamente inflamável. Com uma pequena ajuda de amigos, eles criaram um movimento anárquico que levou ao surrealismo, influenciou a pop art, estimulou a geração beat, inspirou o punk e forneceu a base para a arte conceitual.

Eles promoviam a si mesmos como os delinquentes juvenis da arte, e eram contra tudo: contra o establishment, contra a sociedade, contra a religião e, acima de tudo, contra a arte. Negavam e desprezavam os movimentos modernistas, como o futurismo, do qual haviam emergido. Mas, a despeito de toda sua linguagem bombástica e beligerância, os dadaístas não teriam ganhado notoriedade e influência se não tivessem se instalado comodamente dentro do próprio establishment artístico contra o qual protestavam. Assim como Maurizio Cattelan precisa que seu trabalho esteja numa galeria para ser eficaz, os dadaístas precisavam estar no mundo artístico para que sua mensagem tivesse algum impacto. Aqueles rebeldes sabiam como jogar segundo as regras.

E em 1916 isso significava anunciar a chegada de um novo movimento artístico com um manifesto, porque era o que todos faziam. O dadaísmo foi lançado por meio de uma leitura pública no Waag Hall, em Zurique, no dia 14 de julho (o dia da Queda da Bastilha), trabalho de apresentação que coube a Hugo Ball. "O dadaísmo é uma nova tendência na arte. É possível perceber isso pelo fato de que até ontem ninguém sabia coisa alguma sobre ele, e amanhã todos em Zurique estarão falando a seu respeito. A palavra *dada* vem do dicionário. É o que há de mais simples. Em francês ela significa 'cavalinho de pau'. Em alemão significa 'até logo', em romeno 'sem dúvida' ... uma palavra internacional. Como podemos alcançar a eterna beatitude? Dizendo *dada*. Como podemos ficar famosos? Dizendo *dada* ... até ficarmos loucos [e] perdermos a consciência. Como podemos nos livrar do jornalismo, dos vermes, de tudo que é bom e direito, bitolado, moralístico, europeizado, debilitado? Dizendo *dada*."

Tzara tinha visto a eficácia das arengas incendiárias de Filippo Marinetti em se tratando de ganhar atenção e cobertura da imprensa para o futurismo. Ele notara também como o italiano combinara uma crítica exaltada à história da arte com uma defesa quase demoníaca da tecnologia moderna. Paixão e perversão pareciam ser um bilhete premiado. Mas no caso de Tzara o alvo da reprimenda seria a guerra, e o objeto da promoção fanática seriam as ideias absurdistas originadas pela vanguarda literária de Paris.

O absurdismo era uma tendência antirracional que tivera início em Paris na segunda metade do século XIX com os poetas simbolistas franceses. Paul Verlaine, Stéphane Mallarmé e Arthur Rimbaud (um gênio menino que morreu tragicamente jovem, tendo defendido a "perturbação de todos os sentidos" para se tornar um "verdadeiro vidente") estavam entre os principais poetas do movimento. Eles acreditavam que intuição e linguagem intensamente evocativa podiam revelar os grandes segredos da vida.

Em sua esteira vieram Alfred Jarry (1873-1907), um estudante que passara seus dias na escola inventando histórias que ridicularizavam seu gordo professor de matemática, monsieur Hébert. Junto com um par de colegas, ele havia desenvolvido as histórias, transformando-as numa peça absurda que encenavam com fantoches. Após se formar na escola, Jarry mudou-se para Paris, onde continuou a refinar a peça, ao mesmo tempo que usava seu humor satírico e mente brilhante para ganhar a vida como escritor, atividade por meio da qual fez amizade com a turma de Apollinaire/Picasso. Depois de muitas versões e começos abortados, sua peça, agora intitulada *Ubu rei*, acabou ficando pronta. *Ubu rei* era o nome do anti-herói da peça: um sujeito glutão, vil e estúpido concebido como a personificação cômica da presunçosa burguesia de Paris. Quando a peça teve sua primeira encenação pública, em dezembro de 1896, a plateia começou vaiando e acabou se insurgindo. A primeira palavra dita no palco era "*Merde!*", que sintetizava a opinião que a maioria dos espectadores formou da peça. Ninguém jamais vira coisa parecida. O diálogo em ritmo acelerado era ofensivo, bizarro, grosseiro e com frequência incompreensível. Quase todos voltaram para casa infelizes.

Exceto um punhado de almas de visão aberta que viu o espetáculo pelo que realmente era: uma peça de teatro revolucionária. Jarry havia criado um drama absurdista que conduziria a todo um gênero, chamado muito mais tarde de "teatro do absurdo". *Ubu rei* não estava simplesmente destruindo a sociedade francesa, era um triste lamento pela futilidade da vida. Mais tarde ele inspiraria as peças de Samuel Beckett (em especial *Esperando Godot*) e os romances de Franz Kafka. E antes dos dois, os dadaístas de Zurique.

Tzara costumava aparecer no Cabaré Voltaire com seus agitadores metidos a artistas usando fantasias estranhas e máscaras primitivas, contra um pano de fundo de tambores que batiam incessantemente e os sons de um piano desagradavelmente martelado por Hugo Ball. Eles gritavam de maneira inexplicável e incoerente em qualquer língua que lhes viesse à cabeça, e proferiam insultos ao mundo – e à sua plateia. Cambaleavam pelo palco, embriagados por um forte coquetel de niilismo e medo, suas encenações perturbadas desintegrando-se em ruídos tresloucados e atos aleatórios.

Esses não eram, contudo, os acessos de raiva de uma criança mimada, mas uma celebração da infantilidade. Os adultos tinham estragado as coisas; pior, tinham mentido. A estabilidade que a sociedade prometera por meio dos líderes mundiais, baseada na cooperação política, nas hierarquias e na ordem social, era uma miragem, um engodo. Os dadaístas queriam uma nova ordem mundial que adotasse a perspectiva de uma criança, em que o egoísmo fosse tolerado e o indivíduo, celebrado. O dadaísmo pode ter se expressado mostrando-se estúpido, mas foi o mais intelectual dos movimentos artísticos. E, como em *Ubu rei* de Jarry, havia muito sentido em sua falta de sentido.

Ler três poemas diferentes em voz alta, ao mesmo tempo, em línguas diferentes, parece – à primeira vista – muito tolo. Mas suas ações pretendiam ser uma crítica mordaz à guerra. Enquanto eles falavam, desdobravam-se os horrores de Verdun, onde centenas de milhares de homens estavam sendo massacrados. A simultaneidade dos dadaístas era um ato simbólico: referia-se àquelas vidas que estavam sendo perdidas em batalha; homens de diferentes nacionalidades, em lados diferentes, morrendo juntos no mesmo lugar ao mesmo tempo, tendo apenas o horrível barulho da guerra para confortá-los em sua trágica jornada. Como disse Hugo Ball: "O que estamos celebrando é ao mesmo tempo uma palhaçada e uma missa de réquiem."

Os dadaístas propunham a criação de um novo sistema baseado no acaso. Ele ganhou vida literária na forma de poemas dadaístas, que eram gerados pelo recorte de palavras de artigos num jornal. Em seguida os pedacinhos de papel resultantes eram postos num saco e levavam uma boa sacudida. Por fim, os fragmentos eram recuperados um a um e arrumados numa folha de papel na ordem em que tinham emergido. O resultado era uma algaravia, e essa era a mensagem dos dadaístas. Seu argumento era que um poema tradicional (e o status enaltecido do poeta) era falso por sua própria natureza; era uma estrutura ordenada que fazia perfeito sentido. A vida, por outro lado, era aleatória e imprevisível.

Um artista que se sentiu compelido a refletir essa desordem foi Jean Arp (1886-1966) – também conhecido como Hans Arp –, um dos cofundadores do movimento dadaísta. Ele era o único artista estabelecido e bem relacionado em meio à turma dadaísta original, tendo feito parte do grupo O Cavaleiro Azul, de Kandinsky, antes de fugir para Zurique durante a guerra, como Hugo Ball. Arp considerava importante que o artista exercesse o mínimo de controle possível de modo a ser capaz de criar uma obra de arte fiel à aleatoriedade na natureza, rejeitando ao mesmo tempo o perigoso impulso do homem de impor ordem.

Seu ponto de partida para fazer uma obra dadaísta foi o *papier collé* de Picasso e Braque, que vira no tempo que passara em Paris. Ele tinha ficado impressionado com o modo como eles incluíam materiais "vagabundos" comuns no reverenciado mundo das belas-artes – um ato que lhe pareceu ter um encanto dadaísta. Arp avaliou que a única coisa que precisava fazer para transformar um *papier collé* numa obra de arte dadaísta era mudar o método de produção. Em vez de aplicar cuidadosamente os materiais "vagabundos" na superfície das pinturas, como Braque e Picasso tinham feito, ele simplesmente os deixaria cair do alto, permitindo que o acaso definisse a composição.

A *Colagem com quadrados dispostos segundo as leis do acaso* (1916-17) de Arp é um dos primeiros exemplos dessa técnica, em que ele criava espontaneamente sua pintura através do ato de deixar cair. Nesse caso, ele rasgou um pedaço de papel azul numa série de formas aproximadamente retangulares de diferentes tamanhos, depois repetiu o exercício com uma folha de papel cor de creme. Em seguida deixou os fragmentos rasgados caírem sobre um pedaço maior de papel-cartão e colou-os onde pousaram. Ou pelo menos foi o que ele disse. Porque quando olhamos para a obra acabada, os retângulos e quadrados espalhados, sem *nenhuma* superposição, formam uma composição suspeitamente bem-equilibrada e agradável. Não há como não pensar que a mão de Arp desempenhou um papel. Ou isso, ou ele tem um talento singular para "deixar cair".

Quando a guerra terminou, Arp viajou pela Europa para se encontrar com velhos amigos da vanguarda francesa e alemã. No caminho, topou com um artista ainda não reconhecido chamado Kurt Schwitters (1887-1948) e introduziu-o na filosofia dadaísta. Isso se provou determinante para o sucesso de Schwitters, que vinha pintando anteriormente num estilo realista, com sucesso limitado. Depois de conhecer Arp, ele começou a ver o potencial artístico do que o resto do mundo descartara como lixo. No inverno de 1918-19 Schwitters produziu a primeira de suas colagens – conhecidas como assemblages –, feita de pedaços avulsos de refugo.

Enquanto Picasso e Braque tinham usado os restos encontrados no ateliê para fazer seus *papiers collés*, Schwitters dava uma batida na caçamba de entulho mais próxima para reunir material para suas assemblages. Bilhetes de bonde, botões, arame, pedaços de madeira jogados fora, sapatos velhos, trapos, pontas de cigarro e jornais velhos eram colhidos pelo alemão para integrar sua arte dadaísta. *Revolving* (1919) é típica das peças que ele produziu na época. É uma pintura abstrata que o artista construiu pregando lascas de madeira, aparas de metal, pedaços de corda, retalhos de couro e sobras de papelão numa tela de pintor. O resultado final é surpreendentemente elegante e refinado, sobretudo dada a escassez e aleatoriedade dos materiais. Sobre um fundo pintado de verdes e marrons terrosos, o artista manipulou o entulho pilhado numa série de círculos encadeados, a que depois superpôs duas linhas retas na forma de um "V" de cabeça para baixo. É uma composição feita com lixo com o refinamento geométrico de uma pintura construtivista.

Para Schwitters, a pilhagem de caçambas e latas de lixo para fazer arte era um truque, tanto quanto o uso de modernos materiais de construção havia sido para o politicamente ativo Tatlin. Schwitters considerava que lixo era o meio apropriado para a época. Não só era difícil encontrar bons materiais de arte após a guerra – ao contrário do sempre presente acúmulo de lixo –, como o uso de fragmentos de refugo funcionava como uma metáfora para um mundo destruído que o artista pensava que não podia ser reconstruído.

Schwitters fez centenas dessas colagens, dando-lhes o nome coletivo *Merz*, termo que designava sua concepção pessoal do dadaísmo. Ele inventou a palavra ao descobrir que "Merz" era a única coisa que sobrara de um anúncio do *Kommerz und Privatbank* que rasgara de uma revista para incluir numa colagem. Seu objetivo era simples: usar resíduos descartados – ou materiais "achados", como eles são chamados hoje no mundo artístico – para unir as belas-artes ao mundo real. A seu ver, a arte podia ser feita com qualquer coisa e qualquer coisa podia ser arte. Uma ideia que se propôs a provar abandonando suas assemblages – que embora não convencionais ainda eram apresentadas em molduras e destinadas a ser penduradas numa parede – para construir casas. Ou, mais precisamente, *Merzbau*, palavra que no linguajar de Schwitters designava uma casa feita de lixo.

Ele construiu a primeira *Merzbau* (ver Fig. 20) em sua residência em Hanover, Alemanha. É uma criação híbrida fantástica – parte escultura, parte colagem, parte construção. Hoje em dia ela seria chamada de instalação, mas em 1933 não havia um nome para essas coisas. Era uma gruta-amontoado-de-sobras cheia de "despojos e relíquias" tirados de qualquer lugar e de qualquer pessoa (por vezes sem que os donos soubessem...), uma espécie de *Gesamtkunstwerk* em que peças de madeira pendem do teto como estalactites numa caverna, criando trilhas estreitas entre velhos pares de meia e lâminas de metal cortadas em formas geométricas. Schwitters considerava essa obra a culminação do trabalho de sua vida e continuou a fazer novos cômodos e a acrescentar "características" com materiais descartados ou furtados até meados da década de 1930, quando teve de fugir dos nazistas.

A *Merzbau* foi destruída na Segunda Guerra Mundial, mas a potência de seu legado permanece. Se Schwitters estivesse vivo em 2011 para dar uma rápida volta pela Bienal de Veneza daquele ano – as Olimpíadas do mundo artístico contemporâneo –, teria visto com os próprios olhos que seus esforços feitos de coisas descartadas não foram jogados fora. Pelo menos três dos pavilhões nacionais eram formas de *Merzbau* – instalações artísticas do tamanho de casas, construídas com materiais descartados recolhidos pelos artistas em toda parte: cada qual uma homenagem ao excêntrico artista alemão.

Como sabemos, a prática de Schwitters de transformar objetos ordinários indesejáveis em obras de arte não era nova. Braque e Picasso já tinham feito isso, assim como Arp. Mas foi Marcel Duchamp quem levou o conceito mais longe, em 1917, ao transformar um mictório em sua escultura readymade *Fonte*, sem fazer qualquer esforço nem para mudar sua aparência física, nem para incorporá-lo a uma obra maior (como Schwitters, Braque, Picasso e Arp tinham feito). Foi um gesto que fez de Duchamp o pai do Dada, movimento do qual ele não tinha a princípio nenhum conhecimento.

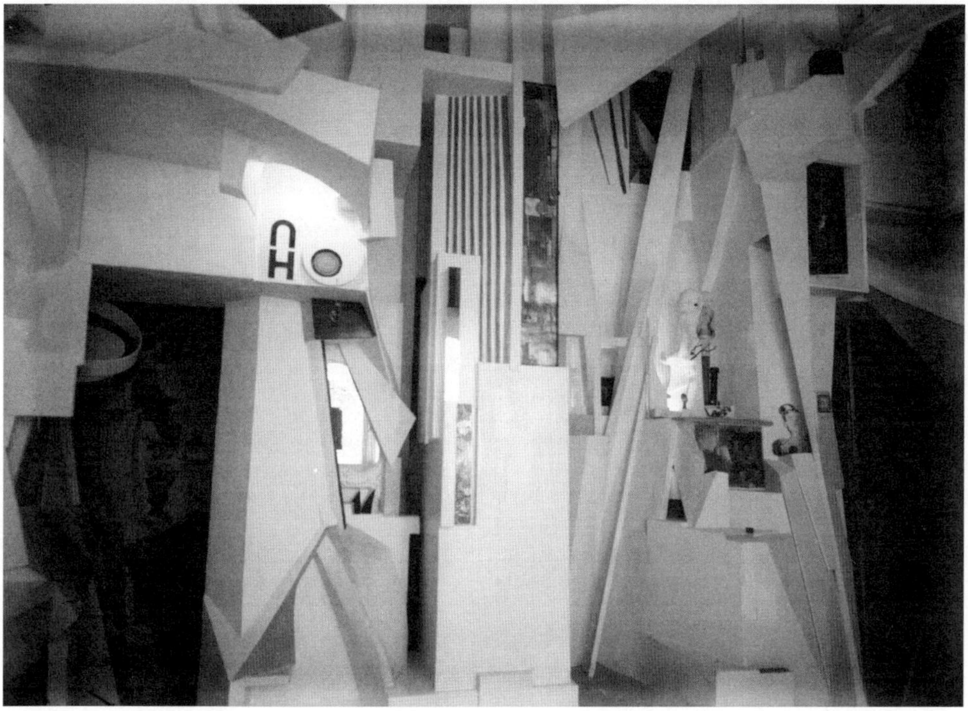

FIG. 20. Kurt Schwitters, *Merzbau*, 1933.

Enquanto a vanguarda germanófila havia procurado refúgio em Zurique em 1915, Duchamp tomara uma direção completamente diferente: viajara através do Atlântico rumo a Nova York. E era ali que ele estava em 1916, sentado em seu apartamento, pensando silenciosamente sobre uma jogada de xadrez, quando seu adversário, o artista francês Francis Picabia (1879-1953), caiu na gargalhada. Duchamp levantou os olhos para ver o que provocara a risada do amigo. Picabia entregou-lhe a fonte de sua hilaridade: uma revista de arte importada que mostrava as palhaçadas barulhentas e as proclamações da turma do Cabaré Voltaire. Duchamp leu sobre os dadaístas, abriu um sorriso conspiratório e devolveu a revista a Picabia. Para esses dois homens, descobrir sobre o dadaísmo era como, para um bêbado, ser encarregado das chaves de uma vinícola. Ambos tinham uma sede insaciável de anarquia e travessura.

Eles haviam se conhecido em Paris num vernissage no outono de 1911, um feliz evento sobre o qual Duchamp registrou: "Nossa amizade começou ali mesmo." Como Ball e Tzara, Duchamp e Picabia eram uma dupla improvável. Picabia era uma personalidade original e um entusiástico *showman*. Duchamp, reservado e livresco. Mas os dois compartilhavam uma fascinação pelos absurdos da vida, um gosto por provocar o establishment, um olhar aguçado para mulheres e o amor por Nova York.

Os ideais do dadaísmo assemelhavam-se aos de ambos os artistas, mas talvez mais aos de Duchamp, que vinha pensando de uma maneira similar à de Ball e Tzara havia algum tempo. Poucos anos antes ele tinha produzido uma obra de arte chamada *3 stoppages étalon* [*3 stoppages padrão*] (1913-14), obedecendo estritamente às regras do acaso. Para criar a peça, Duchamp pintou uma tela retangular de azul e pousou-a na horizontal sobre uma mesa, com a face para cima. Da altura de precisamente um metro, segurou um metro de linha branca em paralelo à tela. Em seguida deixou a linha cair e colou-a na tela exatamente onde e como caiu, mais ou menos como Arp faria três anos depois com sua tela *Leis do acaso*. Repetiu o exercício, deixando um metro de linha cair sobre a tela azul mais duas vezes. Em seguida cortou a tela ao longo da linha dos fios individuais para produzir três diferentes gabaritos: cada linha enrugada representava uma nova unidade de medida.

O objetivo do exercício era uma reavaliação brincalhona do sistema métrico fixo francês. Duchamp estava questionando a doutrina do establishment e o saber convencional. Ter três diferentes versões de um comprimento padrão era um aspecto importante da obra. Se fosse apenas uma, isso poderia ter sido concebido como a imposição de um novo tipo de mensuração por um artista, mas a proposta de três diferentes "comprimentos padrão" tornava o sistema impraticável. Como no caso de muitas obras de arte de Duchamp, *3 stoppages padrão* não é tanto uma questão de estética, mas de ideias. Ele não estava preocupado em estimular os olhos do espectador; era em sua mente que estava interessado. Chamava isso de arte antirretiniana. Dois anos depois, Tzara e Ball anunciaram a mesma noção como dadaísmo, ao passo que gerações futuras iriam conhecê-la como arte conceitual.

Depois de passar quatro anos em Nova York, Duchamp retornou a Paris em 1919 para uma estada de seis meses. Encontrou-se com os velhos amigos, visitou a família e perambulou pelas ruas de uma cidade que outrora fora o seu lar. Num desses passeios, comprou um cartão-postal barato com uma reprodução da *Mona Lisa* de Leonardo da Vinci. Mais tarde, ao se sentar para tomar um café, tirou o postal do bolso e desenhou um bigode e um cavanhaque no rosto enigmático de Lisa. Em seguida assinou-o, datou-o e escreveu L.H.O.O.Q. na margem branca da parte inferior do cartão. Era apenas uma garatuja, uma pequena diversão para um homem interessado em artes e jogos.

Mas como tantas das digressões de Marcel Duchamp, seu rabisco casual estava carregado de significado. Naquela época, como agora, a pintura da *Mona Lisa* no Louvre era tratada como um ícone religioso produzido por um gênio. É o tipo de reverência absoluta pela arte e os artistas que intrigava e irritava Duchamp, por isso sua desfiguração da imagem "sagrada". Ele estava usando o humor, como todo bom comediante, para dizer o indizível, que nesse caso era: parem de levar a arte tão a sério.

Ele não o fazia. As letras L.H.O.O.Q. não têm sentido até serem lidas foneticamente em francês, quando soam como *"elle a chaud au cul"* ("ela tem fogo no rabo"). É uma brincadeira de menino de escola, coisa de que o artista gostava muito. Mas e os pelos faciais? Por que Duchamp transformou a Mona Lisa num homem? Está aludindo à suposta homossexualidade de Da Vinci? Ou, talvez, a seu próprio pendor para o travestismo? O francês era rigoroso em sua quebra das barreiras sociais, o que fazia da subversão de sua própria sexualidade um alvo óbvio. Seu lado travesti apareceu em toda a sua glória em 1920, operando sob o pseudônimo Rrose Sélavy, nome que escolhera com seu ouvido para o trocadilho. Quando falado, ele soa como *"Eros, c'est la vie"*, isto é, "Eros (ou o desejo sexual) é a vida".

Duchamp foi imediatamente para o ateliê de seu amigo e colega dadaísta de Nova York, o artista e fotógrafo norte-americano Man Ray (1890-1976), para que ele fotografasse Rrose. Man clicou alegremente Rrose/Duchamp em toda a sua elegância. Um pouco mais tarde, Duchamp recortou o rosto de Rrose de uma das fotos de Man Ray para integrá-la a uma outra obra de arte carregada de sentido oculto. Mais uma vez seu ponto de partida foi um objeto preexistente – um readymade. Nesse caso, foi um frasco vazio do perfume Rigaud, do qual Duchamp removeu o rótulo original, substituindo-o por um criado por ele mesmo (fazendo da obra um "readymade assistido").

No alto do rótulo recém-afixado por Duchamp estava uma imagem produzida por Man Ray de Rrose Sélavy olhando sedutoramente por sob uma vasta cabeleira escura. Debaixo de Rrose está uma marca inventada, BELLE HALEINE, que significa "belo alento". Embaixo, escrito numa elegante fonte em itálico, estão as palavras *Eau de Voilette* (em contraposição às usuais *eau de toilette*) – que significam "agua de véu" (i.e., o perfume está encobrindo uma promessa ou segredo excitante – no caso de Duchamp, sua sexualidade). No pé do rótulo, Duchamp mencionou dois lugares de origem, Nova York e Paris, uma referência às cidades a que Rrose (como Duchamp) pertencia.

Belle Haleine (1921) é uma típica antiobra de arte duchampiana. Nela, nada é real; sua promessa não existe. Não há nenhum perfume no frasco. Ele não lhe dará um belo alento, mesmo que você se deixe levar pelas promessas mágicas da "água de véu", com todas as suas conotações religiosas. Duchamp poderia estar se referindo ao "véu" da Virgem Maria e à água de Lourdes, que seria abençoada com poderes curativos, ou ao véu da mística que esconde o vazio da arte. De uma maneira ou de outra, esse é um rebotalho imprestável, um frasco vazio com um rótulo falso. É uma crítica ao materialismo, à vaidade, à religião e à arte, que na mente de Duchamp eram falsos deuses adorados pelos inseguros, inadequados ou ignorantes.

Man Ray tirou uma fotografia do *Belle Haleine* de Duchamp, que mais tarde os dois artistas resolveram estampar na capa da primeira e única edição de sua revista *Nova York Dada*. A revista não durou (Man Ray deixou Nova York para viver em Paris), mas o espírito dadaísta do *Belle Haleine* continuou vivo. Numa reviravolta irônica que teria feito Duchamp sorrir, a obra de arte foi adquirida por Yves Saint Laurent, o estilista e fabricante de perfumes caros. Depois que este morreu, em 2008, grande parte de sua coleção foi vendida, inclusive *Belle Haleine*, que a Christie's avaliou em pouco menos de 2 milhões de dólares. Isso teria feito o sorriso de Duchamp transformar-se numa risadinha. Mas ele teria gargalhado quando o martelo finalmente foi batido para a venda por assombrosos 11.489.968 dólares.

Isso vem mostrar que, a despeito de todo o sucesso do dadaísmo em se tornar um antimovimento artístico com postos avançados em Nova York, Berlim e Paris, ele acabou fracassando. O fato é que vivemos numa sociedade muito mais avarenta do que aquela que Ball, Tzara, Duchamp e Picabia estavam tentando transformar. E a síntese disso é um mundo artístico contemporâneo que é mais comercial do que nunca. No século XXI, os artistas não tendem a passar fome em mansardas; vários são multimilionários, deslocando-se em jatinhos pelo mundo todo para promover a si mesmos e à sua obra nesta ou naquela bienal com um entourage de assessores pessoais e relações públicas. A arte hoje é um negócio, uma opção de carreira. O que não quer dizer que não haja artistas continuando a bater o tambor dadaísta – Maurizio Cattelan, por exemplo –, mas sua motivação não é uma reação furiosa aos horrores do conflito humano, é mais um comentário feito a distância: observadores imparciais – flâneurs baudelairianos.

O dadaísmo precisa de conflito para existir em sua forma mais pura: Tzara contra a burguesia, os Sex Pistols contra a empáfia do establishment britânico. Sem ele, o movimento transforma-se pouco a pouco em algo ligeiramente diferente, mas mais sutil. Em 1924 o dadaísmo converteu-se no surrealismo.

14. Surrealismo: Viver o sonho, 1924-45

De todos os movimentos da arte moderna, é sobre o surrealismo que a maioria de nós acredita ter um grau razoável de conhecimento. É uma pintura estilizada feita por Dalí de um relógio derretendo (*A persistência da memória*, 1931), ou seu telefone cujo fone é uma lagosta (*Telefone-lagosta*, c.1936). Ou é uma das fotografias em preto e branco semelhantes a raios X de Man Ray: duplamente expostas, etéreas e sensuais; o ponto em que o sonho se torna realidade, e vice-versa. Metáforas mistas e combinações incongruentes, acontecimentos bizarros e desfechos assustadores, lugares macabros e viagens místicas; sim, sabemos alguma coisa sobre o surrealismo.

Isso ocorre porque seu espírito perseverou como o de nenhum outro movimento artístico. Gerações de artistas, escritores, diretores de cinema e comediantes retomaram as coisas do ponto em que Dalí e Man Ray as deixaram. Não descrevemos um diretor de cinema atual como construtivista, ou um autor como impressionista. Não dizemos nem mesmo que um pintor é cubista ou fauvista hoje em dia. Mas os rotularemos – se for o caso – de surrealistas. Dizemos que Tim Burton, David Lynch e David Cronenberg, com seus bonecos cantores, vívidas sequências de sonho e metamorfoses homem/mosca, são diretores surrealistas. Que a ficção aflitiva de Thomas Pynchon, o humor do Monty Python (*aquele* esquete sobre a Inquisição espanhola), até a música dos Beatles ("I Am the Walrus"), têm todos toques surrealistas.

Por que esse movimento, que terminou mais ou menos na época da Segunda Guerra Mundial, manteve seu lugar na consciência do público? Parte da resposta vem da nossa familiaridade com o significado da palavra. Surrealismo entrou no léxico do dia a dia, o mais das vezes em sua forma adjetiva: surreal. É possível ouvir crianças dizendo que alguma coisa é "surreal": em geral – na minha experiência – quando estão assistindo a um dos delírios fantásticos de Homer em *Os Simpsons*. Elas sabem que isso significa algo um tanto esquisito que entra em jogo quando dois elementos aparentemente incompatíveis se encontram (comer uma rosquinha no momento em que se vence um concurso de beleza, no caso de Homer). Em se tratando de arte, "surreal" é uma palavra-ônibus usada para descrever uma obra que pode ser misteriosa, estranha ou esquisita – e elas abundam. Vêm à mente a monumental aranha de dez metros de altura de Louise Bourgeois (*Maman*, 1999) (ver Fig. 21) – uma "ode à sua mãe", que era uma excelente "tecelã" – ou o cãozinho gigante de Jeff Koons (*Puppy*, 1992) (ver Fig. 22), feito de flores.

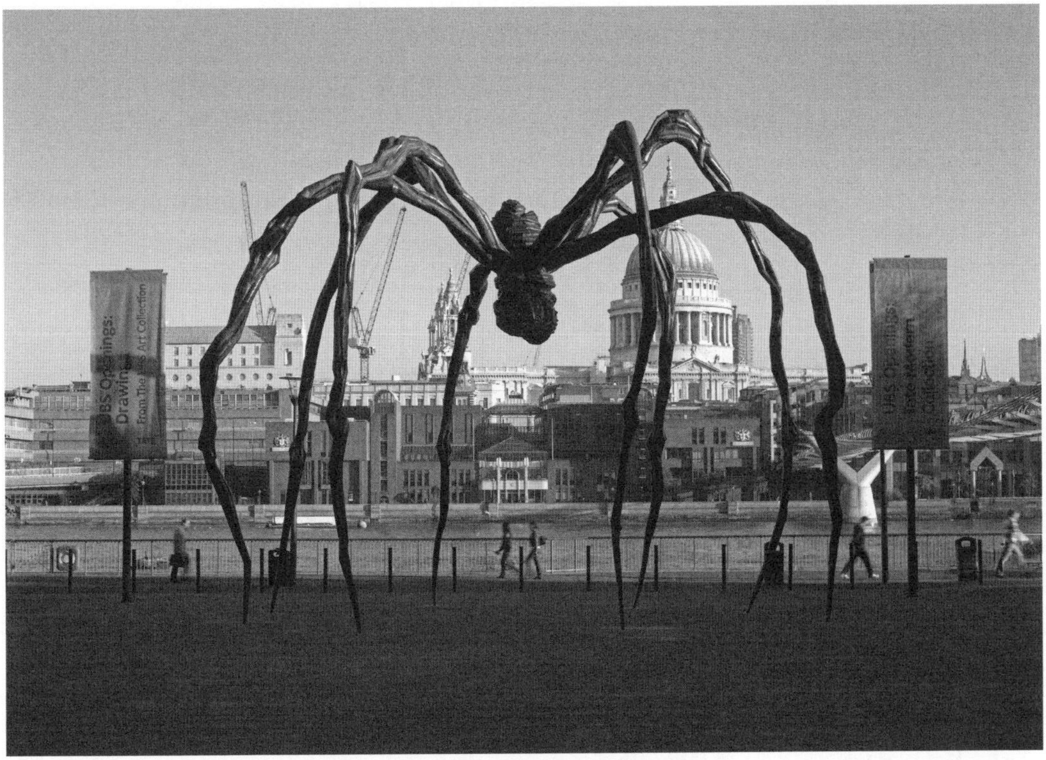

FIG. 21. Louise Bourgeois, *Maman*, 1999.

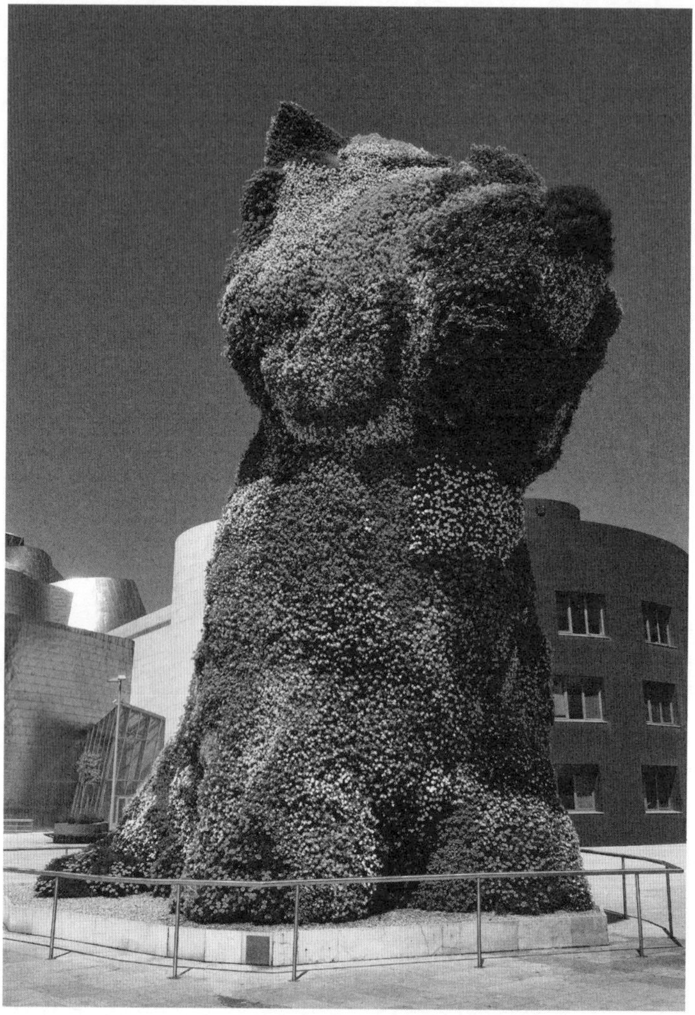

FIG. 22. Jeff Koons, *Puppy*, 1992.

O poeta francês – e amante da maior parte das coisas modernas – Guillaume Apollinaire inventou a palavra em 1917. Ele a usou duas vezes no mesmo ano: uma delas com relação à sua peça *Les Mamelles de Tirésias* (1917), que descreveu como um *"drama surréaliste"* – subtítulo a que o espetáculo fazia jus. A peça apresenta uma mulher desprovida de instinto maternal: ela diz que preferiria ser um soldado a ser mãe, afirma que pelos estão crescendo em seu rosto e observa ao mesmo tempo que seus seios estão se desprendendo do corpo. O marido dá de ombros e declara que isso significa apenas que ele terá de ter os bebês do casal por conta própria, o que de fato faz, produzindo 40.049 deles num único dia. Sem dúvida um *drama surréaliste*.

Apollinaire também usou a palavra em seu programa para *Parade* (1917), um novo balé do lendário Ballets Russes de Serguei Diaguilev que o poeta descreveu como "*une sorte de sur-réalisme*" – uma espécie de surrealismo, com o que queria dizer "além do realismo". "Além do admissível" teria sido uma descrição mais apropriada nas mentes da maior parte da plateia na noite de estreia do balé. Os frequentadores de balé parisienses tinham-se na conta de liberais, mas ficaram perplexos diante de todos os aspectos da produção. Eles adoravam e admiravam o empresário russo Diaguilev, que era para a dança no início do século XX o que Harvey Weinstein é para o cinema no século XXI. Ele dominava a cena moderna, contratando os melhores bailarinos (Vaslav Nijinsky), encomendando obras dos melhores coreógrafos (George Balanchine) e compositores (Debussy, Stravinsky) e confiando aos melhores artistas (Matisse, Miró) o desenho de cenários e figurinos. Tudo isso era feito com a máxima audácia e um orçamento mínimo.

Mas sua reputação fora construída sobre a vitalidade e o estilo de suas produções, não em suas narrativas de vanguarda. *Parade* era algo novo e diferente para Diaguilev e seus admiradores parisienses. Era um balé concebido como uma peça de cubismo teatral: uma história a ser contada a partir de diferentes perspectivas, cobrindo diferentes momentos no tempo. Para criar a obra, o grande empresário havia reunido um elenco transdisciplinar composto apenas por estrelas de primeira grandeza. O escritor e dramaturgo Jean Cocteau foi contratado para escrever o roteiro, o excêntrico mas brilhante músico Erik Satie foi convidado a escrever o tema musical, e o cenário e os figurinos ficariam a cargo do grande amigo de Apollinaire, Pablo Picasso.

Os criadores basearam sua produção no mundo do circo, uma forma de entretenimento leve que todos eles apreciavam. O balé narraria a história de três diligentes empresários de circo que tentavam atrair espectadores para seus respectivos espetáculos exibindo cada qual uma atração numa diferente barraca. Numa barraca apresentava-se um mágico, em outra um acrobata e na última via-se uma esfuziante e versátil jovem norte-americana (provavelmente baseada na atriz Mary Pickford.)

Não havia nada de particularmente extravagante na história, mas não se poderia dizer o mesmo da música de Satie, que incluía inflexões de jazz e ragtime, com hélices de avião e teletipos acrescentando um acompanhamento musical incomum para os bailarinos. E nem todos os bailarinos estavam realmente dançando. Para irritação da plateia – que pagara para ver o magnífico Ballets Russes exibir orgulhosamente seus maiores talentos – alguns dos bailarinos foram escalados para representar malabaristas, acrobatas e – graças a Picasso – o funcionamento interno de um cavalo de pantomima. A confusão resultante, o estrépito e a rapidez da ação foram projetados para refletir a vida numa cidade moderna. A plateia não se convenceu e de modo geral não se deixou impressionar, acrescentando vaias e assobios à partitura já inconvencional de Satie, embora alguns tenham aplaudido e dado vivas. Suspeito que se algum deles tivesse lido o programa de Apollinaire com atenção teria apreendido o significado de "surreal" imediatamente.

Alguns anos depois André Breton (1896-1966), um jovem e arrojado poeta parisiense, começou a ficar cada vez mais desiludido com o movimento dadaísta, que antes apoiara com paixão. Parecia-lhe que o dadaísmo estava perdendo a força, embora ele ainda aderisse a seus objetivos fundamentais, que eram a destruição dos sistemas e maneirismos da sociedade capitalista. O ambicioso poeta buscava encontrar uma nova forma de expressão artística que lhe permitisse incorporar alguns conceitos psicanalíticos de Sigmund Freud na maneira de pensar dadaísta. Breton estava particularmente interessado na pesquisa de Freud sobre o papel desempenhado pelo inconsciente no comportamento humano, tal como revelado através dos sonhos e da escrita "automática" (fluxo de consciência/espontânea).

No final de 1923 Breton estava pronto para lançar seu novo movimento, um "filho do dadaísmo", e procurava um nome com que batizar sua criação.

Em vez de olhar para a frente, olhou para trás, para a obra de seu mentor literário, Guillaume Apollinaire, que havia conhecido em 1916. Apollinaire fora mandado de volta para casa após sofrer um ferimento grave na cabeça quando lutava na guerra, o que o deixara livre para retomar seu papel de figura de proa da vanguarda parisiense. A partir de então o jovem Breton passou a se encontrar regularmente com o grande homem, a quem admirava, até que, enfraquecido pela guerra, Apollinaire morreu de gripe espanhola em 1918. Em 1924, quando escrevia o manifesto para seu novo movimento artístico, Breton examinou o catálogo das obras publicadas por Apollinaire e, ao encontrar a palavra *"surréalisme"*, soube no mesmo instante que havia topado com a resposta para o problema que o atormentava. "Em homenagem a Guillaume Apollinaire", escreveu ele depois em seu *Primeiro manifesto do surrealismo* (1924), "batizei o novo modo de pura expressão de ... surrealismo."

De uma maneira típica para um movimento de arte moderna, o surrealismo começou como um ataque frontal à sociedade. O esquerdista Breton queria pôr a civilização de joelhos provocando uma crise nas cabeças da burguesia. A nova ideia era explorar suas mentes inconscientes no intuito de trazer à tona segredos indecorosos reprimidos em benefício da decência. Uma vez que eles tivessem sido revelados, o plano era pôr a realidade "racional" ao lado dessa versão da "realidade" em tudo e por tudo mais detestável (e mais verdadeira, segundo Breton), numa união descombinada destinada a gerar desassossego. A subversão – esperava-se – conduziria à desorientação em massa provocada pelo pensamento, palavras e atos antirracionais dos surrealistas. E isso, como Breton gostava de dizer, seria maravilhoso.

Ele costumava citar com frequência, também, um poema em prosa maluco do poeta francês do século XIX conde de Lautréamont chamado *Os cantos de Maldoror* (1868-69). A peça toda se deleita com a maldade e é cheia de combinações absurdas como: "tão belo como o encontro casual de uma máquina de costura com um guarda-chuva numa mesa de cirurgia." Curioso, sem dúvida – e para Breton era isso que importava. Seu objetivo era confundir com imagens vívidas de loucura apresentada como normalidade. Ele trabalhara como servente num hospital psiquiátrico durante a Primeira Guerra Mundial, o que o levara a desenvolver um intenso interesse por depravação e loucura. Certa vez declarou: "Eu poderia passar toda a minha vida arrancando os segredos dos insanos. Essas pessoas são extremamente genuínas." Ele chamava o surrealismo de um "novo vício" com que se poderia mudar o mundo.

Sabemos que artistas como Kazimir Malevich, Wassily Kandinsky e Piet Mondrian já haviam explorado o papel do inconsciente na arte. Mas enquanto eles queriam provocar um sentido subliminar de utopia em nossa mente com suas pinturas abstratas, o surrealismo de Breton pretendia nos confrontar com palavras e imagens chocantes para expor a depravação de nossa própria mente.

Enquanto os dadaístas afirmavam não ter antecedentes, Breton fazia o contrário: sentia-se muito feliz ao reivindicar muitas grandes mentes artísticas para o surrealismo. Sua intenção era iniciar um novo movimento da mesma maneira como o dadaísmo começara, com uma inclinação literária. Para esse fim, ele escalou um par de grandes nomes como chamarizes. Dante (famoso por *A divina comédia*, o poema épico sobre a vida após a morte) e Shakespeare (incluído, suponho, por causa das fadas em *Sonho de uma noite de verão*) foram descaradamente apresentados por Breton como escritores surrealistas. Com os "dois grandes" no papo, ele passou a estrelas literárias mais modernas, citando os poetas simbolistas Mallarmé, Baudelaire e Rimbaud como protossurrealistas, ao lado do escritor inglês de poemas absurdos Lewis Carroll, e da prosa sombria e perturbada do romancista norte-americano Edgar Allan Poe.

Breton não foi menos ambicioso ao apropriar artistas para sua causa, arrolando tanto Marcel Duchamp quanto Pablo Picasso, ainda que nenhum dos dois tivesse se declarado surrealista. Nem o fariam, embora ambos fossem apoiar e se interessar pela criação de Breton – a princípio, Picasso mais do que Duchamp. Isso pôde ser visto quando, um ano depois de o jovem poeta francês lançar seu movimento, Picasso pintou *As três dançarinas* (1925) (ver Fig. 23) e permitiu a Breton publicar a imagem em seu tratado surrealista sobre pintura. O poeta, que já havia incluído o misticismo primitivo de *Les demoiselles d'Avignon* em seu cânone surrealista, ficou encantado por poder acrescentar à lista mais uma das obras-primas macabras do espanhol.

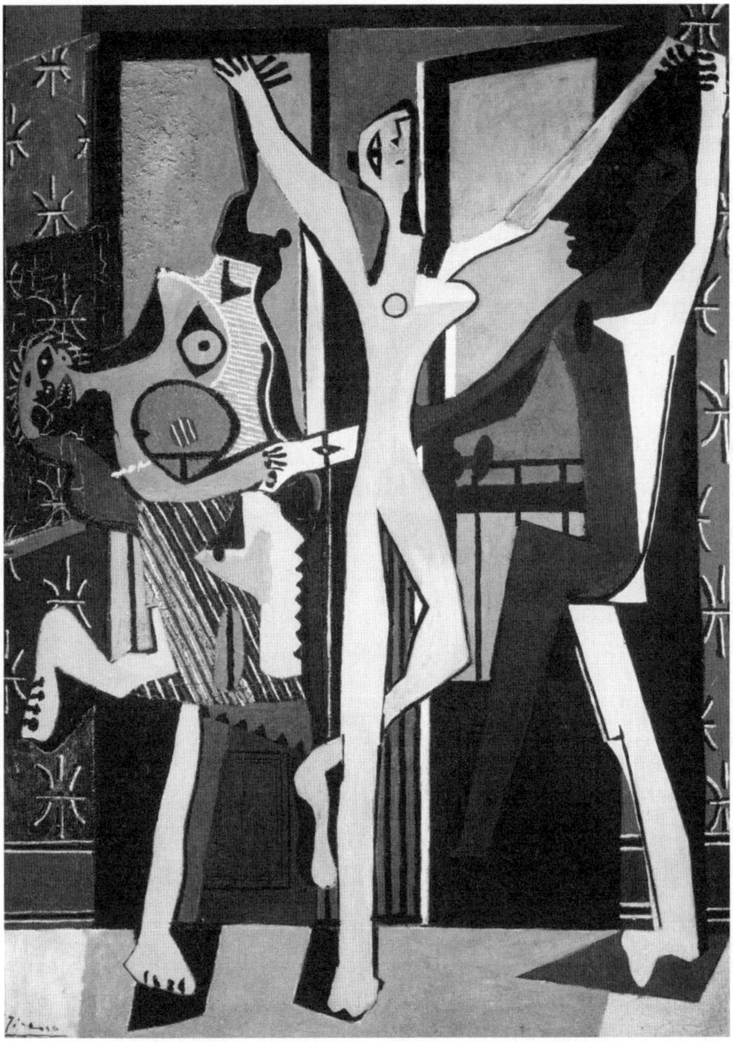

FIG. 23. Pablo Picasso, *As três dançarinas*, 1925.

A pintura chamativa, semiabstrata, mostra três pessoas, possivelmente dois homens e uma mulher: não é fácil saber ao certo. Picasso pintou os três personagens flexíveis da pintura como formas geométricas bidimensionais numa maneira semelhante ao estilo primitivo-cubista que usara para pintar as prostitutas em *Les demoiselles*. Os dançarinos – pintados em blocos de rosa, marrom e branco – estão de mãos dadas enquanto fazem piruetas numa sala de teto alto diante de suas portas de vidro que se abrem para um balcão. Faz um dia bonito, com um céu azul sem nuvens. Seria de supor que eles estão se divertindo. Mas não estão. Essa não é uma dança de alegria, mas de morte.

Picasso ficara mergulhado no mundo da dança durante a época em que desenhou os cenários e figurinos para *Parade*, em 1917. Foi ao trabalhar no balé que conheceu Olga Khokhlova, uma bailarina do Ballets Russes com quem depois se casou. Na primavera de 1925, o entusiasmo de Picasso pelo balé minguara, assim como seu interesse por Olga. Os dois discutiam constantemente e Picasso queria cair fora. O estado de espírito já ansioso do artista foi agravado pela notícia de que Ramon Pichot, um grande amigo de sua juventude em Barcelona, morrera de maneira inesperada.

Picasso ficou arrasado. Foi enquanto estava nesse estado emocional extremo que pintou *As três dançarinas*, obra que, mais tarde, ele disse que gostaria de ter intitulado "A morte de Pichot". *As três dançarinas*, como a obra-prima de F. Scott Fitzgerald *Suave é a noite* (1934), revela o desespero e a tragédia que se ocultam sob a superfície na vida de muitos jovens aparentemente despreocupados, bonitos e talentosos. Conta por meio da dança a história trágica de um amor não correspondido; uma referência à situação doméstica deprimente em que ele próprio se encontrava.

Em 1900, quando ainda procurava seu caminho, Picasso fora a Paris com Carlos Casagemas, um amigo de Barcelona e também artista. Certa vez, eles saíram com algumas prostitutas para uma noitada de prazeres ilícitos. Mas Casagemas apaixonou-se profundamente por sua parceira, uma *femme fatale* chamada Germaine. Ela não correspondeu a esse sentimento, deixando Casagemas contrariado e perturbado. Para distrair o amigo apaixonado, Picasso o levou para férias de rapazes em Málaga. Mas Casagemas estava decidido a voltar a Paris. Fez isso em 1901 e saiu para jantar fora com um grupo de amigos, entre os quais Germaine. Quando todos estavam sentados no restaurante, Casagemas se levantou. Sacou uma pistola da cintura e atirou na insensível Germaine. Errou o tiro. Atirou de novo, dessa vez para um novo alvo, que atingiu com certeira precisão na cabeça.

Casagemas morreu quase instantaneamente do ferimento autoinfligido. Germaine ficou impassível; Picasso, ao saber da notícia, sentiu-se consternado. Tanto que, segundo consta, isso teria levado ao "período azul" (1901-04) do artista, durante o qual ele fez várias pinturas retratando o recém-falecido Casagemas. Agora, um quarto de século depois, a morte de Pichot, um outro amigo querido, voltava a despertar na mente de Picasso essas lembranças infelizes do fatídico incidente.

Isso porque Pichot casara-se com Germaine. Essa fora uma decisão que perturbara Picasso na época e da qual ele se lembrava agora ao pintar *As três dançarinas*. Na verdade, a pintura poderia ser interpretada como a história do desgraçado triângulo amoroso. O dançarino branco e marrom-chocolate à direita da pintura é Ramon Pichot; sua cabeça preta fantasmagórica emerge como uma múmia egípcia para esmagar o corpo vivo. À direita está Germaine, enlouquecida e torturada. Ela é a ninfomaníaca depravada que tanto usou e abusou de seu corpo que ele se despedaçou e se tornou repelente. Entre os dois está a figura alongada de Carlos Casagemas. Ele foi crucificado e está morrendo sob o calor implacável do sol, seu corpo rosa ficando branco à medida que seu sangue se esvai.

É impossível dizer se esta é ou não uma interpretação correta da pintura (Picasso tinha o hábito de ser oblíquo ao discutir seu trabalho), mas sabemos que André Breton gostava muito da tela. E não é difícil entender o motivo, pois ela tem claros toques surreais – a representação de Germaine sendo o mais notável. Entretanto, ela talvez seja literal demais para ser considerada uma verdadeira pintura surrealista. Para isso precisamos nos voltar para um outro artista espanhol que deixara Barcelona para viver em Paris, e também atraíra o olhar surrealista de Breton: um artista ao qual Breton dedicou uma crítica favorável em sua edição de julho de 1925 de *La Révolution Surréaliste*.

Joan Miró (1893-1983) fez sua primeira viagem a Paris em 1920, quando compareceu a um festival dadaísta e visitou Picasso em seu ateliê. No ano seguinte, voltou e alugou um ateliê. Em 1923, quando Breton se preparava para lançar seu movimento surrealista, Miró já havia se tornado um membro estabelecido da vanguarda de Paris. E em novembro de 1925, quando da primeira exposição surrealista na Galérie Pierre em Paris, seu trabalho podia ser visto pendurado ao lado do de seu compatriota espanhol Pablo Picasso. Joan Miró triunfara.

Sua pintura *O carnaval do Arlequim* (1924-25) (ver Lâmina 20) deu o que falar nessa mostra surrealista inaugural e ajudou a cimentar sua reputação. Ela apresenta muitos dos elementos pelos quais as pinturas de Miró se tornariam famosas. São eles: as formas biomórficas, as linhas onduladas e muito preto, vermelho, verde e azul – tudo executado com o que parece ser uma ingenuidade infantil. Breton diria a seu respeito que ele era o mais "surrealista de todos nós". E quando examinamos a tela *O carnaval do Arlequim* este parece ser um comentário razoável.

Ela é feita de uma série de insetos rastejantes, notas musicais, formas aleatórias, peixes, animais e um olho impassível aqui e ali. A maioria dessas coisas flutua em pleno ar, como se uma sala tivesse sido preenchida com uma coleção dos mais bizarros balões do mundo. Há uma festa acontecendo; provavelmente a Terça-Feira Gorda de carnaval, o festival cristão em que todo mundo se empanturra quanto pode antes de jejuar durante a Quaresma. O arlequim do título faz sua aparição na forma de uma bola de bigode, um pouco à esquerda do centro, seu rosto rotundo pintado em metades azul e vermelha. O pescoço comprido e o corpo robusto fazem as vezes de um violão, cuja frente Miró decorou com os losangos de um arlequim.

O carnaval do Arlequim é a obra de um homem que estava pensando de maneira diferente. Ou, talvez, não pensando em absoluto. Breton descreveu o surrealismo como "automatismo psíquico em estado puro", querendo se referir à escrita ou à pintura feita de maneira espontânea, livre de qualquer associação consciente, ideias preconcebidas ou intenção específica. A ideia era pegar uma caneta e um papel e escrever ou desenhar a primeira coisa que viesse à cabeça, sem mais nem por quê. Idealmente isso devia ser empreendido num estado de transe, em que a mente consciente estivesse completamente desconectada, permitindo o acesso às profundezas do inconsciente, que revelaria então a verdade sombria e perigosa de um cérebro apinhado de pensamentos de depravação sexual e intenções homicidas.

Isso explica a falta de estrutura óbvia na pintura de Miró, embora ele de fato tenha planejado uma. O que na verdade aconteceu foi que os elementos dentro da pintura determinaram a composição, à medida que cada forma aparecia na tela através da porta dos fundos da mente de Miró, fazendo de *O carnaval do Arlequim* uma espécie de derramamento do inconsciente do artista, que todos faremos uma tentativa de decifrar. Tome a grande bola verde à direita, por exemplo. Ela poderia representar o mundo, que Miró estava determinado a conquistar. A escada com um olho e uma orelha pregados poderia ser uma alusão ao medo do artista de cair numa armadilha, da qual lhe forneceriam os meios de escapar. O triângulo preto na janela tem a aparência da Torre Eiffel, um ponto de referência na cidade dos sonhos de Miró. Ao mesmo tempo, os insetos, cores e formas na pintura evocam suas raízes espanholas. Quanto às notas musicais, bem, é preciso haver alguns sons numa festa.

O ateliê de Miró em Montmartre fez dele um vizinho próximo de Max Ernst (1891-1976), artista alemão que foi uma figura instrumental na emergência do surrealismo. Ernst crescera numa cidadezinha da Alemanha tendo por companhia um pai disciplinador, o que não era lá muito divertido para um menino naturalmente curioso e rebelde. O jovem Max estava sempre à espreita de ideias e situações para alargar seus horizontes além da vida provinciana. A salvação chegou na forma de *A interpretação dos sonhos* (1900), de Sigmund Freud, que o escolar devorou com o ardor de um cão faminto num açougue.

Pouco depois ele conheceu o artista Jean Arp e tornou-se seu amigo, uma relação que foi reavivada depois da guerra, levando Ernst a assumir um papel de destaque no florescente movimento dadaísta de Arp. Logo ele travou conhecimento com Tristan Tzara e André Breton, que admiravam seu trabalho e sua atitude, ambos evidentes em sua pintura *Célebes* (1921). O título vem de uma grosseira cantiga infantil alemã em que um elefante das ilhas Célebes, na Indonésia, é descrito como tendo "melado no fiofó" enquanto o elefante da ilha próxima de Sumatra está "sempre comendo a sua avó".

O elefante cinzento de Ernst monopoliza a pintura, tomando a forma cilíndrica de uma caldeira antiquada ou de um aspirador de pó industrial.

O enorme animal cinzento tem duas presas como rabo, uma mangueira como focinho e exibe um par de chifres e a gola branca com babado de um vestido na ponta da tromba. Sobre sua cabeça vê-se um chapéu feito de peças de metal geométricas azuis, vermelhas e verdes, em que está engastado um Olho da Providência. As características mecânicas e físicas do animal lembram um tanque militar; a alusão é amplificada por sua localização, que parece ser um campo de aviação, sugestão que Ernst enfeita com uma lufada de fumaça no céu, sugestiva de um avião sendo derrubado. Veja bem, nunca estive num campo de aviação em que dois peixes nadassem no céu, como acontece na pintura. Nem em que houvesse o torso nu de uma mulher plantado no primeiro plano com uma coluna metálica brotando-lhe do pescoço sem cabeça. A figura decapitada tem o braço direito levantado acima da cabeça na direção da tromba do elefante, que sua mão esfrega com lubricidade.

Célebes é uma pintura esquisita. E maravilhosa aos olhos de Breton. Em 1921, o ano em que Max Ernst a produziu, o poeta ainda estava no estágio de formular os pensamentos para seu movimento. Mas eles estavam suficientemente desenvolvidos para que ele aprovasse a maneira como Ernst combinara objetos e ambientes desconexos a fim de produzir uma pintura perturbadora, dotada do espírito freudiano de uma associação livre "automática". Breton estava tão entusiasmado com a ideia de misturar objetos aleatórios que desenvolveu, para jogar com os amigos, um jogo capaz de produzir combinações perversas de maneira infalível. Ele requeria que o primeiro jogador escrevesse uma linha de prosa no alto de uma folha de papel em branco, dobrando-a em seguida só o necessário para esconder as palavras. Em seguida o Jogador 1 entregava a folha parcialmente dobrada para o Jogador 2, que escrevia sua linha, dobrava o papel mais uma vez e o entregava ao Jogador 3. E assim por diante, até chegar ao pé da folha. Nesse momento o papel era desdobrado e as linhas desvinculadas eram lidas a partir do alto como uma peça unificada. Seguiam-se horas de análises sérias, algumas risadas diante das combinações disparatadas e os insights reveladores que punham a nu a verdadeira personalidade dos jogadores... Os surrealistas chamavam esse jogo de "cadáver requintado", em alusão ao que a primeira linha dizia: "o cadáver requintado tomará vinho novo."

Ernst descobriu sua própria maneira de fazer arte "automática", que chamava de "*frottage*" (fricção). Era uma forma adaptada da fricção em latão, que envolvia a transferência da impressão de superfícies com textura – um assoalho de madeira, a espinha de um peixe, a casca de uma árvore – para papel por meio de fricção com creiom ou lápis. Feita a transferência, Ernst observava o resultado e esperava que sua mente começasse a ver "coisas estranhas". Alguns minutos de exame das formas cheias de nós ou saliências produzidas pela fricção desencadeavam alucinações, e nesse momento Ernst começava a "ver" criaturas pré-históricas ou frenéticas figuras humanas de palito. Em *Floresta e pomba* (1927) ele transformou uma fricção numa ameaçadora floresta escura que lembra aquela em que João e Maria se aventuraram. No centro da pintura, presa em meio às árvores opressivas e implacáveis, está a gaiola de uma pomba. Esse é Ernst quando criança; a pintura é uma imagem de um pesadelo recorrente em que se sentia esmagado por forças tenebrosas desconhecidas. Ele não tinha intenção de produzir essa imagem; ela lhe veio depois que estudou sua *frottage*, o que é uma forma de surrealismo automático.

Enquanto Ernst e Miró produziam suas imagens automáticas, Salvador Dalí (1904-89) planejava levar o surrealismo numa outra -direção. Esqueça os trotes ensaiados, as aparições em programas de jogos na televisão, o bigode que ele chamava de antena, o franco comercialismo e tudo o mais que o artista espanhol fez para ganhar atenção e destruir sua reputação. Deixe sua obra falar por si mesma; quando examinada de perto, ela presta testemunho do considerável talento artístico de Salvador Dalí.

Sua busca no surrealismo era "sistematizar a confusão e assim ajudar a desacreditar o mundo da realidade" por meio da pintura de "paisagens oníricas". Ele as produzia não mediante o uso das técnicas de associação espontânea de Miró e Ernst, mas pondo-se num transe para alcançar um estado de "paranoia crítica". Seu objetivo era fazer "fotografias de sonhos pintadas a mão". Dalí supunha que quanto mais realistas conseguisse fazer suas imagens irreais parecerem, mais chance elas teriam de provocar ansiedade no espectador. André Breton era um fã (até que os dois se desentenderam). Como Dalí, ele acatava a ideia de Freud com relação à "realidade superior dos sonhos", afirmando que era nas quimeras da pessoa adormecida que a verdade da existência humana de fato residia.

Apesar de sua ubiquidade, muitas das imagens criadas por Dalí são fortes, memoráveis e habilmente executadas. A mais conhecida de todas, *A persistência da memória* (1931), é um bom exemplo; Dalí pintou-a dois anos depois de se juntar aos surrealistas. Muitos de nós travamos conhecimento com essa pintura ao vê-la num pôster, mas isso não faz justiça ao original, que é bastante pequeno (24 × 33 centímetros) e extremamente intenso. Um exame atento da pintura revela uma imagem intricada criada com meticuloso cuidado e perícia, em que Dalí misturou suas tintas com a sutileza de um mestre do Renascimento.

Mais ainda, ele teve êxito em sua intenção de perturbar qualquer pessoa que olhe para a obra. Ela começa como uma pintura de paisagem habitual que mostra o mar Mediterrâneo e faces de penhascos ao largo da costa noroeste da Espanha, perto da cidade natal do artista. Mas depois uma sombra escura assoma sobre a costa, projetando uma presença ameaçadora como um vírus moral. Tudo que é apanhado em seu soturno abraço torna-se flácido e começa no mesmo instante a se decompor. Relógios de bolso outrora robustos descaem como homens mortos, seus rostos tão disformes quanto queijo velho. É o fim do tempo: o fim da vida. Um exército de formigas pretas apinha-se sobre a carcaça de um relógio menor, enquanto um outro escorrega sobre uma criatura molenga verdadeiramente grotesca. Esse é Dalí. Ou, pelo menos, uma aproximação do rosto do artista quando visto de perfil. Ele também foi envolvido pela sombra sufocante da morte, que o deixou flácido, sem vida e repugnante enquanto suas vísceras se esvaem pelas narinas.

A persistência da memória é uma pintura sobre a impotência sexual (o grande medo de Dalí), a inexorabilidade do tempo e a indignidade da morte. Dalí engastou-a num reconhecível paraíso na Terra, numa tentativa de estragar nosso gozo de tais lugares plantando essa hedionda imagem hiper-real em nossa mente. Ela não é bonita, mas é brilhante. Como seu criador.

René Magritte (1898-1967) adotou uma abordagem ligeiramente diferente das paisagens de sua vida onírica. Ele era tão convencional quanto Dalí era excêntrico, mas talvez habitasse um lugar ainda mais estranho: um mundo do corriqueiro e trivial em que o ordinário é extraordinário – num mau sentido. Na cabeça de Magritte, o vizinho da casa ao lado é um assassino em série, e aquelas lindas criancinhas correndo para a escola são, na realidade, perversos delinquentes que envenenam sua professora pouco a pouco com mercúrio. Com esse artista belga, nada é jamais exatamente o que parece; o ar está sempre contaminado por estranhos presságios que ficam presos na traqueia. Suas pinturas sinistras da vida suburbana fazem David Lynch parecer apenas um sujeito de altos e baixos. Magritte foi o príncipe da paranoia, o decano do terror.

Ele provou isso cedo em sua carreira surrealista quando pintou *O assassino ameaçado* (1927) (ver Fig. 24). É uma imagem macabra, inquietante, com o clima de um romance policial sueco. Magritte põe o espectador olhando diretamente através de duas salas interconectadas de uma casa em cuja extremidade há um balcão sem portas, oferecendo uma vista de picos de montanha distantes. As salas são escassamente mobiliadas, com paredes cinza e assoalhos nus. No primeiro plano dois homens de chapéu-coco espreitam dos dois lados da porta que leva à sala seguinte: estão escondidos das pessoas ali presentes. Esses dois homens parecem contadores, mas têm a expressão de bandidos prontos para um violento ataque, armados com uma rede de pescar e um porrete. Dentro da sala, um jovem elegante, metido num terno sob medida, está parado despreocupadamente em frente a um gramofone, para cujo alto-falante em forma de corneta lança um olhar apreciativo. À sua direita vê-se uma mala de couro marrom, um chapéu e um casaco: tudo indica que ele está pronto para sair. Parece feliz e relaxado. Às suas costas, porém, numa cama, jaz o cadáver de uma moça recém-assassinada. Ela verte sangue pela boca; sua garganta foi cortada. Do lado de fora do balcão, olhando para dentro, veem-se três homens de cabelo bem-cortado. Eles estão enfileirados e só suas cabeças são visíveis, dando a impressão de terem sido plantados numa jardineira.

É uma imagem misteriosa. Sob alguns aspectos banal, sob outros, traumática e ameaçadora. À primeira vista *O assassino ameaçado* parece

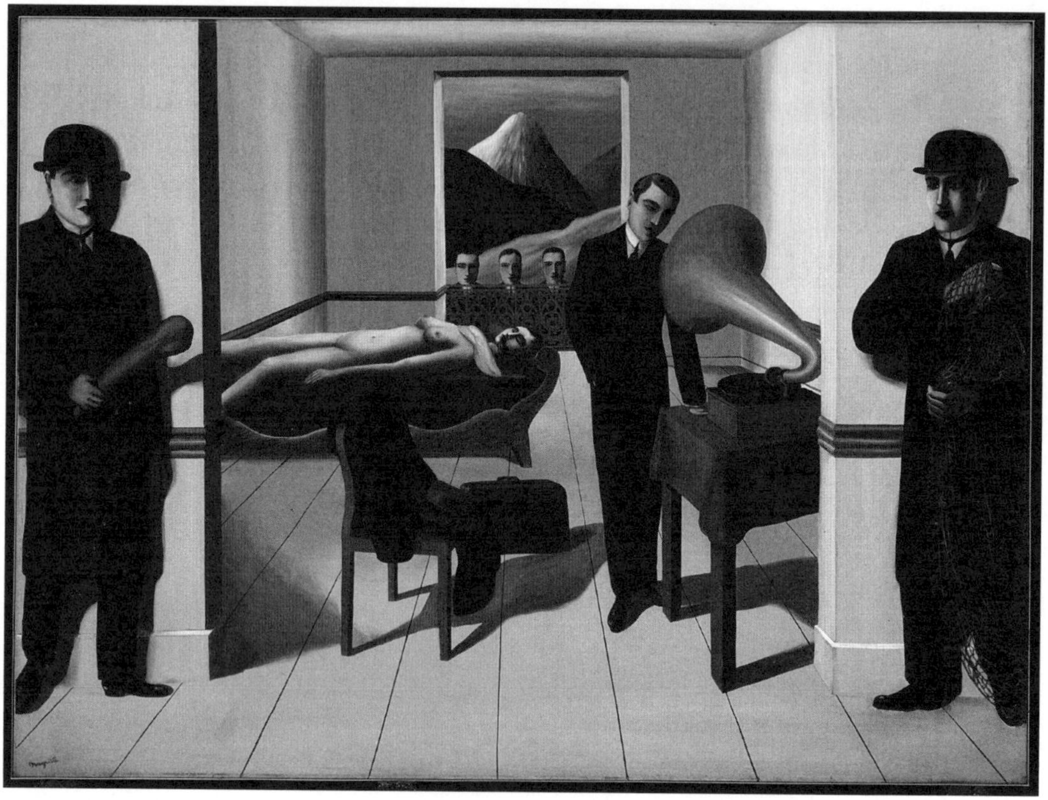

FIG. 24. René Magritte, *O assassino ameaçado*, 1927.

real, mas quanto mais olhamos para a pintura, mais teatralmente dramática ela se torna: além do real – ou em francês, como disse Apollinaire, "*sur-réalisme*". Magritte, que trabalhara outrora em publicidade, sabia tudo sobre infiltrar a mente das pessoas com imagens. Ele aprendera que os cartazes publicitários mais eficazes baseiam-se em imagens que apelam para a ambição combinadas com ideias largamente aceitas. O corriqueiro e o inalcançável são os instrumentos do publicitário que, quando aplicados por um artista como Magritte, podem ser transformados em poderosas metáforas de seu "realismo mágico". Ele está nos dizendo que a vida é uma ilusão; nenhuma imagem é real – inclusive aquelas apresentadas por nosso vizinho do lado, supostamente normal.

A inspiração para suas pinturas vinha da cultura popular: cinema, cartazes, revistas e ficção sensacionalista. E, como ocorreu com a maioria dos surrealistas, do artista italiano Giorgio de Chirico (1888-1978) – um homem que estava fazendo imagens desbragadamente surrealistas quando André Breton ainda frequentava a escola. Como a palavra "surreal" não existia na época, De Chirico chamava suas pinturas inesquecivelmente estranhas de "metafísicas". E poucas de suas pinturas são mais estranhamente metafísicas que *Canção de amor* (1914). A cabeça de pedra de uma estátua grega está pendurada num gigantesco muro de concreto que confina com os elegantes arcos de um claustro italiano. Junto à escultura decapitada pende uma enorme luva de borracha, espetada no muro, como se o concreto fosse um quadro de avisos de cortiça. Em frente ao muro vê-se uma bola verde indefinível; atrás dela, a silhueta de um trem a vapor contra um céu perfeitamente azul. De Chirico está tomando elementos de vários tempos e lugares (uma peça de belas-artes da Antiguidade clássica, uma modesta luva sanitária da vida moderna, imagens da noite e do dia e representações de arquitetura recente e antiga) e juntando-os de maneira incongruente num só momento e lugar, fazendo com que significados e relações se transformem e associações inusitadas se criem.

Uma ansiedade presente sob o jogo de De Chirico de misturar elementos heteróclitos de maneira fantástica inspira uma profunda sensação de solidão e mau pressentimento. As imagens estilizadas, a perspectiva ilógica e as sombras engendram um sentimento lúgubre acentuado pela completa ausência de pessoas. Há abundantes evidências da existência humana – a bola e o trem sugerem atividade recente –, mas não há ninguém ali: o lugar está deserto. O céu é de um azul brilhante, mas o ar está carregado de ameaça e desassossego.

A atmosfera tensa, apreensiva da obra me lembra as pinturas do pintor realista norte-americano Edward Hopper (1882-1967). Ele também tinha a capacidade de atrair o espectador para um mundo de melancolia e ruína, com imagens de figuras solitárias e expostas em ambientes isolados e abandonados. Chegou a transformar Nova York – a cidade que nunca dorme – numa cidade-fantasma em sua famosa pintura *Noctâmbulos* (1942), em que três almas desoladas e silenciosas existem num estado de limbo sem vida num restaurante aberto até a madrugada. Vemos três indivíduos derrotados e deprimidos através da fachada de vidro do estabelecimento: uma janela para a infelicidade de seu submundo. Um jovem garçom lhes lança um olhar de piedade, compreendendo não haver nada que possa fazer por seus atormentados clientes nem lhes servir para salvá-los.

É uma imagem atemporal que expõe um medo inescapável emboscado no inconsciente de todos nós; um medo que passamos nossas vidas tentando reprimir e neutralizar. Sob a boemia e o bate-papo do jantar festivo, somos todos, em última análise, solitários e vulneráveis: uma verdade que acabará por nos alcançar num momento privado de terror. As imagens de Hopper fizeram desse soturno pensamento uma inflexível realidade. Ele havia passado a se interessar pelo surrealismo em 1936, após visitar uma exposição no MoMA chamada Arte Fantástica, Dadaísmo e Surrealismo. A mostra incluía a obra de um outro artista norte-americano que, como ele mesmo, era um mestre na manipulação de efeitos de luz em busca de imagens peculiares: um artista que conquistara admiradores de Manhattan a Montmartre.

Man Ray mudou-se para Paris em 22 de julho de 1921 e lá permaneceu até 1940. Foi durante esse tempo que decidiu concentrar suas energias criativas na fotografia, dizendo: "Finalmente me livrei do pegajoso meio da tinta, e agora trabalho diretamente com a própria luz." Ele podia ter desistido da tinta, mas não perdeu sua sensibilidade de pintor, que transferiu com grande sucesso para o meio da fotografia.

Man Ray fazia constantes experimentos com o processo fotográfico numa tentativa de produzir imagens que tivessem o lustro e o poder da tinta. Sua exploração tenaz do potencial pictórico da fotografia levou-o a uma técnica bastante diferente, mas igualmente poderosa, que chamou de *rayograph*, ou "raiografia". Era uma forma de fotograma (fotografia feita sem câmera) que ele descobriu em seu ateliê ao deixar cair por acidente uma folha não exposta de papel fotográfico numa bandeja de revelação em que já havia uma folha exposta. Ele descobriu que quando punha um item físico sobre o papel (chave, lápis etc.) e acendia a luz, o objeto imprimia uma versão negativa de si mesmo na folha fotográfica preta na forma de uma sombra branca fantasmal. Tinha-se a impressão de que ele havia tirado uma fotografia de um sonho. Logo o artista estava fazendo raiografias com estantes de música (*Raiografia sem título*, 1927), cigarros e fósforos (*Raiografia sem título*, 1923) e tesoura pronta para cortar papel (*Raiografia sem título*, 1927), todos transformados em objetos desencarnados. Man Ray descreveu sua abordagem à produção das imagens semelhantes a raios X como "pintura com a luz".

Encantado com as imagens-fantasma captadas nas raiografias, André Breton declarou-as grandes obras de arte surrealistas. Voltou a fazê-lo quando Man Ray descobriu por acaso uma outra técnica fotográfica inovadora. Era um dia em 1929 e ele trabalhava no ateliê com seu então assistente e amante, o fotógrafo norte-americano Lee Miller (1907-77), quando topou com a "solarização". Inadvertidamente, Miller acendera a luz no quarto escuro quando algumas fotografias estavam sendo reveladas. Man Ray soltou um grito, apagou as luzes e mergulhou seus negativos em fixador fotográfico, na esperança de salvá-los.

Não teve sorte. Os negativos estavam arruinados. Mas, como logo percebeu, estavam arruinados de uma maneira artística. Em todos os casos o tema da fotografia – uma modelo nua – começara a "se derreter" nas bordas, como um sorvete deixado ao sol. Man Ray viu nisso uma descoberta sensacional: havia feito uma imagem em que a realidade passa pouco a pouco para um estado onírico. *O primado da matéria sobre o pensamento* (1929) (ver Fig. 25) é um título e uma imagem que revelam o pensamento surrealista. A maior parte da pintura é tomada por uma composição de nu comum, em que a modelo está deitada no assoalho do ateliê, de olhos fechados como se dormisse, com um braço acima da cabeça e o outro a seu lado, a mão cobrindo um seio. Sua perna esquerda está pousada no assoalho; a esquerda está dobrada no joelho e ligeiramente levantada. Esse elemento da pintura é o "primado da matéria". Mas o corpo e a cabeça da mulher têm bordas imprecisas, graças ao efeito da técnica de solarização de Man Ray. Esse é o "pensamento" a que ele alude no título, em que a

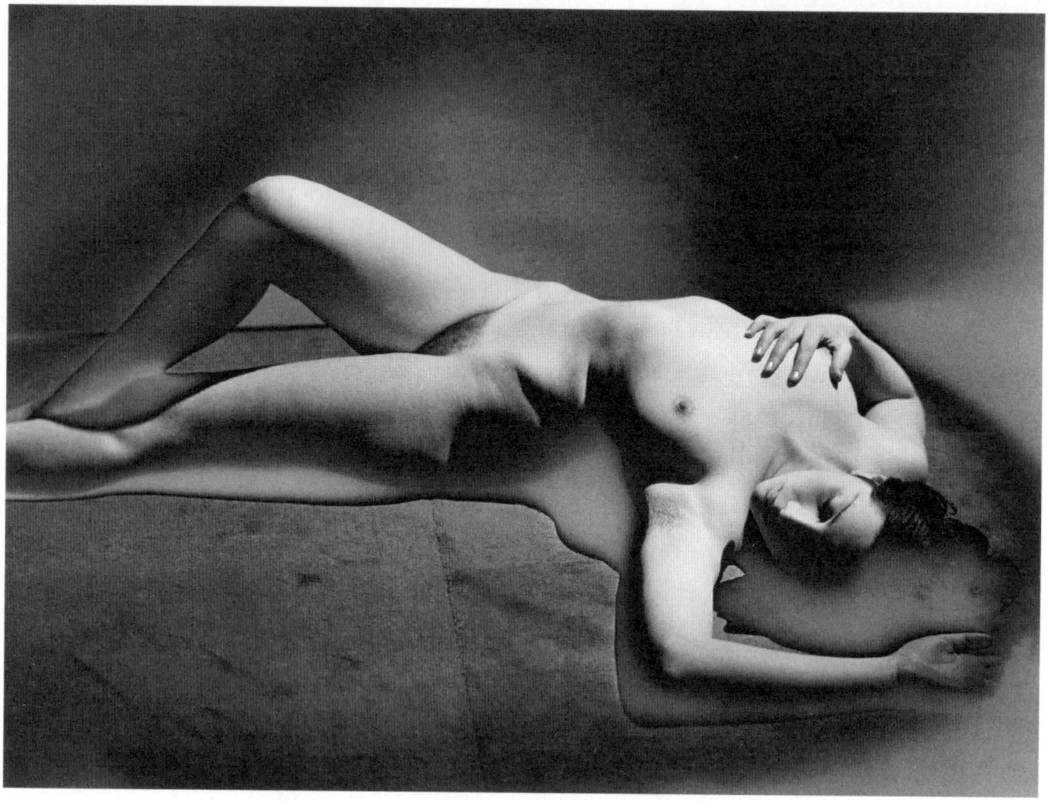

FIG. 25. Man Ray, *O primado da matéria sobre o pensamento*, 1929.

presença física da modelo se liquefez numa poça de prata derretida. Breton viu nisso um efeito estranhamente sensual, cheio de insinuação sexual e rapsódia etérea.

O primado da matéria sobre o pensamento lida com muitas das preocupações surrealistas: sexo, sonhos e combinações perturbadoras. Esses são temas que haviam aparecido aqui e ali ao longo da história da arte moderna até então, da *Olympia* de Manet a *O assassino ameaçado* de Magritte. Mas há algo de errado, você não acha? Falta alguma coisa...

Aqui estamos, por volta de 1930, e a arte moderna tal como a conhecemos vem avançando em sua trajetória rebelde há mais de meio século. Estivemos pela Europa; fizemos nosso cumprimento à África, à Ásia e ao

Oriente. Incluímos um pouco de arquitetura, design e filosofia. Houve uma guerra mundial, e os Estados Unidos começaram a emergir como uma superpotência da arte. Conhecemos poetas, colecionadores e uma vasta coleção de artistas. Vimos como cada geração foi mais radical, mais arrojada e mais anárquica que a precedente. Tocamos em política e testemunhamos inquietação social. E mergulhamos na interminável sucessão de manifestos que convidavam todo mundo a ingressar na festa irrestrita da arte. No entanto, a despeito de toda a retórica sobre a criação de novas sociedades utópicas e a destruição das velhas elites, houve uma voz que praticamente não se fez ouvir.

Onde, você poderia perguntar, estão as artistas do sexo feminino?

As evidências sugerem que se você fosse uma mulher fazendo trabalho artístico entre 1850 e 1930 poderia ser tolerada, mas provavelmente não seria venerada. Houve artistas do sexo feminino entre os impressionistas, como Berthe Morisot e Mary Cassatt (1844-1926). E os movimentos russos futurista e construtivista foram reforçados pelos talentos de Sonia Terk, Lyubov Popova, Aleksandra Ekster e Natalia Goncharova. Mas a verdade é que essas artistas foram a exceção que confirmou a regra.

O fato de todos os movimentos de arte moderna terem sido fundados e dominados por homens foi, em certa medida, um reflexo da sociedade em geral. A Emenda Dezenove, que permitiu o voto às mulheres nos Estados Unidos, só foi aprovada em 1920. No Reino Unido as mulheres tiveram de esperar até 1928 para conquistar os mesmos direitos ao voto detidos pelos homens. As *demoiselles* da França só tiveram permissão para votar em 1944. Por outro lado, não seria de esperar que os artistas e os movimentos que promoveram tivessem desafiado a sociedade e o status quo? A razão de mulheres para homens entre os artistas que tinham êxito e cujas obras eram adquiridas com convicção pelos principais museus e colecionadores melhorou com o tempo. Um pouco. Mas até hoje a vasta maioria da arte moderna pendurada nas paredes brancas e exibida nos pisos imaculados dos grandes museus é obra de homens. Não é coincidência que essas mesmas instituições sejam dirigidas por uma esmagadora maioria de homens. Os três museus de arte moderna mais importantes no cenário mundial –

MoMA, Pompidou e Tate – nunca estiveram sob o comando de um diretor do sexo feminino. Nunca.

A razão que me leva a ressaltar isso é que a escassez de artistas do sexo feminino no cânone reconhecido dos grandes nomes da arte moderna cruzou minha mente várias vezes enquanto escrevia este livro, por isso imagino que tenha cruzado a sua também. Foi o establishment quem decretou e sancionou o cânone "oficial" da arte moderna: os museus e suas coleções, os textos acadêmicos de historiadores da arte (predominantemente do sexo masculino) e os cada vez mais numerosos cursos de arte moderna ministrados em universidades. Eles foram responsáveis por fornecer uma visão muito unidimensional do mundo: trata-se da vida e da arte vistas através de homens ocidentais brancos. Em 1936, poucos estavam atentos a essa questão. Um deles era o rei da iconoclastia: Marcel Duchamp.

No final de 1942, Peggy Guggenheim – uma rica colecionadora e marchand de arte moderna norte-americana – pediu-lhe para organizar uma exposição em sua galeria Art of this Century em Nova York. Duchamp lhe fez uma sugestão surpreendente: por que não montar uma exposição que apresentasse unicamente a obra de mulheres? Francamente, esse é o tipo de ideia vendida hoje como "progressista"; naquela época, beirava o blasfemo. Por isso foi perfeita para Peggy. Sua galeria seria o assunto da cidade e ninguém ousaria criticá-la porque a ideia fora de Duchamp, artista que havia assumido o status de divindade em meio às classes fofoqueiras de Manhattan.

Uma Exposição de 31 Mulheres foi inaugurada em 1943 e exibiu uma obra de arte considerada desde então um dos grandes ícones do surrealismo. *Object (Le déjeuner en Fourrure)* é uma xícara de chá, um pires e uma colher forrados de pele, obra feita em 1936 pela artista suíça Méret Oppenheim (1913-85). Ela só tinha 22 anos quando criou a peça, tendo sido inspirada a fazê-lo por algo que Pablo Picasso lhe disse quando conversavam casualmente num café de Paris. Ele tinha elogiado a jovem artista por seu casaco de pele, e observado sedutoramente que muitas coisas de que ele gostava ficavam melhores quando envoltas numa pele. Oppenheim reagiu perguntando: "Até esta xícara e este pires?"

Embora jovem, ela já assegurara seu lugar como favorita no círculo artístico em Paris. Havia sido assistente de Man Ray, função que sempre parecia exigir nudez (e mais) quando exercida por uma pessoa jovem, bonita e do sexo feminino. Oppenheim não se furtara a seus deveres – de maneira especialmente memorável numa série de fotografias surrealistas de Man Ray chamadas *Erotique voilée* (1933), em que é vista nua junto a uma prensa de água-forte com uma das mãos e um braço besuntados de tinta preta: sedutora, mas repelente. André Breton e seus surrealistas pouco se importavam com igualdade de oportunidades; para eles, a coisa mais útil que uma jovem mulher podia fazer pela arte era servir de musa. Com sua beleza de menino, Oppenheim era uma *ingénue* perfeita cuja espiritualidade, pensavam os homens surrealistas, lhe permitia um acesso mais direto a seu inconsciente. Nenhum deles esperava que alguém tão jovem – e ainda por cima mulher – produzisse uma obra de tamanho impacto.

As conotações sexuais de *Object (Le déjeuner en Fourrure)* são óbvias: beber da xícara peluda é uma referência sexual explícita ao sexo oral. Mas a obra encerra mais do que uma piada atrevida. A imagem de uma xícara e uma colher forradas de pele aparece no primeiro capítulo de qualquer livro sobre pesadelos angustiados, em que qualquer pretensão a estar no controle é subvertida por acontecimentos sinistros. Neste caso, uma xícara e uma colher criaram pelo, o que transformou objetos que deveriam nos proporcionar relaxamento e prazer em algo agressivo, desagradável e levemente nojento. A obra tem conotações de culpa burguesa: por perder tempo com conversa fiada em cafés e maltratar belos animais (a pele é de uma gazela chinesa). É também um objeto destinado a gerar loucura. Dois materiais incompatíveis foram reunidos para criar um recipiente perturbador. Pele é algo agradável ao toque, mas horrível quando a pomos na boca. Queremos beber da xícara e comer da colher – é para isso que servem –, mas a sensação da pele é demasiado repulsiva. É um ciclo enlouquecedor.

Oppenheim não foi a única jovem artista a causar furor dentro da comunidade surrealista. Frida Kahlo (1907-54) tinha sido uma precoce intelectual mexicana que estudava medicina na Universidade Nacional até que, num dia do outono de 1925, o ônibus em que voltava da faculdade foi atingido por um bonde. A princípio os responsáveis pelo resgate deram a jovem, gravemente ferida, por morta, mas foram convencidos a levá-la para o hospital por seu companheiro incólume, Alejandro Gómez Arias. Kahlo passou muitos meses no hospital recobrando-se dos efeitos físicos do desastre, que incluíam espinha, costelas, clavícula, pélvis e pernas quebradas. Foi durante esse período que ela decidiu tornar-se artista, não médica, e logo começou a pintar o que se tornaria seu motivo da vida inteira: ela mesma.

Frida Kahlo recusava a sugestão – feita por André Breton – de que seria surrealista, tendo declarado certa vez: "Nunca pintei meus sonhos, pintei minha própria realidade." Mas ela permitia que seu trabalho fosse mostrado em exposições surrealistas e até fez uma peça especialmente para uma dessas mostras. E, para fazer justiça a Breton – que, como sabemos, incluía qualquer pessoa que o atraísse na família surrealista, com ou sem a bênção da própria –, quando olhamos para uma pintura de Frida Kahlo podemos ver em que ele se baseava para recrutar a impetuosa artista mexicana para sua causa surrealista.

Em *O sono, ou O sonho* (1940) (ver Lâmina 21), vemos Frida dormindo pacificamente na cama, as folhas de um arbusto crescendo à sua volta como hera pelo tronco de uma árvore. Os galhos do arbusto que se enrola ao longo de seu corpo estão cobertos de espinhos, numa alusão à dor quase constante que a afligiu durante toda a sua vida após o desastre. Uma aparição semelhante a um esqueleto dorme acima dela numa espécie de beliche, segurando um ramo de flores – possivelmente de seu próprio antigo túmulo. O esqueleto tem dinamite amarrada às pernas e corpo. A cama em que as duas figuras repousam flutua no céu: a morte está no ar.

O simbolismo de Kahlo revela a importância da arte folclórica em seu trabalho. Ela era uma mexicana orgulhosa que crescera numa época em que os grandes heróis da revolução – Pancho Villa e Emiliano Zapata – lutavam para renovar o país. O arbusto que pinta em *O sonho* é uma tripa-de-judas, planta comum no México. A forma de esqueleto acima dela é uma figura de Judas baseada nos bonecos de papel machê em tamanho natural amarrados com fogos de artifício, feitos para explodir nos festivais da Páscoa no México. As duas coisas evocam a história do suicídio de Judas após trair Cristo, quando "todas as suas entranhas se derramaram". Na pintura, a tradição mexicana de malhar o boneco de Judas é uma metáfora para o extermínio da corrupção do país. Ele é também uma imagem da traição.

Enquanto ela dormia sozinha e em meio a dores, seu então marido, o famoso muralista mexicano Diego Rivera (1886-1957), estava para lá e para cá, comportando-se como um homem solteiro e dormindo com mulheres. Rivera era vinte anos mais velho que ela e tinha uma personalidade tão grande quanto seus murais épicos. Quando eles se uniram, o pai apaixonado de Frida disse que aquilo era "como um casamento entre um elefante e uma pomba". Eles tiveram uma relação tempestuosa, em que a infidelidade foi uma ocorrência regular de parte a parte, incluindo as travessuras de Frida com Leon Trótski quando ele se hospedava com o casal. Ela chegou até a ficar sob suspeita pelo assassinato do russo no México, em 1940 – assim como Rivera, de quem se divorciara em 1939, para voltar a se casar com ele um ano depois.

Kahlo tornou-se o primeiro artista mexicano do século XX a ter seu trabalho comprado pelo Louvre quando a instituição francesa adquiriu *Autorretrato: A moldura* (1937-38). Duchamp apressou-se a parabenizá-la pelo feito. Ela gostava muito dele, em contraste com o que sentia pelo resto da turma surrealista, opinião que expressou com típica franqueza, dizendo que Duchamp era "o único que tem os pés no chão no meio de todo esse bando de malucos, filhos da puta lunáticos dos surrealistas".

O envolvimento de Duchamp na Exposição de 31 Mulheres foi uma das razões que levaram Kahlo a participar, bem como, talvez, a ideia de irmãs fazendo algo por si mesmas. Hoje ela é vista como uma artista feminista, cuja obra intensamente autobiográfica não só abriu caminho para Louise Bourgeois e Tracey Emin, mas também prenunciou o slogan feminista dos anos 1960, segundo o qual "o pessoal é político": evidência da repressão das mulheres expressada através da experiência individual. No entanto, até 1990, Frida Kahlo – uma artista festejada no mundo todo durante sua vida – ainda não ganhara o próprio verbete no *Concise Oxford Dictionary of Art and Artists*. Em vez disso, ela recebe uma menção na frase final dos detalhes biográficos de Diego Rivera. Acho que sabemos que adjetivos teria aplicado aos editores da publicação.

Amiga de Kahlo, a surrealista britânica Leonora Carrington (1917-2011) não recebe sequer uma menção na publicação. Essa é a mesma Leonora Carrington que Salvador Dalí descrevia como "uma artista muitíssimo importante". Quando a Exposição de 31 Mulheres foi realizada, ela tinha se mudado para o México, onde conheceu Frida Kahlo. A história de Carrington é quase tão complicada e dramática quanto a de Kahlo. Aos vinte anos, ela trocou a Inglaterra por Paris à procura do surrealista Max Ernst, que conhecera numa festa em Londres. Vinte e seis anos mais velho que ela, Ernst estava casado na época. Para a extravagante e boêmia Carrington, porém, esses detalhes não passavam de ninharias. Ela pescou o seu homem e mais tarde declarou: "De Max recebi minha educação." Ele a apresentou aos surrealistas parisienses, que adoraram uma musa "mulher-criança". Mas Carrington era extravagante demais para ser rotulada como um brinquedo. Quando um imperioso Miró lhe deu dinheiro para ir comprar cigarros, ela o fuzilou com os olhos antes de dizer que "podia muito bem ir comprá-los ele mesmo".

Como Oppenheim, ela mal passara dos vinte anos quando produziu sua primeira obra surrealista importante: *Autorretrato: O albergue do cavalo da aurora* (c.1937-38), hoje pertencente ao Metropolitan Museum, em Nova York. Carrington está sentada numa cadeira, parecendo um cantor pop neorromântico dos anos 1980: com o cabelo todo desgrenhado e um traje levemente andrógino. Uma hiena fêmea espelha a pose da artista, sua crina assemelhando-se à dela. A analogia é clara – que Leonora se transforma numa caçadora noturna em seus sonhos. Uma janela emoldurada por cortinas teatrais nos permite ver um cavalo branco galopando por uma floresta. Um cavalinho de balanço que salta acima da cabeça de Carrington faz eco à sua marcha e cor. É uma mistura surreal do interesse da artista por animais na vida real e suas estranhas fantasias, temperadas com uma pitada das lendas folclóricas celtas que lera quando jovem. Ela deu a pintura a Ernst, que pouco depois foi feito prisioneiro quando a guerra começou, em 1939. Ele fugiu e acabou voltando para a casa que havia compartilhado com ela perto de Avignon. Mas ela não estava ali, tendo perdido a cabeça, aflita com sua detenção. Seu colapso mental a levou para a Espanha e para o próprio aprisionamento num hospício.

Nesse meio-tempo, Ernst conseguira chegar a Marselha e a uma casa segura para artistas em que André Breton e muitos outros envolvidos no movimento surrealista estavam residindo. Peggy Guggenheim estava por perto também, preparando-se para seu próprio retorno aos Estados Unidos, após viajar pela França. A sempre voluptuosa Peggy sentiu um desejo instantâneo por Ernst quando conheceu o artista separado de sua amante em Marselha. Ele correspondeu, ela o ajudou a obter um meio seguro de chegar aos Estados Unidos e os dois se casaram em 1942.

Mas a união não os tornou "felizes para sempre" como Peggy esperara. E a culpa foi em parte de sua Exposição de 31 Mulheres. Algum tempo depois ela lamentou que a mostra houvesse incluído uma mulher além da conta. Max Ernst não pensava assim. Ele compareceu ao vernissage e apreciou a arte, sem dúvida, mas não tanto quanto uma das artistas, por quem se sentiu irremediavelmente apaixonado. Dorothea Tanning (1910-2012), uma surrealista norte-americana de cabelo escuro, capturou-lhe o olhar e o coração. Eles se casaram em 1946 numa cerimônia conjunta com Man Ray e sua parceira Juliet Browner: uma maravilhosa reunião surrealista.

Peggy ficou aborrecida, mas tinha outro interesse para absorvê-la. Os surrealistas e os dadaístas europeus haviam se associado nos Estados Unidos com refugiados da Bauhaus, do movimento De Stijl e do construtivismo russo. Esses artistas, refugiados de guerra e aventureiros intelectualmente curiosos, haviam se integrado com sucesso à própria vanguarda nativa norte-americana. O resultado inevitável disso era que Nova York estava se tornando o novo centro da arte moderna internacional, e Peggy Guggenheim a poderosa líder da torcida.

15. Expressionismo abstrato: O grande gesto, 1943-70

Peggy Guggenheim era uma mulher apaixonada, definida por seus três grandes amores: dinheiro, homens e arte moderna. Seu amor por dinheiro foi herdado na forma da fortuna que lhe coube quando o pai, um industrial, morreu no naufrágio do *Titanic*. O voraz apetite por homens ela desenvolveu por conta própria, com uma lista de amantes que chegava às centenas – se não milhares. Quando lhe perguntavam de quantos maridos se separara, ela respondia: "Os meus ou os de outras pessoas?" Quanto a seu amor por arte moderna, bem, esse foi adquirido graças a uma mente curiosa e um gosto pela aventura: combinação que a estimulou a abandonar a parte alta e convencional de Nova York pelo centro boêmio de Paris aos 22 anos.

Ali ela conheceu a vanguarda parisiense cuja obra, vida e corpos tanto adorou. Alguns anos depois se mudou para Londres e começou a investir parte de sua boa fortuna na arte mais recente da Inglaterra e da França. Estabeleceu-se rapidamente, mas o alvoroço de se envolver de maneira amadora no mercado de artes e dirigir uma pequena galeria logo arrefeceu: isso não satisfazia sua sede de influência e atenção. Ela queria ser levada a sério. Teve uma outra ideia. Que tal fundar um museu de arte moderna em Londres para rivalizar com o MoMA em Nova York, que vinha sendo um enorme sucesso desde o dia em que fora inaugurado, uma década antes, em novembro de 1929?

A partir de sua base na capital do Reino Unido, ela tratou de obter os serviços de Marcel Duchamp e do historiador da arte britânico Herbert Read – que planejava tornar o diretor de seu novo museu. Incumbiu-os de montar uma lista das obras de arte que precisaria adquirir para formar a base do acervo de sua nova instituição. Mas exatamente quando começava a pôr o projeto em andamento, Hitler chegou e liquidou seus planos: a Europa estava em guerra de novo. E até a ambiciosa e determinada Peggy Guggenheim, uma mulher acostumada a conseguir o que queria, pôde ver que não era hora de começar a construir um império no Reino Unido, um país em guerra e empenhado em tentar salvar seu domínio, que desmoronava. Ela abandonou seus planos, deixando Londres esperar mais 61 anos para que a ideia virasse realidade (o que finalmente ocorreu no início deste novo milênio na forma da Tate Modern). Após um revés tão desapontador em sua carreira, a maioria das pessoas teria admitido a derrota e comprado uma passagem de primeira classe de volta para Nova York. Não Peggy.

O que ela fez foi percorrer Paris enquanto a tempestade nazista se armava no leste. Ao chegar ao QG da arte moderna, ela tirou o talão de cheques da bolsa e avançou sistematicamente pela lista de obras de arte e artistas montada por Duchamp e Read: "Compre uma pintura por dia" tornou-se seu mantra. A maioria dos artistas e marchands radicados em Paris estava ou indo embora ou encerrando as atividades, e ficava mais do que feliz em vender para a rica norte-americana (exceto Picasso, que a despachou, deixando-a com uma pulga atrás da orelha). Suas compras irrefletidas incluíram *Os homens na cidade* (1919), pintura cubofuturista de Fernand Léger, e *Pássaro no espaço* (1932-40), elegante escultura de Constantin Brancusi semelhante a um torpedo. Se sua farra de compras foi um ato de flagrante oportunismo para comprar arte a preço de banana, ou uma corajosa aventura para salvar dos nazistas parte da melhor arte europeia moderna, é uma questão aberta a discussão; o fato é que ela voltou para Nova York em 1941 com um enorme lote de arte da melhor qualidade, que lhe havia custado menos de 40 mil dólares, incluindo obras de Braque, Mondrian e Dalí.

Reinstalada na vida de Manhattan, ela decidiu modificar seu plano de fundar um grande museu e abrir, em vez disso, uma galeria na parte alta da cidade, na West 57th Street, que se especializaria em arte contemporânea. Ela a chamou de Art of This Century. Ali exibiria seu esplêndido despojo de arte e poria à venda novas obras produzidas por seus amigos artistas europeus, muitos dos quais haviam fugido da guerra (vários com sua ajuda) para o santuário de Manhattan. O trabalho de projetar o interior da galeria foi confiado a um arquiteto da moda, o austríaco Frederick Kiesler (1890-1965), que interpretou a incumbência como uma oportunidade para criar sua própria obra de arte surrealista. Paredes curvas de madeira, escuridão intermitente, velas de lona azul, arte que aparecia de repente ao se apertar um botão e o som ocasional da arremetida de um trem expresso – tudo isso fazia parte da experiência da Art of This Century de Kiesler. Peggy ficou fascinada com a atmosfera, misto de parque temático com galeria de arte.

O mesmo pode ser dito da intelligentsia e da comunidade artística de Manhattan. Os artistas emigrados da Europa, muitos dos quais eram surrealistas, usavam a galeria como um lugar para relaxar e conhecer uma nova geração de artistas norte-americanos prestes a explodir, membros de um panorama artístico descolado de Manhattan que veio a ser conhecido como a Escola de Nova York. Os jovens e resolutos pintores da Escola de Nova York estavam numa busca desesperada por novas maneiras de expressar a estranha mistura de esperança e ansiedade produzida pela Grande Depressão, a Segunda Guerra Mundial e a ascensão dos Estados Unidos à condição de superpotência mundial. Foi na galeria de Peggy que os mundos artísticos da Europa e dos Estados Unidos se encontraram e produziram uma centelha criativa que iria inflamar um novo movimento na arte moderna.

Mas a herdeira fez mais para facilitar a emergência de um novo movimento artístico do que simplesmente servir alguns vinhos caros e tira-gostos decentes. A atenção e publicidade que atraía, sua notória riqueza e consumada habilidade para criar redes significavam que ela era capaz de atrair os melhores cérebros no negócio para ajudá-la e aconselhá-la. E ninguém tinha cérebro melhor, nem olho mais apurado, que Marcel Duchamp, que estava de volta aos Estados Unidos e já havia ajudado com a Exposição de 31 Mulheres promovida pela galeria. Peggy então requisitou sua expertise para sua próxima mostra, um Salão de Primavera para Jovens Artistas, que promoveria artistas norte-americanos emergentes. Ao lado de Duchamp, num comitê consultor de impressionante competência, estavam Piet Mondrian (agora também morando em Nova York) e Alfred Barr, o influente diretor-fundador do MoMA.

Na véspera da inauguração da exposição, Peggy foi à galeria ver como estavam os preparativos. Ao chegar, encontrou muitas das pinturas ainda no assoalho, encostadas nas paredes, esperando para ser penduradas. Ao correr os olhos pelo espaço, viu Piet Mondrian agachado num canto, olhando fixamente para uma das obras de arte à espera de ser exposta. Peggy correu até o estimado holandês, ajoelhou-se a seu lado e acompanhou seu olhar para o objeto de sua atenção. Era uma vasta tela intitulada *Figura estenográfica* (c.1942), da autoria de um jovem artista norte-americano desconhecido.

Ela sacudiu a cabeça. "Horrível, não é?", disse, desconcertada ao ver que uma pintura tão inábil quanto aquela pudesse ter passado pelo crivo da rede. Se exibida, teria arruinado sua reputação no mundo das artes, pondo em xeque seu bom julgamento. Mondrian continuava estudando a pintura. A dona da galeria criticou a técnica do pintor que a produzira, declarando que lhe faltava rigor e estrutura. "Não se pode comparar isto com a maneira como você pinta", disse ela, lisonjeando Mondrian na esperança de desviar a atenção dele da confusão oleosa no assoalho. O artista holandês parou, levantou a cabeça devagar e olhou para o rosto ansioso de Peggy. "É a obra mais interessante de um norte-americano que vi até agora", disse ele. Em seguida, vendo a confusão nos olhos dela, entrou em seu papel de consultor artístico e acrescentou: "Você deveria ficar de olho nesse homem."

Peggy ficou estarrecida. Mas ela era uma boa ouvinte e sabia quando e de quem era preciso aceitar um conselho. Mais tarde, quando a exposição já estava montada e o vernissage em pleno andamento, foi possível vê-la escolhendo clientes especiais, segurando-os com solicitude pelo braço e sussurrando-lhes que queria lhes mostrar algo "muito, muito interessante". Em seguida ela os conduzia até *Figura estenográfica* e explicava com o entusiasmo de um pregador evangélico quão importante e arrebatadora era aquela pintura, e como o homem que a produzira era o futuro da arte norte-americana.

Com uma pequena ajuda de Mondrian, ela estava certa. *Figura estenográfica*, de Jackson Pollock (1912-56), não é uma obra abstrata, nem apresentava qualquer sugestão da famosa técnica de *drip painting*, ou "pintura por gotejamento", que o pintor desenvolveria mais tarde e com que faria seu nome. A tela devia muito a Picasso, Matisse e Miró – os três artistas europeus que Pollock mais admirava. Ela representa duas figuras com aspecto de espaguete sentadas a uma mesinha, uma em frente à outra. Elas estão tendo uma acalorada discussão, gesticulando freneticamente com seus braços vermelhos e marrons, que cortam as bordas vermelhas da mesa e o fundo azul-claro da pintura. A maneira como Pollock inclinou a mesa para o espectador e formou suas duas figuras alongadas aponta para a influência de Picasso. O olhar do norte-americano para Miró pode ser visto nas letras rabiscadas ("estenografia" é o mesmo que taquigrafia) e nas formas aleatórias com que ele cobriu a imagem. Elas imitam o automatismo de Miró – sua técnica de pintura surrealista do fluxo de consciência. A presença de Matisse pode ser sentida na vívida paleta de cores fauvista empregada por Pollock.

Dentro de semanas, Peggy havia assinado um contrato com Pollock e estava lhe pagando um estipêndio mensal de 150 dólares. Não era muito, mas o bastante para permitir ao jovem artista deixar seu emprego regular, que por acaso era no New York Museum of Non-Objective Painting, do tio de Peggy, Solomon, que mais tarde seria rebatizado de "Guggenheim", bem mais fácil de lembrar. Pollock não levava jeito para ser empregado – a vida e a arte já lhe exigiam o bastante sem a complicação adicional de ter de bater ponto às nove horas da manhã. Ainda assim, o tempo que passou no Museum of Non-Objective Painting não foi perdido. Ele se familiarizou profundamente com as pinturas abstratas de Wassily Kandinsky, das quais Solomon Guggenheim reunira uma grande coleção. Pollock compartilhava o amor de Kandinsky pela natureza, a mitologia e o primitivo. Mas enquanto Kandinsky era um intelectual sereno, calmo, Pollock era uma força volátil e perturbada da natureza, frequentemente incapaz de controlar seus sentimentos. Ele possuía um motor emocional grande demais para uma pessoa só, que o tornava propenso a arrebatamentos explosivos que tentava amortecer com álcool.

A bebida piorava as coisas, é claro, mas acabou lhe permitindo encontrar sua voz artística. O vício em álcool de Pollock era tal que aos 26 anos ele foi em busca de ajuda. Consultou um psiquiatra especializado em psicoterapia junguiana, uma forma de psicologia analítica em que o terapeuta tenta harmonizar a mente consciente do paciente com o inconsciente coletivo: construto baseado na noção de que existem sentimentos universais, mas não reconhecidos, comuns a todos e passíveis de serem desencadeados por imagens, experimentados com maior frequência em nossos sonhos.

As sessões não ajudaram Pollock a escapar do alcoolismo, mas operaram maravilhas para sua arte. Elas o introduziram à ideia freudiana/surrealista do inconsciente como o lugar em que reside o homem interior, o qual, da perspectiva de Jung, era um recurso compartilhado entre os seres humanos e não um conjunto de pensamentos e sentimentos experimentados apenas por uma pessoa. Essa foi uma boa notícia para Pollock, que se sentia muito mais confortável procurando retratar uma verdade universal por meio de sua arte do que fazendo imagens introspectivas de natureza autobiográfica. A temática de sua arte começou a mudar de melancólicas paisagens norte-americanas para motivos mais míticos e atávicos, que muitas vezes evocavam a arte americana nativa. Ele começou a experimentar com automatismo e a pintar espontaneamente tudo que lhe vinha à cabeça, aplicando sua tinta à tela de uma maneira muito mais livre, expressiva.

Já havia desenvolvido uma preferência por trabalhar em grande escala, tendo sido inspirado a fazê-lo pelo muralista mexicano Diego Rivera (marido de Frida Kahlo), que havia sido convidado por várias cidades norte-americanas a visitá-las e pintar suas gigantescas obras de arte que cobriam paredes inteiras. Os murais estavam em moda nos Estados Unidos, e estados por todo o país queriam ter sua própria peça de arte produzida por um muralista famoso. Por meio do Federal Art Project, implantado pelo presidente Roosevelt – um vasto programa pós-Depressão de "retorno ao trabalho" –, Pollock havia conseguido ser contratado para ajudar na pintura de alguns desses murais, e no curso dessa experiência chegou à conclusão de que o tamanho importava. Assim, quando Peggy o incumbiu de pintar um mural para sua residência em Nova York em 1943, ele já estava pensando grande.

A ideia original fora de que o artista pintasse diretamente numa parede dentro da casa, mas Peggy mudou de opinião depois que Duchamp a advertiu de que a obra seria mais facilmente transportável em tela. Pollock, que estava encantado com a incumbência, não tinha ideia do que pintar. Sofreu o bloqueio dos artistas. Os meses se sucediam enquanto ele contemplava sua imensa tela branca de seis metros de comprimento e esperava por inspiração. Esperou, esperou e esperou. Seis meses se passaram e não havia uma só marca de tinta em sua tela vazia. A paciência de Peggy se esgotara – ela disse ao pintor que tinha de ser agora ou nunca. Pollock escolheu a primeira alternativa. E assim, numa única e arrebatada sessão de pintura e paixão que durou a noite toda, ele pôs mãos à obra. No fim da manhã seguinte, tinha terminado a pintura e, sem o saber, dera início a um novo movimento artístico que seria chamado de expressionismo abstrato.

Mural (1943-44) tem muitas das características típicas da fase inicial do expressionismo abstrato, que nesse estágio diziam respeito apenas à marca física bruta, ou "gesto", feita quando o artista aplicava tinta à tela. Estilos mais calmos, mais contemplativos, viriam mais tarde, mas no início foi o método da *action painting* de Pollock que estabeleceu o movimento. Sua arte era feita com uma força vulcânica, instintiva, que brotava das profundezas de seu ser e explodia num acesso de pintura sobre a tela. O resultado era uma obra como *Mural*. Ela é ao mesmo tempo abstrata e expressiva. Uma massa rodopiante de tinta branca espessa dá a impressão de ter batido com força na tela como uma onda que se quebra. Ela é fragmentada por vívidas manchas de amarelo divididas, por sua vez, por linhas verticais pretas e verdes negligentemente pintadas, mas espaçadas de maneira bastante uniforme. Não há nenhuma área central para a qual o olhar seja atraído: trata-se de uma pintura *all-over*. Imagine o efeito obtido se cem ovos crus fossem jogados contra uma parede de concreto cheia de grafites e você estará perto de visualizar o *Mural* de Pollock.

Há, no entanto, um surpreendente senso de coerência e ritmo na obra graças à velocidade com que foi feita e à abordagem instintiva de Pollock à pintura. As manchas integradas de branco e amarelo são divididas como compassos em uma partitura pela repetição das onduladas linhas pretas verticais, ao passo que a paleta de cores uniformemente espalhada confere equilíbrio e harmonia à composição. Ela não é anárquica, é improvisada: uma sessão de free jazz que varou a noite e saiu um pouquinho do controle. O simples tamanho da obra contribui para a impressão que ela dá de ser um evento. Com cerca de 2,5 × 6 metros, ela é enorme, arrebatada e dominadora. E, inquestionavelmente, o resultado de um imenso esforço físico; alguma coisa nela faz pensar num homem engalfinhando-se com um urso. Pollock havia lutado longa e arduamente a noite toda com essa pintura, até que ela por fim sucumbiu à sua vontade.

Ele a descreveu como "o estouro de todos os animais do oeste norte-americano, vacas, cavalos, antílopes e búfalos. Tudo está arremetendo através daquela maldita superfície". Eles são indiscerníveis, mas sua energia não é. Esta é uma pintura tão dinâmica quanto *O grito* de Munch e tão expressiva quanto *A noite estrelada* de Van Gogh. É o grito rebelde de Pollock saído das profundezas de sua alma torturada. Ele a qualificou de "excitante como o diabo", e sobre si mesmo disse: "Sou natureza."

Quando Clement Greenberg, o eminente crítico de arte da época, viu o mural na casa de Peggy, soube de imediato que ele era algo especial, declarando mais tarde que Pollock era o maior pintor que os Estados Unidos já haviam produzido. Greenberg pôde perceber que o jovem artista tinha utilizado as ideias do surrealismo, as formas de Picasso e até de El Greco, a paisagem artística dos Estados Unidos e reunido tudo isso numa imagem coerente. Mas Pollock fizera mais do que amalgamar a arte do passado; ele estava também fazendo uma declaração sobre o futuro. A seu ver, a pintura de cavalete estava morta e o caminho que se abria para os artistas era a pintura feita diretamente nas paredes, como a de Diego Rivera. Considerava sua prática de encostar uma tela gigantesca contra uma parede ou simplesmente estendê-la sobre o chão como uma etapa rumo ao que seria um futuro de execução de murais.

Em novembro de 1943, Peggy proporcionou a Pollock sua primeira exposição individual na Art of This Century. O artista fez várias novas pinturas para a mostra, além de alguns trabalhos em papel. Peggy estipulou os preços de suas obras entre 25 dólares por um desenho e 750 dólares por uma pintura. A exposição começou com todas as pinturas à venda e terminou com todas as pinturas à venda. Mas havia atraído alguns notáveis clientes potenciais. O mais importante deles era Alfred Barr, o diretor do MoMA. Ele ficou particularmente impressionado com a pintura *The She-Wolf* (1943).

Trata-se de uma obra baseada no mito de Rômulo e Remo, os gêmeos que fundaram Roma e que, tendo ficado órfãos quando crianças, haviam sido amamentados por uma loba. Pollock havia pintado uma versão da imagem corrente da antiga Lupa Capitolina, que teria alimentado os bebês. A escultura original está longe de ser sofisticada, mas o esforço de Pollock é uma execução muito mais tosca. O perfil da loba, que toma a tela inteira, é delineado em tinta branca grifada com preto. O fundo é azul-cinza com manchas de amarelo, preto e vermelho lavando a pintura de maneira bastante aleatória. A loba mais parece uma vaca velha tal como vista por um homem das cavernas, o que pode ter sido uma tentativa de tipo junguiano de exprimir o inconsciente coletivo e produzir uma imagem que nos reconecte com nosso passado primal.

Pouco depois do encerramento da exposição, Alfred Barr entrou em contato com Peggy e ofereceu-se a pagar pela pintura um preço menor que o estipulado. Peggy recusou. Foi um ato de coragem, pois o endosso do MoMA teria aumentado consideravelmente o valor do estoque de Pollock (e portanto o seu). Mas apesar de todos os defeitos de Peggy Guggenheim – inclusive a mesquinhez com dinheiro e subordinados –, ninguém podia dizer que lhe faltava confiança ou astúcia. Quando Barr fez sua oferta, ela já devia saber que a revista *Harper's Bazaar* estava prestes a publicar um artigo intitulado "Five American Painters", com uma parte importante dedicada a Pollock ilustrada com uma reprodução em cores de *The She-Wolf.*

Algumas semanas mais tarde Barr estava de volta, oferecendo-se para pagar o preço pedido de 650 dólares ou algo em torno disso. Peggy aceitou, e o MoMA tornou-se, como convinha, o primeiro museu no mundo a comprar uma obra de Jackson Pollock.

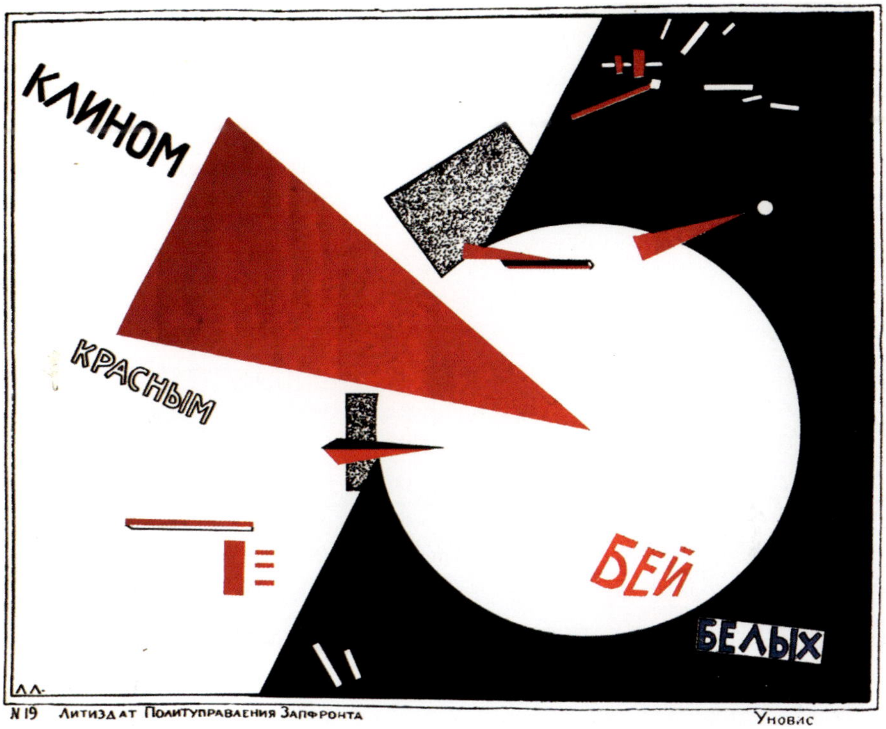

16. El Lissitzky, *Derrote os Brancos com a cunha vermelha* (1919).

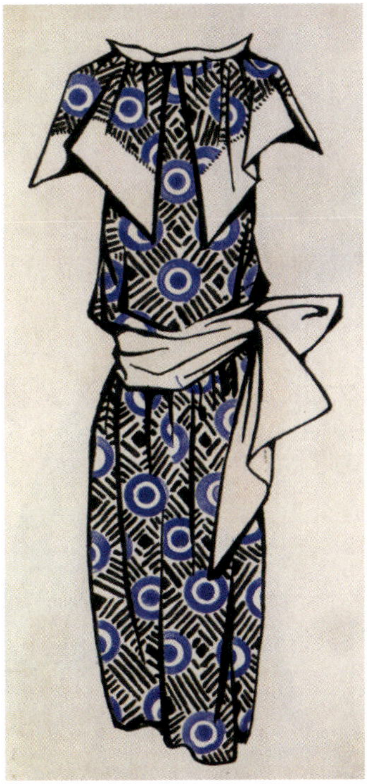

17. Lyubov Popova, *Modelo de um vestido* (1923-24).

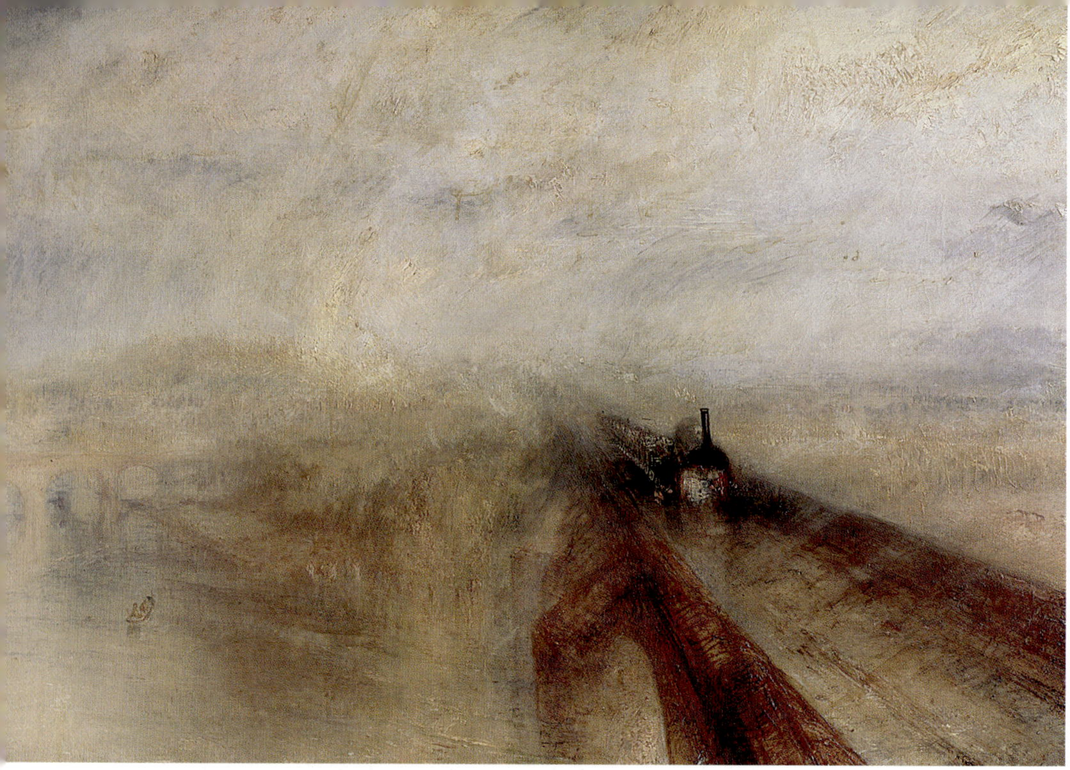

3. J.M.W. Turner, *Chuva, vapor e velocidade* (1844).

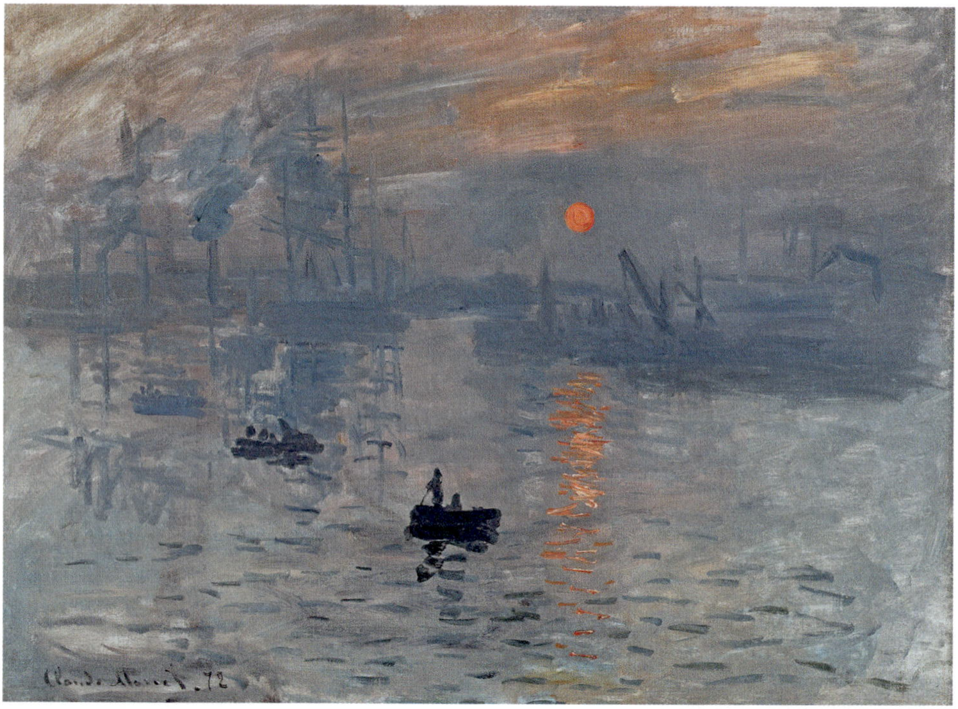

4. Claude Monet, *Impressão, sol nascente* (c.1872-73).

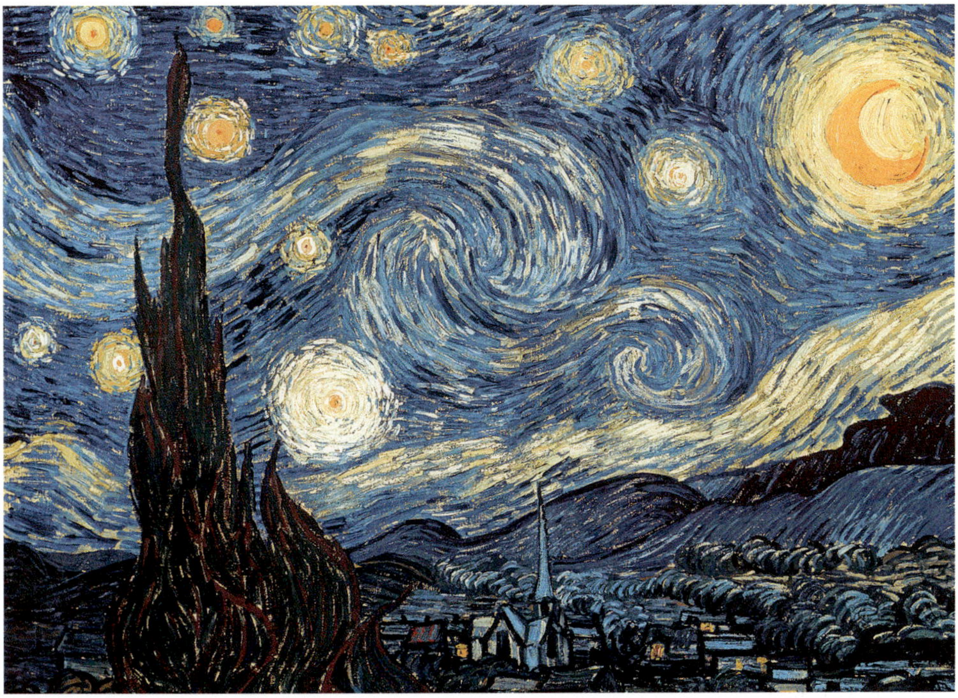

5. Vincent van Gogh, *A noite estrelada* (1889).

6. Paul Gauguin, *Visão após o sermão, ou Jacó em luta com o anjo* (1888).

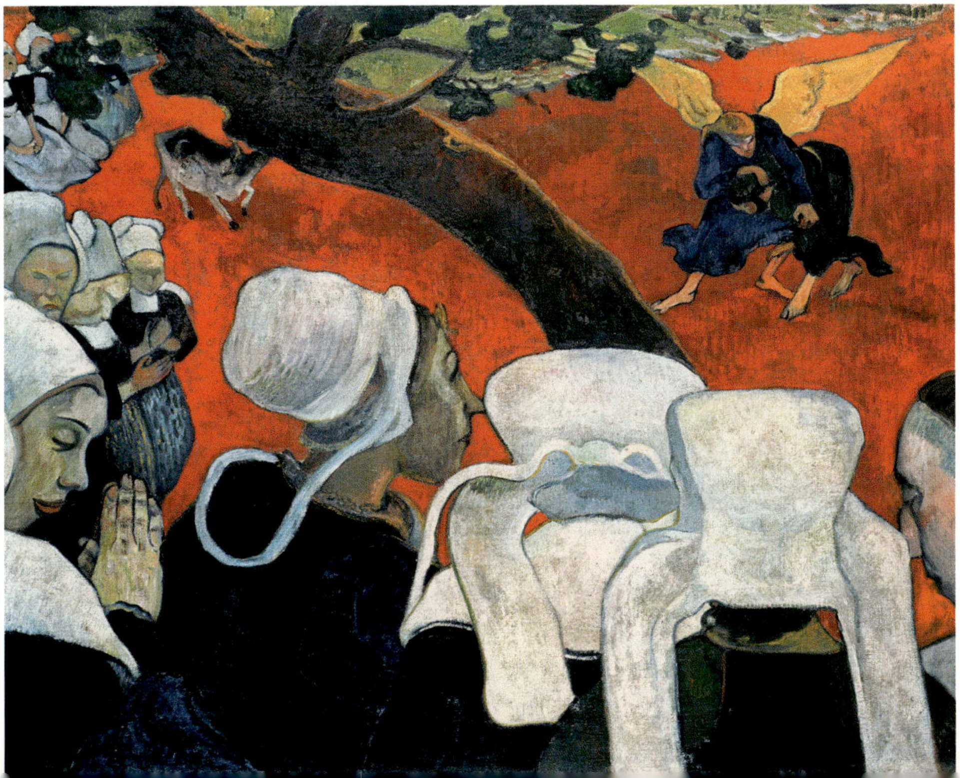

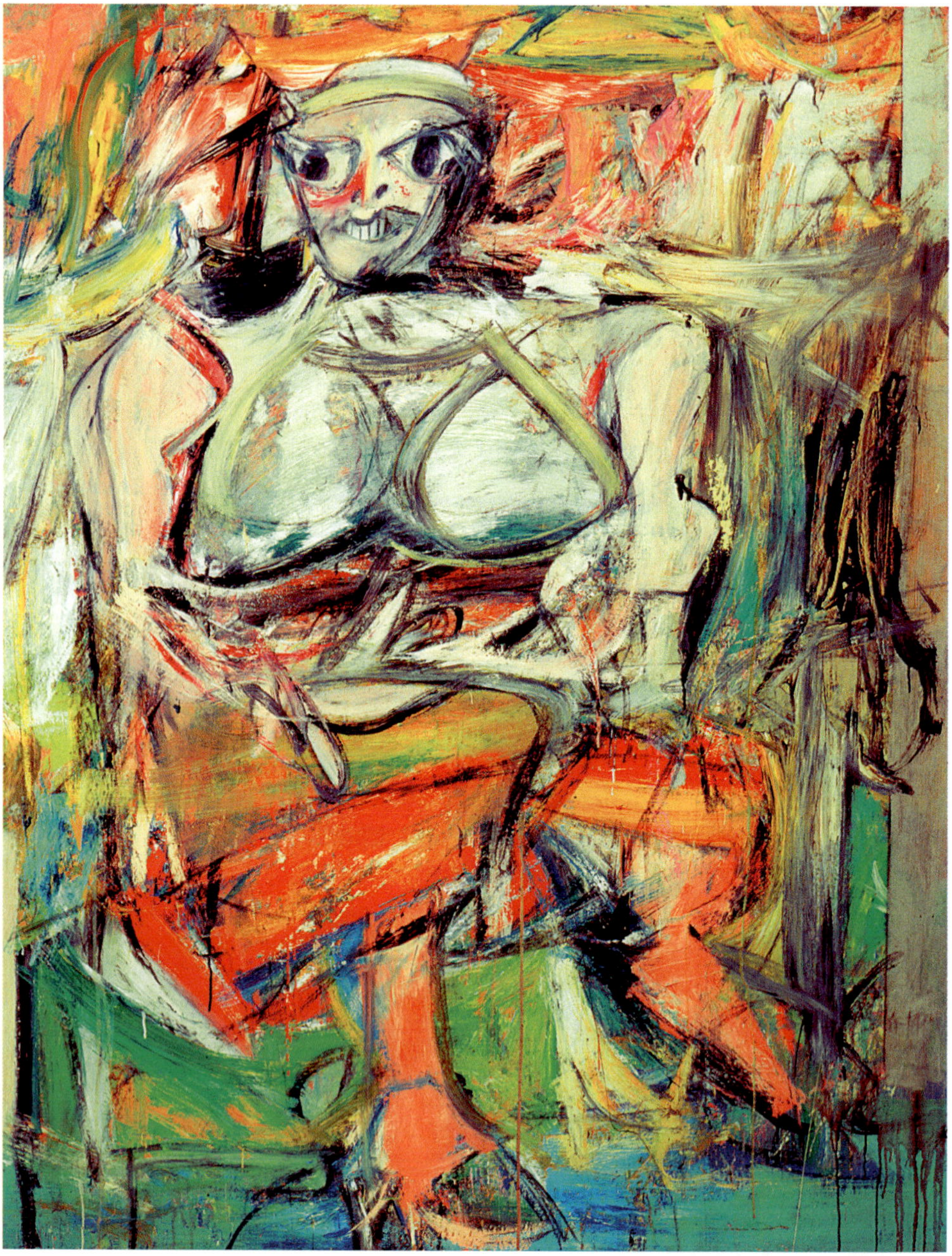

22. Willem de Kooning, *Mulher 1* (1950-52).

23. Mark Rothko, *O ocre (Ocre, vermelho sobre vermelho)* (1954).

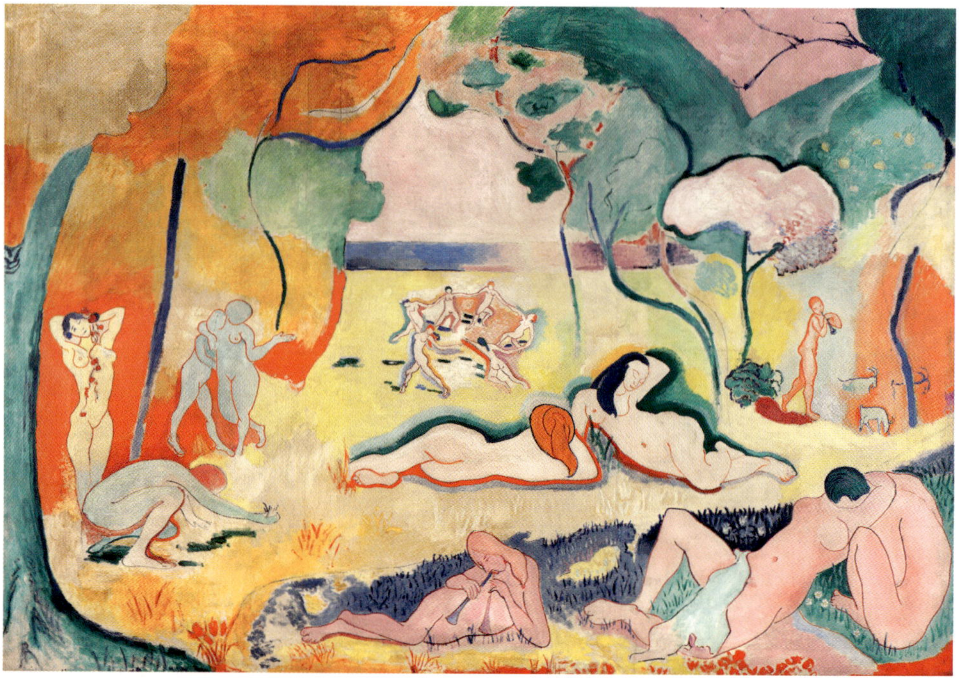

11. Henri Matisse, *A alegria de viver* (1905-06).

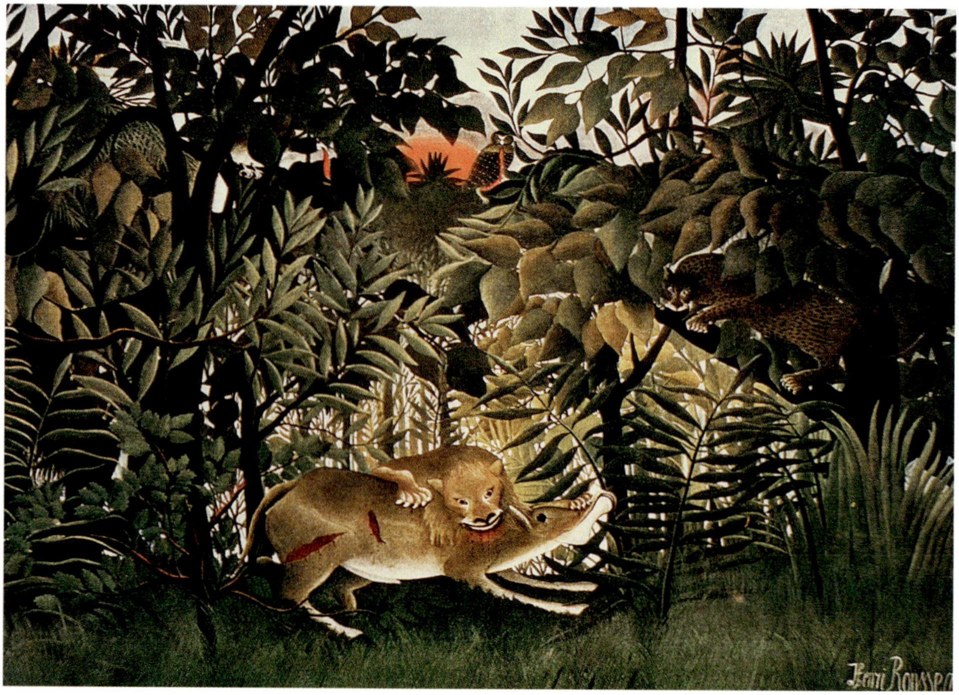

12. Henri Rousseau, *O leão faminto* (1905).

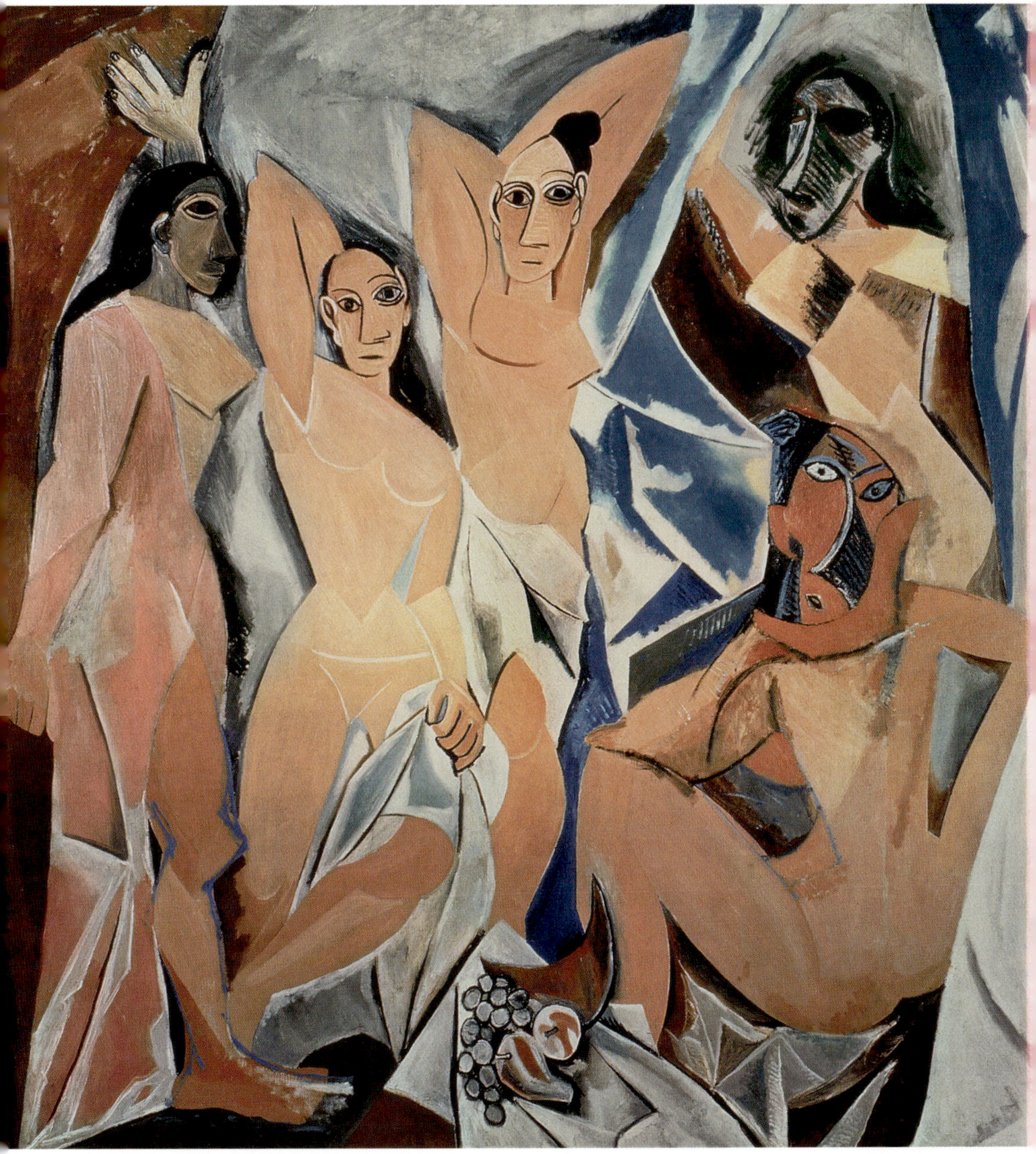

13. Pablo Picasso, *Les demoiselles d'Avignon* (1907).

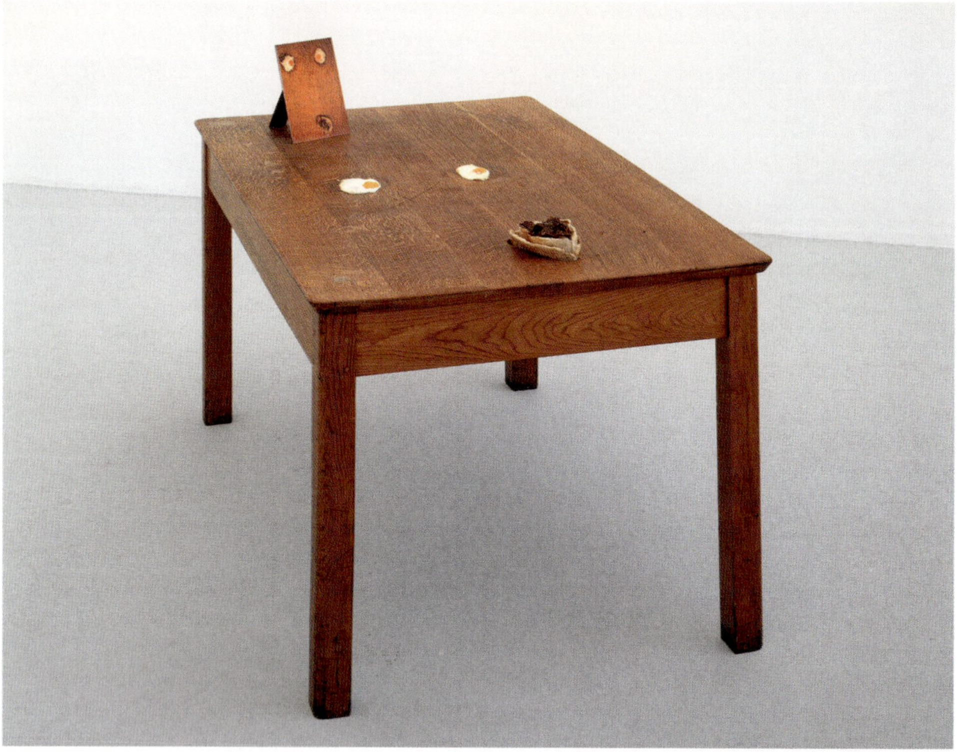

28. Sarah Lucas, *Dois ovos fritos e um kebab* (1992).

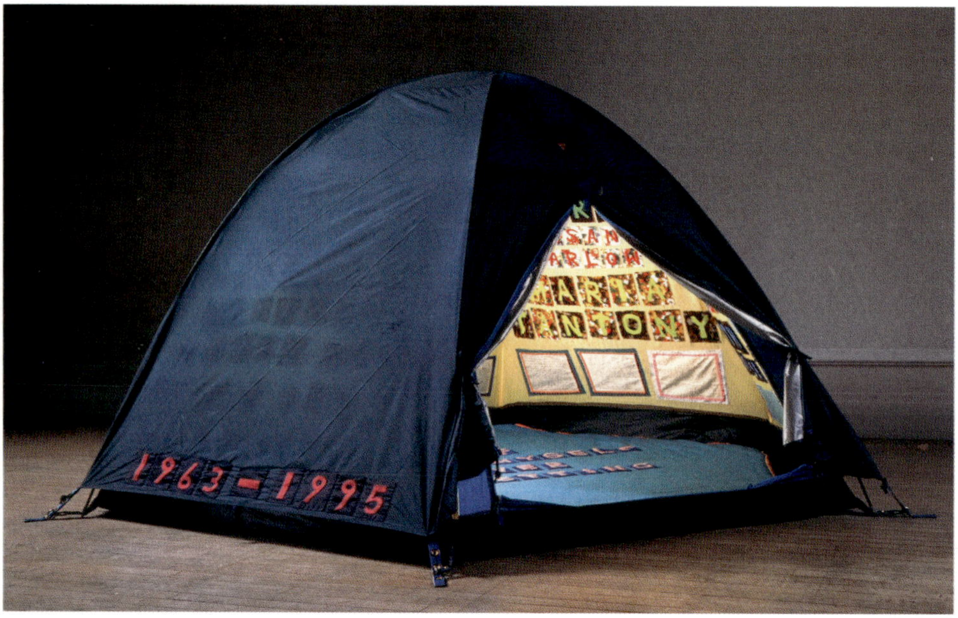

29. Tracey Emin, *Todas as pessoas com quem já dormi, 1963-1995* (1995).

Promover Pollock, encomendar o *Mural*, vender *The She-Wolf* e montar a exposição individual do pintor em 1943 foram algumas das maiores realizações da carreira de Peggy Guggenheim até essa data. Elas também se provaram um momento definitivo na pretensão dos Estados Unidos de ser a nova potência criativa na arte moderna. Peggy montaria mais duas exposições individuais para Pollock, além de apresentar ao mundo outros jovens artistas norte-americanos como Clyfford Still, Mark Rothko, Robert Motherwell e o pintor holandês radicado nos Estados Unidos Willem de Kooning, que iriam, todos, desempenhar um papel importante no desenvolvimento do expressionismo abstrato. Ironicamente, porém, apesar de tudo que Peggy Guggenheim havia feito para ajudar a América a criar seu primeiro movimento de arte moderna, o expressionismo abstrato não decolou realmente até que ela fechou a galeria em Nova York e se transferiu, com sua coleção, para Veneza, onde passaria o resto da vida. O ano era 1947.

Foi o ano em que Jackson Pollock fez sua primeira fornada de *drip paintings*. Ele havia se mudado de Nova York com a mulher, a artista Lee Krasner (1908-84), para uma pequena propriedade rural em East Hampton, em Long Island. Peggy lhes emprestara (a contragosto) o dinheiro para começar uma nova vida mais perto da natureza, mas não se demorou no país o suficiente para colher os benefícios. Com a partida de Peggy, Pollock levou seu novo trabalho para Betty Parsons, uma velha amiga e também dona de galeria. Ela gostou do que viu e em 1948, em sua galeria de Nova York, mostrou ao mundo pela primeira vez a grande inovação de Pollock: telas enormes respingadas de tinta. Não havia nenhum sinal de pincelada, porque nenhuma fora dada. O artista havia estendido sua tela no chão e pingara, derramara e salpicara tinta comum de parede nela toda. Ele atacava a tela pelos quatro lados: caminhava em cima dela, parava no meio – tornava-se parte da pintura. Manipulava a tinta molhada com colheres de pedreiro, facas e varetas, acrescentava areia, vidro ou pontas de cigarro, remexia coisas, jogava coisas: fazia uma barafunda.

Full Fathom Five (1947), uma de suas primeiras *drip paintings*, foi incluída na mostra. Hoje pertencente ao MoMA, ao qual foi doada por Peggy Guggenheim, a pintura é descrita como "óleo sobre tela com pregos, tachinhas, botões, chaves, moedas, cigarros, fósforos etc.". A dívida de Pollock para com o *papier collé* de Braque e Picasso e o *Merz* de Schwitters é óbvia. Assim como seu uso da técnica dadaísta de Arp do "acaso" ao fazer a pintura. Nas suas palavras: "Quando estou em minha pintura, não tenho consciência do que estou fazendo." Mas o empréstimo de velhas ideias não significa que Pollock não tivesse produzido uma obra assombrosamente nova e imaginosa. *Full Fathom Five* – nome tomado das primeiras palavras da canção de Ariel em *A tempestade*, de Shakespeare – é uma tela tão densa quanto um *Nenúfar*, de Monet, e tão apaixonada quanto a *Guernica*, de Picasso.

O fundo verde borbulha visivelmente – contornos elevados criados pelos detritos com que Pollock imprimara a tela. Sobre essa paisagem granulosa ele pingara grossos glóbulos de tinta branca, entremeados com uma teia de aranha quebrada de finas linhas pretas que dançam levemente por toda a imagem. Pequenas manchas ocasionais de rosa, amarelo ou laranja aparecem inesperadamente, como peças de roupa rasgadas no meio de uma cerca viva de pilriteiros. Os borrifos e respingos decoram uma superfície áspera que Pollock raspara com uma faca de paleta e uma escova. A pintura é completamente abstrata e inquestionavelmente expressiva: uma fúria sobre tela.

Os críticos não se impressionaram, rejeitando a obra como aleatória, irreconhecível e sem sentido. Eles estavam errados em todos os aspectos. Dê uma boa olhada em *Full Fathom Five* e você verá que ela não é aleatória em absoluto, possuindo equilíbrio, forma e movimento. Tampouco é irreconhecível ou sem sentido. Poucas obras de arte são mais verdadeiras ou reveladoras, expressando tanta emoção humana incontida: a pintura explode de frustração, ansiedade e força. Está tão próxima da força da vida quanto um quadro, livro, filme ou música pode estar: sem sentimentalismo nem remorso.

Pollock sabia que a ideia de fazer arte dessa maneira não era nova. Ele se inspirou nos índios norte-americanos dos estados do sudoeste que pintavam com areia. E, mais recentemente, em Max Ernst (agora marido de Peggy), que havia tido experiências semelhantes fazendo um furo numa lata de tinta cheia e sacudindo-a sobre uma tela (à maneira das *3 stoppages padrão* de Duchamp). Em meados dos anos 1930, o próprio Pollock havia sido estimulado a jogar tinta esmalte numa parede como um ato de espontaneidade pelos artistas murais com que trabalhava. Mas, como ocorre com todas as grandes inovações, Pollock tomara essas ideias e as traduzira para o tempo em que vivia. Não que alguém estivesse se importando muito. Clement Greenberg continuava a se entusiasmar, mas poucos outros o faziam, inclusive colecionadores. Peggy ficou com algumas das obras em vez do contrato que tinha com Pollock, e ele trocou uma outra com um escultor, mas não aconteceu muita coisa, embora fosse possível comprar uma de suas novas *drip paintings* por apenas 150 dólares.

Como os gostos mudam. Comprar *Full Fathom Five* teria sido como investir no Google quando ele ainda estava começando. Cento e cinquenta dólares por uma *drip painting* original de Pollock? Hoje elas alcançam mais de 140 milhões de dólares. Como isso aconteceu?

A elevação de Jackson Pollock de rebelde do meio artístico de Nova York a estrela do cenário mundial foi acelerada por um fotógrafo nascido na Alemanha chamado Hans Namuth (1915-90). Ele, como muitos outros, não estava de todo convencido pelo trabalho de Pollock, mas concordou em ir a seu encontro por insistência de um amigo que julgava o artista norte-americano um gênio. Namuth procurou Pollock e pediu para fotografá-lo trabalhando em seu ateliê. O pintor disse sim (permitindo a Namuth fazer também um filme como complemento). As fotografias em preto e branco (ver Fig. 26) captaram, pela primeira vez, o método pictórico e a coreografia instintiva da técnica de Pollock (as imagens seriam um precursor da arte performática). Elas ajudaram também a criar uma mitologia romântica em torno do artista. Nas fotos, Pollock é mostrado como um artista apaixonado e absorto e um perfeito "*action man*". Vestindo jeans e camiseta preta, com antebraços encrespados e um cigarro pendendo da boca, parece mais um astro de cinema do tipo James Dean que a imagem estereotipada de um artista cerebral e distante. Ele é representado como uma figura heroica, trabalhando no isolamento, tentando desesperadamente expressar seus sentimentos por meio de marcas feitas com tinta na tela sob seus pés. As pessoas o viram despejar o coração na tinta e sentiram sua dor.

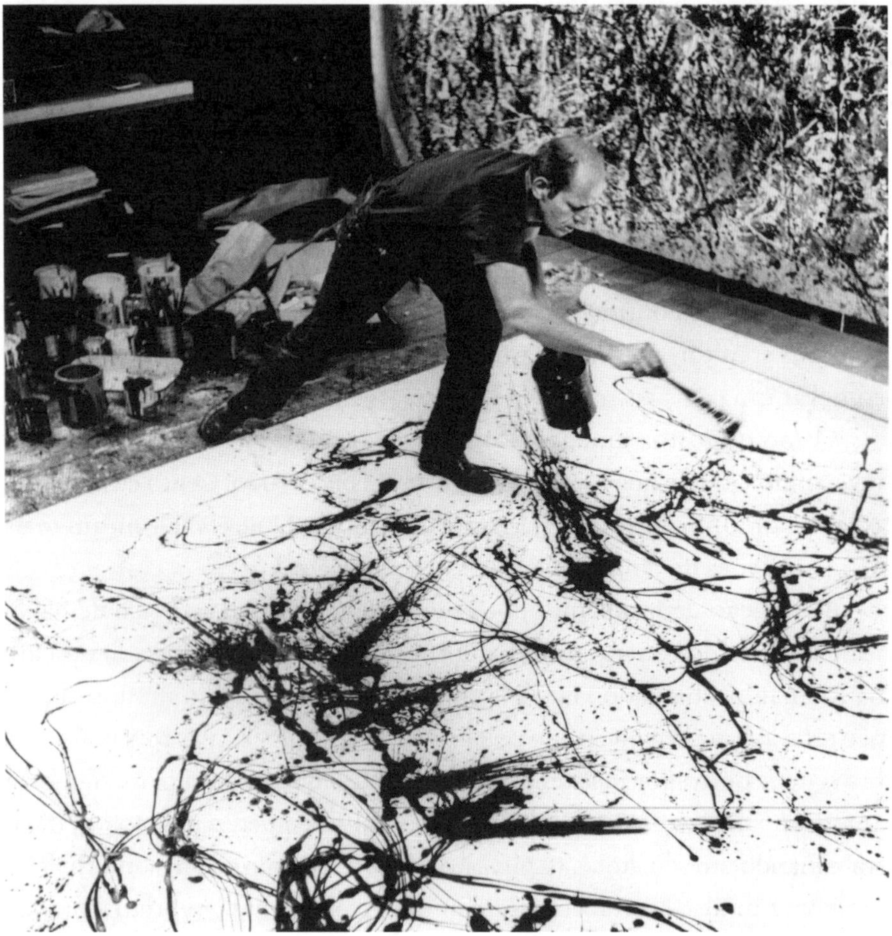

FIG. 26. Hans Namuth, *Jackson Pollock pintando* Autumn Rhythm: Number 30, 1950.

O público e a mídia ficaram fascinados por essas imagens, e por ele. Ao testemunhar seu processo de pintura as pessoas começaram a reavaliar seu trabalho como algo mais que borrifos numa tela. Houve um reconhecimento de sua perícia, de sua veracidade e da energia espontânea de suas pinturas. Gota a gota, a princípio lentamente, depois com incontido fervor, o mundo se apaixonou por Jackson Pollock.

O artista se viu sob o foco da atenção pública. Foi um dos primeiros pintores a se tornar uma celebridade global, o rosto do expressionismo abstrato.

Seguiram-se fama e sucesso por alguns anos, mas Pollock continuava sendo um homem conturbado. Tarde da noite em 11 de agosto de 1956, quando dirigia embriagado a cerca de um quilômetro e meio de sua casa, ele bateu com o carro. Morreu no mesmo instante, junto com um dos passageiros.

Jackson Pollock tinha apenas 44 anos quando morreu, encerrando prematuramente uma carreira brilhante. Um outro artista, que Pollock tanto admirava quanto invejava, havia alcançado essa idade antes que sua carreira sequer deslanchasse. Como Pollock, ele trabalhara na Divisão de Murais do Federal Art Project e fora igualmente abençoado com a beleza de um astro de cinema e amaldiçoado com o hábito de beber. Clement Greenberg também o festejava (para irritação de Pollock), e ele compartilhou o status quase mítico de Pollock e o reconhecimento por ser um criador do expressionismo abstrato. Embora, para dar crédito a Willem de Kooning (1904-97), ele mesmo tenha declarado no funeral de seu colega artista em 1956 que "Pollock quebrou o gelo para o expressionismo abstrato [começar]".

De Kooning deixou Roterdã, na Holanda, em 1926 numa viagem só de ida para Nova York, um lugar que ele havia romantizado em seus sonhos. Mesmo depois de duas décadas arranjando-se como biscateiro e pintor comercial em meio expediente, a cidade conservava seu encanto sobre ele. Por fim Nova York retribuiu seu amor. Em 1948 a Egan Gallery, em Manhattan, expôs dez das pinturas abstratas em preto e branco de De Kooning. Greenberg cooperou e pôs sua pena e considerável reputação em favor do holandês de 44 anos, declarando-o "um dos quatro ou cinco pintores mais importantes do país". Belas palavras que fizeram o mundo das artes comparecer em peso à exposição. Mas nada foi vendido.

Pelo menos não de imediato. Pouco depois, porém, o MoMA interveio e adquiriu *Pintura* (1948), feita com esmalte e tinta a óleo sobre tela. Ela tinha a aparência de um desenho a giz num quadro-negro antigo, sobre o qual alguém traçara grafites semelhantes a balões. Isso até vermos como a tinta branca usada por De Kooning para delinear as formas pretas encadeadas – algumas das quais poderiam ser letras – tende para o cinza. Isso nos atrai. E depois, querendo ou não, somos apanhados pela misteriosa capacidade do artista de mesmerizar com sua harmonia composicional, tal como um hipnotizador poderia fazer olhando dentro de nossos olhos. Há nas pinturas de De Kooning uma poesia visual, que em certo sentido – embora de maneira muito diferente – produz impressão semelhante à da obra de Piet Mondrian. Talvez seja uma coisa holandesa, mas ambos fazem pinturas tão perfeitamente equilibradas e visualmente satisfatórias que infundem em nós o desejo de permanecer em sua presença. É como ouvir uma bela nota ser cantada e depois sustentada, ou a sensação de um vinho perfeito no céu da boca. O estilo de Mondrian era fria exatidão; o de De Kooning vai mais numa levada reggae.

Como pode ser visto em sua pintura expressionista abstrata *Escavação* (1950), exposta na Bienal de Veneza no verão de 1950. Dessa vez são as formas ligeiramente coloridas em superposição que foram realçadas com tinta preta numa pintura que tem uma qualidade caligráfica. Formas inidentificáveis chocam-se umas contra as outras numa atmosfera apinhada, lembrando uma pista de dança cheia de corpos eufóricos, dividida apenas por um lampejo ocasional de tinta azul, vermelha ou amarela. Parece uma cena alegre, ainda que claustrofóbica. Isto é, até examinarmos a imagem mais de perto, o que logo provoca um mau pressentimento. Isso ocorre com frequência com o expressionismo abstrato: ele não é sempre o golpe rápido que pensamos que será, mas uma lenta construção com curvas e voltas. *Escavação* expõe as raízes europeias de De Kooning, e seu conhecimento do drama sombrio de Rembrandt, da expressividade atormentada de Van Gogh e da angústia pós-Primeira Guerra Mundial do expressionismo alemão de Kirchner. Atrás do lirismo da imagem há uma conotação macabra. Algumas das formas que ele pintou têm dentes; muitas parecem membros. Será possível que *Escavação* seja uma pintura antiguerra? Será possível que ela represente restos humanos numa cova comum?

Essa consciência do lado obscuro da vida é parte da arte de De Kooning: um contrapeso para sua harmoniosa beleza. "Sempre pareci estar envolvido no melodrama da vulgaridade", disse ele. O que certamente ocorreu na série extremamente famosa de seis pinturas que ele produziu entre 1950 e 1953. Elas são todas vividamente expressivas, com pinceladas mais relaxadas, mais grosseiras do que as usadas seja em *Escavação* ou em *Pintura*. São também notavelmente diferentes, pelo fato de a série *Mulher* não ser abstrata. Todas as pinturas retratam claramente o mesmo tema: uma mulher, que está sentada ou de pé, apresentada de frente, os seios pesados e os ombros largos acentuados por camadas de tinta densamente aplicadas. "Carne", disse De Kooning, "é a razão por que a tinta a óleo foi inventada."

Seu ponto de partida em todos os casos foi a boca – essa foi sua âncora, seu "ponto de referência". Ele examinava revistas de papel sofisticado, procurando anúncios em que aparecessem moças com bocas bonitas para estudá-las detidamente e depois recortá-las como fontes. Sua motivação para a série *Mulher* foi revisitar e atualizar a ideia do nu feminino, um tema usual na história da arte. Ele queria fazer uma pintura no espírito do expressionismo abstrato que pudesse remeter a pinturas clássicas do passado como *Vênus ao espelho* (1647-51), de Velázquez, ou *Olympia*, de Manet. Ambas haviam sido recebidas com reprovação assim que pintadas: tradição que De Kooning estava destinado a levar adiante.

Quando a série *Mulher* foi exposta em 1953 na Sidney Janis Gallery, em Nova York, De Kooning foi atacado de todos os lados. Os envolvidos no movimento expressionista abstrato não podiam acreditar que um de seus mais renomados expoentes voltara ao trabalho figurativo. Outros, diante do estilo primitivo em que De Kooning pintara a série, desqualificaram as pinturas como fracassos técnicos. Mas foi a maneira como o artista representara mulheres em suas telas que gerou mais controvérsia. A figura em *Mulher 1* (1950-52) (ver Lâmina 22) olha para nós de lábios arreganhados, mostrando os dentes como um canibal faminto. Seus enormes olhos pretos e olhar demoníaco reforçam a ferocidade de seu desejo. Ela está sentada, cercada por um fundo de cores não misturadas em camadas grossas, do qual suas pernas cor-de-rosa e laranja emergem. Elas estão ligeiramente entreabertas de uma maneira prosaica, enquanto a branca parte superior de seu corpo, dominada por um busto pujante, está rudemente exposta, sugerindo uma falta de autoconsciência. Ela é uma selvagem, selvagemente pintada. *Mulher 1* não é de desencorajar, é de fazer dar meia-volta e correr.

De Kooning foi acusado de misoginia, de desrespeito e de prestar um grande desserviço à mulher norte-americana moderna. Como podia ele, um artista reverenciado, apresentar uma visão tão negativa do sexo feminino? E com tamanha violência expressiva? Em várias ocasiões, De Kooning falou sobre as estatuetas mesopotâmicas que via no Metropolitan Museum of Art, sobre desafiar o clichê ocidental da mulher idealizada e de sua própria interpretação da história da arte, em que havia explorado a noção do grotesco. Quer a série *Mulher* nos pareça boa ou má, essas telas não podem ser criticadas por serem obras de arte impetuosas. Pollock podia ter produzido seu enorme *Mural* numa única noite de paixão pictórica, mas De Kooning passou um longo tempo trabalhando em *Mulher 1* e se preocupando com ela. Após um ano e meio ele desistiu, tirou a pintura do caixilho e guardou a tela – inacabada.

Podemos sentir o esforço físico e a vivacidade do artista tanto na série *Mulher* de De Kooning quanto nas enormes *drip paintings* de Pollock. Era seu feitio: anunciar sua presença ao espectador por meio de gestos pictóricos ousados e pinceladas agressivas, uma abordagem impetuosa que os levou a ser chamados de *action painters*. Esse era um lado do expressionismo abstrato. O outro lado era povoado por um grupo de artistas que estavam fazendo precisamente o oposto. Eram os pintores *color field*, ou do campo de cor, que produziam telas tão plácidas e calmas quanto as de Pollock e De Kooning eram agitadas e turbulentas. Enquanto as *drip paintings* de Pollock tinham a textura de uma estrada de terra, as vastidões de tinta monocromática que os artistas *color field* espalhavam uniformemente davam às suas o aspecto de um lençol de cetim.

Barnett Newman (1905-70) foi um dos líderes da turma do *color field*: um intelectual cujos interesses variavam de ornitologia e botânica a política e filosofia. Ele estava mergulhado no mundo das artes de Nova York havia muitos anos, respeitado tanto como escritor quanto como curador em meio expediente na Betty Parsons Gallery. Mas só depois dos quarenta anos ele descobriu um estilo de pintura com que se sentiu satisfeito. Seu momento decisivo veio em seu 43º aniversário, quando produziu *Onement 1* (1948). É uma pequena pintura retangular, no meio da qual Newman pôs uma tira vertical de fita crepe dividindo a tela em duas, como parte dos preparativos iniciais para a execução do trabalho. Ele pintou ambos os lados da tela com uma cor castanho-avermelhada. Em seguida deu um passo atrás. Num momento de espontaneidade, decidiu não remover a fita crepe como planejara, mas pintar sobre ela com um leve vermelho-cádmio aplicado com uma faca de paleta.

Deu um outro passo atrás para dar uma olhada. Depois se sentou para pensar sobre "o que tinha feito". Por oito meses.

Newman chegou à conclusão de que por fim havia feito uma pintura que era, disse ele, "completamente eu". Sentia que a linha vertical no meio não dividia a pintura, mas a unia, e observou: "Aquele toque infundia vida na coisa." Ele havia encontrado a invenção pela qual se tornaria famoso. Pollock tinha seu gotejamento; Newman tinha agora seu "zip". Uma linha vertical que, segundo ele, representava "riscas de luz".

Em sua mente, ele via isso como uma expressão de disposição de ânimo e sentimento, imbuída da espiritualidade mítica da arte primitiva. Os críticos foram de outra opinião e, numa farpa conhecida e pouco original, disseram que aquilo era algo que um pintor de parede poderia ter produzido durante o horário de almoço. Um crítico particularmente condenatório e sarcástico observou que ao entrar na Betty Parsons Gallery para ver as pinturas zip de Newman, ficou desapontado ao encontrar somente as paredes do espaço para contemplar. Até se dar conta de que, "Oh, não", estava de fato vendo as pinturas de Newman, que, verdade seja dita, estavam em telas enormes.

Vir Heroicus Sublimis (1950-51) era uma das pinturas expostas na Betty Parsons Gallery em 1951. É uma tela de 5,5 metros de comprimento por 2,5 metros de altura, coberta com uma tinta de um vermelho vivo monocromático com cinco zips colocados em vários pontos. As instruções de Newman aos visitantes da galeria, escritas por ele num pedaço de papel e pregadas ao lado da obra, eram para que chegassem perto. "Há uma tendência a olhar pinturas grandes a distância. As pinturas grandes nesta exposição destinam-se a ser vistas de uma curta distância." Ele queria que a superfície vermelha homogênea, em que não era possível detectar suas pinceladas, exercessem um profundo efeito sobre a psique do espectador, ocasionassem uma experiência quase religiosa. Pensava que, chegando perto, o espectador seria capaz de experimentar a sensação de saturação e volume que criara com suas múltiplas camadas de tinta vermelha. *Vir Heroicus Sublimis* significa "homem, heroico e sublime" em latim. Esse é o tema da pintura: ela pretende representar e evocar uma reação emocional de sentir-se esmagado por uma paisagem transcendental.

Enquanto estávamos sendo arrebatados no campo de vermelho de Newman, seus zips trabalhavam arduamente fazendo dois serviços. O primeiro, como ele mesmo disse, era representar luz: uma visão reduzida da vida que iria influenciar os artistas minimalistas nos anos 1960. Mas os zips estavam também exercendo um papel prático, funcional, para Newman: eram sua assinatura. Porque se você está no jogo abstrato expressionista, cobrindo telas com uma cor uniforme, precisa realmente de alguma coisa que identifique a pintura como seu próprio trabalho. Os zips de Newman desempenhavam essa função para ele: diferenciavam suas telas vermelhas quase totalmente monocromáticas das que estavam sendo produzidas por Mark Rothko (1903-70).

Rothko é o mais conhecido dos pintores *color field*, o que tem mais chances de ter pôsteres de seu trabalho em paredes de quartos e em salas de escolas de arte pelo mundo todo. Nascido na Rússia, ele abandonou o país em 1913 com a família, os Rothkowitz (como se chamavam então), para fugir da atmosfera de antissemitismo que retornara ao país. Emigraram para os Estados Unidos, onde, no devido tempo, Mark foi para a escola de arte, abreviou seu nome e começou a construir uma carreira como artista. Como Newman, ele demorou a encontrar sua senda no expressionismo abstrato, só o fazendo inteiramente no fim dos anos 1940, quando estava indiscutivelmente na meia-idade. Em 1949 produziu um exemplo inicial do que viria a ser seu estilo maduro com *Sem título (Violeta, preto, laranja, amarelo sobre branco e vermelho)*. Nele se veem retângulos horizontais de cor de tons suavemente misturados, de uma maneira que lhe seria tão característica quanto o zip era para Newman.

O tratamento dado por Rothko à forma geométrica numa pintura abstrata é acentuadamente diferente daqueles produzidos pelos construtivistas e suprematistas russos. Enquanto as linhas destes tinham bordas duras, as suas eram moles e borradas. Ele tampouco buscava criar tensões entre as formas, mas uma harmonia de cores, cuja gama era mais variada que as cores primárias a que os construtivistas se atinham.

Sem título é uma grande pintura retangular, medindo quase dois metros de altura e 1,5 de largura. A metade superior da tela é dominada por um retângulo vermelho, sob o qual há uma grossa linha preta marcando a seção central da imagem. A metade inferior começa com um retângulo laranja que depois se mistura com um amarelo. Um quadrado branco emoldura as formas, postas sobre um fundo amarelo-creme. Todas as formas foram frouxamente pintadas com bordas puídas, fundindo-se com as formas que as cercam. As cores vivas lembram a paleta dos fauvistas e a luminosidade da superfície da pintura é sugestiva dos impressionistas.

Mas para Rothko essa imagem é um estudo não da forma ou da cor, mas das emoções humanas básicas. Segundo ele, suas pinturas versavam sobre "tragédia, êxtase, fatalidade, e assim por diante". Imagino que essa pintura de cores vibrantes estava mais para o "extremo do êxtase" da escala de Rothko. Assim como, eu pensaria, estava também *O ocre (Ocre, vermelho sobre vermelho)* (1954) (ver Lâmina 23), que, comparada à sua pintura de 1949, é uma execução muito mais refinada da mesma ideia. Dessa vez Rothko pintou um painel retangular de cor ocre que cobre os dois terços superiores da pintura. Ele é emoldurado por uma fina orla vermelha, que se prolonga para formar o retângulo que ocupa o terço inferior da imagem. As áreas onde as cores se encontram são levemente fundidas de maneira a suavizar o contato entre as duas e conservar o sentido global de relação melódica da pintura.

Com mais de dois metros de altura e 1,5 metro de comprimento, *Ocre, vermelho sobre vermelho* é mais uma pintura enorme. Rothko insistiu que sua intenção ao pintar numa escala tão grande não era ego, pomposidade ou ostentação, como no caso das grandes pinturas do passado, mas exatamente o oposto. Ele estava tentando fazer pinturas que nos dessem a sensação, quando nos postássemos diante delas, de ser "muito íntimas e humanas". Via-nos como "companheiros de suas pinturas", o ingrediente que lhes permitia "funcionar". Sua crença na capacidade de suas obras de arte *color field* de provocar uma reação espiritual no espectador era tal que começou a estipular regras estritas sobre a maneira como deveriam ser expostas e quem poderia vê-las (os que não acreditavam na arte de Rothko não eram bem-vindos). Marjorie e Duncan Phillips, dois colecionadores que o artista aprovava, compraram *Ocre, vermelho sobre vermelho*. Em seguida fizeram uma sala especial em que a pintura podia ser vista ao lado de duas outras, também dele, que ambos haviam comprado. Rothko foi visitá-los e ficou agradavelmente surpreso pelo que tinham feito. A sala era relativamente pequena, o que significava que suas pinturas podiam ser vistas na "escala da vida normal". É claro que o reticente artista não perdeu a oportunidade de fazer algumas alterações na iluminação, sugerindo ainda que todos os móveis fossem retirados, exceto por um único banco. Rothko voltou para casa satisfeito, animado por uma paixão ainda maior pelo modo como seu trabalho devia ser experimentado.

Ele declarou sentir "um profundo senso de responsabilidade pela vida que [suas] pinturas [levariam] mundo afora". Recusava-se a mostrar seu trabalho cercado pelas pinturas de outros artistas em exposições coletivas ou em espaços que lhe pareciam inadequados (havia aceitado fazer quatro pinturas para o restaurante Four Seasons, no Seagram Building em Nova York, mas acabou voltando atrás porque o ambiente não lhe pareceu propício à "experimentação" de sua arte). Logo começou a pensar em termos não apenas de fazer pinturas, mas de fazer "espaços".

Em 1964 teve a chance de realizar seu sonho quando Dominique e John de Menil, um casal radicado no Texas que tinha o hábito de colecionar, decidiu que desejava construir uma capela ecumênica em Houston. Foram visitar Rothko em Nova York e lhe perguntaram se gostaria de fazer as pinturas que seriam penduradas na capela, compreendendo que ele poderia determinar, moldar e controlar um "ambiente total para encerrar sua obra". Rothko aceitou, mudou-se para um ateliê maior, onde instalou um sistema de roldanas que lhe permitia mover suas enormes telas, e pôs-se a trabalhar na produção das catorze pinturas (mais quatro alternativas) para pendurar nas paredes octogonais da capela. No verão de 1967 havia completado a tarefa e entregara as pinturas aos De Menil, que as guardaram até que a capela estivesse concluída.

Nessa altura, a arte de Rothko havia mudado. Não o estilo, que ainda consistia em retângulos abstratos pintados em cores quase iguais em telas grandes, mas o tom. Agora ele estava trabalhando na ponta da "fatalidade e da tragédia" da escala emocional humana. Da metade dos anos 1950 em diante, sua paleta ganhara uma aparência mais escura, mais fúnebre: roxos carregados misturados com vermelhos-sangue; marrons solenes fundindo-se com cinzas tristonhos. Tendo começado com as cores vivificantes de Matisse, o artista usava agora uma paleta mais adequada à Implacável Ceifadora.

As pinturas que Rothko fez para a capela dos De Menil eram sombrias, como convinha a um prédio destinado à contemplação religiosa. Todas as catorze obras de arte com tamanho de mural foram projetadas para pender do teto ao piso, envolvendo o visitante numa mortalha de desolação. Sete das pinturas têm borda preta e o fundo é de um marrom-avermelhado-escuro. As outras sete são transições tonais através de uma série de roxos carregados. É quase impossível identificar as sutilezas dos retângulos flutuantes pelos quais o artista era famoso nesses campos de cor escura e densa – situação que não foi amenizada por sua insistência de que a capela fosse iluminada apenas naturalmente por uma claraboia no teto.

A Capela Rothko foi finalmente aberta em 1971, suas oito paredes cobertas pelas pinturas fúnebres do artista, criando uma atmosfera lúgubre. Esse efeito era e continua sendo agravado pelo fato de Rothko nunca ter visto suas grandes obras instaladas, tendo se suicidado um ano antes. Havia algum tempo que estava doente e deprimido, situação não ajudada por um casamento em desintegração e um mundo que deixara para trás seu expressionismo abstrato para abraçar a pop art, que ele abominava. Rothko havia dito que sua arte constituía uma "expressão simples do pensamento complexo", o que não deixa de ser uma boa maneira de explicar o expressionismo abstrato.

É assim pelo menos quando se está tratando do expressionismo abstrato bidimensional, mas o acréscimo de uma terceira dimensão pode produzir o efeito contrário: um pensamento simples pode parecer muito complexo. *Austrália* (1951), de David Smith (1906-65), é uma escultura feita de varetas de aço que parece um rabisco feito no ar. Em geral a palavra escultura nos faz pensar em grandes e pesados pedaços de pedra ou bronze; não é o caso de *Austrália*, de Smith, que parece leve como palha, efeito amplificado pela decisão do artista de montar a obra sobre um bloco de concreto quadrado, que, embora pequeno, contribui para a impressão de imponderabilidade. Diz-se que suas linhas de metal torcido e forma primitiva assemelham-se a um canguru ou a um carneiro saltando – imagens que Smith vira numa revista que Clement Greenberg lhe enviara. Ao que parece, o crítico de arte estivera folheando a publicação e encontrara ilustrações de desenhos de cavernas aborígines; no mesmo instante pensara em Smith e lhe enviara a revista pelo correio com um bilhete que dizia: "Aquela com o guerreiro me lembra particularmente algumas de suas esculturas."

Austrália assemelha-se de certo modo a um Jackson Pollock tridimensional, com suas linhas imprevisíveis esculpindo através do ar, assim como a tinta preta respingada por Pollock fazia sobre suas telas. O expressionismo abstrato estava sem dúvida na mente de Smith, que se associara estreitamente a De Kooning e compartilhava com Pollock uma paixão por Picasso. Como os dois, Smith era um artista "gestual", que experimentara um começo difícil em sua vida profissional trabalhando como soldador de metais (o que se revelaria muito útil). Suas colagens abstratas de aço e ferro soldados foram talvez as esculturas mais originais da época, com *Austrália* evidenciando sua disposição de contestar as tradições figurativas associadas ao meio. Certa vez ele declarou não "reconhecer os limites onde a pintura termina e a escultura começa", um pensamento complexo expresso em suas complexas esculturas.

Essa foi uma ideia que Smith transmitiu em 1960 a seu protegido inglês Anthony Caro (n.1924), que ficou marcado por seu trabalho e conselho. Quando Caro retornou à Grã-Bretanha, parou de fazer esculturas representacionais da maneira que lhe fora ensinada por Henry Moore, para quem havia trabalhado como assistente, e voltou-se de imediato para o expressionismo abstrato. Dois anos mais tarde fez *Early One Morning* (1962), uma construção deformada, semelhante a um andaime, de varas e vigas de metal, que à primeira vista parece ser a espécie de configuração retorcida que uma criança pequena poderia fazer com limpadores de cachimbo e cartolina. Mas olhe de novo, e você ficará assombrado.

A obra tem três metros de altura, três metros de lado a lado e mais de seis metros de extensão. É de um vermelho vivo e extremamente pesada. Apesar disso, parece leve como ar. Ande à sua volta, inspecione seus braços projetados e seus painéis chatos e ficará inteiramente convencido de que *Early One Morning* é uma escultura feita de tinta congelada no tempo, não aço. Ela tem a delicadeza e o porte de uma bailarina, a ressonância de um hino e a ternura de um beijo. É uma dessas obras de arte que nos fazem arrepiar. Tanto mais que Caro dera o passo radical de não montar sua obra sobre um plinto, mas colocá-la diretamente no piso. Ele queria que pudéssemos interagir com ela em nossos próprios termos, em nossa própria escala, assim como os expressionistas abstratos queriam que fizéssemos com suas telas enormes.

Como a pintura de Rothko, *Early One Morning* trata de intimidade e experiência, no intuito de estabelecer uma conexão conosco por meio de algo elementar e universal. Que consiga fazê-lo é ao mesmo tempo surpreendente e mágico, o que sempre ocorre quando encontramos uma obra expressionista abstrata excepcional.

16. Pop art: Terapia de compras, 1956-70

Eduardo sentou-se à mesa e ficou observando o pai. O *signor* Paolozzi estava ocupado montando um rádio transistor simples com a confusão de peças espalhadas por toda a sala de estar da família nos fundos na loja. O menino sabia que o pai acabaria por fazer a engenhoca funcionar – *Papa* Paolozzi gostava de resolver problemas técnicos, só que isso sempre lhe tomava mais tempo que o previsto. Enquanto ajeitava o aparelho, ele podia ouvir que a loja estava ficando movimentada: logo sua mulher precisaria de ajuda para atender os fregueses. Deu um suspiro, levantou os olhos e notou pela primeira vez que o filho estava sentado quietinho, observando-o. Abriu um sorriso afetuoso.

"Vá lá, Eduardo, dê uma ajuda para a sua mãe, está bem? Ela não está dando conta do recado lá fora."

Eduardo afastou a cadeira, arrastando as pernas nas tábuas do assoalho de propósito para que a mãe soubesse que ele estava indo, passou pela porta contígua e entrou na sorveteria dos pais. Ele era grande para um menino de dez anos: alto e gorducho.

Era um dia inusitadamente quente para a Escócia e os trabalhadores das docas de Edimburgo aguardavam com bem-humorada paciência numa fila enquanto *Mamma* Paolozzi distribuía bolas geladas de seu delicioso sorvete caseiro. Passando atrás da mãe, Eduardo foi até o balcão do outro lado da loja, onde se vendiam balas e cigarros. Embora fosse um garoto grande e troncudo, ele não tinha muito interesse pelos doces ou pelas crianças que os contemplavam longamente antes de gastar dinheiro num saquinho. Mas gostava dos homens que vinham comprar cigarros. E eles gostavam dele.

"Já completou sua coleção de cartões Players, garoto?", perguntou o operário de feições marcadas.

"Ainda não", respondeu Eduardo, esperançoso.

"Entendo", disse o homem. "Nesse caso, é melhor eu comprar um maço de Players; eu fico com os cigarros, você fica com o cartão."

Radiante, Eduardo entregou o maço de cigarros, tendo antes removido o seu prêmio. Antes que o freguês seguinte pudesse fazer seu pedido, o menino deu uma olhadela no cartãozinho que tinha sobre a palma da mão. Era um Airspeed Courier prateado: um avião de nariz curto e grosso famoso por sua velocidade e obstinada confiabilidade, movido por uma única hélice preta. Um anel de cor vermelho vivo delineava a hélice e se curvava sem quebras para formar uma listra decorativa que corria ao longo de todo o comprimento do avião. Era sensacional. E muito procurado. Quando a afluência de fregueses terminou, Eduardo foi para seu quarto, segurando firme o cartão.

Era um quarto pequeno, impecavelmente asseado, como era do feitio de sua mãe. Ao deixar a Itália pela Escócia em busca de uma vida melhor, ela sentiu que precisava introduzir ordem em suas vidas: arrumação foi sua solução. Eduardo não se importava. Eles tinham um pacto – seu quarto podia ser domínio dela, contanto que o interior do guarda-roupa encostado na parede de trás pudesse ser seu. Mesmo assim, quando se abria as portas do armário e se olhava para dentro, tudo parecia normal: em ordem e imaculado. Mas se você desviasse os olhos para o lado, onde as portas se encostavam nas dobradiças, depararia com um completo caos. Colados, de maneira aparentemente aleatória, sobre cada centímetro dos painéis internos do armário viam-se cartões de cigarros, recortes de histórias em quadrinhos, invólucros de doces e anúncios de jornal. Era como se o conteúdo de uma cesta para papéis tivesse sido jogado contra elas. Mas o que podia parecer incoerente para o observador casual fazia perfeito sentido para Eduardo. Aquilo era seu mundo, uma colagem, à maneira de um livro de recortes, de todas as suas coisas favoritas, a que ele acrescentava agora a imagem do Airspeed Courier prateado. Ele não sabia disso na época – como tampouco Malevich ao pintar originalmente seu *Quadrado negro* numa peça de cenário teatral –, mas foi ali, no bairro Leith, de Edimburgo, em 1934, naquele quartinho habitado por um menino ítalo-escocês, que a semente da pop art foi plantada.

Seis anos depois, em 1940, a família sentou-se em volta do rádio artesanal de *Papa* Paolozzi para ouvir, entre estalos, a voz do locutor informando que a Itália entrara na guerra do lado dos alemães. Numa questão de horas, os nativos de Edimburgo haviam acorrido aos muitos estabelecimentos italianos que vinham servindo à comunidade para atacá-los. Alguns homens apareceram e detiveram o pai de Eduardo, voltando mais tarde à procura do infeliz menino de dezesseis anos a fim de levá-lo para o confinamento. Nesse meio-tempo, sua mãe foi levada para um local a quase cinquenta quilômetros da costa para que não pudesse espionar as atividades da Marinha britânica no mar. O humilhante incidente desagregou a família e apavorou Eduardo. Ele nunca mais veria o pai. Pouco tempo depois, *Papa* Paolozzi foi morto quando o navio que o transportava para uma prisão no Canadá foi torpedeado.

Foi um acontecimento trágico, mas o pai de Eduardo lhe ensinara muita coisa antes de morrer. É verdade que o enviara a acampamentos de férias fascistas na Itália, onde ele desenvolvera seu interesse por aviões e distintivos, mas havia também incutido nele uma paixão por fazer coisas, um espírito de pioneiro e um amor pela tecnologia. E o trabalho numa sorveteria e doceria dera ao menino um interesse inabalável pelos desenhos coloridos dos produtos comerciais e da publicidade. Foi essa combinação que o levou a decidir tornar-se um artista quando cresceu.

Em 1947, Eduardo Paolozzi (1924-2005), então com 23 anos, foi a Paris perseguir seu sonho. Ali conheceu muitos expoentes da arte moderna, entre os quais Tristan Tzara, Alberto Giacometti e Georges Braque. Ele mergulhou nas ideias do dadaísmo e surrealismo, foi a todas as exposições que o tempo permitiu, inclusive uma mostra das colagens de Max Ernst, e visitou um quarto cujas paredes haviam sido forradas com capas de revista por Marcel Duchamp.

Foi nesse ano que produziu *Eu era o brinquedo de um ricaço* (1947) (ver Fig. 27): uma colagem feita de imagens cortadas de revistas de papel brilhoso que lhe haviam sido dadas por soldados norte-americanos que conhecera em Paris. Paolozzi montou a colagem às pressas sobre um pedaço de papelão vagabundo. A capa de uma revista chamada *Intimate Confessions* toma três quartos da imagem. Como não é de surpreender, dado o título da publicação, ela exibe uma sensual *pin-up* de cabelo escuro dos anos 1940 sentada numa fina almofada de veludo azul, com sapatos de salto e um vestido vermelho curto e decotado. Ela usa um batom do mesmo tom de vermelho e um pesado delineador preto nos olhos; tem a cabeça

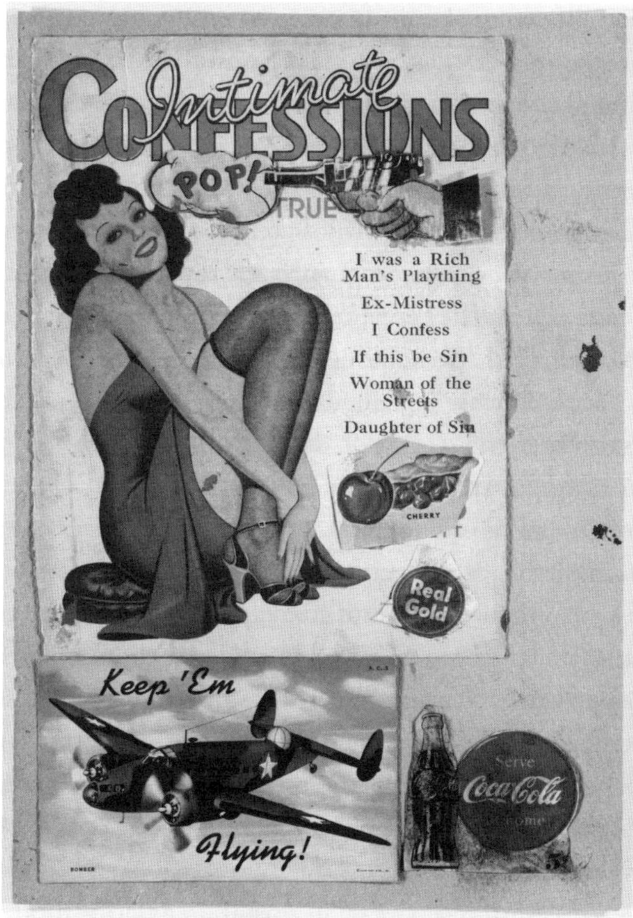

FIG. 27. Eduardo Paolozzi, *Eu era o brinquedo de um ricaço*, 1947.

coquetemente encostada nos ombros e abraça suas longas pernas contra o peito, revelando o alto de suas meias e as coxas nuas. Apontada para o seu rosto, cobrindo parte de uma manchete da revista, vê-se uma pistola disparando uma lufada de fumaça num recorte de outra revista superposto pelo artista.

O lado direito da imagem estampa os títulos promocionais dos conteúdos da revista: "Eu era o brinquedo de um ricaço", "Ex-amante, eu confesso", "Filha do pecado" e assim por diante. Paolozzi cobriu o título final com a fotografia recortada de uma fatia de torta de cereja e abaixo disso colou a logomarca da Real Gold, popular fabricante de suco de laranja. Os dois elementos finais da colagem estão colados abaixo da capa da revista *Intimate Confessions*: um cartão-postal de um avião da Segunda Guerra Mundial adornado com as palavras "Mantenha-os no ar!" e, à sua direita, um anúncio da Coca-Cola.

A colagem é tosca em todos os aspectos. A coleção de recortes de revista e o cartão-postal estão colados com pouco senso de permanência, ao mesmo tempo que o tom do quadro é atrevido e cheio de sugestões sexuais – a fatia de torta de cereja refere-se à genitália feminina e a pistola apontada para o rosto sorridente da aspirante a estrela de cinema tem óbvias conotações fálicas, explicitadas pela nuvem de fumaça branca que dispara. Essa colagem não teria sido digna de menção não fosse por alguns fatores historicamente importantes.

Dentro da bolha de fumaça branca que emana da pistola está a palavra "POP!" escrita em letras de um vermelho vivo. Este foi um dos primeiros casos em que a palavra foi usada num contexto de belas-artes, e, dada a natureza de cultura do consumo de seu tema, pode ser considerado o primeiro exemplo de pop art. A colagem tem todas as características distintivas do movimento que só seria oficialmente fundado uma década depois: tanto a revista maliciosa quanto a fonte no estilo de revista em quadrinhos que Paolozzi usou para a palavra "pop" apontam para o fascínio pela pop art entre os jovens e descolados, a cultura popular, o sexo fortuito e os meios de comunicação de massa. O cartão-postal do avião militar reconhece um interesse subjacente por tecnologia e associa o comercial ao político.

Paolozzi identificou o poder da celebridade, das mercadorias de marca e da publicidade numa nova era de consumismo. Uma era em que tais deleites seriam o ópio das massas: a cocaína do capitalismo.

A fascinação da colagem pela cultura norte-americana seria o tema predominante da pop art, com a garrafa de Coca-Cola tornando-se um motivo recorrente, visto por artistas como o epítome da promessa de gratificação instantânea do mercado de massa. Mais que isso, porém, a colagem de Paolozzi encarnava o espírito fundamental da pop art: a crença de que alta e baixa cultura são uma só e mesma coisa, que imagens de revista e garrafas de bebida eram tão válidas como formas de arte para criticar a sociedade quanto as pinturas a óleo e as esculturas de bronze adquiridas e expostas pelos museus. A intenção da pop art era borrar a linha entre uma coisa e outra.

Eu era o brinquedo de um ricaço, de Paolozzi, foi uma das várias colagens que ele usou para ilustrar uma palestra que deu no Institute of Contemporary Arts (ICA), em Londres, em 1952. Ele intitulou a palestra "BOBAGEM!", citando uma frase dita por Henry Ford ao jornal *Chicago Tribune*: "A história é mais ou menos bobagem. É tradição. Nós não queremos tradição. Queremos viver no presente." É uma declaração que evoca o futurismo de Marinetti, e talvez por isso tivesse agitado o sangue italiano de Paolozzi. Ele não estava sozinho em seu fascínio pela cultura de consumo. Esse era um interesse compartilhado por alguns de seus amigos britânicos – um grupo muito unido de artistas, arquitetos e professores radicado em Londres que se tornou conhecido como Grupo Independente.

Entre eles estava Richard Hamilton (1922-2011), que foi central para definir as ideias e o escopo da pop art em seus primórdios na Grã-Bretanha. Hamilton contribuiu de maneira entusiástica para a exposição This is Tomorrow, montada em 1956 na Whitechapel Art Gallery, no leste de Londres, uma mostra que pretendeu olhar para a frente após a austeridade dos anos seguintes à guerra. Ele fez uma colagem destinada a ser um cartaz promocional para a exposição e uma ilustração para seu catálogo. Mas numa reviravolta de natureza muito pop, ela se transformou de peça de design comercial numa das obras de arte definidoras do final da década de 1950.

O que exatamente torna os lares de hoje tão diferentes, tão atraentes? (1956) é feita de maneira muito semelhante à colagem anterior de Paolozzi, na medida em que Hamilton colou recortes de revista num papelão. Mas em vez do efeito de livro de recortes de Paolozzi, Hamilton usou seu material original (sobretudo imagens de revistas) para criar uma única imagem coerente da aparência que uma sala de estar do futuro poderia ter. Postados na soleira dessa nova vida, somos recebidos por um fisiculturista desnudo e vigoroso posando ao pé de sua escada, enquanto sua "perfeita" esposa nua faz uma pose sensual sobre um sofá elegante inspirado na Bauhaus, com uma cúpula de abajur na cabeça à guisa de chapéu. O casal está cercado pelas mais recentes comodidades domésticas: uma televisão, um aspirador de pó com tubo extensível (equipado com empregada), presunto enlatado e um gravador de último tipo colocado no assoalho.

Segundo Hamilton, ele baseou sua hoje famosa colagem na história de Adão e Eva, simplesmente os transportando do paraíso do Jardim do Éden para o novo e fascinante paraíso da confortável existência do século XX no pós-guerra. E é um lugar muito melhor do que aquele velho e enfadonho jardim bíblico onde se pode olhar, mas não tocar. No mundo novinho em folha de Hamilton, você NÃO deve resistir à tentação, é seu dever consumir e se regalar. Se quiser uma maçã, pegue duas – uma para agora e outra para logo mais. E coma junto com ela um pouco de presunto, e, por que não, dê uma chupada no pirulito de Adão, que encontrará provocativamente situado junto de sua virilha e exibindo um "pop" semelhante ao de Paolozzi.

Hamilton expressou o otimismo da sociedade em relação a um futuro high-tech. Um futuro em que todos (pelo menos no Ocidente) viveriam uma vida de abundância, facilitada por produtos modernos, e teriam tempo livre para usufruí-los. A vida estava se transformando de esforço árduo em leve entretenimento. O futuro seria preenchido com filmes e música pop, carros velozes (aludidos na colagem pela logomarca da Ford na cúpula do abajur) e moralidade frouxa, engenhocas práticas e jovialidade, comida enlatada e aparelhos de TV.

Em 1957, com extraordinária presciência, Richard Hamilton definiu a cultura popular como: "Popular (destinada a um público de massa), Transitória (solução de curto prazo), Descartável (facilmente esquecida), Barata, Produzida em Massa, Jovem (destinada à juventude), Espirituosa, Sexy, Atraente, Glamorosa, Muito Lucrativa." Isso deixou claro que a pop art não era uma fase tola em que artistas faziam obras de arte fáceis para um público pueril, mas um movimento extremamente político, com aguda consciência dos demônios e armadilhas ocultos na sociedade que estava retratando. Os artistas pop, como os impressionistas nos anos 1870, tinham olhado à sua volta e documentado o que viam.

Nos Estados Unidos, dois jovens artistas compartilhavam ideias parecidas. Eles já tinham vivido o "sonho" da cultura de consumo em Nova York, e visto seus aspectos mais sombrios também. Não foi surpresa, portanto, que abordassem a pop art de um ponto de vista menos romantizado. De início, Jasper Johns (n.1930) e Robert Rauschenberg (1925-2008) queriam apenas oferecer uma alternativa para os opressores expressionistas abstratos, movidos a testosterona. Se Hamilton e Paolozzi estavam reagindo à austeridade da Grã-Bretanha pós-guerra, Johns e Rauschenberg reagiam ao que viam como a pomposidade de Rothko e De Kooning.

Os dois jovens norte-americanos sentiam que os expressionistas abstratos haviam perdido contato com a realidade. Haviam se envolvido demais consigo mesmos, abandonando temas reais em favor de pronunciamentos grandiosos de seus próprios sentimentos. Menos obcecados por si mesmos, Johns e Rauschenberg queriam refletir e discutir a realidade da monotonia da vida à sua volta, que era os Estados Unidos modernos nos anos 1950. A partir de seu ateliê em Nova York eles trabalharam juntos, compartilharam ideias e criticaram o que produziam. Foi uma parceria de dois artistas de mentalidades semelhantes que se ajudaram mutuamente a galgar novas alturas e desbravar novos territórios, cada um no próprio estilo. A obra produzida por Johns e Rauschenberg abriu caminho para Andy Warhol (que comprou o desenho de uma lâmpada feito por Johns em 1961) e Roy Lichtenstein: os dois sumos sacerdotes da pop art norte-americana. Naquele estágio, porém – Nova York em meados da década de 50 –, Rauschenberg e Johns eram conhecidos como neodadaístas.

Não é absurdo. *Bandeira* (1954-55), uma das primeiras pinturas famosas de Johns, deve muito a Duchamp pela natureza corriqueira, onipresente de seu tema – a bandeira norte-americana. Um olhar superficial para *Bandeira* nos diz que, sim, estamos realmente olhando para a *Stars and Stripes*, a bandeira norte-americana, mas chegue mais perto e olhe bem (algo que só pode ser feito diante do objeto no MoMA, pois não é possível reproduzir o efeito na impressão), você verá que Johns não pintou apenas a imagem numa tela. Ela é, na verdade, uma colcha de retalhos de camadas, montadas em compensado, feita a partir de pedaços de jornal e tela, pintados com o uso da antiga técnica da encáustica, em que cera derretida é misturada com o pigmento puro. A combinação dos diferentes materiais e tinta texturizada dá à pintura uma superfície encaroçada, esburacada, borbulhante, efeito que Johns acentuou permitindo que a tinta gotejasse pela tela como a cera de uma vela.

É uma pintura com um quê dadaísta. Ao pintar toda a superfície do quadro como uma bandeira norte-americana, sem deixar nenhuma margem ou moldura, Johns está jogando um jogo mental, questionando se essa é de fato uma bandeira ou a pintura de uma. Afinal, se uma bandeira nada mais é que tecido a que foi acrescentado pigmento, por que a obra de Johns – um material ordinário a que foi acrescentada cor – não pode ser o próprio emblema dos Estados Unidos? Essa é uma costura filosófica que atravessa toda a pop art – em que momento a arte se torna uma mercadoria e uma mercadoria se torna arte?

Johns escolhia muitas vezes temas comuns – mapas, números e letras –, que são tão nossos conhecidos que se tornaram invisíveis. Suas pinturas nos obrigam a reexaminar o trivial, a prestar atenção ao mundo em que vivemos. Ele põe em primeiro plano o que nos escapa e o torna inevitável, usando um método meticuloso de pintura em camadas que exige de nós um exame mais atento. Sua arte, nesse aspecto, era voltada para fora, e a antítese das declarações audaciosas do expressionismo abstrato sobre nossos sentimentos íntimos.

Assim também a de Rauschenberg, cuja reação ao que via como o pseudo-heroísmo e seriedade dolorosamente aborrecida de Rothko e companhia era produzir uma arte não só enraizada nas aparas descartadas dos Estados Unidos consumistas, mas feita delas. "Tenho pena", disse ele, "das pessoas que acham feias coisas como saboneteiras ou garrafas de Coca-Cola, porque elas estão cercadas por coisas assim e isso deve deixá-las muito infelizes." O profundo apreço de Rauschenberg por esses humildes itens produzidos em massa o levou a encontrar sua voz artística em obras de arte como *Monograma* (1955-59) (ver Lâmina 24). Essa obra faz parte de uma série produzida pelo artista entre 1953 e 1964, misturando a pintura a óleo das belas-artes com escultura e colagem: um amálgama a que deu o nome *Combinação*. Rauschenberg declarou querer trabalhar na "brecha entre arte e vida", para encontrar o ponto em que elas ou se encontram ou se fundem em uma só. Ninguém havia sintetizado a essência da pop art com mais concisão ou precisão. Seu ponto de partida foram os readymades de Duchamp e o conceito de *Merz* de Schwitters – arte elevada feita a partir de cultura vulgar. O artista norte-americano percorria alguns quarteirões em torno de seu ateliê em Nova York à procura de objetos "achados" – sucata, fragmentos e curiosidades que pudesse transformar em expressão artística. Para ele a rua era uma paleta e o piso de seu ateliê, um cavalete.

Essas excursões em busca de refugos frequentemente o levavam a passar em frente a uma loja de acessórios de segunda mão para escritório que tinha uma cabra angorá empalhada no meio de sua vitrine. Rauschenberg sentia pena do animal morto – ele parecia tão deplorável e sujo sob uma manta de poeira, só podendo ver através de uma vidraça escura, aparentemente por toda a eternidade. Pensando que "poderia fazer alguma coisa a esse respeito", ele entrou e se propôs a comprar o animal. O dono da loja queria 35 dólares, mas o artista só tinha quinze. Os dois concordaram que o artista poderia levá-lo por quinze dólares e voltar para pagar o resto mais tarde, depois que tivesse ganhado algum dinheiro (quando ele voltou com o resto do dinheiro, alguns meses depois, a loja provou nada ter de eterna – tinha sido fechada).

De volta ao ateliê, Rauschenberg tentou pôr a cabra contra um painel, como se fosse uma pintura montada numa parede. Não funcionou; a cabra era "grande demais" – não em termos de tamanho, segundo ele, mas de "caráter". Ele experimentou as mais diversas maneiras de expor o animal, mas não conseguiu encontrar nenhum método satisfatório, dizendo: "Para começar, ela [a cabra] se recusava a ser abstraída em arte – dava a impressão de ser arte com uma cabra." Isso continuou até que ele recorreu de novo ao assoalho do ateliê e pegou um velho pneu de carro recolhido em uma de suas varreduras na cidade. Pôs o velho pedaço de borracha em volta do diafragma da cabra como uma sela, e pronto! Aos olhos do artista, agora a cabra tinha virado arte.

Em seguida, Rauschenberg construiu uma plataforma de madeira quadrada e baixa com uma rodinha em cada canto e instalou a cabra/pneu no centro. Depois, acrescentou a isso uma variedade de pedaços de papel pintados, lona, uma bola de tênis, um salto de sapato de plástico, uma manga de camisa e o desenho de um homem andando numa corda bamba. A cabra ganhou uma toalete também: Rauschenberg enfeitou-lhe a cara com grossas pinceladas de tinta a óleo multicolorida. À medida que ele desenvolvia seu trabalho, emergia uma obra de arte tão distante das meditações abstratas de Rothko, Pollock e De Kooning quanto era possível. Esta era uma obra de arte feia (o termo "antirretiniano" de Duchamp poderia ser aplicado), mas divertida, que podia se equiparar a uma grande tela expressionista abstrata quando se tratava de merecer espaço e atenção numa galeria.

Um primeiro encontro com *Monograma*, de Rauschenberg, pode ser uma experiência desconcertante. É como acontece com um uísque puro malte ou um curry apimentado: levamos um pouco de tempo para nos acostumar. Mas o esforço vale a pena. A obra está repleta de simbolismo e anedota, a começar por seu título. Um monograma, em geral, é uma combinação de letras entrelaçadas representando as iniciais do nome de uma pessoa que pode ser marcada em qualquer coisa, de papel de carta a camisas. Este *Monograma* é uma declaração sobre o artista. No nível mais elementar, a cabra é uma expressão do amor de Rauschenberg pelos animais; do fato de que ele, à sua maneira, deu nova vida a uma criatura abandonada. O pelo das cabras angorás costuma ser transformado em *mohair*, uma referência, talvez, ao tempo que o artista passou no Exército dos Estados Unidos, quando usou uniformes feitos desse tecido. A cabra aponta também para o interesse de Rauschenberg pelo passado: ela é uma criatura antiga que foi valorizada durante séculos, mas talvez não mais; daí o pneu preso às suas costas (passando por cima dela?), representando uma era nova, mais insensível. O pneu também é autobiográfico, referindo-se à infância do artista, quando ele morou perto de uma fábrica de pneus. E, por fim, há a combinação dos dois elementos (cabra e pneu), ela própria um monograma. Quanto à tinta espessa aplicada à cara da cabra, bem, isso poderia ser interpretado como uma crítica aos expressionistas abstratos – grossas pinceladas obliterando a expressividade natural dos traços da cabra, deixando uma imagem falsificada que esconde a verdade.

Os outros materiais incorporados a *Monograma* são igualmente significativos. A manga de camisa remete mais uma vez à infância de Rauschenberg, quando a vida era frugal. Em vez de comprar roupas novas, sua mãe aproveitava e remendava, emendando pedaços de camisas velhas uns nos outros para fazer uma nova – uma abordagem parcimoniosa que permaneceu com o artista e pode ser vista em sua obra. A sola de sapato engastada poderia se referir às muitas caminhadas que Rauschenberg empreendeu para fazer a peça; a bola de tênis, ao esforço físico que sua construção demandou. É possível especular por horas sobre as revelações autobiográficas e alusões que Rauschenberg estava comunicando por meio dos elementos que compõem *Monograma*, mas uma coisa é certa – a obra era uma mudança radical em relação à arte que ele fora ensinado a fazer na escola.

Rauschenberg frequentara o Black Mountain College, na Carolina do Norte – talvez a escola de arte mais progressista do mundo na época. Willem de Kooning e Albert Einstein estavam ligados à instituição, assim como as lendas da Bauhaus Walter Gropius e Josef Albers, este último tendo sido um dos orientadores de Rauschenberg. O norte-americano rebelde não se entendeu bem com o alemão disciplinador – descreveu-o como um "belo professor e uma pessoa impossível". O aluno começou a questionar as concepções modernistas do mestre (embora a insistência de Albers na importância de apreciar o valor dos materiais tenha ficado para sempre com ele).

Numa resposta parcialmente sarcástica à insistência de Albers em que o discípulo manipulasse cores e formas de uma maneira que desafiasse a norma, Rauschenberg produziu uma série de pinturas absolutamente monocromáticas em preto a que se referiu como "experiências visuais ... não arte". Produziu também uma série de *Pinturas brancas* (1951), que foi ao mesmo tempo uma troça ao expressionismo abstrato, uma mesura à famosa pintura suprematista *Branco sobre branco* (1918) de Malevich e uma exploração de "até onde é possível empurrar um objeto sem que ele perca por completo seu significado". As *Pinturas brancas* consistiam em telas retangulares ou quadradas idênticas uniformemente cobertas de tinta branca, penduradas uma junto da outra como soldados numa parada. Não pretendiam ser pinturas expressionistas carregadas de ansiedade, mas obras de arte que eram ativadas por incidente e acaso, como poeira pousando na tela, ou a sombra de alguém a contemplá-las, ou um raio de luz salpicando sua superfície.

Ele as chamou de "ícones de excentricidade", e quando as exibiu publicamente elas ganharam alguns aplausos, muito escárnio e geraram uma impressão geral de que Rauschenberg era um artista incomum. Essa suspeita foi confirmada quando ele se aproximou de Willem de Kooning em 1953 com uma pergunta impertinente. Vale a pena ter em mente que na época De Kooning era um dos artistas mais respeitados do mundo – uma pessoa cuja simples presença enchia todos de reverente admiração. Rauschenberg, em comparação, era um iniciante presunçoso: um ninguém.

Armado com uma garrafa de uísque Jack Daniel's para conforto e coragem, Rauschenberg foi até a porta do ateliê do reverenciado artista e bateu à porta. Cada fibra de seu corpo desejava que De Kooning estivesse fora. Mas não. De Kooning abriu a porta e convidou o jovem e inexperiente artista a entrar em seu ateliê. Uma vez lá dentro, adrenalina correndo nas veias, Rauschenberg fez sua pergunta. Poderia o holandês, por favor, lhe dar um de seus desenhos para que ele, Rauschenberg, pudesse destruí-lo, esfregando a imagem com uma borracha?

Logo após ouvir o bizarro pedido, De Kooning tirou a pintura que estava sobre seu cavalete e a pôs em frente à porta pela qual haviam entrado no ateliê, cortando assim qualquer via de fuga para Rauschenberg. Estreitando os olhos, o artista olhou bem para o jovem descarado, que agora tremia visivelmente. Não disse nada por algum tempo, e em seguida, após o que pareceu um século para Rauschenberg, falou. Disse que compreendia o pedido, mas não o considerava uma boa ideia. Apesar disso, iria atendê-lo, para apoiar as ambições de um colega artista. Mas, anunciou, teria de ser um trabalho de que ele, De Kooning, sentiria falta pessoalmente – e algo muito difícil de apagar.

De Kooning escolheu um pequeno desenho em papel que fizera com creiom, lápis e carvão, em que havia também traços de tinta a óleo. Deu-o a Rauschenberg e lhe disse, provocativamente, que ele teria de se esforçar muito para se livrar da imagem. Estava certo; Rauschenberg labutou durante um mês, removendo penosamente as marcas de De Kooning com uma borracha, até que por fim conseguiu: a imagem desaparecera. Ele pediu ao amigo Jasper Johns que produzisse a tipografia para o título da obra – *Desenho de De Kooning apagado* (1953) – e declarou a nova obra de arte completa. O objetivo do exercício, declarou, não era um ato dadaísta de destruição, mas uma tentativa de encontrar uma maneira de incorporar um desenho em sua série toda branca.

A coragem de Rauschenberg de pensar de maneira diferente numa época em que críticos e colecionadores estavam sob o domínio dos expressionistas abstratos não deveria ser subestimada. Tampouco sua influência. O *Desenho de De Kooning apagado*, visto como uma das primeiras peças de arte performática, inspirou uma geração de artistas nos anos 1960. E as *Pinturas brancas* funcionaram como um precursor do minimalismo, ao mesmo tempo que deram ao compositor – e grande amigo de Rauschenberg – John Cage o ímpeto para escrever sua famosa peça de não música *4'33"*: quatro minutos e 33 segundos da experiência sonora que Cage disse preferir a todas as outras: silêncio. Ao mesmo tempo, as *Pinturas brancas* estavam certamente na mente de Richard Hamilton quando ele foi convidado pelos Beatles para criar a capa para seu *Álbum branco* (1968): uma capa branca lisa, com o nome da banda estampado em relevo de maneira apenas visível. Quanto a *Monograma* e às outras *Combinações* de Rauschenberg, bem, seu impacto pode ser sentido até hoje. A cabra empalhada levou a tubarões em conserva e camas por fazer, e, antes deles, ao movimento artístico Fluxus de meados da década de 60 (de que trataremos no próximo capítulo).

Rauschenberg e Johns – amigos e amantes – foram capazes de realizar a tarefa que haviam atribuído a si mesmos em seu ateliê em Nova York nos anos 1950. Eles haviam decidido libertar a arte moderna norte-americana do controle inamistoso do expressionismo abstrato, e conseguiram. Suas imagens e apropriações da cultura popular deixaram de ser vistas como piada e começaram a ser levadas a sério. Curadores influentes do MoMA deslocavam-se até as principais galerias de arte de Manhattan – como as de Betty Parsons e Leo Castelli – para ver em primeira mão a obra mais recente desses dois jovens norte-americanos. Ali, examinavam com atenção e identificavam as peças a comprar e acrescentar às suas impressionantes coleções de arte moderna. Muitos outros também iam dar uma olhada: a intelligentsia de Manhattan, colecionadores e outros artistas. Entre os visitantes regulares havia um homem excêntrico de trinta e poucos anos que já havia adquirido renome como ilustrador de moda, mas agora desejava ardentemente entrar no mundo da arte.

Andy Warhol (1928-87) ficava parado, olhando o trabalho de Rauschenberg e Johns em desespero. O que ele – um simples artista comercial que trabalhava em publicidade – podia fazer para igualar o impacto que estava sendo produzido por esses dois corajosos artistas? Ele havia adquirido certo grau de fama como designer, fazendo desenhos a pena e tinta de sapatos, e ganhara um bom dinheiro criando sedutoras vitrines de loja. Mas não fora além disso. Durante anos havia feito experiências com motivos pop. Produzira um desenho muito simples de um James Dean morto (1955) com seu carro capotado ao fundo e um desenho do autor Truman Capote (1954), bem com uma pintura de inspiração surrealista de um jogador de xadrez – uma referência à importância de Marcel Duchamp para o artista emergente. Apesar disso, no final dos anos 1950 Warhol ainda não tinha descoberto sua própria temática ou estilos sobre os quais construir sua carreira nas belas-artes. Tinha apenas suas ilustrações ou pastiches malfeitos de obras de outros artistas: continuava sendo um *outsider* olhando de fora para a arte.

Em 1960, seguindo na esteira de Paolozzi, Hamilton e Rauschenberg, ele fez uma obra de arte retratando uma garrafa de Coca-Cola, embora sua abordagem fosse diferente. Enquanto os outros artistas tinham usado a marca e a garrafa como parte de sua obra, Warhol fez dela seu único motivo, tal como Johns fizera com seus temas.

Em *Coca-Cola* (1960), Warhol simplificou a garrafa, reduzindo-a a uma representação gráfica, e colocou ao lado dela um disco do famoso logotipo da marca, como se tivesse recortado os dois de uma revista e ampliado a imagem. O efeito foi duro e desapaixonado, e mais poderoso como pintura do que teria sido como uma peça dentro de uma colagem. Mas isso não o satisfez. Era subjetivo demais. Warhol não pôde resistir a acrescentar algumas pinceladas pictóricas ao desenho, marcas que estavam de acordo com a dramaticidade emocional do expressionismo abstrato, mas que solaparam a força de sua imagem, que de outro modo seria friamente desconexa. O problema é que havia Andy Warhol demais na pintura para fazer dela uma pintura caracteristicamente de Andy Warhol. Ele estava, porém, muito perto de encontrar um estilo próprio. Chegou mais perto ainda com algumas pinturas em preto e branco de pequenos anúncios que retirara da última página de um jornal. *Aquecedor de água* (1961) imitava meticulosamente o anúncio de um aquecedor de água, mas Warhol havia mais uma vez embelezado demais a imagem, incorporando à pintura pingos de tinta escorrendo de algumas letras. Mais tarde, em 1962, ele acertou a mão.

Tendo pedido opinião a todos que se dispunham a ouvi-lo sobre o que deveria pintar, ele descobriu ouro quando alguém lhe sugeriu que escolhesse a peça de cultura pop mais difundida que pudesse identificar, como dinheiro na forma de uma nota de um dólar ou um tablete de chiclete. Ora, essa era uma boa ideia. Enquanto Johns escolhia principalmente objetos tão familiares que passavam despercebidos, Warhol tomaria imagens tão apreciadas que já tinham apelo de massa – ele seria tão chamativo e atrevido quanto os anúncios e produtos que o cercavam em Manhattan. Parecia-lhe possível interpretar os ícones e artefatos do *boom* consumista de duas maneiras. As imagens idealizadas de pessoas perfeitas e produtos impecáveis podiam ser vistas tanto como clichês quanto como classicismo; como imagens grosseiras e exploradoras de uma mulher de batom ou como celebrações do ideal de perfeição, tal como os gregos haviam feito com suas famosas obras de arte. Era uma tensão psicológica rica de possibilidades. De volta à casa da mãe para almoçar, com a intenção de refletir sobre um motivo adequadamente "vulgar", sentou-se e consumiu a mesma refeição que vinha fazendo nos últimos vinte anos: uma fatia de pão e uma lata de sopa Campbell.

Continuou não conseguindo encontrar uma galeria de Nova York para expor sua obra, mas uma de Los Angeles se dispôs a fazê-lo. Em julho de 1962, na Ferus Gallery de Irving Blum, em LA, foram exibidas 32 pinturas de *Latas de sopa Campbell* (1962). Elas foram apresentadas em 32 telas distintas, cada uma representando um sabor diferente oferecido pela Campbell. Espirituosamente, Irving Blum havia pendurado a série numa única linha horizontal, todas as telas apoiadas numa rasa prateleira branca, como se estivessem num armazém. A intenção era vender cada tela individual por cem dólares, mas quando a exposição foi encerrada havia somente cinco compradores, um deles o astro de cinema Dennis Hopper. Nessa altura Blum tinha passado a gostar das *Latas de sopa Campbell* de Warhol. Gostava de vê-las em bloco, e começou a pensar que funcionavam melhor como uma peça global do que como unidades isoladas: a soma, concluiu, era melhor que as partes.

Ele sugeriu a Warhol que a obra deveria ser reconcebida como uma unidade composta por 32 telas. O artista concordou. Isso faz de Blum cocriador de uma das obras de arte mais famosas do século XX. E um membro do clube em rápida expansão dos conselheiros de Andy, um bando variado do qual ficou feliz em fazer parte. A disposição de dar ouvidos a outras pessoas e, quando apropriado, seguir seus conselhos estava entre as maiores qualidades de Warhol. Ele solicitava ideias com frequência, ignorando polidamente as sugestões que lhe pareciam incorretas, mas logo pondo em prática todas aquelas a que atribuía mérito.

A recomendação de Irving Blum foi um desses casos. Com a concordância de Warhol, o marchand tratou de comprar de volta as cinco telas de *Latas de sopa Campbell* previamente vendidas – que haviam permanecido, todas, na galeria para ser apanhadas depois que a exposição terminasse. Conta-se que teve diferentes graus de dificuldade – Hopper, ao que parece, foi o mais intransigente – para convencer seus clientes a pegar o dinheiro de volta e lhe permitir conservar as telas. O esforço valeu a pena. Como uma obra unificada, *Latas de sopa Campbell* iria não somente definir Warhol como artista, mas também definir a pop art e a obsessão primordial do movimento pela produção em massa e a cultura de consumo.

Warhol havia conseguido eliminar da pintura quase todas as evidências de sua presença; não se vê nenhum toque estilístico, nenhum floreio tipo "olhe para mim" em nenhuma das 32 telas. O poder da obra estava em sua frieza desapaixonada, comunicada pela aparente ausência da mão do artista. Sua natureza repetitiva parodia os métodos da publicidade moderna, que pretende se infiltrar na consciência do público para doutrinar e persuadir bombardeando-nos com múltiplas exposições à mesma imagem. Com a estudada uniformidade de suas *Latas de sopa Campbell*, Warhol está também contestando a convenção de que a arte deve ser original. Sua similaridade vai contra as tradições do mercado da arte, que atribui valor – financeiro e artístico – à raridade e unicidade percebidas. A decisão de Warhol de não criar seu próprio estilo gráfico, mas imitar o das latas de sopa Campbell, tem uma dimensão social e política. Era uma censura duchampiana ao mundo das artes por elevar artistas ao papel de gênios onividentes, além de ser um comentário sobre o status diminuído dos trabalhadores individuais no mundo homogeneizado da produção em massa (preocupação que já havia sido suscitada por John Ruskin e William Morris no século XIX).

Warhol insiste nesse ponto particular com seu método de produção. Embora pareçam idênticas, as 32 *Latas de sopa Campbell* são de fato todas diferentes. Chegue perto e você verá que a técnica com que o pincel foi aplicado não se repete exatamente em nenhuma das telas. Chegue ainda mais perto e perceberá que por vezes o desenho do rótulo foi alterado. Por trás da aparente ausência de alma do motivo repetido está a mão do artista, um indivíduo cuja tarefa é executar a obra. Assim como por trás da criação de uma lata de sopa Campbell estão os esforços de indivíduos desconhecidos e não devidamente reconhecidos.

O artista chinês Ai Weiwei estava propondo uma ideia semelhante na Tate Modern em 2010 quando encheu o cavernoso Turbine Hall da instituição com 100 milhões de sementes de girassol de porcelana. Como uma unidade elas formavam uma paisagem cinzenta e fosca, mas se você apanhar um punhado com a mão, verá que cada uma delas foi pintada a mão e é acentuadamente diferente de qualquer das outras. O artista estava se referindo à vasta população chinesa e lembrando ao mundo que seus compatriotas não são uma massa singular que pode ser irrefletidamente menosprezada, mas uma coleção de pessoas singulares com suas esperanças e necessidades.

Warhol estava intrigado com o funcionamento das grandes empresas e da mídia de massa e com nossas reações às suas mensagens. Sentia-se fascinado pelo paradoxo de que a imagem de uma lata de sopa, de uma nota de um dólar ou de uma garrafa de Coca-Cola podia se tornar tão familiar a ponto de ser desejável; uma taquigrafia visual que nos dizia "Venha me pegar" quando estamos fazendo compras numa loja cheia. No entanto, a imagem de algo horrível como um desastre de avião ou uma cadeira elétrica perderia muito de sua força se fosse vista repetidamente em jornais ou na televisão. Nenhum artista compreendeu ou expressou a natureza contraditória do consumismo melhor que Andy Warhol.

E poucos nutriram as fascinações duais da celebridade e da morbidez com tamanha paixão. Ele combinou as duas com o *Díptico de Marilyn* (1962) (ver Lâmina 25), que produziu no ano em que sua carreira decolou e a da estrela de cinema foi encerrada com sua morte. É um dos primeiros exemplos de serigrafia de Warhol, uma técnica comercial de impressão muito usada que ele introduziu no mundo das belas-artes. Foi o último passo triunfante do artista no caminho para encontrar seu estilo artístico. Ele já havia estabelecido que sua arte seria baseada na imitação da linguagem visual do consumismo norte-americano – de modo que se apropriar mais uma vez de elementos desse mundo fazia todo o sentido. O objetivo era eliminar sua mão por completo da execução da obra de arte, encontrar um efeito mais "linha de montagem", que ajudaria a fechar a brecha entre suas imagens, sua produção e aquelas que elas estavam imitando. A impressão por serigrafia fez isso e mais: permitiu a Warhol empregar as cores berrantes usadas na esfera comercial. Sua intenção com isso não era expressar seus sentimentos íntimos por um tema, como havia sido o caso com os fauvistas e suas cores vivas, mas poder macaquear a paleta da cultura pop.

O *Díptico de Marilyn* nasceu como uma fotografia publicitária tirada da atriz durante a filmagem de *Torrentes de paixão* (1953). Warhol adquiriu a imagem e depois seguiu o seu procedimento serigráfico de transferir a foto da emulsão para a tela de seda, após o que, disse ele, "eu rolava tinta através dela de modo que a tinta atravessasse a seda, mas não a emulsão. Desse modo obtém-se a mesma imagem, mas ligeiramente diferente a cada vez". Era um ato de espontaneidade e acaso que remontava às ideias de Duchamp, dos dadaístas e do surrealismo, com seu pendor para a repetição, com a celebridade acrescentada à mistura.

A obra é composta por dois painéis, cada um consistindo em uma versão em serigrafia da imagem original que Warhol repetiu 25 vezes e arranjou em fileiras de cinco de um lado a outro, como uma folha de selos postais. O painel da esquerda tem um fundo laranja contra o qual Marilyns Monroes de cabelo louro e rosto magenta sorriem para o espectador, os dentes aparecendo através de lábios vermelhos entreabertos. É a própria essência da ilusão da celebridade empacotada por magnatas do cinema e editores de revistas de papel brilhoso: um mundo à parte, em que beleza perfeita e felicidade despreocupada coexistem. Isso está em total contraste com o painel da direita, que Warhol imprimiu em preto e branco.

As 25 Marilyns da direita, embora tomadas da mesma imagem, têm um aspecto tão soturno quanto as da esquerda são vívidas e alegres. Estas Marilyns são borradas e embaçadas: apagadas e não muito visíveis. O painel alude à sua morte poucas semanas antes, além de ser um comentário sobre o preço da fama, um jogo perigoso em que a pessoa acaba perdendo a identidade, o senso de individualidade e, no caso de Monroe, a ânsia de viver. Há alguma coisa de *O retrato de Dorian Gray*, a história de Oscar Wilde, no *Díptico de Marilyn*. Num lado a imagem de Marilyn nunca envelhece – ela é jovem e linda, sensual e animada. Enquanto isso, no outro lado – no sótão, por assim dizer – há uma imagem de sua deterioração de uma beleza de tela (de seda) para uma mulher fantasmal que perdeu seu esplendor.

Essa é uma das obras de arte mais icônicas de Warhol e, mais uma vez, uma obra que não é de todo o produto de sua mente brilhante. Um colecionador de arte chamado Burton Tremaine havia ido com sua esposa até o ateliê do artista em Nova York para dar uma olhada no que ele estava fazendo. Warhol mostrou-lhe seu trabalho, no meio do qual havia duas serigrafias separadas de Marilyn Monroe: uma em cores e uma em preto e branco. A sra. Tremaine sugeriu ao artista pôr os dois juntos como um "díptico", ao que, segundo ela, Warhol respondeu: "Mas é claro!" Havia tal alacridade na sua reação que os Tremaine sentiram que não lhes restava alternativa senão comprar as duas estampas – o que fizeram.

A palavra "díptico" foi uma ideia inteligente, dada a força com que está associada a peças de altar em igrejas, celebrando assim a idolatrada deusa do cinema como uma figura agora merecedora de verdadeira adoração, como uma deusa. Por outro lado, a imagem representa uma peça parasitária de oportunismo da parte de Warhol. Ele estava tirando partido da reputação de uma estrela de cinema recém-falecida e do afeto que o público lhe devotava num momento em que as emoções estavam particularmente exacerbadas em razão de sua overdose fatal. O artista transformou Marilyn Monroe numa mercadoria. O que, para Warhol, surtiu um resultado desejável. Condizia com seu objetivo de refletir as maquinações do mercado de massa comercial até o último detalhe. Sem dúvida ele havia transformado a atriz num produto, mas os fornecedores e consumidores de cultura pop tinham feito o mesmo. Warhol era fascinado por dinheiro e pela atitude de seu país em relação a ele. Certa vez fez esta famigerada declaração: "Um bom negócio é a melhor arte." Foi claramente um comentário destinado a excitar e provocar, mas faz perfeito sentido no contexto de sua obra.

Andy Warhol foi um artista extraordinário que escolheu a sociedade de consumo como tema, que passou depois a explorar usando os métodos da sociedade de consumo. Chegou ao extremo de se transformar numa marca. Tornou-se a personificação de tudo que estava tentando dizer sobre o mundo avarento, obcecado por celebridades, em que vivia. Devia se divertir quando ouvia pessoas falando sobre "comprar um Warhol". Não esta ou aquela pintura de Andy Warhol, mas "um Warhol". Isso sugeria que a obra de arte, o objeto que elas haviam adquirido, era irrelevante em termos intelectuais ou estéticos; a única coisa que importava era tratar-se de um produto de marca que tinha selo de qualidade social e fazia sentido financeiro: era uma boa compra. O fato de que Warhol provavelmente não fizera a peça não importava, bastava que ele a tivesse autenticado quando ela saía de seu ateliê, que ele chamava rude e alegremente de The Factory, uma referência direta a seus métodos comerciais de produção.

Antes de se decidir a usar como temas imagens tornadas onipresentes através da mídia ou por meio dela, Warhol havia experimentado fazer pinturas de personagens dos quadrinhos. Imagens como *Super-Homem* (1961) eram cópias em grande escala de cenas que ele extraíra de histórias em quadrinhos e reproduzira imitando seu estilo gráfico. Havia pouca diferença entre a abordagem que ele adotou ao fazer essas pinturas e aquela que o levou à fama e à fortuna pouco depois, Na verdade, talvez ele tivesse encontrado sucesso mais cedo por meio de suas pinturas de quadrinhos se não houvesse um outro artista fazendo a mesma coisa, na mesma cidade, ao mesmo tempo... mas com melhores resultados.

Havia algum tempo que Roy Lichtenstein (1923-97) estava envolvido com arte. Ele estudara belas-artes, lecionara belas-artes e produzira belas-artes de diferentes tipos e qualidade durante muitos anos. Mas, como Warhol, não havia encontrado um estilo com que se sentisse confortável ou que fosse reconhecidamente seu. Até que deparou com as histórias em quadrinhos em 1961. Sua abordagem era procurar uma cena dramática numa história, recortá-la, fazer um desenho colorido exato dela, ampliá-lo projetando-o numa tela, desenhar a cena de novo no formato maior, fazer alguns ajustes composicionais e em seguida colori-lo. O resultado era uma pintura de grandes proporções que parecia quase idêntica ao pequeno painel original que ele recortara das histórias em quadrinhos.

Os quadrinhos eram um território óbvio a ser explorado pelos artistas do movimento rapidamente emergente da pop art, o que explica por que Lichtenstein e Warhol (e um outro pintor chamado James Rosenquist) chegaram à mesma ideia de maneira quase simultânea. A diferença entre eles, porém, era a abordagem técnica de Lichtenstein. Sim, ele imitava o estilo gráfico, as letras e as falas em balões das histórias em quadrinhos, mas copiava também o processo de impressão mediante o qual elas eram feitas.

Nos anos 1960, os quadrinhos em cores usavam uma técnica de impressão chamada Ben-Day Dots. Ela se baseia nos mesmos princípios do pontilhismo de Georges Seurat, pelo qual pontos de cor são aplicados a uma superfície branca com espaço sendo deixado em torno. O olho humano detecta um "fulgor" em torno de cada ponto e se encarrega da tarefa de misturá-lo com os outros pontos coloridos na vizinhança. Isso era benéfico para impressores e para seus clientes, os produtores de quadrinhos. Se o impressor não cobria todo o papel com tinta, mas apenas o pontilhava com cores, era possível economizar um bom dinheiro.

Lichtenstein copiou o sistema e, ao fazê-lo, encontrou um estilo que tornou suas pinturas imediatamente reconhecíveis. No outono de 1961 ele foi mostrar seu novo trabalho para Leo Castelli, o influente dono de galeria de Nova York. O astuto Castelli gostou do que viu. Sabendo que Warhol estava seguindo um caminho semelhante, mencionou para este último que acabara de ver as pinturas de pontos de Lichtenstein. Na mesma hora Warhol foi dar uma olhada nas telas de Lichtenstein, passou algum tempo estudando-as e decidiu se afastar da arte da história em quadrinhos de uma vez por todas.

Em geral precisamos ter apenas uma ideia realmente boa para encontrar o sucesso – Facebook, Google, James Bond –, e Lichtenstein chegara à sua. Ele destruiu ou esqueceu toda a sua obra anterior e se concentrou na produção de suas réplicas de histórias em quadrinhos em seu característico estilo Ben-Day.

Foi tão instantaneamente bem-sucedido quanto os heróis da arte popular que estava retratando. Castelli vendeu o primeiro lote que lhe foi confiado num piscar de olhos. No ano seguinte, vendeu todas as pinturas exibidas na primeira exposição de Lichtenstein na galeria antes mesmo do vernissage. As pessoas estavam comprando sua obra em razão de seu profundo significado filosófico subjacente? Acaso os abastados colecionadores de Manhattan refletiam sobre a maneira como o artista estava comentando seu mundo ao exagerar o ideal moderno de perfeição? Teriam comprado as pinturas mesmo se soubessem que eram um comentário crítico a seu modo de vida irrefletido e blasé; que as pinturas de Lichtenstein sempre retratavam o drama e os atos heroicos, mas nunca as consequências? Davam-se conta da ironia de terem pago uma grande soma de dinheiro por uma cópia de um objeto sem valor e produzido em massa? Ou afluíam para comprar pinturas de Lichtenstein porque elas eram divertidas e alegravam uma sala?

As pinturas de Lichtenstein (ver Lâmina 26) estavam a uma grande distância do expressionismo abstrato. Enquanto a arte de Pollock e Rothko versara sobre sentimentos, Lichtenstein e Warhol concentravam-se exclusivamente no tema material, eliminando todos os vestígios de si mesmos no processo. Lichtenstein chegou a fazer uma pintura chamada *Pincelada* (1965), parodiando o expressionismo abstrato, em que transformou o símbolo da expressão pessoal daqueles artistas, uma grande pincelada gestual, num objeto solto e impessoal produzido em massa. A temática deles era a cultura norte-americana, como fora em grande parte para Paolozzi e Hamilton, e seria para a geração seguinte de artistas pop britânicos.

A mais famosa peça de pop art de Peter Blake (n.1932) não é uma pintura ou uma escultura, nem um readymade ou uma assemblage. Em 1967 o mais famoso grupo pop do planeta pediu ao artista britânico que criasse uma obra de arte para seu próximo álbum. Blake concordou, os Beatles ficaram encantados e o design da capa de seu álbum *Sgt. Pepper's Lonely Hearts Club Band* tornou-se um ícone instantâneo da época. Ele retratava astros do cinema e romancistas, filósofos e poetas, esportistas e exploradores – e, bem no meio, os Beatles. As cores vivas, o humor irônico e a apropriação de imagens de celebridades das mais diversas esferas são todos características da pop art de Blake. E da pop art em geral, que visava criticar a arte e os negócios por meio de uma fusão artisticamente agenciada.

Esse conceito de borrar as fronteiras entre arte e comércio foi engenhosamente compreendido pelo artista norte-americano nascido na Suécia Claes Oldenburg (n.1929). Tendo crescido e estudado em Chicago (com um período em Yale), ele se mudou para Nova York em meados dos anos 1950 e tornou-se atuante no cenário da arte de vanguarda. Em 1961 alugou um prédio no Lower East Side por um mês, no qual instalou *A loja* (1961). No fundo do prédio ele fabricava os "produtos" para seu empreendimento, que era uma loja varejista em pleno funcionamento, "aberta" na parte da frente do prédio. Oldenburg estocou sua *Loja* com chapéus, vestidos, lingerie, camisa e os mais diversos artigos, inclusive bolos: tudo podia ser comprado, tal como nas demais lojas da vizinhança.

Com a diferença de que nenhuma outra loja oferecia produtos que podiam se equiparar à vantagem diferencial daqueles oferecidos por Oldenburg. Nenhum deles podia ser vestido, usado ou comido. Não eram feitos de algodão delicado, ou dos mais finos ingredientes, mas com tela de arame, estuque, musselina e pegajosos nacos de tinta. O artista pendurou suas mercadorias toscamente feitas no teto, empilhou-as contra a parede ou deixou-as soltas no meio da *Loja*. O efeito foi tornar o lugar parecido com uma gruta de Satã: um lugar cheio de itens inúteis e ofensivos, enganosamente vendidos como objetos de desejo. O que, é claro, era uma das ideias que Oldenburg estava propondo sobre as mercadorias que enchem as lojas "normais". Ele fixou o preço de seus produtos, ou talvez eu devesse dizer "esculturas", da mesma forma que o comércio em geral. Um "vestido" podia ser adquirido por US$ 349,99 e um "bolo", por US$ 199,99.

Essa forma de pop art levava a filosofia do movimento à sua conclusão lógica. Ele havia misturado comércio real, com produtos reais, numa rua real, com arte real. E funcionou muito bem. A iniciativa de Oldenburg fez muito sucesso, com curadores, colecionadores e artistas afluindo em massa à *Loja* para ver e – nem é preciso dizer – comprar. Afinal, ali estavam genuínas obras de arte, produzidas por um artista extremamente respeitado, a preços módicos. E o mundo da arte, como todos os demais, não consegue resistir a uma pechincha.

Um ano mais tarde, em 1962 – o mesmo ano em que Warhol e Lichtenstein se lançaram e fizeram da pop art uma tendência dominante –, Oldenburg fez uma escultura chamada *Dois cheeseburgers com tudo (Hambúrguer dual)*. É mais uma peça quintessencial da pop art. É engraçada, é banal, eleva a *junk food* a arte elevada e é o epítome da cultura de consumo (observe que o pedido inclui as palavras "com tudo"). As ironias abundam, como o enorme tempo despendido para fazer algo que é consumido em segundos, e a escultura é tão bonita que dá vontade de comer, mas é feita de estuque e esmalte. Ela ataca e celebra o materialismo pondo a nu a loucura que está no âmago do modo de vida consumista, mas também exagerando sua atratividade. Como comida, é uma ilusão; a satisfação é garantida, mas no fim das contas inalcançável. Como obra de arte, porém, cumpre sua promessa de divertir e alimentar.

A loja era um cenário teatral em que nossa interação com o que os curadores chamam de "ambiente" ou "instalação" faz de nós o jogador principal: a estrela do show. A ideia de criar um drama humano em tempo real como parte de uma obra de arte remonta à vida artística anterior de Oldenburg no final dos anos 1950, quando ele fazia parte de um grupo experimental que apresentava happenings, performances ao vivo promovidas por artistas em que suas ações eram ao mesmo tempo o evento e a obra de arte. Os happenings têm origem nas arenas futuristas de Marinetti, no absurdo poético desvairado do dadaísmo e na determinação dos surrealistas de chegar ao inconsciente por meio do atrevimento e da esquisitice.

Os happenings em que Oldenburg estava envolvido eram eventos marginais, muitas vezes anunciados como "instalações", que tinham a sensibilidade pop art do aqui e agora e do efêmero. Eram eventos radicais por natureza – ou idiotas, dependendo da opinião sobre pessoas que se comportam de maneira extremamente bizarra –, mas representavam um avanço sóbrio e sério no questionamento em curso do que era ou não arte. Robert Rauschenberg estava envolvido com esse movimento nascente junto com Oldenburg, mas o homem no centro da ação era Allan Kaprow (1927-2006). Foi o relativamente desconhecido mas esclarecido Kaprow que disse a Roy Lichtenstein, quando o artista pop estava indeciso quanto a explorar seu estilo Ben-Day, que "arte não precisa parecer arte para ser arte".

Foi um bom conselho que o próprio Kaprow seguiu, levando à criação de todo um novo movimento artístico.

17. Conceitualismo/Fluxus/Arte povera/ Arte performática: Jogos mentais, 1952 em diante

A ARTE CONCEITUAL É A ÁREA da arte moderna com relação à qual tendemos a ser mais céticos. Você já viu esse tipo de coisa: um grande grupo de pessoas reunidas para gritar o mais alto que podem (*1000*, performance de Paola Pivi na Tate Modern em 2009), ou uma sala escura cheia de pó de talco e iluminada por uma única vela, pela qual somos convidados a andar (instalação do artista brasileiro Cildo Meireles chamada *Volátil*). Essas obras costumam ser divertidas, até mentalmente instigantes, mas serão arte?

Sim. São. Porque essa é sua intenção, seu único propósito, e a base sobre a qual estamos sendo convidados a julgá-las. A diferença é que elas estão operando numa área da arte moderna que envolve fundamentalmente ideias, não tanto a criação de um objeto físico: por isso arte conceitual. Mas isso não dá ao artista o direito de servir qualquer porcaria. Como o artista norte-americano Sol LeWitt salientou num artigo para a revista *Artforum* em 1967, "A arte conceitual só é boa quando a ideia é boa".

O pai da arte conceitual é Marcel Duchamp, cujos readymades – em especial seu mictório de 1917 – provocaram a ruptura decisiva com a tradição e forçaram uma reavaliação do que podia e devia ser considerado arte. Antes da intervenção provocativa de Duchamp, arte era algo feito pelo homem, tipicamente de mérito estético, técnico e intelectual, que havia sido emoldurado e pendurado numa parede, ou apresentado sobre um plinto para parecer esplêndido. A alegação de Duchamp era que artistas não deveriam ser limitados a um âmbito tão rígido de meios através dos quais expressar suas ideias e emoções. Segundo ele, os conceitos deveriam vir em primeiro lugar, e só depois se deveria considerar qual poderia ser a melhor forma de expressá-los. Ele defendeu sua ideia com um mictório e transformou a arte, que deixou de ser vista unicamente em termos de pinturas e esculturas, para ser praticamente qualquer coisa que o artista decretasse que era. Não se tratava mais necessariamente de uma questão de beleza, mas sobretudo de ideias – e agora essas ideias podiam ser realizadas através de qualquer meio que o artista escolhesse: de mil seres humanos aos berros a uma sala cheia de talco. Ou, como uma alternativa, por meio do próprio corpo do artista, num subgênero da arte conceitual que se tornou conhecido como arte performática.

Na primavera de 2010 o Museu de Arte Moderna de Nova York montou uma retrospectiva de Marina Abramović (n.1946), cobrindo mais de quatro décadas da carreira da performer. Uma mostra interessante, mas para poucos, pensaríamos. O tipo de exposição para o mundo da arte especializado que grandes instituições como o MoMA montam para contrabalançar seu programa de mostras que agradam às massas e geram dinheiro, como "Os grandes sucessos de Picasso" ou "As obras-primas de Monet". O MoMA nunca havia montado uma exposição como essa antes, o que, dada a natureza da arte performática, não é de surpreender.

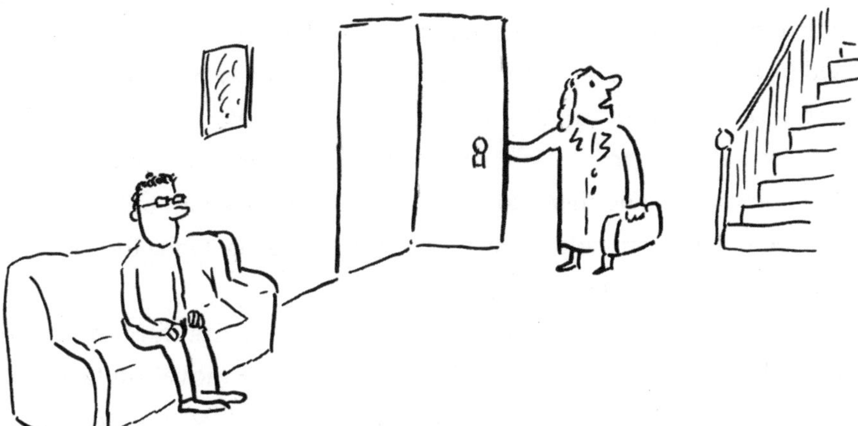

"E não se esqueça de dar comida para o artista residente."

É o tipo de arte que tende a satisfazer um círculo pequeno, íntimo, ou que é encomendada como uma "intervenção" maluca no mundo: não como um evento principal num dos maiores museus de arte moderna do mundo. A arte performática é a arma de guerrilha das belas-artes, tendo o hábito de brotar inesperadamente, fazendo sentir sua estranha presença e desaparecendo em seguida nos anais não confiáveis do boato e da lenda. Só há pouco tempo os museus começaram a incluí-la em seus programas, e retrospectivas completas como a de Abramović continuam a ser extremamente raras. Em parte, é preciso dizer, porque é complicado levá-las a cabo. Como, por exemplo, uma forma de arte que se baseia na presença do artista todas as vezes pode encher de conteúdo quilômetros de espaços de galeria, com suas paredes brancas? Por mais talentosa que Abramović possa ser, ela só pode estar fisicamente presente em uma sala de cada vez. E como se monta uma retrospectiva de obras de arte efêmeras, planejadas como performances que devem ter lugar uma única vez em certo momento e espaço? Todo o sentido desse tipo de evento é que você tinha de estar lá – isso é parte de sua sedução.

Por outro lado, se os artistas e seus patrocinadores deixassem a lógica dominante ditar suas ações, a arte moderna, tal como a conhecemos, não existiria. Mantendo-se fiel ao espírito de seus fundadores, o MoMA desafiou a convenção e montou a mostra de Marina Abramović. A artista contornou o problema de só poder estar num lugar de cada vez contratando um grupo de dublês para reencenar suas obras anteriores, o que ocorreu devidamente através de todo o museu. Enquanto isso, ela concentrou seus esforços na produção de uma nova peça chamada, apropriadamente, *The Artist Is Present* (2010). A obra consistia em Abramović sentar-se numa cadeira de madeira no meio do vasto átrio do MoMA com uma mesinha diante de si. Do outro lado da mesa, de frente para ela, havia uma cadeira de madeira desocupada.

Ela se comprometeu a ficar sentada em sua cadeira durante as sete horas e meia em que o museu ficava aberto, sem se mover ou fazer um intervalo (nem mesmo para uma visita ao banheiro). Mais ainda, ela se propôs a se submeter a esse suplício durante os três meses inteiros que a exposição duraria. Os visitantes, se assim desejassem, podiam se sentar na cadeira em frente a Abramović, por ordem de chegada, observar a artista enquanto ela se desincumbia de seu ritual diário, e ao fazê-lo ser considerados parte de obra de arte. Eles podiam ficar na cadeira tanto tempo quanto desejassem, mas tinham de permanecer em silêncio e imóveis do começo ao fim. Ninguém sabia quantas pessoas se dariam a esse trabalho – provavelmente não muitas.

Mas a arte está sempre surpreendendo. A performance de Abramović tornou-se o programa mais quente da cidade; não se falava de outra coisa em Nova York, com pessoas fazendo filas de dobrar o quarteirão por uma oportunidade de se sentar em silêncio com a artista. Alguns visitantes passavam cerca de um minuto sentados na cadeira, um ou dois ficaram durante todo o período de sete horas e meia – para a crescente fúria dos que esperavam pacientemente em fila, atrás. Abramović esteve lá o tempo todo, usando um vestido longo e esvoaçante e permanecendo tão silenciosa e inescrutável como uma das estátuas do museu. Os que se sentaram com ela relataram ter tido profundas experiências espirituais; falaram de ter caído em pranto e descoberto uma parte de si mesmos de cuja existência nunca tinham suspeitado.

No fim das contas, a retrospectiva de Marina não foi de maneira alguma uma mostra para poucos; foi uma das exposições mais concorridas que o grande templo da arte moderna de Manhattan já havia apresentado. Ficou lado a lado com as retrospectivas de Picasso, Warhol e Van Gogh na lista das exposições de mais estrondoso sucesso da instituição em todos os tempos. O que é extraordinário, dado que a artista está longe de ser um nome muito conhecido e que a arte performática tem sido vista tipicamente como um espetáculo de importância secundária, destinado a aficionados da arte moderna. De fato, se você tivesse perguntado a diretores de museus de arte moderna sobre Marina Abramović dez anos atrás, a maioria teria respondido com uma expressão neutra. Sua estrela só entrou na órbita dominante no mundo das artes nos últimos anos.

O que suscita a questão: por quê? O que impôs Marina Abramović, em particular, e a arte performática, em geral, à consciência do público?

E por que tantas pessoas (inclusive celebridades) correram para ver sua mostra no MoMA?

Moda é um dos fatores. Hoje em dia a arte performática é bacana aos olhos da ponta de vanguarda do espectro do entretenimento. Björk, Lady Gaga, Antony Hegarty, Willem Dafoe e Cate Blanchett a citam todos como uma influência. Na ponta menos descolada estão as farsas do comediante-ator Sacha Baron Cohen. Sob a aparência de um de seus alter egos – Borat, Ali G ou Brüno – Baron Cohen enfrenta e provoca pessoas comuns numa tentativa de causar uma reação ou extrair uma verdade. É uma abordagem teatral cujas origens podem ser encontradas nas ações extravagantes dos praticantes da arte performática nos anos 1960. Até os modelos de hoje, que desfilam para cima e para baixo na passarela com penteados malucos e roupas de alta-costura, estão, em certa medida, fazendo uma performance relacionada ao trabalho produzido por Abramović e congêneres.

Enquanto os que trabalhavam na cultura popular aderiam à arte performática, os principais museus de arte moderna do mundo faziam o mesmo. No início dos anos 2000, instituições como a Tate, em Londres, começaram a admitir jovens curadores especificamente para pesquisar, desenvolver e apresentar programas de exposições de arte performática. Isso foi motivado em parte pela compreensão de que eles haviam negligenciado essa área da prática artística, e também como resposta ao súbito aumento de popularidade da cultura de eventos com participação da massa, cuja síntese era o florescente mercado dos festivais. Reuniões em torno de eventos artísticos ao vivo haviam se tornado um grande negócio, fossem elas um festival pop ou uma feira de livros, com os consumidores, jovens e velhos, fazendo fila para assistir a algum "artetenimento".

Esse era um território fértil para os grandes museus, que ao longo das duas últimas décadas, aproximadamente, se transformaram de instituições acadêmicas frias e empoeiradas em centros de atração animados, arejados e apropriados para toda a família. A arte performática lhes deu a oportunidade de aumentar ainda mais o número de visitantes, apresentando uma nova concepção de entretenimento ao vivo. Agora os consumidores à procura de algo um pouco diferente e um pouco extravagante para encher seu tempo livre podiam encontrar o que buscavam no museu de arte moderna mais próximo. Tudo isso era parte do mercado "experiencial", uma área em rápido crescimento da indústria do entretenimento que já incluía teatro participativo, *flash-mobs* e festivais que duram um fim de semana e em que dormir num campo enlameado fazia parte da "experiência". Logo os museus estavam cheios de visitantes transpondo obstáculos e participando de eventos encenados "interativos" – tudo em nome da arte performática.

Um longo caminho foi percorrido desde as raízes do movimento, que podem ser encontradas nos bizarros happenings encenados no Black Mountain College, na Carolina do Norte, no início dos anos 1950. Eram eventos ao vivo de múltiplas formas de arte que começaram como colaborações entre estudantes e professores, e incluíam alguns participantes notáveis. O artista Robert Rauschenberg, seu amigo compositor e músico John Cage e o amante deste, o coreógrafo Merce Cunningham – que na época lecionava na faculdade –, estiveram à frente do grupo que promovia os happenings. Em 1952 eles convidaram um público para uma noite de atividades e eventos. Houve dança apresentada por Cunningham, uma exposição de pinturas de Rauschenberg, que também tocou uma Victrola (marca de um tipo antigo de toca-discos), e uma palestra dada por Cage do alto de uma escada de mão, a qual, no verdadeiro estilo John Cage, incluía passagens de completo silêncio.

Hoje esses eventos sugerem um típico espetáculo de variedades estudantil, mas um espetáculo em que aqueles três estavam envolvidos podia ser tudo, menos "típico". Eles estruturaram o evento em torno da palestra de John Cage, usando-a como uma moldura para todas as outras atividades, que, insistiram, deveriam ocorrer durante o tempo de duração da palestra. Para complicar as coisas, nenhum dos muitos performers foi informado de um momento ou uma brecha em que deveria executar seu número; foi-lhes dito simplesmente que teriam de contar com a sorte. Seguiu-se o caos, o evento foi divertidíssimo e a arte performática dera seu primeiro passo experimental rumo à notoriedade.

Após o sucesso do evento, Cage, Cunningham e Rauschenberg começaram a trabalhar juntos em outros projetos. Cunningham dançava ao som da música de Cage em cenários projetados por Rauschenberg. Cage, em particular, sentiu-se inspirado pelo estado de ânimo da época e, no mesmo ano do espetáculo encenado no Black Mountain, apresentou um dos concertos mais conhecidos na história da música. O lendário episódio teve lugar em 1952 no Maverick Hall, em Woodstock, no estado de Nova York. Ele começou quando um pianista chamado David Tudor entrou no palco e sentou-se ao piano. A atmosfera no teatro era de alvoroçada expectativa, a plateia esperando para ouvir a mais recente obra de Cage, um compositor dissidente que começava a adquirir renome. Mas mesmo esse grupo de nova-iorquinos descolados e sem preconceitos ficou perplexo e irritado com *4'33"*, a nova composição de Cage, em que... absolutamente nada acontecia. Tudor passou quatro minutos e 33 segundos sentado a seu piano como um zumbi estupefato. Ele não moveu um músculo nem tocou uma tecla. O único momento em que se mexeu foi para se levantar e sair do palco.

Como, perguntava a plateia, Cage podia ter a audácia de apresentar a um público pagante – que o prestigiava – uma peça que não consistia em nada senão silêncio? Como podia ser tão desrespeitoso? A resposta do compositor foi que *4'33"* não era silencioso; que silêncio era algo que não existia. Ele declarou que durante o primeiro movimento pôde ouvir o barulho do vento soprando lá fora, seguido pelo tamborilar de gotas de chuva no telhado. A obra, disse, não era sobre o silêncio, era sobre a audição. Muito mais tarde eu vi a peça "executada" com uma contribuição de Merce Cunningham, antigo colaborador e companheiro de Cage. Nessa altura, Cunningham era uma das figuras mais reverenciadas no mundo da dança moderna, famoso por suas coreografias e movimentos radicais. Exceto quando se tratava de *4'33"*, ocasião em que ele permanecia sentado perfeitamente imóvel numa confortável poltrona vermelha.

A notícia da farsa promovida por Cage em 1952 logo se espalhou, e o compositor se viu com um dedicado fã-clube de artistas rápidos em reconhecer uma voz original. Entre seus admiradores estava Allan Kaprow, pintor e intelectual norte-americano que frequentara o curso de composição de Cage na New School for Social Research em Nova York. Kaprow sentiu-se extremamente contagiado pelo interesse do músico no zen-budismo e sua disposição de usar o acaso como princípio organizador na feitura de arte. Ele admirava também a crença de Cage no potencial criativo da espontaneidade e sua disposição de extrair inspiração da vida cotidiana. A imaginação de Kaprow foi despertada quando ele tentou iniciar sua própria aventura para definir uma nova era na arte.

Ele expressou muitas de suas ideias num artigo, "The Legacy of Jackson Pollock", que escreveu em 1958, dois anos após a morte de Pollock. Para Kaprow, que havia sido instruído nas técnicas de pintura do expressionismo abstrato, entre os artistas produzidos pelo movimento, Jackson Pollock é que fora abençoado com verdadeiro gênio. Kaprow louvou Pollock por sua visão e "extraordinária originalidade" e afirmou que, com sua morte, "alguma coisa de nós morreu também. Éramos um pedaço dele...". E acrescentou: "Pollock destruiu a pintura." Quando Pollock esguichava, pingava e jogava tinta na tela sob seus pés, outros chamavam isso de "*action painting*". Para Kaprow, porém, ele era um performer que por acaso usava tinta.

O problema, aos olhos de Kaprow, era que as pinturas *all-over* de Pollock frustravam o espectador, que queria mais drama mas se via tolhido pelas restrições físicas da tela de quatro lados. A solução, ele propôs, era remover a tela por completo e, em vez disso, "tornar-se preocupado e até deslumbrado com o espaço e os objetos de nossa vida cotidiana, quer sejam nossos corpos, roupas [ou] quartos...". Kaprow substituiu tela e tinta por uma lista de compras de alternativas sensoriais que incluía sons, movimento, odores e tato. A isso acrescentou uma relação aparentemente infindável de materiais artísticos recomendados, inclusive cadeiras, comida, luzes elétricas e neon, fumaça, água, meias velhas, um cachorro e filmes. No futuro, disse, não será preciso dizer "sou um pintor" ou "um poeta" ou "um dançarino": simplesmente "sou um artista".

No outono de 1959, na Reuben Gallery em Nova York, Allan Kaprow apresentou um evento que incorporava suas muitas ideias. Ele havia construído três espaços interconectados dentro da galeria, divididos por painéis semitransparentes. A performance, *18 happenings em 6 partes* (1959), devia ser dividida em meia dúzia de atos, em cada um dos quais estava planejada a ocorrência de três happenings. Todos os participantes (membros da plateia e artistas) receberam instruções específicas escritas por Kaprow num cartão que ele chamava de "partitura". Para acrescentar um elemento de acaso aos procedimentos, ele embaralhou os cartões antes de distribuí-los, de modo que ninguém sabia de antemão o que seria solicitado a fazer. Em seguida os participantes deslocavam-se pelo espaço seguindo as instruções que haviam recebido e eram instruídos a continuar até que uma campainha indicasse o fim daquela parte do evento. As ações que os participantes eram solicitados a empreender foram concebidas para refletir "situações saídas da vida real" e não a histeria manipulada do teatro, da ópera ou dos *dancings*. Envolviam coisas comuns como subir em uma escada de mão, sentar-se numa cadeira ou espremer uma laranja.

Kaprow fazia essas experiências ao mesmo tempo que Johns e Rauschenberg lançavam as bases da pop art norte-americana. Seus programas artísticos assemelhavam-se em muitos aspectos: refletiam a ambição de transpor a linha divisória entre arte e vida. Johns e Rauschenberg faziam isso transformando mercadorias em arte; Kaprow obtinha um resultado semelhante transformando pessoas comuns em belas-artes. Enquanto Rauschenberg escolhia uma variedade de objetos banais que quando combinados revelavam uma história em curso e interações inesperadas, Kaprow fazia o mesmo com seus happenings, com base na participação da plateia em ambientes semelhantes a colagens. E enquanto Rauschenberg dava voltas no quarteirão de seu ateliê em Nova York recolhendo bugigangas para incluir em sua arte, Kaprow vagava pelas mesmas ruas pensando que *elas* eram a arte: "Uma caminhada pela 14th Street é mais assombrosa do que qualquer obra-prima da arte", disse ele certa vez.

Novo realismo

A curiosidade intelectual de Kaprow levou-o a muitas fontes de inspiração, entre as quais se destaca o artista francês Yves Klein (1928-62). Klein estava interessado no que chamava de "o vácuo" – o espaço infinito constituído pelo céu acima de nós e pelos mares, abaixo. Ele expressou seus sentimentos místicos e filosóficos pelo "vácuo" por meio de grandes pinturas monocromáticas, que após algum tempo passaram a ser todas produzidas em única cor: azul ultramarino. Sua afeição por uma mistura particular que fez dessa cor era tal que a patenteou com o nome de International Klein Blue (IKB).

Yves Klein fez parte do movimento artístico francês do novo realismo. Este compartilhava uma ambição com outros gêneros de arte conceitual da época: queria ir além da "pintura de cavalete", que, segundo seu manifesto proclamava, "tivera seu tempo". A resposta de Klein foi voltar sua atenção para a arte performática com uma série de peças encenadas que ele intitulou de *Antropometrias*, usando a palavra que significa a mensuração de corpos humanos. Em vez de cobrir telas com sua marca de azul, convidou três modelos do sexo feminino, nuas, para se tornar "pincéis vivos", encharcando-se da tinta. Depois de ter envolvido as modelos em sua tinta, Klein as conduzia até um grande quadro branco vertical apoiado na parede a alguns centímetros de distância, que ele já havia forrado com um enorme pedaço de papel. Em seguida instruía as mulheres a apertar seus corpos nus empapados de IKB contra o quadro. As marcas resultantes de partes de corpos borradas situam-se em algum ponto entre pinturas rupestres e a parede do quarto de um estudante de arte excêntrico.

Klein intensificava a impressão de performance servindo coquetéis azuis aos convidados e fazendo um grupo de músicos tocar sua própria composição musical *Sinfonia monótona* (1947-48), que consistia num único acorde sendo sustentado por vinte minutos. Ao morrer de um ataque cardíaco em 1962, com apenas 34 anos de idade, ele pôs fim a uma carreira artística extraordinariamente inventiva que teve importante papel no sentido de estabelecer o tom para o futuro da arte conceitual e da performance.

O artista italiano Lucio Fontana (1899-1968) havia comprado uma das primeiras pinturas monocromáticas do período azul de Klein no final dos anos 1950. Ele também estava interessado na ideia de espaço e de vácuo, e compartilhava a ambição de Klein de pôr à prova e desafiar as limitações e o poder da tela do artista. Klein pintou repetidamente suas telas com uma única cor; Fontana aplicou uma lâmina de barbear às suas. Ele chamou isso de Espacialismo (Spazialismo), afirmando que representava a arte aproximando-se da ciência e da tecnologia. Suas telas fendidas – de que há muitas – têm o título *Conceito espacial* [*Concetto Spaziale*].

Elas são um exemplo do tipo de arte conceitual que tende a irritar as pessoas. Estive parado ombro a ombro com vários amigos e conhecidos diante de uma das telas retalhadas de Fontana enquanto eles apontavam o dedo para a obra com indignação e perguntavam: "Então me diga, como ISSO pode ser arte?!" Bem, talvez não seja, mas creio que a obra de Fontana merece pelo menos alguma consideração.

Vejamos *Conceito espacial: Espera* (1960), por exemplo. O modo como o corte diagonal se abre sobre a tela marrom-claro para revelar uma escuridão interior não é a obra de um diletante ou um charlatão, mas de um artista consumado e talentoso. A ilusão de um profundo vácuo negro (uma referência à era espacial) foi criada pela inserção de um reforço de gaze preta por trás da tela. O corte, ou ferimento – com suas óbvias conotações violentas, cirúrgicas e sexuais –, foi cuidadosamente executado por Fontana para não deixar nenhuma borda áspera na superfície, permitindo assim a nosso olhar ser atraído sem interrupção pelo abismo negro exposto por sua cutilada.

Várias ideias interessantes são introduzidas pelo artista em *Conceito espacial: Espera*. A primeira é a noção de *décollage* – que designa a obra de arte feita mediante a remoção, não o acréscimo, de elementos. Sob um aspecto a intervenção de Fontana destruiu uma tela em perfeito estado. Sob outro, porém, isso é um ato de criação: ele fez uma obra de arte. E, ao fazê-lo, transformou um objeto bidimensional em tridimensional. E um material que tradicionalmente deve seu status na arte a suas qualidades superficiais foi transformado, assumindo as qualidades materiais de uma escultura. A função da tela foi mudada: não estamos mais simplesmente olhando para ela, mas também espiando através dela, substituindo um tipo de ilusão por outro.

Arte povera

O uso feito por Lucio Fontana de um mínimo de material para a obtenção do efeito máximo iria provocar o surgimento de uma nova geração de artistas italianos que formou depois o movimento arte povera, isto é, "arte pobre". Pobre não em algum sentido negativo, mas para designar a arte feita com o uso de materiais elementares como gravetos, trapos e jornal – um traço que, como vimos, esteve amplamente presente na história da arte moderna de Picasso a Pollock.

Os artistas da arte povera estavam reagindo ao colapso econômico da Itália depois de uma fase muito breve de prosperidade após o fim da Segunda Guerra Mundial. Em contraste com os futuristas – seus antepassados italianos na arte moderna –, eles estavam interessados em conectar a vida moderna com o passado. Preocupavam-se com o vício da sociedade de consumo na novidade e sua crescente ignorância da história e desinteresse por ela. Estavam interessados não só em tentar erradicar a barreira entre arte e vida, à maneira de muitos outros movimentos de arte moderna, mas também em remover as barreiras entre diferentes gêneros artísticos: ideia que fora explorada anteriormente por Robert Rauschenberg. No que é conhecido atualmente como "prática de mídia mista", os italianos pensavam que um artista deveria ser capaz de transitar entre pintura, escultura, colagem, performance e arte de instalação e de fundir todas essas coisas.

Michelangelo Pistoletto (n.1933) foi membro fundador do movimento. Ele queria retirar a arte do santuário do museu ou da galeria e levá-la para o mundo real. Em meados dos anos 1960 fez uma experiência com essa ideia, levando uma gigantesca bola de um metro que fizera com jornais, chamada *Esfera de jornais* (1966), para um "passeio" pelas ruas de

Turim na companhia de membros variados do público, numa bizarra e divertida peça de arte performática intitulada *Escultura ambulante* (1967). No mesmo ano, fez uma escultura chamada *Vênus dos trapos* (1967) (ver Fig. 28), em que empilhou um monte de roupas de segunda mão enjeitadas em torno de uma escultura de Vênus. Sua intenção, tal como a descreveu numa entrevista recente, foi "reunir a beleza do passado e o desastre do presente". Este comentário sobre a natureza descartável e rasa da cultura de consumo ganha mais peso com a revelação de que a deusa idealizada da Antiguidade clássica que Pistoletto juntou a uma pilha de trapos modernos era na verdade uma reprodução barata baseada numa estátua que ele encontrou num estabelecimento de venda de plantas.

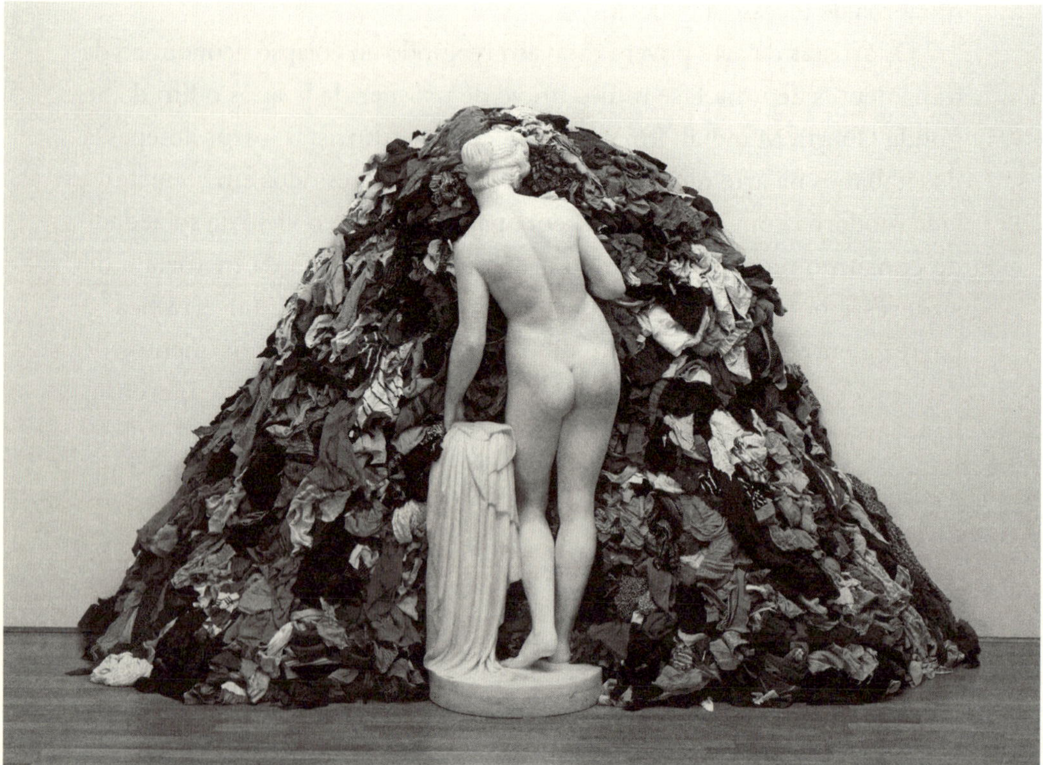

FIG. 28. Michelangelo Pistoletto, *Vênus dos trapos*, 1967.

Seu companheiro na arte povera, o artista Jannis Kounellis (n.1936), levou o programa anticapitalista de uso de "materiais humildes" aos extremos de Schwitters e Rauschenberg. Ele fazia arte com estrados de cama velhos, sacos de carvão, cabides de casaco, pedra, algodão, sacas de grãos e até animais vivos. Em 1969, apresentou sua instalação *Sem título (12 cavalos)* numa galeria em Roma. A obra de arte compreendia doze cavalos vivos bufando, relinchando, que o artista tinha amarrado às paredes da galeria, insistindo em que fossem mantidos ali por vários dias. Kounellis estava reagindo contra a comercialização da arte ao produzir uma obra efêmera, invendável e que sujaria as imaculadas paredes brancas do espaço de arte moderna, que, a seu ver, tinha a mesma aparência, atmosfera e finalidade de um show-room de automóveis.

Fluxus

Não havia (não há) muitos show-rooms de automóveis que teriam se apressado em expor o veículo de Joseph Beuys (1921-86). O artista e ativista político alemão fez uma obra de arte a partir de uma Kombi Camper, de cuja traseira pendiam 24 trenós; em cada um deles estava amarrado um kit de sobrevivência contendo um pedaço de gordura animal, uma lanterna e um rolo de feltro. Ele intitulou a obra *A matilha* (1969), uma referência à semelhança dos trenós com uma matilha de cães, e descreveu-a como "um objeto de emergência ... a Kombi é de utilidade limitada, e é preciso lançar mão de meios mais diretos para assegurar a sobrevivência". Hoje a Kombi Camper é um carro clássico e *A matilha*, uma obra clássica de Beuys. Outrora visto por muitos como maluco, Beuys alcançou agora o status de Deus da arte em meio à vanguarda atual, que o considera um dos artistas mais importantes que emergiram na segunda metade do século XX. Estou de acordo.

A matilha contém muitos dos símbolos que aflorariam na obra de Beuys ao longo de toda a sua carreira: feltro, gordura, sobrevivência e uma impressão de crueza. Todos esses motivos originam-se de uma história (provavelmente falsa) que ele contava com frequência sobre suas experiências como piloto de combate da Luftwaffe na Segunda Guerra Mundial (verdade). Beuys falava que seu avião caíra na Crimeia e que só resistira aos ferimentos por ter sido salvo por um grupo de tártaros que lhe esfregou o corpo com gordura e o envolveu em feltro.

Não há dúvida de que Beuys de fato sofreu ferimentos físicos na guerra, mas a ferida mais profunda (como ele a chamava) foi provavelmente psicológica, resultante da culpa que sentia por suas ações e as da Alemanha. Era difícil ser artista nos anos que se seguiram imediatamente à guerra, em especial um artista que sentia profunda afinidade com as tradições e o folclore de seu país. A resposta de Beuys foi discutir as questões abertamente por meio de uma série de palestras e sempre manter um interesse direto por política (ele participou da formação do Partido Verde alemão). A obra que realizou era a antítese da uniformidade e da monumentalidade estéril promovida pelos nazistas. Beuys fazia arte a partir de animais mortos, trapos imundos e ideias extravagantes.

Ele encontrou uma alma gêmea em George Maciunas (1931-78), um artista norte-americano-lituano que estava vivendo na Alemanha e trabalhava como designer gráfico para a Força Aérea dos Estados Unidos. Maciunas fora para Nova York entre o final dos anos 1950 e início dos anos 1960, onde conhecera muitas das principais figuras do mundo das artes, em especial John Cage, que lhe causou um impacto duradouro. Ele sentiu também um vivo interesse por Marcel Duchamp, os happenings de Kaprow, o novo realismo e os dadaístas de Zurique. Tudo isso o levou a desenvolver seu próprio conceito de um movimento artístico neodadaísta que chamou de fluxus, que significa "fluir". Ele escreveu um *Manifesto fluxus* (1963), exigindo que o mundo fosse expurgado da "náusea burguesa, a cultura intelectual, profissional e comercial". Prometeu que o fluxus iria "Promover a arte viva. Fundir os quadros de revolucionários culturais, sociais e políticos numa frente e numa ação unidas".

Beuys, um homem que se sentia feliz em "fundir" qualquer coisa em nome da arte, viu a possibilidade de alcançar os objetivos do fluxus fundindo-se ele mesmo com sua obra. A arte performática havia estabelecido que um artista podia ser o meio para sua arte; Beuys levou essa ideia adiante e tornou-se a obra de arte. Sua persona quando executava uma performance e o eu que exibia "fora do palco" eram exatamente iguais. E como sua obra não tinha nenhum estilo facilmente identificável (diferentemente de Warhol, cujas investigações no mundo do consumismo de massa acabaram por transformá-lo a ele mesmo numa marca), Beuys como personalidade tornou-se o fator unificante.

E que personalidade a dele! Suas palestras, performances e debates excêntricos ficaram famosos entre críticos e pessoas íntimas do mundo artístico pela energia, a imaginação e o caos. Numa de suas "ações" de arte performática chamada *Eu gosto da América e a América gosta de mim* (1974), Beuys se prendeu numa jaula por uma semana, tendo um coiote por única companhia. Muito estranho. Mas não tão estranho quanto a performance pela qual é mais prontamente lembrado: *Como explicar pinturas a uma lebre morta* (1965), um desses eventos que eu realmente teria gostado de assistir.

Beuys ficava sentado quieto numa cadeira num canto da Galerie Alfred Schmela em Düsseldorf. Tinha a cabeça besuntada com mel e uma boa quantidade de folhas de ouro e segurava nos braços uma lebre morta para a qual olhava fixamente. Após algum tempo ele se levantava e andava pela sala olhando para as pinturas na parede. Volta e meia erguia a lebre e lhe mostrava uma pintura, depois sussurrava inaudivelmente em uma de suas orelhas. Por vezes parava e sentava-se novamente, mas em momento algum se dirigia à plateia ou reconhecia sua presença. Isso prosseguia por três horas.

A plateia ficava siderada. Mais tarde Beuys observou que havia arrebatado a imaginação das pessoas, dizendo: "Deve ser porque todos ... reconhecem o problema de explicar coisas, em particular quando se trata da arte e do trabalho criativo." Talvez. Eu diria que elas estavam apenas espantadas e divertidas. Amante dos animais, Beuys pensava que mesmo animais mortos têm "mais poderes de intuição que alguns seres humanos com sua teimosa racionalidade". A seu ver, a explicação de coisas a um animal morto "transmite uma sensação do sigilo do mundo". A arte performática – toda arte performática – não se limitava às suas ações e ideias, abrangendo também a reação da plateia. Esta decorria tanto do constrangimento das próprias pessoas quanto das intervenções de Beuys, que as arrancava de seus estados de espírito usuais de semi-inconsciência para mergulhá-las num estado de autoconsciência e percepção intensificadas. A "arte" em sua "performance" era um empreendimento conjunto.

Essa foi uma ideia que Yoko Ono (n.1933), uma outra artista fluxus, expressou com profundidade em uma de suas primeiras peças de arte performática. *Cut Piece* (1964) é uma obra alarmante e poderosa que demonstra, com consequências perturbadoras, como a plateia pode ser um elemento intrínseco numa obra de arte. *Cut Piece* começava com Ono sentada sozinha, impassível e silenciosa, no assoalho de um palco, com as pernas sob o corpo e jogadas para um lado. Ela usava um vestido preto simples. Alguns centímetros à sua frente, também sobre o assoalho do palco, estava uma tesoura. Depois que a plateia se acomodava, os espectadores eram convidados a subir, um de cada vez, pegar a tesoura e cortar o vestido de Ono. A princípio eles demoravam a reagir, e quando o faziam, mostravam-se hesitantes. Pouco a pouco, porém, ficavam cada vez mais confiantes e ousados à medida que, corte por corte, o vestido da artista era esfrangalhado.

Assistir à filmagem do evento hoje na internet é testemunhar um evento de violação que tem a atmosfera de um ataque sexual. O vídeo expõe verdades sobre a natureza e as relações humanas, sobre agressores e vítimas, sadismo e masoquismo, que poucas pinturas em que posso pensar são capazes de exprimir. Não é teatro – não há história preconcebida com desfechos específicos ou alguma ação prevista para assegurar que eles ocorram. Mas, como em toda arte performática, há uma narrativa: uma conversa provocada pela artista com a plateia, cujas ações são imprevisíveis e terão desfechos incognoscíveis. Se a arte existe para despertar nossos sentidos, para nos desafiar, nos ajudar a compreender, fazer-nos olhar novamente, então *Cut Piece* de Ono é uma esplêndida obra de arte.

Arte conceitual

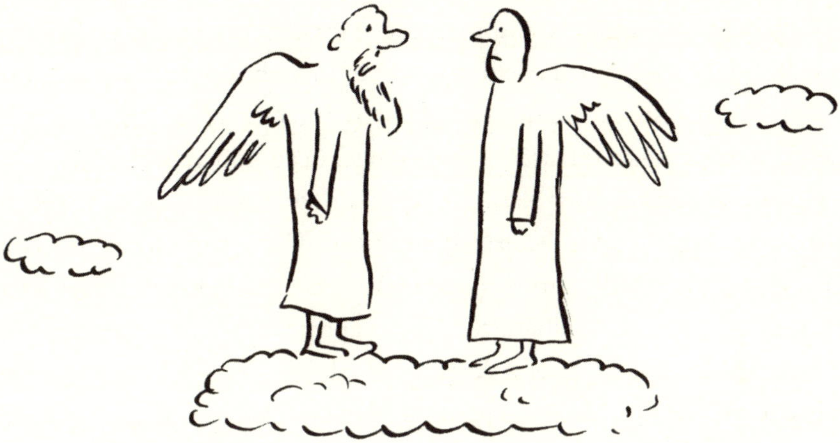

"Às vezes eu gostaria de ser menos conceitual e mais site-specific."

Mesmo artistas conceituais que não tendem a trabalhar diante de uma plateia usam performance e seus corpos como um meio para transmitir sua mensagem. Artistas como Bruce Nauman (n.1941) fizeram carreira a partir da documentação de suas próprias performances, que expunham depois em galerias e museus na forma de fotografias ou vídeos. Essa foi a abordagem à arte conceitual escolhida por Nauman, logo após chegar em casa em 1966 com um diploma de mestre em belas-artes. Ele se sentou para refletir sobre o que faria, que tipo de arte produziria.

Mais tarde o artista relembrou esse momento: "Se eu era um artista e estava no ateliê, tudo que estivesse fazendo ali devia ser arte." Por que, perguntou ele a si mesmo, deveria a arte ser um produto e não uma atividade? Assim, passou a dedicar ao processo de fazer arte o mesmo interesse que tinha pelo produto final. Pouco depois de ter esse pensamento, fez uma obra fotográfica intitulada *Tentativa fracassada de levitar no ateliê* (1966), que documenta a tentativa frustrada do artista de levitar entre duas cadeiras em seu ateliê, postas por ele cerca de um metro uma da outra. A imagem mostra Nauman em dois estados: um em que está na horizontal entre as duas cadeiras, sendo sustentado por suas estruturas, e um outro, superposto a esse, em que está caído no chão, derrotado. É um registro de seu processo de tentar o impossível e fracassar: um comentário sobre sua vida, talvez sobre a vida de todos nós. É uma obra de arte absurda que encerra o sorriso insolente de Marcel Duchamp em algum lugar entre as cadeiras derrubadas e o traseiro muito machucado do artista.

No ano seguinte, 1967, Nauman fez o vídeo *Dança ou exercício sobre o perímetro de um quadrado (Quadrilha)*, um filme de dez minutos de duração num *loop* contínuo. Nele vemos Nauman descalço, vestindo camiseta e jeans pretos. Ele demarcou no chão, com fita crepe branca, um quadrado com um metro de lado. A mediatriz de cada lado do quadrado foi marcada com um pedacinho de fita. Nauman começa num dos cantos e dá um passo até o meio, medindo assim o comprimento de metade do quadrado. Faz isso repetidamente, movendo-se em volta do perímetro do quadrado muitas e muitas vezes no ritmo estabelecido por um metrônomo. É muito repetitivo.

E esse é o objetivo, é claro. Assim é a vida. Nauman é o objeto que representa a humanidade: nunca aprendendo, nunca avançando; repetindo-se eternamente. O metrônomo marca a implacabilidade do tempo que dita nossas vidas. O ateliê é o espaço que o tempo e o objeto habitam. Nauman transformou sua ideia de filmar um movimento simples, corriqueiro – dar um passo para o lado –, numa intrigante obra de arte. A repetição é um componente importante – tem a ver com obsessões, com processo e, em última análise, com a condição humana. Nauman quer que a aparente inutilidade da obra de arte nos atraia, nos faça avançar mais devagar, nos detenha em nossas trajetórias e nos faça olhar e pensar – até compreendermos.

Todos nós despendemos muito tempo visitando galerias de arte *en passant*, dando uma olhada numa pintura de Van Gogh e tropeçando numa escultura de Barbara Hepworth quando estamos a caminho do café ou indo comprar um cartão-postal. Nauman não permitirá que isso aconteça. Se passarmos de maneira desatenta por *Dança ou exercício sobre o perímetro de um quadrado (Quadrilha)*, a obra não nos dirá nada, mas, se investirmos algum tempo nela, seremos recompensados. A arte de Nauman é sobre muitas coisas, mas no alto da lista está a consciência.

Esse tema foi revisitado muitas vezes à medida que a arte conceitual ganhou maior domínio sobre o cenário artístico contemporâneo. Francis Alÿs (n.1959) criou todo um corpo de "ações" extremamente aclamadas que envolvem caminhadas que faz pela Cidade do México, onde vive atualmente, as quais realçam aquilo que a maioria de nós está ocupada demais para perceber: nosso ambiente imediato.

O coletor (1990-92) é um filme de Alÿs que o mostra arrastando um cachorro de brinquedo com rodinhas magnéticas por uma rua, coletando lâminas de metal, tachinhas e moedas enquanto avança. É a obra de um arqueólogo em tempo real, estudando a cultura contemporânea mediante a coleta de artefatos e restos de nossas vidas movimentadas. Em *Re-encenações* (2000) ele entrou numa loja de armas na Cidade do México, comprou uma pistola Beretta 9mm, carregou-a e saiu para um passeio pelas ruas segurando a arma na mão direita em plena vista do público. Nesse estágio isso foi um exercício para documentar a relação da cidade com a violência e as armas. Seria ignorado, passaria despercebido ou seria questionado imediatamente? A resposta é que ele perambulou pelas ruas durante onze minutos sem que ninguém o interpelasse, até que a polícia compensou o tempo perdido de maneira que poderia ser descrita como adequadamente enérgica. Isso foi a parte 1.

A parte 2 foi a reencenação no dia seguinte. Surpreendentemente, a polícia não só a permitiu, mas concordou em participar dela, com policiais atuando como "extras" do filme. Os eventos se desdobraram de maneira muito parecida, com uma prisão, agora encenada, no fim. Dessa vez o objetivo do exercício não era comentar a relação dos cidadãos da Cidade do México com o crime, ou mesmo a disposição da polícia de permitir a uma pessoa andar pelas ruas com uma arma de fogo na mão. O objetivo da reencenação era realçar a natureza espúria dos documentários em geral, e daqueles que veiculam uma performance artística em particular. Alÿs está nos tornando cientes de que quando nos postamos na galeria assistindo às suas farsas surreais, ou assistimos a um documentário na televisão, há sempre um elemento de mediação, subjetividade e encenação envolvido.

Essa é uma verdade parcialmente oculta que o escultor Richard Long (n.1945) expõe com sua arte conceitual. Long, como Alÿs, tem uma queda por caminhar e observar os efeitos que provocamos em nosso ambiente. Enquanto o artista radicado na Cidade do México faz filmes da reação de outras pessoas a seu trabalho, Richard Long faz fotografias de paisagens estéreis. Estas não têm o estilo de instantâneos jornalísticos, mas são eventos meticulosamente planejados e encenados. Quando tinha apenas 22 anos, Long fez uma obra chamada *Uma linha feita ao caminhar* (1967) quando voltava da escola de arte em Londres para casa. Ele decidiu interromper a viagem e ficar andando para cima e para baixo no meio de um campo até abrir com suas pisadas um caminho visível, que em seguida fotografou. É uma obra simples mas tocante, planejada de forma cuidadosa para demonstrar a existência do homem. Ao mesmo tempo, é extraordinariamente original, fazendo lembrar muitos outros movimentos anteriores na arte moderna, das poderosas pinceladas de Jackson Pollock, feitas dessa vez com os pés, às pinturas "zip" e à austeridade do design da Bauhaus.

Este é um dos primeiros exemplos da land art, um ramo da arte conceitual que ganhou proeminência no final dos anos 1960 e início dos anos 1970. O exemplo mais conhecido do gênero é provavelmente *Quebra-mar em espiral* (1970), de Robert Smithson (1938-73). Trata-se de uma monumental escultura em terraplenagem no Great Salt Lake, em Utah, feita de rochas de basalto preto que já existiam no lugar. Ela mede inacreditáveis 460 metros de comprimento por 4,6 metros de largura. É uma sublime estrada para lugar nenhum que parece um híbrido de orelha humana, nota musical e concha de caramujo. A espiral no sentido anti-horário tem qualidades místicas e míticas; é antiga e moderna, abstrata e literal. Smithson era da opinião de que as exposições em museus já haviam tido seu tempo, e, como Richard Long, optou por fazer arte do lado de fora, a partir da natureza e na natureza.

As fontes de inspiração para o trabalho de Smithson eram tão variadas quanto seus múltiplos interesses. Antropologia, linguística, história natural, cartografia, cinema, termodinâmica, ficção científica e filosofia – tudo isso alimentava uma obra atemporal e pensada, e ao mesmo tempo nova e ameaçadora. "O artista", disse Smithson, "busca ... a ficção que a realidade irá mais cedo ou mais tarde imitar." Um desastre de avião em 1973, quando fotografava mais uma peça de land art em que estava trabalhando, impediu que ele vivesse para ver sua profecia se realizar. Mas nós vivemos. *Quebra-mar em espiral* trata fundamentalmente da relação do homem com seu ambiente e do modo como as estruturas à nossa volta afetam nosso comportamento. Nos mais de quarenta anos decorridos desde que Smithson criou seu monumental aterro, ele passou a maior parte do tempo invisível, submerso na água. Em geral é preciso que ocorra uma seca para estimular suas arestas incrustadas de sal a despontar sobre a superfície da água, como um monstro sagrado a se erguer das profundezas. Quando o artista produziu a obra, as águas do lago estavam baixas, e assim ficaram por vários anos. Agora, faz três décadas que a escultura está debaixo d'água.

Quebra-mar em espiral tornou-se o maior barômetro do mundo: um gigantesco indicador de nível que fornece uma informação sobre o estado de nossa relação com nosso ambiente e a maneira como as estruturas à nossa volta – consumismo, globalização – estão afetando nosso comportamento. Como disse Sol LeWitt: "A arte conceitual só é boa quando a ideia é boa." E *Quebra-mar em espiral* de Robert Smithson foi uma ótima ideia.

18. Minimalismo: Sem título, 1960-75

Todos nós as vimos, estivemos em sua presença: aquelas de tipo calado, pensativo. Você sabe, aquelas que têm a força interior do Kevlar, que nunca sentem necessidade de se exibir ou de comprometer princípios sólidos, e têm uma certa aura que impõe respeito. Em minha experiência elas nunca são berrantes, sempre se apresentam bem e têm um estilo discreto que transforma todos à sua volta em idiotas tagarelas. Têm uma qualidade ligeiramente fria, indefinível.

Estou falando, é claro, sobre as esculturas minimalistas. Aqueles cubos e retângulos tridimensionais de bordas retas, implacavelmente austeros, feitos de materiais industriais, pousados no meio do assoalho de uma galeria, ou de uma parede, dominando o espaço e a nós. Elas são um produto dos anos 1960. Como as passeatas estudantis e o amor livre. Com a diferença de que essas concisas obras de arte estão mais ligadas à contemplação reflexiva do que ao despertar de emoções. Elas têm uma impassibilidade que era a antítese de toda a frivolidade e a conversa vazia que tinham lugar no mundo à sua volta.

O minimalismo é o produto de muitas influências, que vão desde a Pennsylvanian Railway até o surrealismo de André Breton. Há muito da fria estética modernista da Bauhaus na mistura minimalista, bem como uma boa dose de construtivismo russo. E apesar de toda a sua aparente passividade, essas esculturas têm na realidade uma estreita relação com a arte performática, com você, o espectador, fazendo o papel do performer. Porque na mente dos artistas envolvidos, suas despojadas obras de arte só estavam verdadeiramente "ativas" ou vivas quando nós, a plateia, estávamos na sala. Só então suas esculturas podiam desempenhar a tarefa para a qual haviam sido criadas: afetar o espaço em que se situam, e, de maneira decisiva, as pessoas dentro dele. Não se tratava de simplesmente admirarmos sua elegância angulosa; tínhamos de reconhecer como sua presença nos transformava, a nós e ao espaço em que estávamos.

É com algum temor que uso a palavra "escultura" para descrever as obras minimalistas tridimensionais, pois em geral este termo foi banido pelos artistas envolvidos em razão de sua associação com a arte da ilusão. Era isso, a seus olhos, que era a escultura tradicional, pela qual matérias-primas são manipuladas para parecer alguma outra coisa (por exemplo, um pedaço de mármore moldado na forma de uma figura humana). Isso era uma abominação para os minimalistas, uma turma literal. Se faziam um objeto com madeira, aço ou plástico, então era isso que ele era, um objeto de madeira, aço ou plástico, nada além disso. Eles sugeriram várias palavras alternativas que lhes pareciam descrever melhor suas criações. Uma das primeiras favoritas foi "objetos". Bastante razoável, mas pouco descritiva; afinal, toda escultura é um objeto. As duas sugestões seguintes sofriam do mesmo problema: eram excessivamente literais. A primeira era "obra tridimensional" e a segunda, "estrutura". Por fim (sem dúvida em desespero), ofereceu-se "proposta". Além de ser uma palavra bastante humilde, especulativa em qualquer circunstância, era completamente sem sentido quando se estava apresentando um cubo de metal com 2,5 metros quadrados de lado. Isso não é uma proposta; é uma afirmação. Assim, por conveniência, vou contrariar os desejos deles e incluir todas as criações espaciais minimalistas descritas neste capítulo na mesma categoria: esculturas.

De certa maneira, a arte produzida pelos minimalistas não difere de nenhuma arte produzida em qualquer outro tempo. Arte é sempre, em certa medida, uma tentativa de criar ordem a partir do caos. Ela pode envolver os princípios metódicos de organização dos sistemas de grade de De Stijl, ou os planos chatos encadeados do cubismo. Até o niilismo anárquico do dadaísmo pretendia livrar o mundo da deterioração e da decadência para permitir que a ordem de um novo mundo fosse estabelecida. O objetivo é sempre o mesmo: pôr a vida sob controle. No caso dos minimalistas, o desejo de pôr a vida em ordem foi simplesmente um pouquinho mais intenso que o dos movimentos artísticos precedentes. O elenco é todo norte-americano, todo do sexo masculino e todo branco, e poderíamos dizer que isso, em sua regularidade, rigidez e natureza redutiva, é bastante minimalista.

Trata-se principalmente de mais um dos clubes de cavalheiros da arte moderna, o que neste caso não é difícil detectar quando examinamos a arte associada ao movimento, obviamente masculina. Os artistas envolvidos tinham uma predileção por obras de arte severas, dotadas de uma fria qualidade mecânica e executadas com uma atenção obsessiva ao detalhe. No entanto, a mão e a presença do artista são quase imperceptíveis. Eles são distantes, sua arte sendo com frequência montada como um produto industrial. Quando os minimalistas faziam esculturas – o que ocorria na maior parte do tempo –, as peças que produziam não tinham nada do romance associado ao esforço humano necessário para entalhar um bloco de pedra. Suas mãos não sangravam nem sua testa suava. Talvez as de alguma outra pessoa o fizessem – aquela incumbida de soldar, aparafusar ou instalar sua obra –, mas não as dos artistas.

Eles operavam mais à maneira dos arquitetos: desenhando projetos, dando ordens e supervisionando a produção. Não há nada de errado nisso; o grande mestre flamengo Peter Paul Rubens tinha um grande número de assistentes fazendo suas pinturas para ele. Mas essa ajuda era para aumentar a produtividade (prova de que a mistura de artista e homem de negócios não é uma criação de Warhol, Koons, Hirst), e por isso ensinava sua equipe a imitar seu estilo. Os minimalistas estavam tentando fazer o oposto. Como os artistas pop norte-americanos, eles queriam eliminar todas as evidências de si mesmos, livrar sua obra de qualquer traço de expressão pessoal, subjetividade ou autoria.

Seu objetivo era compelir o espectador a lidar com o objeto físico que tinha diante de si sem ser desviado pela personalidade do criador. Alguns, como Donald Judd (1928-94), chegaram a parar de dar títulos às suas obras, pois poderiam distrair a atenção do espectador. Assim, vemo-nos diante de vastas quantidades de obras de Judd com o mesmo nome, *Sem título*, em geral apenas com a data em que o trabalho foi feito como guia para estreitar qualquer busca. Isso pode parecer estúpido, mas Judd, como os outros minimalistas, acreditava em remover todo detalhe irrelevante, dizendo: "Quanto mais elementos uma coisa tem, mais sua ordenação torna-se o ponto central da obra e portanto desvia da forma."

Judd emergiu como artista pintando grandes quadros expressionistas abstratos em que muitas vezes sobressaía uma intensa cor de sangue chamada vermelho-cádmio. No devido tempo ele abandonaria o expressionismo abstrato e o cavalete, mas nunca deixaria de usar o vermelho-cádmio. Sua razão para se afastar da tela baseou-se na filosofia minimalista. O problema com a pintura de quadros, a seu ver, era a incapacidade do espectador de ver uma tela e a imagem nela pintada como uma só entidade. Quando olhamos para uma pintura – mesmo que seja uma obra abstrata monocromática sem relevo – pensamos somente na imagem. Não pensamos naquilo sobre o que ela foi pintada. Por que o faríamos? Não é isso que interessa. Mas quando vestimos uma camisa de manhã, ou nos secamos com uma toalha, pensamos no material e no que porventura esteja estampado nele como uma propriedade integrada. E era essa noção de "unicidade" ou "integridade" que Judd buscava para unificar sua arte como um objeto único, abrangente. Ele encontrou sua resposta na escultura.

Sem título (1972) (ver Lâmina 27) é uma caixa de cobre aberta, polida, com pouco menos de um metro de altura e pouco mais de um metro e meio de largura. Judd pintou o lado interno da base com um esmalte de sua cor favorita, vermelho-cádmio. E, bem... só isso. *Sem título* não simboliza nada e não sugere nada. É uma caixa de cobre com uma base vermelho-cádmio. Por outro lado, é uma obra de arte. Mas afinal qual é seu propósito? A resposta é: apenas ser vista, apreciada e julgada puramente em seus termos estéticos e materiais – a aparência que tem e o que nos faz sentir. Não há nenhuma exigência de "interpretar" a obra – não há nenhum sentido oculto a buscar. O que, a meu ver, a torna sem dúvida libertadora. Dessa vez não se requer nenhum truque ou conhecimento especializado, há apenas uma decisão a tomar: você gosta dela ou não?

Eu gosto.

Acho fascinante sua simplicidade, a superfície texturizada da caixa de cobre quente e ressonante, os ângulos fortes de seu contorno dividindo com elegância o espaço circundante com precisão de laser. Ande em direção à caixa de cobre e você verá um vapor vulcânico vermelho elevando-se como neblina de seu topo aberto – enfatizando o contorno nítido da caixa. Se você se debruçar sobre ela e examinar seu vazio, verá que o efeito de neblina criado pelo vermelho-cádmio encheu o volume com uma luz nebulosa, como um tardio pôr do sol de verão. As paredes internas de cobre parecem ter sido mergulhadas em vinho tinto. E é assim que você se sentirá após contemplar seu interior reflexivo por algum tempo, pois a princípio você vê dois cubos, depois três, e por fim um corredor deles à medida que a superfície reluzente do cobre opera sua mágica ótica.

Nesse momento você provavelmente recuará e fará um exame apropriado da maneira como a caixa foi feita (por técnicos, segundo as especificações de Judd). E verá todas as pequenas imperfeições, a textura encaroçada do cobre, as amolgaduras e os arranhões. A maneira como os lados não se alinham perfeitamente e como uns dois parafusos ficaram enterrados demais. Essas são as imperfeições da vida, que não podem ser escondidas por mais que nos esforcemos. Recue e ande em volta da caixa, e você ficará pasmo com a maneira como o cobre intensifica sua percepção das mudanças na luz ambiente, a qual por sua vez aumenta a sensibilidade a todo o seu ambiente físico. Depois, ao se afastar para olhar alguma outra coisa – e isso eu garanto –, você dará uma última olhada antes de ir embora. E sempre se lembrará de ter visto a caixa de cobre de Donald Judd, porque ela é simplesmente bela.

Judd resistiu a qualquer coisa que pudesse interferir na natureza dos materiais, ou reduzir o caráter puramente visual da experiência do espectador. O que essa obra faz, o que todas as esculturas de Judd fazem em maior ou menor medida, é forçar o espectador a entrar no tempo presente. Não há nenhuma história ou alegoria para compreender. Não há nenhuma distração. Judd pensava que toda a ideia de artistas explorando a noção de acaso havia sido plenamente realizada por Pollock, com seus borrões fortuitos. Parecia-lhe óbvio que o "mundo é 90% acaso e acidente". Esse era seu ponto de partida. Essa era a razão por que havia simplificado seu trabalho: eliminar o acaso.

Ele se arriscou, porém, com suas "peças pilha", como o trabalho de 1967 *Sem título (Pilha)*, que parece uma dúzia de prateleiras não sustentadas que se projetam da parede uma sobre a outra. Fazer uma escultura fragmentada quando se tem o objetivo primordial de apresentar um objeto único isento de complicações é arriscado. Mas o artista executa isso com firmeza. Cada prateleira, ou degrau, é feita de ferro galvanizado e coberta de tinta industrial verde. As doze unidades, todas feitas numa oficina siderúrgica em Nova Jersey, são idênticas. Judd não poderia estar indo mais longe para se afastar dos grandes gestos pictóricos dos expressionistas abstratos.

Ele estava reagindo contra o mito romântico segundo o qual o movimento impetuoso do pincel de um artista podia comunicar de alguma maneira uma verdade interior mística. Judd era um arquirracionalista. Estava usando a repetição para solapar a ideia de que absolutamente todos os movimentos pictóricos são de alguma maneira significativos e notáveis. Isso, ele pensava, só podia ser encontrado na unidade abstrata. Com *Sem título (Pilha)*, Judd conseguiu fazer com que doze elementos individuais parecessem uma só coisa. Na verdade, há 23 diferentes elementos. Há os doze degraus e os onze espaços entre eles. Cada um dos degraus tem 22,8 centímetros de profundidade e todos estão a 22,8 centímetros de distância um do outro. Diferentemente do que ocorre na escultura tradicional, não há nenhuma hierarquia nessa obra; o degrau inferior (o plinto) tem o mesmo valor que o de cima (a coroa de glória). A coesão de todas as coisas – e nisso reside o brilhantismo de Judd – é assegurada por algo invisível. Ele chamou isso de polarização; eu chamaria de tensão.

Uma ideia semelhante pode ser encontrada nas pinturas de Frank Stella (n.1936). Ele era quase uma década mais jovem que Donald Judd, mas havia seguido uma trajetória semelhante, começando como expressionista abstrato, e compartilhava muitas das frustrações de Judd com relação às limitações da arte de seu tempo. Aos 23 anos, Stella havia optado por uma versão enxuta do expressionismo abstrato, em que se firmaria como um grande artista. Dorothy Canning, uma curadora extremamente respeitada do MoMA, havia notado as *Pinturas pretas* do jovem Frank num ateliê em Nova York em 1959 e se encantara com sua simplicidade e originalidade.

Uma delas, intitulada *O casamento da razão e da esqualidez, II* (1959), consistia em duas imagens em preto e branco idênticas postas lado a lado. No meio de cada imagem, uma fina linha de tela não pintada corria pelos dois terços inferiores da pintura, fornecendo seu ponto central. Em volta dela, na forma de uma moldura de porta (ou de uma letra "U" de cabeça para baixo), Stella havia pintado uma grossa linha preta. Em seguida repetira esse processo, expandindo a imagem de maneira concêntrica: uma grossa linha preta pintada na forma de uma moldura de porta, seguida por uma fina área de tela em branco que corria em torno da forma pintada. O resultado foi um padrão que lembrava um terno risca de giz.

Canning decidiu incluir o trabalho de Stella numa exposição que planejava montar no museu para exibir tendências emergentes na vanguarda norte-americana. Junto com suas pinturas, ela incluíra *Combinações*, de Rauschenberg, e *Alvos e bandeiras*, de Jasper Johns (que tinham sido uma inspiração para Stella), bem como o trabalho de vários outros artistas. A exposição Dezesseis Americanos (MoMA, dezembro de 1959 a fevereiro de 1960) iria se tornar parte do folclore da arte mundial, vista como o momento em que a arte moderna escapou do domínio das pinturas emocionais dos primeiros expressionistas abstratos. Os críticos não se mostraram muito entusiasmados, em particular com relação às pinturas de Stella, descritas por um deles como "inexprimivelmente enfadonhas". Não foi essa a opinião de Judd. Ele sabia exatamente o que Stella estava tentando fazer porque procurava fazer o mesmo com a escultura. Era uma literalidade, uma clareza; ou, como disse Stella: "O que você vê é o que você vê." A solução de Judd foi reduzir os elementos: simplificar. A de Stella foi "simetria – tornar a coisa toda igual". Era uma abordagem minimalista.

Stella, como Judd, queria erradicar todo componente de ilusão de suas pinturas. Fez isso tanto em preto e branco quanto em cores, com obras como *Hyena Stomp* (1962). Ele usou onze cores (tons de amarelo, vermelho, verde e azul), aplicadas sequencialmente num padrão labiríntico, que espirala a partir do centro até um ponto final no canto direito superior que perturba sutilmente a simetria da composição. A tela mostra Stella brincando com a ideia de sincopação, em que o ritmo escapa inesperadamente de sua própria uniformidade. Com o nome de uma faixa do músico de jazz Jelly Roll Morton, na qual foi inspirada, ela demonstra também quanto Stella havia se afastado das origens do expressionismo abstrato. Embora suas pinturas sejam inteiramente abstratas e expressivas, são claramente premeditadas. Pollock acreditava em deixar o inconsciente aflorar com ímpeto e na adesão ao automatismo dos surrealistas. Stella estava mais próximo da arte conceitual. Ele não fazia nada sem planejamento e uma boa dose de pensamento racional. A seu ver, era realmente o pensamento que contava; a pintura podia ser feita por qualquer um. O impacto causado por Stella sobre o minimalismo foi considerável. Ele forneceu estímulo intelectual a Judd e fez para o escultor Carl Andre (n.1935) um comentário que mudou a vida do artista.

O incidente ocorreu quando Stella e Andre compartilhavam um ateliê em Nova York no fim dos anos 1950 e início dos anos 1960. Andre já estava enamorado das pinturas concêntricas e simétricas de Stella. Fã também de Constantin Brancusi, ele estava trabalhando num totem de grandes proporções no estilo primitivo do escultor romeno. Enquanto Andre entalhava com dedicação algumas formas geométricas apropriadamente modernas em seu pedaço de madeira, Stella aproximou-se e lhe disse que seu trabalho parecia excelente. Em seguida andou até as costas da peça, que o artista deixara absolutamente intacta, e comentou: "Sabe de uma coisa? Isso aqui é uma boa escultura também." Ora, algumas pessoas teriam ficado um pouco irritadas se, depois de terem passado horas entalhando de um lado, alguém lhes dissesse que o pedaço em que não haviam tocado estava igualmente bom. Não Andre, que concordou, dizendo: "Na verdade, está muito melhor que o lado entalhado." Refletindo, ele percebeu que seu trabalho manual havia de fato diminuído o objeto como obra de arte. Mais tarde, lembrando o episódio, declarou: "Daquele momento em diante comecei a pensar: bem, não vou cortar as próximas toras que eu conseguir... Vou usá-las como cortes no espaço."

E foi o que fez. Na opinião de Andre, suas esculturas tornaram-se mais semelhantes ao que hoje chamamos de instalações; isto é, obras de arte destinadas a reagir fisicamente ao espaço em que foram instaladas e afetá-lo, bem como àqueles que o ocupam. Se possível, ele prefere estar presente quando uma de suas esculturas está sendo preparada para ser exposta numa galeria. A localização precisa da obra de arte é uma parte importante dela para Andre, assim como a maneira como ela "corta" o espaço da galeria, determinando assim sua composição global. É surpreendente, portanto, para alguém que faz um trabalho para interagir com seu ambiente, que suas esculturas possam passar despercebidas tão facilmente. Como os outros escultores minimalistas, Andre aboliu a ideia de usar um plinto, preferindo pousar suas esculturas diretamente no assoalho. O objetivo era acrescentar um sentido de "clareza" e distanciar a obra das esculturas figurativas do passado. O que é ótimo em princípio, mas, para um artista que faz trabalhos a partir de pedaços pequenos ou planos de material industrial, cria um pequeno problema. Ele estava, na verdade, tornando suas esculturas parte do assoalho; o que, embora seja inovador e não convencional, pode ter como resultado fazê-las escapar por completo à atenção das pessoas. Vi muitos visitantes de museu serpenteando por espaços de galeria em que uma de suas esculturas de assoalho estava sendo exibida e pisando na peça sem se dar conta disso, como se ela fosse um capacho.

A peça pela qual Carl Andre é mais conhecido é *Equivalente VIII* (1966), os 120 tijolos refratários arranjados em duas camadas na forma de um retângulo, que valeram à Tate aquela coça da imprensa quando a galeria os expôs em 1976. A escultura é típica das obras de Andre na medida em que é feita de um material industrial, não há nenhuma hierarquia entre os elementos individuais que a compõem ou dentro da própria composição e é baseada em unidades de medida imperiais. É totalmente abstrata, rudemente concisa, simétrica, premeditada e destituída de qualquer toque vistoso. O artista tornou-a tão impessoal quanto lhe foi possível, assegurando que não fosse dada ao espectador nenhuma indicação de sua personalidade ou a oportunidade de "interpretar" a escultura. Ele não quer que pensemos que *Equivalente VIII* poderia ser qualquer coisa diferente do que é: 120 tijolos refratários arranjados na forma de um retângulo.

Diferentemente dos demais minimalistas, e diferentemente de quase qualquer outro artista, Andre não aparafusava, colava, pintava ou amarrava os elementos separados que formavam uma de suas obras de arte; eles permaneciam soltos. Ao mesmo tempo, porém, estavam ligados; não fisicamente, mas da mesma forma que os elementos das esculturas da série *Pilha*, de Judd. No caso de ambos os artistas, o relevante na obra era a soma, não as partes. Ao decidir não prender as partes constituintes umas às outras (ele as punha lado a lado ou uma em cima da outra), Andre estava, de fato, criando a mesma tensão entre seus elementos individuais que Judd criou no espaço que deixou entre cada uma das unidades pintadas em suas obras da série *Pilha*. As lacunas faziam as peças separadas parecer mais, não menos, coesas como uma única entidade.

A abordagem de Andre à "totalidade" não deixava de encerrar problemas. Acontecia, por exemplo, de visitantes saírem com uma peça de uma escultura de Andre presa no casaco. Divertido para eles, exasperante para Andre (e o museu ou galeria em questão). Em especial quando ele estava começando, no início dos anos 1960, e o dinheiro era pouco e os materiais, caros e difíceis de obter. A falta de dinheiro o obrigou a suplementar seu modesto rendimento como artista empregando-se como guarda-freios e condutor de trens de carga na Pennsylvanian Railroad. Foi um emprego que o conduziria à fama e, se não à fortuna, sem dúvida a um estilo de vida confortável.

Em geral associamos a escultura a formas verticais. Não era o que ocorria no caso de Andre. Como sabemos, ele era um homem que gostava mais da horizontal, gosto que desenvolvera durante o período em que trabalhara nas ferrovias. Foi ao viajar na cabine do maquinista que viu o potencial para a escultura nos quilômetros de linha férrea enferrujada com seus dormentes de madeira horizontais, uniformemente espaçados, funcionando como os padrões de unidade repetitivos que viria a usar como a base de sua arte. Vejamos, por exemplo, *144 quadrados de magnésio* (1969), que consiste em doze fileiras de doze placas de magnésio (ele fez outras versões em alumínio, cobre, chumbo, aço e zinco), num total de 144. As placas, todas com trinta centímetros quadrados, haviam sido arranjadas num grande quadrado com

3,6 metros de lado. Estamos de volta ao território dos equivalentes de Carl Andre. A não ser que dessa vez ele está pedindo ao visitante para pisar em sua escultura baseada no assoalho a fim de que ela "se torne seu próprio registro de tudo que lhe aconteceu". Ele tinha, porém, um outro motivo. Esperava que a experiência de andar sobre as placas de magnésio ajudasse o visitante a sentir as qualidades físicas do material.

Essa é uma ideia que remonta aos construtivistas russos, mais particularmente a Vladimir Tatlin, de quem Carl Andre era fã. Em seus *Contrarrelevos de canto*, Tatlin estava despindo a obra de arte de toda significação simbólica para estimular o espectador a considerar os materiais de que o objeto era feito e o efeito que eles produziam no espaço à sua volta. Era uma abordagem à arte muito próxima à que os minimalistas norte-americanos adotariam cinquenta anos depois. Por isso eles não hesitaram em reconhecer o papel do construtivismo no desenvolvimento do minimalismo. E ninguém o fez mais do que Dan Flavin (1933-96), que dedicou 39 esculturas ao fundador do construtivismo russo.

Enquanto Tatlin fazia obras a partir dos elementos usados na construção de prédios modernos no início do século XX (alumínio, vidro e aço), Flavin escolheu tubos de luz fluorescente como o meio para suas esculturas. A escolha de materiais de Tatlin foi um ato de apoio aos objetivos revolucionários de uma nova república russa. A de Flavin era uma combinação de referência à história da arte e comentário contemporâneo. A luz, é claro, sempre foi parte intrínseca da prática artística. Num nível básico, um artista só pode ver e criar quando há luz. Caravaggio e Rembrandt produziram suas extraordinárias pinturas usando a técnica dramática do *chiaroscuro* de acentuar o contraste entre luz e sombra. De Turner aos impressionistas, vários artistas passaram a vida tentando captar efêmeros efeitos de luz. Man Ray descreveu suas inovações fotográficas das raiografias e da solarização como "pintura com a luz". Além disso, há as conotações religiosas e espirituais da luz: "Faça-se a luz, e a luz se fez", "E Deus viu a luz", ou "Eu sou a luz do mundo".

Diante disso, Flavin considerava sua luz fluorescente "anônima e inglória". Apreciava-a por sua natureza impessoal, massificada, vendo-a como um material que conectava a arte com as "preocupações diárias" da vida. Mas, como os outros artistas minimalistas, ele insistia na inexistência de um sentido oculto em seu trabalho. "Ele é o que é, e não é mais nada", declarou. Os tubos fluorescentes eram para ele uma maneira de "brincar com o espaço", mudar a aparência de uma sala, a maneira como as pessoas agiam, e de 1963 em diante eles se tornaram seu instrumento primordial para fazer arte. Seus múltiplos tributos a Tatlin, feitos no curso de duas décadas e meia, foram sua série mais conhecida, a primeira peça tendo sido feita em 1964 e a última em 1990. Todas compartilharam o mesmo título – *Monumento para V. Tatlin* –, embora haja algumas variações no design.

Monumento 1 para V. Tatlin (1964) (ver Fig. 29), a primeira escultura da série, consiste em sete tubos fluorescentes fixados contra uma parede, com o mais alto (2,5 metros) funcionando como o ponto central da escultura. Os outros seis estão divididos simetricamente, três de cada lado do alto tubo central numa ordem decrescente de altura. O resultado lembra um arranha-céu de Manhattan dos anos 1920, ou os tubos de um órgão de igreja. Mas não se parece muito com a famosa torre inclinada não construída de Tatlin, *Monumento à Terceira Internacional* (1920), em que teria sido supostamente baseada. Não que Flavin se incomodasse com isso. Num raro momento alegre para o sério movimento minimalista, ele disse que sua intenção ao chamar a escultura de monumento fora fazer uma piada, sendo ela feita de algo tão descartável e perecível quanto um acessório doméstico de iluminação.

A despeito da baixa qualidade do material, quando a obra é instalada e os tubos fluorescentes estão ligados e emitindo sua brilhante luz branca, ela produz o efeito desejado. Frequentadores de galeria que entram numa sala e veem a peça contra a parede rumam imediatamente numa linha reta para ela. É como se *A metamorfose*, de Kafka, ganhasse vida, pois os visitantes se transformam em insetos atraídos pela luz brilhante e cálida de Flavin, o que faz da obra um notável sucesso. Flavin pretendia que suas esculturas de luz fluorescente afetassem o espaço em que eram exibidas, assim como Judd com suas peças. Essa era a missão minimalista.

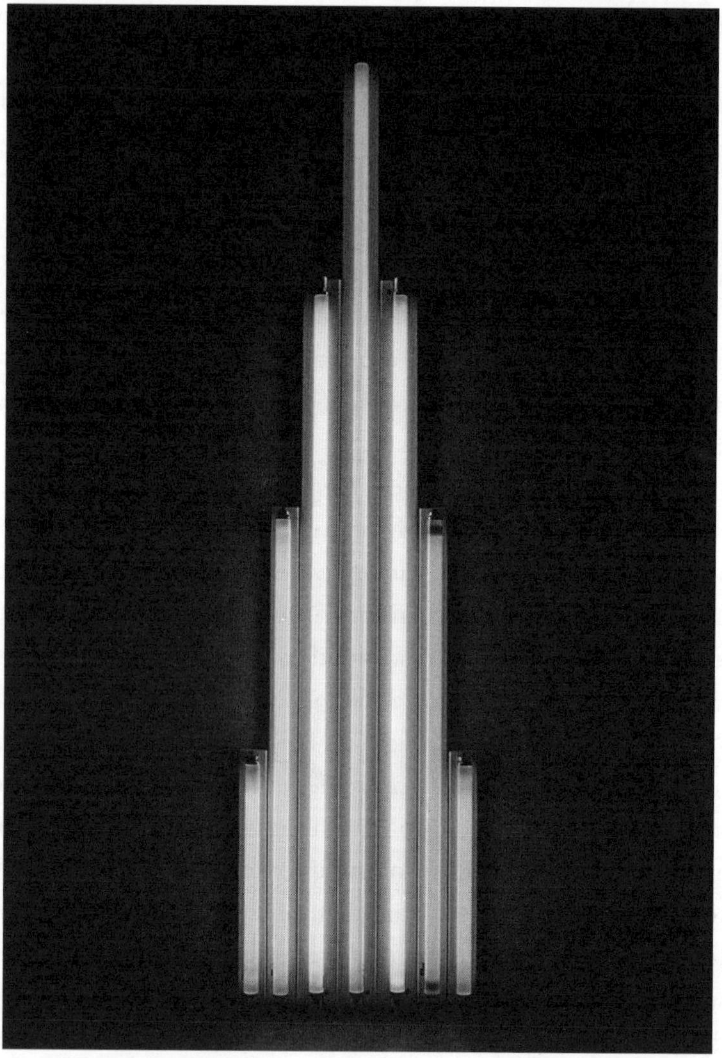

FIG. 29. Dan Flavin, *Monumento 1 para V. Tatlin*, 1964.

Foi Dan Flavin quem ajudou Sol LeWitt (1928-2007) a descobrir a despojada filosofia minimalista quando este último trabalhava na livraria do MoMA, no início dos anos 1960. Fora ali que LeWitt topara com vários artistas emergentes que faziam algum serviço avulso no museu, um dos quais foi Dan Flavin. Flavin lhe havia falado sobre arte e Nova York e sobre como os expressionistas abstratos eram demasiado egoístas e "presentes" em sua obra. Ele mostrara a luz para LeWitt e um caminho pelo qual o funcionário da livraria pôde desenvolver suas ambições artísticas.

Para LeWitt, a ideia era suprema: o conceito é que era a obra de arte, sua realização sendo meramente um prazer passageiro. Não o afligia que uma obra de arte que ele tivesse instigado fosse destruída, podia viver sem ela – o que importava era o pedaço de papel que tinha em sua gaveta com o conceito escrito. Sendo assim, por que se dar ao trabalho de supervisionar a produção de suas obras como faziam Judd, Flavin e Andre? Ele podia simplesmente emitir um conjunto de instruções por escrito e deixar que outros se incumbissem de executá-las.

Se os artistas e artesãos que ele havia contratado para executar suas grades e séries de cubos brancos se sentissem inseguros quanto ao que fazer caso suas notas não fossem suficientemente precisas (elas muitas vezes continham expressões ambíguas como "não se tocando" ou "linha reta"), LeWitt ficava feliz se interpretassem suas intenções como bem lhes parecesse. De fato, encorajava isso, vendo essas interferências como parte do processo criativo. Valorizava tanto a contribuição artística dada pelos que produziam suas obras que muitas vezes os mencionava como colaboradores nas paredes da galeria em que a peça estava sendo exposta, ajudando-os com isso a estabelecer suas próprias carreiras artísticas. LeWitt o fazia em parte por ser um homem modesto e generoso, e também como uma declaração relativa à sua própria visão da arte.

Apesar de toda a cordialidade e bondade que lhe eram inerentes, suas esculturas podiam ser despojadas a ponto de serem completamente secas. Em 1966 ele apresentou *Projeto serial, 1 (ABCD)* (ver Fig. 30), uma escultura composta por vários blocos brancos e retangulares, alguns dos quais eram sólidos e outros, uma estrutura aberta lembrando um andaime. Os cubos eram de diferentes tamanhos, nenhum se elevando a uma altura maior que a dos joelhos. Eles eram todos postos no assoalho, sobre uma grande esteira plana, cinza e quadrada, na qual fora pintada uma grade de linhas brancas. Os cubos eram arranjados dentro da grade, o que conferia à escultura uma composição que lembrava uma vista aérea de Nova York.

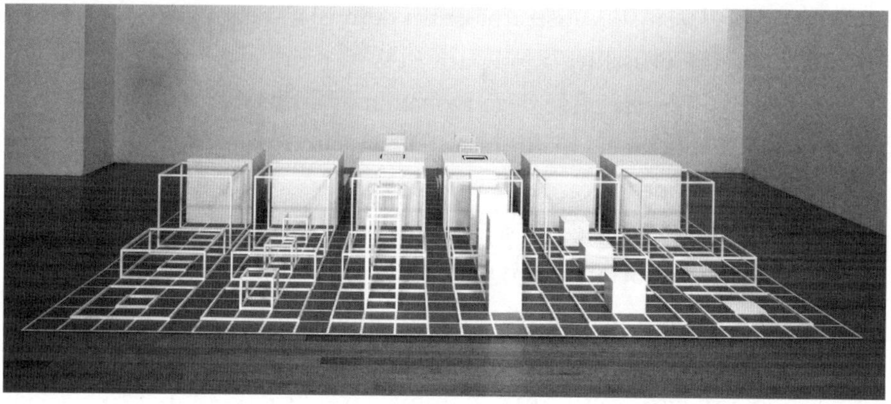

FIG. 30. Sol LeWitt, *Projeto serial, 1 (ABCD)*, 1966.

O conceito de LeWitt nesse caso era refletir sobre o modo como algo podia parecer bem organizado e arrumado num contexto e totalmente confuso em outro. Esta pode parecer uma estranha preocupação para uma obra de arte que consiste numa paisagem de cubos brancos. Mas segundo LeWitt seu objetivo "não era instruir o espectador, mas dar-lhe informação", com o que ele esperava que seu pensamento se tornaria tão claro e direto quanto seus cubos abertos. Seu manifesto pessoal era "recriar arte, começar do quadrado um", o que parece um bom lugar para começar com *Projeto serial, 1 (ABCD)*.

Ele iniciou a obra de arte, segundo assegurava, no quadrado um. Desenhou um cubo num pedaço de papel. E depois um outro, e outro e outro, até que a folha ficou cheia deles. Esses cubos lhes pareceram agradavelmente organizados e coerentes. Isto é, até serem transformados em objetos tridimensionais e arranjados como uma escultura, momento em que a única coisa que ele viu foi desordem, o que o levou a passar de um humor sereno para ansioso. LeWitt estava agora enfrentando um enigma visual complicado que ele mesmo projetara. Um enigma cuja solução, segundo averiguara, era caminhar lentamente em torno da escultura e observá-la de diferentes ângulos e perspectivas. À medida que seus olhos se ajustavam à confusão e coligiam crescentes quantidades de informação, a antes impenetrável massa de cubos aleatórios se desemaranhava gradualmente em algo que lhe parecia ser um sistema atraente. Ele descobriu que as linhas de visão através da obra de arte fornecidas pelos cubos abertos iluminavam toda a sala, fazendo-a parecer maior do que realmente era. Enquanto isso, os cubos sólidos funcionavam como bloqueios de estrada visuais, tendo o efeito de arrastar seus olhos e sua mente de volta para a escultura.

Projeto serial, 1 (ABCD) é uma peça arquetípica da arte minimalista que poderíamos afirmar ter sido a arte da era espacial: matemática, metódica e implacavelmente fria. Os artistas minimalistas e os cientistas que projetavam os foguetes que deveriam levar o homem à Lua estavam explorando, ao mesmo tempo, os mesmos princípios: matéria, sistemas, volume, sequências, percepção e ordem. E, o que era mais importante, a maneira como tudo isso se relaciona conosco – os habitantes desta bizarra bola de vida chamada planeta Terra.

A calma exterior das obras de arte minimalistas traía uma urgência interna dos artistas de introduzir ordem e controle no mundo. Essa não foi uma compulsão que eles transmitiram à geração seguinte de artistas, que brotou durante o movimento flower-power dos anos 1960 e depois foi abastecida pelas consequências da crise do petróleo nos anos 1970. Essa geração iria levar a arte numa direção completamente diferente.

O minimalismo marcara o fim do modernismo. A arte ingressava agora numa nova era de pós-modernismo.

19. Pós-modernismo: Falsa identidade, 1970-89

O BOM DO PÓS-MODERNISMO é que ele pode ser praticamente qualquer coisa que se queira. Por outro lado, o que é realmente chato no pós-modernismo é que ele pode ser praticamente qualquer coisa que se queira. Esse é o paradoxo da liberdade no coração desse movimento dotado de uma capacidade ímpar, mesmo em termos de arte moderna, de desconcertar e enfurecer. O que, sem ser muito fantasioso, é tipicamente pós-moderno.

Aparentemente, trata-se de um movimento de fácil compreensão. Ele é pós – ou posterior – ao modernismo, que, segundo geralmente se admite, teria terminado em meados dos anos 1960 com o minimalismo (embora seu legado continue vivo hoje). E, tal como o pós-impressionismo, é um desenvolvimento a partir de seu predecessor e uma reação crítica a ele. O filósofo francês Jean-François Lyotard descreveu o pós-modernismo como "incredulidade em face das narrativas grandiosas". Ele queria dizer que a constante busca, pelo modernismo, de uma solução única, abrangente, para os problemas da humanidade era considerada tola, ingênua e ilusória pelos pós-modernistas. Eles pensavam que qualquer Grande Ideia estava tão condenada ao fracasso quanto todas as demais "narrativas grandiosas", como o comunismo e o capitalismo.

Para eles, se havia uma resposta – o que provavelmente não era o caso –, ela seria encontrada na miscelânea do que existira antes: uma coleção do "melhor de" roubada de movimentos e ideias anteriores. A partir desses fragmentos eles criariam uma nova taquigrafia cheia de referências à história da arte e alusões à cultura popular; uma mistura indigerível que eles tornavam mais palatável afetando um ar brincalhão e uma falta de autoconfiança irônica. Vejamos, por exemplo, o prédio da AT&T (hoje, Sony), no número 550 da Madison Avenue, em Nova York, projetado por Philip Johnson. O projeto de 1978 (concluído em 1984) revela um arranha-céu modernista comum no clássico estilo Louis Sullivan/Walter Gropius/Mies van der Rohe, mas com uma alteração pós-modernista. Em vez do esperado telhado sóbrio, quadrado, Johnson encimou seu edifício com um ornamentado frontão – um floreio vistoso final, como o chapéu usado por uma mãe, sob os demais aspectos discreta, no casamento da filha.

Para muitos críticos, isso pareceu desnecessariamente ostensivo e em desacordo com a austera estética de telhados planos da Manhattan modernista. A seu ver, o prédio da AT&T, de Johnson, foi um retrocesso ao empolado estilo art déco exemplificado pelo Chrysler Building (1930); uma referência visual que eles reconheciam na fachada superior do arranha-céu. Johnson havia posto uma fileira de janelas verticais altas, próximas umas das outras, logo abaixo dos ombros do frontão, o que para muitos objetores fazia sua coroa de glória parecer uma antiquada grade de capô de automóvel.

O arquiteto mostrou uma disposição de ânimo similarmente brincalhona com relação à base do edifício. Em vez de um portal formal retangular, a forma aceita para arranha-céus havia algum tempo, ele projetou uma imensa entrada arqueada que, segundo declarou, lembrava o domo renascentista da Basilica di Santa Maria del Fiore, em Florença, na Itália. A isso acrescentou outros adornos arquitetônicos, com detalhes que incluíam alusões a colunas romanescas e elevações que faziam referência às estantes projetadas no século XVIII pelo marceneiro inglês Thomas Chippendale. Por fim, revestiu o edifício de granito cor-de-rosa não polido, uma escolha original, mas ligeiramente berrante.

O AT&T Building é uma clássica colcha de retalhos pós-modernista, em que espirituosas referências à história da arte se misturam a uma entusiasmada adesão à cultura contemporânea. *Sampling*, *hip-hop*, *mixing* e uma aguda consciência da imagem pública, todas essas coisas tornaram-se parte da paleta pós-moderna; a perspicácia autoconsciente e a ironia mordaz, sua língua franca. E a ausência de uma resposta única para o que quer que fosse significava que tudo era digno de consideração, podendo, se assim se desejasse, ser legitimamente incluído. Distinções e definições eram borradas: fato e ficção tornavam-se indistinguíveis. Com a pós-modernidade, a imagem superficial era de suma importância, mas com frequência se revelaria falsa ou contraditória.

Cindy Sherman (n.1954) foi uma das primeiras expoentes da arte pós-moderna da paródia e da imitação com sua série *Untitled Film Stills* (1977-80) (ver Fig. 31). O alvo de seu olho zombeteiro foi o chauvinismo masculino de Hollywood. Ao longo de três anos ela produziu 69 retratos em preto e branco no estilo das fotografias de cena publicitárias que os estúdios criam para promover seus principais atores. A própria Sherman é sempre a estrela de seus *Untitled Film Stills*, mas eles não são propriamente autorretratos. À típica maneira pós-moderna, a ambiguidade reina suprema. A artista atacou seu baú de fantasias para criar um elenco de personagens femininos ficcionais tal como concebidos e promovidos nos filmes B. Há a mulher fatal, a prostituta, a gatinha sexy, a dona de casa

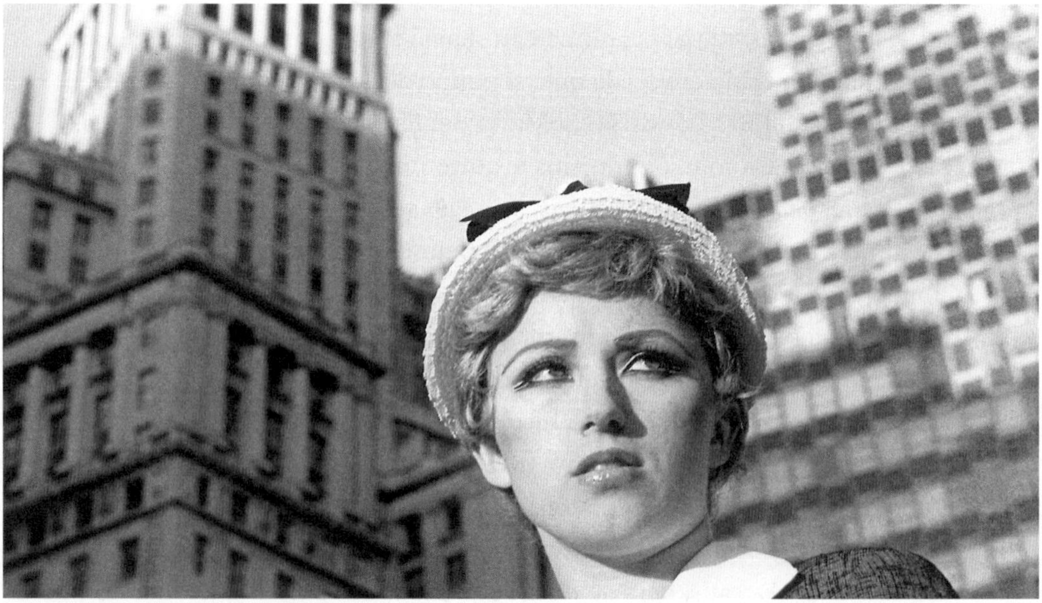

FIG. 31. Cindy Sherman, *Untitled Film Stills* nº 21, 1978.

e a donzela fria. Sherman compõe a sério cada fotografia, todas as quais imitam o estilo das imagens que ela está parodiando. Os personagens que criou em suas fotos são tão conhecidos que há notícia de críticos de cinema que "reconheceram" os filmes a que elas se referem, embora nenhuma de fato se relacione diretamente com qualquer filme específico. Segundo a artista, a série só foi interrompida quando "não lhe restavam mais clichês".

Sherman é a artista pós-moderna quintessencial. Tem uma maneira um tanto barulhenta de atacar a obra de outros e brincar com a noção de identidade, ao mesmo tempo que cultiva o hábito pós-moderno de adotar os métodos de outros movimentos artísticos. No seu caso, isso se deu dentro e em torno da área da arte performática e conceitual. Ao longo de toda a série *Untitled Film Stills*, Sherman fez de si mesma o meio para suas próprias ideias, como o artista conceitual Bruce Nauman fizera uma década antes em sua *Dança ou exercício sobre o perímetro de um quadrado (Quadrilha)*. A força da peça de Nauman é que a princípio ela parece superficial e leve, mas acaba por se revelar profunda e significativa. O mesmo pode ser dito das *Untitled Film Stills*, que atacam a costura de miragens e manipulações à maneira de Warhol.

As fotos de cenas publicitárias que Sherman produziu representam personagens de filmes que nunca existiram, e que, ainda que tivessem sido produzidos, teriam sido também ficcionais, tanto quanto a maneira como o estúdio havia enfeitado suas "belas" atrizes no intuito de nos atrair para o cinema. Com suas fotografias, Sherman está fazendo um comentário mais amplo sobre a natureza da cultura contemporânea, em que um constante fluxo de imagens adulteradas destinadas a manipular o consumidor resultou em uma sociedade não mais capaz de distinguir entre fato e ficção, verdade e mentiras, real e falso.

Ela faz tudo isso na linguagem pós-moderna de sutis alusões e sugestões casuais, evitando tanto quanto possível a armadilha modernista de ser definida e explícita. A série *Untitled Film Stills* podia encerrar 69 diferentes imagens de Cindy Sherman, mas acaso nos torna em algum grau mais capazes de saber quem Cindy Sherman realmente é? Para um trabalho cujo tema é identidade, ela revela muito pouco sobre si mesma. Embora seja a estrela em todas as imagens, ela é também não existente – o tipo de contradição existencialista que os pós-modernistas adoram. Isso nos faz lembrar jogos do surrealismo e o simbolismo filosófico dos romances cômicos dos anos 1960, de autores como Kurt Vonnegut (*Matadouro 5*) e Joseph Keller (*Ardil-22*).

Ao remover todos os vestígios de sua personalidade de suas fotografias, Sherman lembra a relutância dos minimalistas em aludir a si mesmos em sua obra. A motivação de Judd e companhia era concentrar a atenção do espectador exclusivamente na arte, sem ter de se preocupar com a distração da personalidade do artista. O raciocínio de Sherman era diferente. Ao se ausentar ela é capaz de assumir a persona de quem bem entende: de representar qualquer papel. Isso lhe dava completa liberdade para mudar de personalidade à vontade porque o espectador não tinha nenhuma imagem ou conhecimento preexistente dela a que recorrer. A arte camaleônica de Sherman é um reflexo da maneira como a mídia e as celebridades manufaturam e manipulam uma imagem pública baseada não na verdadeira personalidade do indivíduo em questão, mas no que o mercado deseja que essa personalidade seja.

Talvez não surpreenda, portanto, saber que a patrocinadora única da exposição de Cindy Sherman no MoMA, em 1997, foi Madonna – o supremo ícone pós-moderno e fabricante de imagem: a mãe da reinvenção. A pop star já havia demonstrado seu conhecimento e apreciação do trabalho de Sherman em seu livro *Sex* (1992), publicação que deve muito às *Untitled Film Stills*. Madonna copiou a ideia da artista de escalar a si própria como estrela numa série de fotografias em preto e branco arquiencenadas que (em seu caso) imitam a imagem batida de mulheres no mundo da pornografia leve. E, como Sherman, ela tinha os olhos voltados para a idade de ouro de Hollywood ao criar um alter ego para si diante das câmeras, que chamou de Mistress Dita – uma *starlet* dos anos 1930. O resultado é uma obra pós-moderna de uma obra pós-moderna, o que é tudo muito...

Cindy Sherman e Madonna não estavam sozinhas ao brincar com a ideia de falsa identidade e alusão no meio da fotografia. No ano seguinte ao que Sherman começou sua série *Untitled Film Stills*, o artista canadense Jeff

Wall (n.1946) produziu *O quarto destruído* (1978) (ver Fig. 32), sua primeira transparência fotográfica iluminada por trás do tamanho de um outdoor. Enquanto Sherman e Madonna se voltavam para Hollywood como fonte de seus temas, Wall atacava a obra dos grandes pintores europeus dos séculos XVII, XVIII e XIX, como Diego Velázquez, Édouard Manet, Nicolas Poussin e, no caso de *O quarto destruído*, Eugène Delacroix.

Wall recriou sua versão pós-moderna da pintura de Delacroix *A morte de Sardanapalo* (1827) (ver Fig. 33) em meticuloso detalhe. A paleta de cores, a composição e a luz correspondem-se de maneira quase perfeita. Ambas as obras de arte têm por centro uma cama de casal cercada por caos. E ambas são grandes, medindo vários metros de largura. Diante de tudo isso, não seria disparatado pensar que as duas peças seriam parecidas. Mas não são. Nem um pouco. A pintura de Delacroix descreve uma horripilante

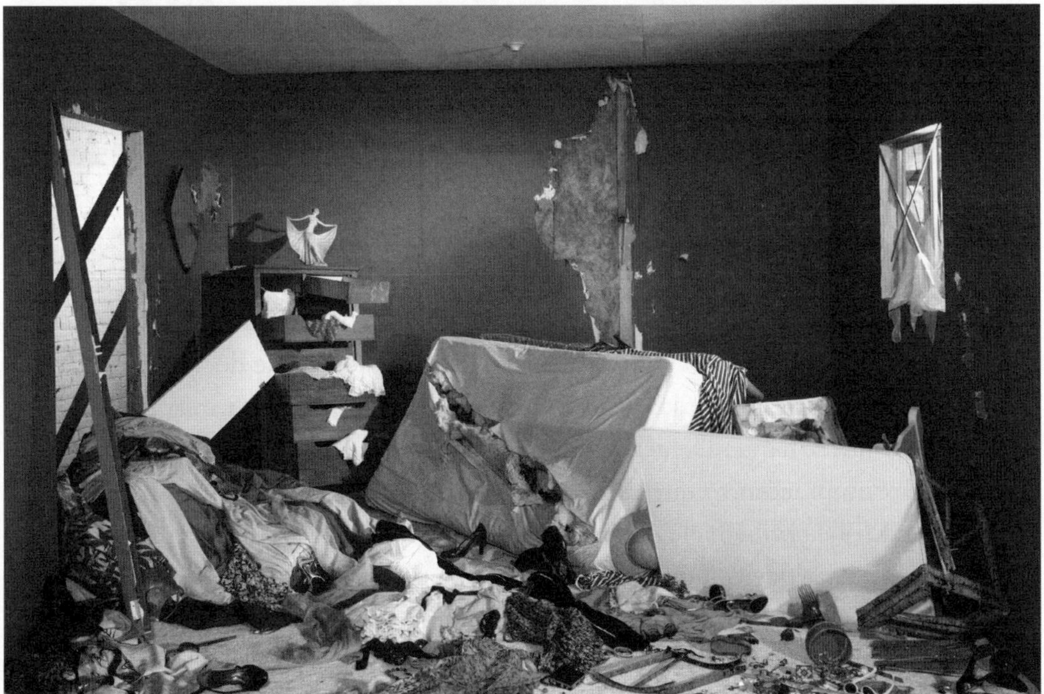

FIG. 32. Jeff Wall, *O quarto destruído*, 1978.

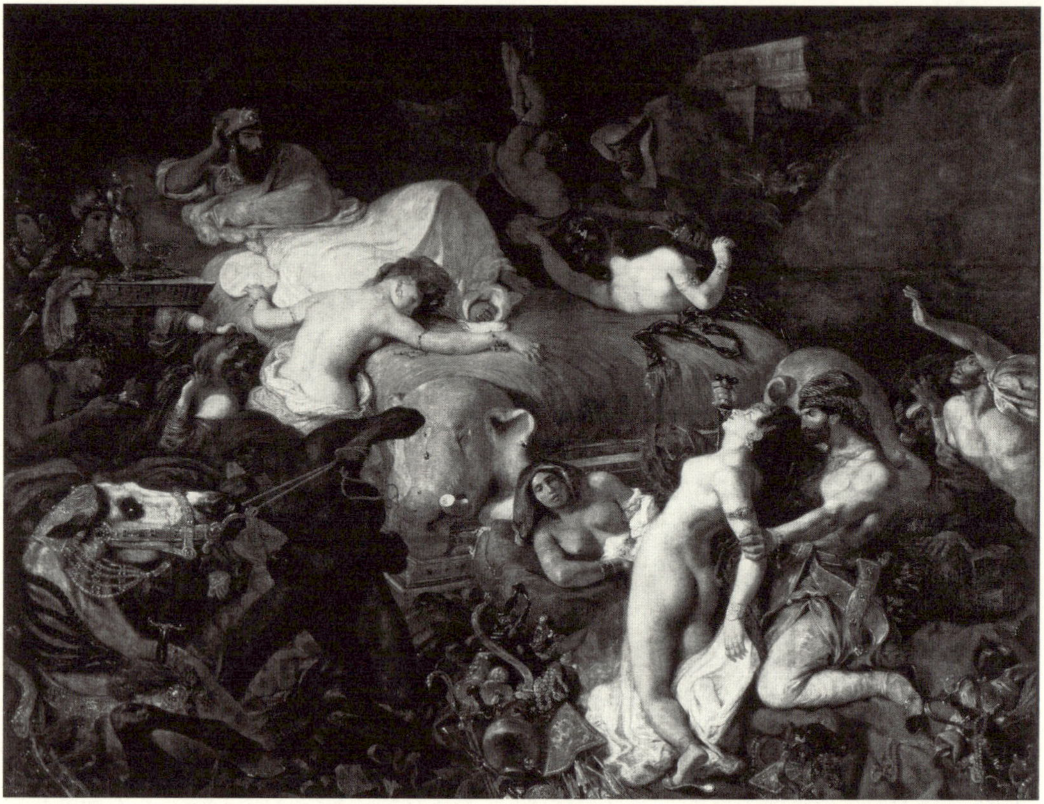

FIG. 33. Eugène Delacroix, *A morte de Sardanapalo*, 1827.

cena de *boudoir*, quando mulheres nuas foram mortas a punhaladas por ordem de Sardanapalo, o rei oriental da Antiguidade que decretou que seus escravos, mulheres e cavalos fossem massacrados após uma derrota militar humilhante. Delacroix pintou uma massa de corpos retorcidos e cavalos empinados, enquanto o rei olha, impassível, de seu suntuoso leito, sabendo que também ele morrerá em breve na pira que arderá em seguida.

Wall, por outro lado, pintou uma cena sem nenhuma pessoa. Mais ainda, em sua tela não há nenhum exemplo da copiosa riqueza e dos ornamentos retratados na de Delacroix. O que ele mostra, em vez disso, é um quarto de dormir barato, moderno e sem graça pertencente a uma prostituta, que acaba de ser revistado e vandalizado. Foi nessa visão de carnificina contemporânea que Wall urdiu suas muitas referências à grandiosa pintura de Delacroix. Há uma cama no meio do quarto, como no original de Delacroix. Com a diferença de que, na imagem de Wall, ela não é suntuosa nem adornada por um rei, mas está revirada, com o colchão voltado para nós, suas tripas de espuma derramando-se de um corte diagonal que o atravessa ao comprido. É ao mesmo tempo uma referência óbvia à violência do original e um desenho sutil que faz eco à linha composicional da pintura de Delacroix. A parede pintada de vinho e a mesa de fórmica branca na fotografia de Wall lembram as cores dominantes na pintura do mestre francês, assim como o lençol de cetim vermelho em meio à confusão reflete o tecido luxuoso na cama do rei. A pequena dançarina de plástico de seios nus que Wall colocou sobre a cômoda aponta para os nus de Delacroix que imploram pela vida. Ambas as imagens retratam uma sociedade outrora otimista e heroica num estado de desilusão e ruína.

Obviamente, ter conhecimento das alusões permite uma melhor apreciação da fotografia de Wall. Mas e se você não souber nada disso? Que acontece se você tiver entrado numa galeria e topado com a obra por acaso, sem saber de sua relação com *A morte de Sardanapalo*? Bem, ela continua sendo uma imagem da vida moderna e um comentário poderoso sobre ela, com uma composição e um uso da cor intrigante. Mas a verdade é que a arte pós-modernista recompensa o conhecimento mais ou menos como palavras cruzadas cifradas, em que a compreensão decorre da solução do enigma. Isso requer um processo de desconstrução, à medida que descosturamos os elementos que o artista tomou de várias fontes, o que oferece as pistas para o significado da obra. E, como no caso das palavras cruzadas cifradas, quanto mais conhecermos a maneira de trabalhar de um artista, mais depressa compreenderemos os indícios que ele forneceu.

Isso não quer dizer que não podemos apreciar a obra de Jeff Wall sem conhecer todas as piadas e insinuações destinadas aos entendidos, apenas que a arte pós-moderna encerra sempre mais do que parece. Vejamos *Mímica* (1982) (ver Fig. 34), uma das obras mais famosas de Wall. Ela mostra três pessoas na casa dos vinte anos – dois homens e uma mulher – andando por uma rua suburbana nos Estados Unidos num dia quente e ensolarado.

Um dos homens tem barba e segura a mão da namorada. Ambos são brancos. À direita deles está um homem asiático. Wall captou o instante em que o casal está prestes a ultrapassá-lo. O sujeito branco se vira na direção do asiático e levanta um dedo até o canto do próprio olho num gesto racista de alusão ao "olho puxado". O asiático vislumbra o insulto em sua visão periférica; a moça olha para o outro lado.

Wall fotografou um ato baseado no estereótipo e na mímica: daí o título da obra. E é uma imagem muito surpreendente e agressiva. Mais ainda por ter quase 2 × 2,3 metros e ser iluminada por trás, o que dá aos três personagens quase seu tamanho natural. Após examinar a imagem por um ou dois minutos, a maioria de nós provavelmente perceberia que o centro da foto – a área de uma imagem para a qual os artistas tradicio-

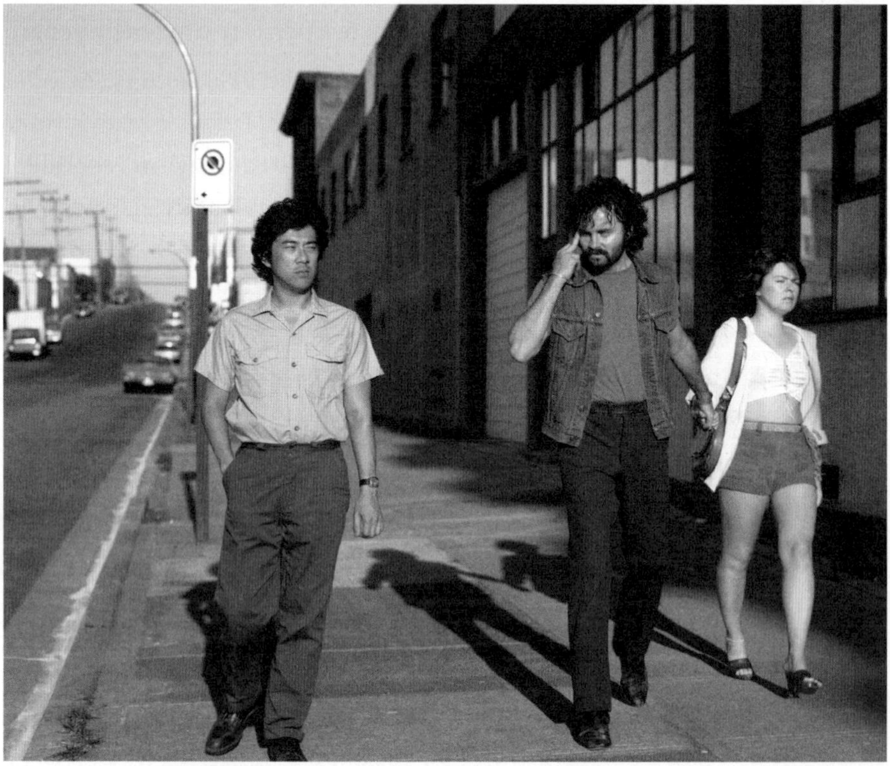

FIG. 34. Jeff Wall, *Mímica*, 1982.

nalmente atraem os olhos do espectador – divide os três protagonistas. O casal branco está a alguns centímetros do centro num dos lados, e o homem asiático à mesma distância dele no outro lado. A composição é intencional. Wall está comentando as divisões raciais no Ocidente. E é isso o que temos aqui, uma imagem pós-moderna bastante simples para decifrar.

Só que há muito mais coisa nessa foto – e em seu título. Para começar, esta não é uma foto de reportagem documental, mas uma elaborada falsificação. As pessoas que nela aparecem são atores, vestidos e maquiados como se figurassem num filme. A fotografia não foi um instantâneo, mas tirada após muitas horas de ensaio. Wall toma as regras da cinematografia e as aplica à fotografia, para em seguida exibir o trabalho usando a tecnologia do anúncio veiculado num outdoor iluminado por trás, que vira viajando de ônibus na Europa. Tudo nessa obra pós-moderna é construído a partir de fragmentos tomados de outro lugar e copiados (imitados): ela é uma colagem de critérios e influências.

Submeta *Mímica* a um exame adequado. Pense a respeito do título e olhe para os três personagens. Olhe para seus corpos. Repare em particular na forma e posição das pernas do asiático. Elas são a imagem espelhada das pernas do homem branco, que são depois espelhadas pelas de sua namorada, as quais, por sua vez, espelham as do asiático. Ora, quem está imitando quem? Bem, Jeff Wall está certamente imitando o pintor Gustave Caillebotte (1848-94), um artista associado aos impressionistas. Um rápido olhar em sua obra *Rua de Paris: Dia chuvoso* (1877) provocaria um sorriso de reconhecimento. Ambas as imagens são emolduradas por um prédio comercial à direita e uma rua à esquerda que desaparece na distância rumo a um ponto de fuga central. Ambas têm três personagens centrais que respondem à posição corporal uns dos outros. E ambas usam um poste de iluminação como artifício para separar os personagens principais do resto da imagem. O fato de a pintura de Caillebotte escolher os amplos novos bulevares de Paris criados pelo barão Haussmann tampouco teria passado despercebido a Wall. Caillebotte era da geração parisiense do fim do século XIX cheia de otimismo com relação à vida urbana moderna. O cenário que Wall escolheu para sua imagem – uma desolada rua suburbana dos Estados Unidos em que as ervas daninhas vicejam e a ambição morre – é uma crítica pós-moderna satírica ao que aconteceu com o sonho modernista. Um sonho que trabalhadores migrantes ajudaram a realizar, contribuição pela qual são rotineiramente maltratados.

O modernismo tinha arestas retas; o pós-modernismo não tinha arestas. O modernismo rejeitava a tradição; o pós-modernismo não rejeitava nada. O modernismo era linear e sistemático; o pós-modernismo estava em toda parte. Os modernistas acreditavam no futuro; os pós-modernistas não acreditavam em muita coisa, preferiam questionar. Os modernistas eram sérios e aventurosos; os pós-modernistas eram os mestres da experimentação brincalhona, irreverência engenhosa e cinismo indiferente. Ou, como disse Moe num episódio de *Os Simpsons*, pós-moderno é ser "estranho pelo prazer de ser estranho". Talvez. Mas isso queria dizer que os pós-modernistas eram um bando de impotentes, desprovidos de opinião ou convicção política. Tratava-se, antes, de uma desconfiança compartilhada em relação a qualquer pessoa que propusesse verdades absolutas e soluções fáceis. E isso os levou a se voltar na mesma direção para a qual os artistas pop haviam se voltado um quarto de século antes: para o mundo da publicidade e do comércio, sobre o qual lançaram seu olhar irônico.

Barbara Kruger (n.1945) trabalhou como designer gráfica na Condé Nast, a editora das mais luxuosas revistas de papel brilhoso. Esse é o templo máximo do consumismo, em que é promovida a visão de um ideal inalcançável: uma fantasia escapista a que os leitores devem aspirar e passar suas vidas tentando realizar. Kruger sentia-se constrangida com relação a algumas das imagens e artigos que via. Começou a recortar fotos dos anúncios publicados em revistas que lhe chamavam a atenção. Depois as reproduzia em preto e branco e punha slogans escritos sobre elas, como *Compro, logo existo* (1987) (uma subversão da afirmação filosófica feita no século XVII por René Descartes: "Penso, logo existo") e *Seu corpo é um campo de batalha* (1989). Como Warhol, ela estava usando os métodos da publicidade (slogans, negrito, imagens impressionantes) para defender sua ideia. Diferentemente de Warhol, estava sendo francamente crítica em relação à indústria e sua disposição para mascatear falsas esperanças.

Kruger usa pronomes pessoais – eu, nós, você – para nos atrair e nos envolver na linguagem presunçosa usada por empresas com estratégias agressivas de vendas. Ela compõe suas mensagens de maneira similarmente direta, usando inscrições em negrito características, muitas vezes impressas (em geral em vermelho) sobre um fundo branco liso, ou sobre uma imagem em meios-tons, conferindo às suas obras uma "identidade de marca". A crítica ao consumismo é clara; sua ideia é expressa. Por outro lado, sendo uma pós-modernista, Kruger incorporou muitas outras referências a seu trabalho. As inscrições vermelhas são um reconhecimento dos cartazes construtivistas de Rodchenko; a imagem de segunda mão tomada da publicidade era um elemento básico da pop art. E a fonte que ela usa também não é acidental. É Futura, fonte com um design geométrico, criada em 1927 em conformidade com os princípios modernistas estritos da Bauhaus, instituição que via a comunicação de massa como um órgão unificador, não como um meio de manipulação comercial e egoísmo individual (a Futura é a fonte usada pela Volkswagen, a Hewlett-Packard e a Shell para vender seus produtos). Os futuristas também não foram deixados de fora. Kruger sempre usa a versão Oblique (em itálico) da fonte Futura para acrescentar um senso de urgência e dinamismo como o de Marinetti a suas vigorosas declarações.

Além disso, há o jogo de palavras irônico presente em suas obras de arte. O que nos leva – inevitavelmente – de volta a Marcel Duchamp e aos dadaístas em geral, a quem nada dava mais prazer do que manipular a linguagem para zombar da autoridade e do mundo das artes. Algo que Kruger fez em 1982 com *Sem título (Você investe na divindade da obra-prima)*, em que reproduziu uma cópia em preto e branco da famosa seção do afresco da capela Sistina de Michelangelo em que o dedo de Deus toca o de Adão (significando a criação do homem). Sobre ela, Kruger dispôs as palavras "Você investe na divindade da obra-prima", em letras brancas em negrito sobre grossas tiras pretas. Esta é uma obra em que Kruger imita os métodos comerciais do cartaz publicitário para questionar as práticas comerciais do mundo da arte.

Suas obras de arte não são assinadas e a tipografia é impessoal, suscitando questões de autoria, autenticidade, reprodução e identidade, todas temas pós-modernistas centrais. A mensagem implícita por trás de suas declarações é uma provocação: uma cotovelada em nossas costelas, instigando-nos a pensar duas vezes antes de acreditar nas mensagens e nos métodos da mídia de massa. E elas funcionam como um lembrete do poder das palavras na arte, algo que descobri quando trabalhava para a Tate.

Para uma instituição com reputação global de excelência e qualidade, o quartel-general da Tate não é o que a maioria das pessoas de fora esperaria. Grande parte do pessoal está alojada num antigo hospital militar em Pimlico, Londres, que ainda cheira a desinfetante e tem uma friagem sempre presente, por obra de janelas quebradas e fantasmas de guerreiros há muito falecidos. Meu escritório ficava no térreo, depois da antiga capela mortuária, e atrás do jardim onde outrora os acometidos de tuberculose ficavam respirando ar fresco, na esperança de protelar os estertores da morte. Não era um local glamoroso.

Apesar disso, sempre que eu recebia um visitante em meu escritório ele olhava à sua volta e se fixava num cartaz de 2,5 metros de altura que eu tinha na parede e perguntava, alvoroçado, se podia fotografá-lo. Era uma cópia de uma obra chamada *Como trabalhar melhor* (1991), dos artistas radicados em Zurique Peter Fischli (n.1952) e David Weiss (n.1946), conhecidos coletivamente como Fischli/Weiss. Ele toma a forma dos Dez Mandamentos, arrolando o que é preciso fazer para trabalhar melhor: 1. FAÇA UMA COISA DE CADA VEZ, 2. CONHEÇA O PROBLEMA, 3. APRENDA A OUVIR, e assim por diante, até 10, que diz simplesmente, SORRIA.

Desconfio que, em geral, meus visitantes mordiam a isca lançada pelos artistas e viam no plano de dez pontos de Fischli/Weiss uma solução profética que lhes permitiria maximizar seu potencial. Isso divertiria os artistas. Porque a obra é irônica, destinada a zombar da arenga motivacional esposada por grandes empresas. Originalmente, eles apresentaram a lista na forma de um gigantesco mural escrito do lado de fora de um prédio de escritórios de Zurique, e só me permitiram ter uma cópia dele depois que concordei em expô-lo em meu local de trabalho. Os artistas tomaram a propaganda empresarial para parodiar a maneira como as empresas tentam submeter os empregados a uma lavagem cerebral com o objetivo de convencê-los de que é possível alcançar o sucesso seguindo um conjunto simples de regras: jogando o jogo.

O artista norte-americano John Baldessari (n.1931) fez obras de arte textuais semelhantes como *Sugestões para artistas que querem vender* (1966-68), que arrola três sugestões práticas para um artista desejoso de encontrar um comprador para sua obra, a primeira das quais é: DE MODO GERAL, VENDEM-SE MAIS RAPIDAMENTE PINTURAS COM CORES CLARAS QUE PINTURAS COM CORES ESCURAS. Baldessari declarou: "Tendo a pensar em palavras como substitutos para imagens. Parece que nunca consigo imaginar o que uma faça que a outra não faça." Isso não significa que ele tenha se restringido a obras só com texto, apenas que é flexível em sua escolha de meio e plano composicional. Em meados dos anos 1980, Baldessari fez *Heel* (1986), uma colagem com uma dúzia de fotos de cena de filmes em preto e branco. Todas as imagens, de uma maneira ou de outra, relacionam-se com o título da obra, seja retratando um calcanhar, seja aludindo a outros usos para a palavra (uma ordem para um cão, a descrição de um homem imoral).* Mas quando olhamos de novo para as imagens, temas começam a emergir. Há dor (calcanhares feridos), conflito (protesto estudantil, um cão feroz) e identidade (o artista colocou um grande ponto amarelo que oblitera o rosto do homem). A obra encerra uma energia pós-modernista sob sua jocosidade superficial. O mesmo ocorre com *Der Lauf der Dinge* [ou *The Way Things Go*] (1987), de Fischli/Weiss.

Trata-se de uma obra-prima pós-moderna, que muitos copiaram mas ninguém superou. Meu conselho é entrar na internet e assistir ao filme de trinta minutos. Ou melhor ainda: ir a uma galeria que exiba a obra, onde ela estará instalada segundo as especificações do artista. Creio que você não se decepcionará. O filme mostra uma sequência extremamente improvável de eventos desencadeados quando um pneu de carro na vertical se desprende e põe-se a rolar pelo piso de um ateliê, tendo adquirido vida cinética ao ser levemente cutucado por um saco de lixo rodopiante que

* *Heel*, ou calcanhar, em inglês, é o termo usado para ordenar a um cão que nos siga logo atrás de nossos calcanhares; a palavra tem também o sentido de canalha, patife. (N.T.)

balançava sobre ele. Seguem-se trinta minutos de caos por efeito dominó, à medida que materiais que poderiam ser encontrados na oficina de um cientista amador excêntrico – cadeiras, escadas, garrafas de plástico, pneus, substâncias químicas perigosas, tinta – são propelidos a uma fascinante sequência animada enquanto um objeto em movimento (uma chaleira sobre patins, uma bandeja transbordante com uma substância derretida) colide com outro. É um excelente espetáculo: divertido, engenhoso e cheio de riscos (um elemento essencial do entretenimento com imagens em movimento), pois ficamos sempre à espera de que a sequência se quebre caso um dos objetos deixe de acertar seu alvo programado, interrompendo assim a reação em cadeia.

Portanto, é muito divertido. Mas encerra algo de perturbador também. Os eventos não levam a lugar algum; são inúteis. E embora todo o processo pareça casual e amadorístico, a verdade é outra. O planejamento de uma série tão intricada de colisões deve ter demandado meses de ensaio e erro – esse é um exercício de precisão premeditada, não de acaso espontâneo. Somos levados a crer enganosamente que estamos assistindo ao trabalho de um professor maluco, não aos esforços meticulosos de um par de artistas extremamente sofisticados. A ilusão é realizada nos mínimos detalhes, inclusive o estilo "filme caseiro" da filmagem, quando de fato a sequência foi filmada em filme profissional de 16mm. Trata-se de uma produção em que nada é exatamente como parece. Os artistas concentram-se em materiais da indústria moderna, tal como os construtivistas setenta anos antes. Mas falta o otimismo. Aqui Fischli/Weiss mostram o que acontece quando os materiais não estão sendo usados para os fins a que se destinavam: abandonados e ignorados, eles causam estragos no que parecera ser um ambiente estável. É um filme sobre consequências, relações e identidade – uma colagem viva, uma *Combinação* de Rauschenberg que ganha vida de uma maneira extravagante.

O pós-modernismo foi responsável por atrair a atenção do público para o trabalho de artistas como esses. Eles faziam sua arte ambígua questionando, imitando e apropriando-se. Como os artistas conceituais e os minimalistas que os precederam imediatamente, os artistas pós-modernos produziram obras refletidas que recompensam os que dedicam algum tempo e atenção a descobrir suas sutilezas. Como Duchamp – o homem que influenciou tão grandemente parte de sua obra –, eles gostavam de uma piada. Isso pode fazer sua arte parecer trivial, tola e zombeteira. E por vezes ela pode ser, mas em geral não é. A melhor arte pós-moderna procede das observações de um *outsider* inteligente; um que olhe com admiração e aversão em igual medida. Exatamente, na verdade, como toda arte.

20. Arte agora: Fama e fortuna, 1988-2008-hoje

Não há um termo consolidado para a arte produzida nas duas décadas que abrangem o fim do século XX e o início do XXI. Em se tratando de movimentos, o pós-modernismo foi o último a ser oficialmente reconhecido, e ele perdeu o fôlego perto do fim dos anos 1980. Isso significa que eu provavelmente deveria encerrar o livro com alguns parágrafos resumidos para atualizá-lo mais tarde, quando um acadêmico ou crítico respeitado cunhar um termo para descrever a arte produzida da década de 80 até hoje.

Por outro lado, isso seria lamentável. Porque os últimos 25 anos foram extraordinários. Nunca antes tanta arte foi feita e comprada. Nunca antes o público e a mídia tiveram tanto interesse pelo assunto. E nunca antes houve tantos lugares aonde ir para ver as coisas. Novos museus e galerias fabulosos foram construídos no mundo todo. O Guggenheim em Bilbao, a Tate Modern em Londres e o Maxxi em Roma foram todos criados nos últimos quinze anos. Estamos vivendo em meio a um *boom* global de arte moderna, como nunca se viu antes. Passar por cima de tudo isso apenas porque não há nenhum termo reconhecido para o trabalho produzido recentemente seria uma pena. Deixaria também esta história da arte moderna frustrantemente inacabada. Nesse caso, o que fazer?

Bem, não vou cair na armadilha traiçoeira de tentar dar nome a um movimento artístico. No devido tempo alguém há de sugerir um termo oficial e pronto. Mas enquanto isso, e no intuito de atualizar esta história, vou esticar o pescoço e sugerir um denominador comum que, a meu ver, une grande parte do trabalho que vem sendo produzido ultimamente pela vanguarda.

E tem havido algumas tendências bastante óbvias. A proliferação de esculturas monumentais, que chamam muito a atenção, brotando em espaços públicos pelo mundo todo como narcisos na primavera, é uma delas. Essas peças gigantescas de arte contemporânea, com frequência encomendadas por municipalidades em busca de um ponto de referência que melhore a imagem do lugar, arrebataram a atenção e a imaginação do público. Isso, por sua vez, contribuiu para o nível de interesse sem precedentes pela arte moderna, que ajudou então a precipitar a emergência de uma outra tendência recente: a arte "experiencial".

Como discutimos no capítulo sobre conceitualismo, esses ambientes interativos têm algo de fliperama, algo de instalação de arte. Curadores em museus e galerias os veem como um produto ideal de "artetenimento", útil para cortejar e conservar a base recém-adquirida de fãs. Uma mistura psicoativa de cappuccinos caros e programas educacionais de valor está sempre facilmente disponível caso algum cliente queira intensificar sua experiência de museus de arte. Essas obras de arte amigáveis refletem também o grau em que, durante a última ou as duas últimas décadas, foi borrada a linha entre arte moderna – outrora uma atividade de lazer destinada ao nicho dos intelectualmente sofisticados – e o lazer mais baseado em atividades convencionais de entretenimento como cinema, teatro e atrações para o visitante.

Para os artistas que trabalham nesse campo, como Carsten Höller (n. 1961), o objetivo é pôr em xeque a experiência tradicional do museu (silenciosa, competitiva, séria, solitária), instalando pistas de tobogã espiraladas e camas giratórias que empurram os visitantes para situações sociais uns com os outros. Alguns curadores classificam essa abordagem à arte sob uma expressão de sonoridade um tanto acadêmica: "estética relacional". Esta é uma teoria segundo a qual a feitura de arte atualmente envolve a criação de uma "arena de troca" entre um artista e uma comunidade de visitantes em que eles "compartilham" ideias e experiências. Segundo o argumento da estética relacional, os tobogãs de Höller são uma resposta à natureza antissocial de nossa existência urbana contemporânea, em que automatismo e tecnologia eliminaram o "encontro casual" de nossa vida diária. Tobogãs e camas giratórias, dizem eles, fornecem um contexto social para a interação humana e são um claro comentário artístico e político sobre o mundo de hoje. Tudo isso soa plausível. Mas a julgar pelos anos que passei observando centenas de milhares de pessoas escorregando velozmente por tobogãs ou coisa parecida na Tate, a realidade é bem mais prosaica. A vasta maioria dos visitantes que faz fila para fazer uma tentativa em, ou sobre, uma dessas instalações "experienciais" encara a experiência como nada mais que uma brincadeira sobre a qual tuitar; a ideia de comunhão com os demais consumidores de arte – muito menos o compartilhamento de ideias – nunca lhes passou pela cabeça. Dito isso, essas obras realmente conseguem mudar a natureza de um museu – se é para melhor ou para pior é uma questão em aberto.

Outra das tendências mais óbvias desse período é o questionamento por artistas dos limites com relação a gosto e decência aceitos anteriormente mediante a produção de obras destinadas a provocar e chocar. Os anos 1960 viram o fim da idade da deferência, ao passo que o movimento punk dos anos 1970 pôs um sorriso desdenhoso nas faces de uma juventude recém-fortalecida. Mas foi só no final dos anos 1980 que certas convenções foram ruidosamente contestadas. Até essa época, representações de sexo sem disfarces e violência extrema ainda estavam restritas à prateleira de cima e aos filmes pornográficos; qualquer outra menção a eles era feita por meio de alusão e insinuação. Em seguida uma nova geração de artistas cheios de confiança entrou na briga e as luvas foram dispensadas. Houve a obra superatrevida de Jeff Koons, *Made in Heaven* (1989), uma série de pinturas, pôsteres e esculturas retratando o artista e sua então mulher, a estrela pornô Ilona Staller (conhecida como Cicciolina), executando uma série de atos sexuais explícitos. Depois veio a sanguinolência dos irmãos Chapman (Dinos Chapman, n.1962, Jake Chapman, n.1966). O trabalho desses artistas britânicos tem representado regularmente corpos mutilados e grandes feridas abertas em peças como *Anatomias trágicas* (1996). Essas cenas de horror vagabundo de filme B ganharam um matiz muito mais sombrio com a inclusão do que se tornou a marca registrada dos irmãos: bonecos semelhantes a ogros grotescos e sexualmente deformados.

Todas essas tendências têm um impacto sobre o modo como a arte é feita e enfrentada desde o fim dos anos 1980. Têm sido feitas tentativas de dar um nome coletivo ao que vem ocorrendo. Monumentalismo, experiencialismo e sensacionalismo foram promovidos na esperança de definir uma era e um movimento artístico. Mas não convenceram. Choque e estupefação poderiam ser o tema geral, mas não há nenhum princípio organizador global em torno do qual os artistas compartilhem uma visão ou método capaz de traduzi-los como movimentos artísticos definíveis.

Creio, porém, ser possível identificar uma atitude que sintetiza grande parte da arte produzida no último quarto de século. Há uma palavra que começa a enfeixar a ampla variedade de estilos, ideias e abordagens perseguidos por artistas durante esse período. Concordo plenamente que nenhuma categorização é jamais satisfatória, há sempre anomalias, simplificações e soluções conciliatórias envolvidas. É por isso que tantos artistas se distanciaram dos movimentos em que foram inseridos por historiadores da arte e críticos. Mas isso não significa que as categorias não tenham seus usos, ainda que seja simplesmente o de se provarem erradas. A palavra que tenho em mente não é proposta como um nome para um movimento que definiria este tempo, mas penso de fato que é um termo válido para nos ajudar a compreender as motivações por trás do que tem sido criado em nome da arte.

Para os fins da minha argumentação vou delimitar um período de tempo, o qual é mais uma coincidência útil para minha proposição que um começo e um ponto final definitivos. O período que estou identificando abrange vinte anos, começando em 1988 e terminando em 2008, e teve seu início e fim assinalados por dois eventos promovidos pela mesma pessoa, o artista britânico Damien Hirst (n.1965). O primeiro foi uma exposição por cuja organização ele foi em grande parte responsável, realizada num armazém em Docklands, bairro no sudeste de Londres, em julho de 1988. Chamada Freeze, foi uma mostra da obra de dezesseis jovens artistas britânicos que haviam estudado, ou estavam estudando, no Goldsmiths College, em Londres, com Hirst.

Entre eles estavam o pintor Gary Hume (n.1962), os artistas conceituais e escultores Michael Landy (n.1963), Angus Fairhurst (1966-2008) e Sarah

Lucas (n.1962). E, é claro, o próprio Hirst, que estava expondo uma de suas agora famosas *spot paintings* (1986-2011) pela primeira vez (desde então ele fez centenas de *spot paintings*, todas dando destaque a fileiras ordenadas de círculos coloridos uniformemente espaçados sobre um fundo branco, segundo ele com o objetivo de "definir claramente a alegria da cor"). Esse grupo viria a formar o núcleo de artistas que se tornou conhecido como os "Young British Artists", ou, mais comumente, os YBAs, com a exposição Freeze sendo considerada sua memorável plataforma de lançamento. Logo ela passaria a ser vista como o momento em que Londres se tornou o dínamo criativo que impelia a arte adiante, como fora Paris no fim do século XIX e início do século XX.

Na época, porém, foi simplesmente mais uma – se bem que notável – mostra de verão de uma escola de arte, por acaso promovida e apresentada com admirável audácia e profissionalismo por um estudante desconhecido originário do norte da Inglaterra.

Vinte anos depois, esse mesmo estudante, agora o artista mais rico no mundo, instigou outra mostra para promover e vender suas novas obras. Dessa vez, porém, o local foi muitíssimo mais chique e nenhum outro artista esteve envolvido. O evento teve lugar no principal salão de vendas da casa de leilão Sotheby's, em Londres, no outono de 2008 – um dia que poria o mundo de joelhos.

A convenção dita que os artistas devem vender suas novas obras por meio de marchands. Esse é conhecido como o mercado primário. Mais tarde, caso a pessoa que comprou a peça do marchand do artista deseje vendê-la, ela o faz recorrendo a uma casa de leilão, que a venderá em seu nome. Isso é conhecido como mercado secundário (de segunda mão). O que não acontece é que um artista circum-navegue o estágio primário e venda sua própria obra nova num leilão. Não é assim que as coisas funcionam – há sempre algum tipo de intermediário entre um artista e uma casa de leilão. A menos que você seja Damien Hirst.

Em setembro de 2008 ele tomou a medida extremamente incomum de excluir por completo seus poderosos marchands britânico (Jay Jopling) e norte-americano (Larry Gagosian) do processo e, em vez disso, entregou mais de duzentas obras novas diretamente de seu estúdio para a Sotheby's em Londres, para que leiloeiros as vendessem. Foi um passo corajoso e arriscado; especialmente em razão de seu potencial para ofender Jopling e Gagosian, que haviam despendido tempo e dinheiro para ajudá-lo a construir sua carreira (eles não se ofenderam – o evento aconteceu com a bênção dos dois).

Havia também a possibilidade de que as novas obras não fossem vendidas, um resultado que poderia fazer a imagem e o valor de mercado de Hirst despencarem. Se isso ocorresse, seria uma humilhação pública que poderia até encerrar sua carreira (essa é uma das razões por que os artistas evitam essa rota, preferindo as conversas murmuradas, o sigilo comercial e as vendas privadas que um marchand proporciona). Não que ele parecesse muito preocupado com tais consequências, a julgar pelo título que escolheu para dar à venda. Com a típica confiança e fanfarronice, ele acrescentou uma nota teatral ao evento dando-lhe um nome fantasioso, como os que se costuma dar às exposições: Beautiful Inside My Head Forever.

A Sotheby's pôs as obras à vista do público para que os interessados as avaliassem e dias depois realizou o leilão. Ele teve início na segunda-feira, 15 de setembro, e encerrou-se na terça-feira, dia 16. Enquanto a sala se enchia de colecionadores alvoroçados e seus representantes – prontos a se desfazer de fortunas –, do outro lado do Atlântico acontecia um evento, não inteiramente desconectado, que mantinha todos em Nova York num estado emocional similarmente exaltado. Ao mesmo tempo que o martelo do leiloeiro baixava para confirmar venda após venda dos dispendiosos lotes de Hirst, o resto do mundo observava enquanto, pouco a pouco, mas de maneira indubitável, ficava claro que o governo dos Estados Unidos iria permitir a quebra do outrora poderoso Lehman Brothers, um gesto que tinha todas as chances de precipitar um colapso financeiro global.

O mundo das artes parecia não se dar conta da gravidade da situação, enquanto animais conservados em salmoura e pinturas vivamente coloridas eram vendidos por seus preços estimados ou mais. Aparentemente, o leilão foi um triunfo. Segundo a Sotheby's, quase todos os lotes foram vendidos, pelo total combinado (e assombroso) de mais de 100 milhões de libras. Se todos pagaram integralmente (depois que os efeitos do colapso do Lehman começaram a se fazer sentir), ou quantos, entre os que o fizeram, tinham interesse em manter a reputação e o valor do artista, este é um debate que ainda prossegue. Mas o fato de o leilão e o colapso financeiro terem ocorrido ao mesmo tempo tem um significado incontestável. Ele marcou, inadvertidamente, o fim de uma era para o capitalismo e – em benefício da minha tese – o fim de uma era na arte moderna. Representou a culminação de um período de vinte anos em que a atitude dominante entre artistas, curadores e marchands foi de entusiasmo vigoroso, otimismo juvenil e cultura empresarial. Foi esse estado de espírito, que impregnou todo o mundo das artes, que forneceu a expressão com que vou resumir esse período recente da atividade artística contemporânea em meu capítulo final. A palavra é "empreendedorismo".

Os pós-modernistas sentiram que haviam sido deixados à deriva por gerações anteriores, que não haviam cumprido sua promessa de realizar um ideal utópico e cujas "narrativas grandiosas" não passavam disso: bravata, sem nenhum plano de ação exequível. Tecnologia e ciência haviam também se provado uma decepção, não tendo conseguido oferecer sua muito apregoada panaceia. Os pós-modernistas estavam fartos, tentando compreender um mundo em que a incerteza parecia ser a única certeza. Eram tempos repletos de ansiedade existencial.

Não era o que se passava com a atrevida e confiante geração que estava emergindo das escolas de arte da Europa e dos Estados Unidos durante o fim dos anos 1980 e início dos anos 1990. Eles eram tão seguros quanto os pós-modernistas eram ansiosos, seu humor negro mais alegre e de uma ironia astuciosa. E eles não estavam interessados em se excluir de suas obras de arte para propor alguma questão sobre identidade que exigisse profunda autoanálise. De maneira alguma. Eram do tipo franco, descarado, exibido, com uma bossa para a autopromoção. Esses são os filhos da doutrina da assertividade ambiciosa pregada com zelo por Margaret Thatcher e Ronald Reagan, Helmut Kohl e François Mitterrand. Eles ficavam encantados por serem o centro da própria existência. Jean-Paul Sartre, o célebre filósofo existencialista, disse: "O homem nada mais é que aquilo que faz de si mesmo", antes de acrescentar: "O homem é, antes de mais nada, algo que propele a si mesmo rumo ao futuro e tem consciência de fazê-lo." "Vem que eu encaro" era o grito confiante dessa nova geração de artistas. A fornada britânica havia crescido tendo nos ouvidos uma declaração feita por Margaret Thatcher em 1979: "Não existe isso de sociedade." As pessoas, pensava ela, tinham de cuidar de si mesmas em primeiro lugar.

Não era tanto uma questão de amor, mas de sorte: afunde ou nade. O que, para um grupo de adolescentes da classe trabalhadora a quem o Estado não fora capaz de proporcionar uma educação decente, ou pelo menos uma educação condizente com sua ambição ou inteligência, era muito irritante, mas também estranhamente animador. Se esse era o nome do jogo, tudo bem, eles o jogariam, como o punk fizera, mas à custa do establishment. Quebrariam as regras, desprezariam a autoridade e usariam qualquer oportunidade que tivessem para dar uma banana ao mundo. A exposição Freeze, de 1988, foi a primeira declaração pública desses jovens artistas de que iriam assumir o controle de seus próprios destinos. Era uma questão tanto de atitude quanto de política pessoal, dinheiro ou estética. Eles estavam imbuídos de um espírito empresarial que era parte da arte que produziam e logo passou a ser parte do mundo em que vivemos.

E ninguém personificou esse espírito mais que Damien Hirst. Quando jovem estudante, ele descobriu as pinturas macabras e perturbadoras de Francis Bacon, o pintor expressionista britânico. Na época, Hirst estava tentando se aperfeiçoar como pintor, mas acabou desistindo por achar que todas as suas telas "pareciam Bacons ruins". Começou então a pensar nas pinturas de seu herói em três dimensões, reinterpretando-as como esculturas. Em 1990 produziu *A Thousand Years* (ver Fig. 35) – uma obra de concepção brilhante e execução esplêndida que conseguia ser mórbida e afirmadora da vida.

Ela consiste em uma grande caixa de vidro retangular – medindo aproximadamente quatro metros de comprimento por dois de altura e dois de largura – com uma moldura de aço preta. No centro – funcionando como uma divisória – há uma parede de vidro em que foram furados quatro orifícios redondos do tamanho de um punho. De um lado da divisória há uma caixa cúbica branca feita de MDF que parece um enorme dado, com a diferença de que todos os lados estão marcados com um único ponto preto. No meio do assoalho do outro lado da parede de vidro está a cabeça de uma vaca morta em putrefação. Sobre ela está pendurado um insectocutor (dispositivo que combina luz ultravioleta e eletrocussão, do tipo que se vê em açougues). Em dois cantos opostos da caixa de vidro há tigelas de açúcar. Para completar a peça, Hirst acrescentou moscas e larvas. O resultado é algo que se aproxima de um tutorial de biologia, destinado a auxiliar um professor a demonstrar como o ciclo da vida funciona: moscas põem ovos sobre a cabeça da vaca, o ovo vira larva, a qual se alimenta da carne deteriorada da vaca antes de se transformar numa mosca, que depois come um pouco de açúcar, copula com outra mosca, põe alguns ovos sobre a cabeça da vaca, é fulminada pelo insectocutor (que assume o papel de um Deus aparentemente arbitrário), cai em cima da cabeça da vaca, onde seu corpo, agora morto, torna-se parte da matéria orgânica em deterioração que fornece uma dieta para as larvas recém-eclodidas. Repulsivo? Sim. Bom? Muito. Arte? Sem dúvida alguma.

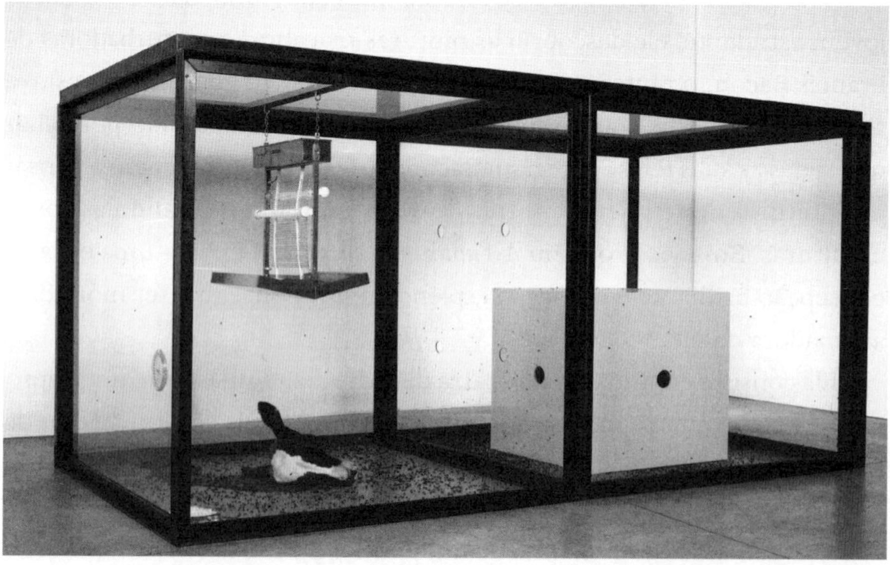

FIG. 35. Damien Hirst, *A Thousand Years*, 1990, fotografia de Roger Wooldridge.

Damien Hirst não é um professor de ciência, é um artista, o que significa que isso é uma obra de arte – ou pelo menos pede que seja julgada como tal. *A Thousand Years* – ou *Peça da mosca*, como também é conhecida – insere-se num cânone da história da arte cujas origens podem ser encontradas mil anos atrás. O assunto – vida e morte, nascimento e declínio – é tão antigo quanto a própria arte. A caixa retangular e a caixa branca são um pouco mais modernas; são uma referência ao minimalismo: dois terços Sol LeWitt, um terço Donald Judd. Mas há também algo de Joseph Beuys nelas. O artista alemão era um entusiasta das vitrines – gabinetes de vidro para exibir objetos –, em que colocava toda espécie de esquisitice, inclusive células de bateria, ossos, manteiga e unhas de dedos do pé. A carne em putrefação da cabeça de vaca lembra a tinta a óleo vermelha e roxa solidificada que dava às pinturas de Bacon seu poder tortuoso. Duchamp está lá também, a presença dadaísta de sua escultura readymade está evidente no açúcar e no insectocutor: objetos "achados", tomados da vida diária. E há algo de um *Merz* de Schwitters ou de uma *Combinação* de Rauschenberg na peça toda, em especial na inclusão de um animal morto. Ela pode também ser definida como uma obra de arte conceitual, o resultado de uma ideia premeditada e planejada que ditou os materiais e a forma do trabalho.

A lista de precedentes artísticos é interminável. Mas Hirst não está se entregando a uma apropriação pós-modernista do melhor, nem sendo irônico. *A Thousand Years* não é a obra de um artista ansioso e confuso. É a obra de um indivíduo extremamente autoconfiante que, segundo ele próprio, vem de uma geração que "não tem nenhuma vergonha de furtar as ideias dos outros". Sua abordagem da história da arte não é pós-modernista. Ele não está escolhendo combinações inadequadas que chocam na esperança de que instiguem o espectador a refletir sobre identidade e transiência; está escolhendo o que lhe interessa do passado no intuito de reembalá-lo à maneira de Damien Hirst. Sua atitude é empresarial, uma mentalidade positiva, destemida, "farei como bem entender".

Hirst pertencia a um grupo de artistas britânicos que compartilhavam uma visão de mundo empresarial, uma turma de artistas sagazes que compreendiam que, para vencer em seus próprios termos, precisavam construir uma marca baseada tanto em suas personas individuais quanto em seu trabalho. E isso significava tomar um ou dois drinques com aqueles que foram tradicionalmente considerados o demônio pelos artistas: os homens de negócios. Assim, com as palavras de Andy Warhol "Um bom negócio é a melhor arte" ressoando em seus ouvidos (agora despidas da ironia que pretendiam ter), eles encontraram um comerciante para ajudá-los a alcançar suas metas. Charles Saatchi havia feito nome como executivo publicitário. Junto com o irmão Maurice, ele criara a Saatchi & Saatchi, uma das agências de publicidade mais bem-sucedidas e respeitadas do mundo. Esses irmãos empreendedores eram menos filhos que correligionários de Thatcher, ajudando a líder a galgar o poder com a produção de uma série de cartazes de extrema eficácia. Charles era a metade criativa da parceria, um talentoso empacotador de ideias cujo grande dom era produzir campanhas publicitárias de intensa repercussão. Essa combinação de olho para a coerência visual e faro para o que rendia boas reportagens empurrou o aguçado colecionador de arte, como era inevitável, na direção de um grupo de jovens artistas ávido pelo cálido fulgor dos holofotes.

Charles Saatchi abrira uma galeria de arte nos subúrbios no norte de Londres em 1985, para mostrar e promover sua coleção de arte contemporânea. Rapidamente ela se tornou um ponto de parada essencial para qualquer jovem estudante de arte que estivesse iniciando o Grand Tour da florescente cena da arte contemporânea de Londres. Pouco depois da exposição Freeze, de Hirst, Saatchi começou a colecionar obras de muitos dos estudantes formados em artes que haviam participado da mostra. Em 1992 ele expôs em sua Saatchi Gallery o conjunto de trabalhos dos Young British Artists, que incluía *A Thousand Years*, de Hirst. Essa não era a única obra de Hirst exposta por Saatchi.

A exposição incluiu uma outra grande peça escultural que consistia numa enorme caixa de vidro retangular com uma moldura de aço (branca), dentro da qual Hirst pusera uma criatura morta. Mas dessa vez o animal estava inteiro e era grande o bastante para comer você. Era um tubarão-tigre de quatro metros que o artista suspendera numa caixa de vidro cheia de formol. *A impossibilidade física da morte na mente de alguém vivo* (1991) (ver Fig. 36) era uma ideia extremamente ambiciosa realizada com jactanciosa segurança e um bom olho – para a arte e para a publicidade. A imprensa sensacionalista mergulhou de cabeça, com o *Sun* estampando a manchete zombeteira: "50 mil libras por peixe sem batata frita." Mas Hirst e Saatchi é que estavam rindo, a reputação de ambos no mercado de arte internacional agora firmemente estabelecida.

Seis anos depois, a reputação dos dois estava cimentada na história da arte. A respeitada Royal Academy em Piccadilly, Londres, montou uma exposição com obras da coleção de Charles Saatchi. Foi a mostra certa, na hora certa, com o nome certo: Sensation. O título poderia ter sido uma alusão à grande quantidade de experiências sensoriais que a arte na exposição pretendia evocar. Mas depois que as pessoas viram e ouviram falar sobre o que estava sendo exibido, só havia realmente uma única interpretação: ele era a descrição de um evento. A mostra correspondeu à hipérbole.

Os irmãos Chapman apresentaram cenas de horripilante carnificina; Mark Quinn (n.1964) produziu uma escultura de sua cabeça chamada *Self*

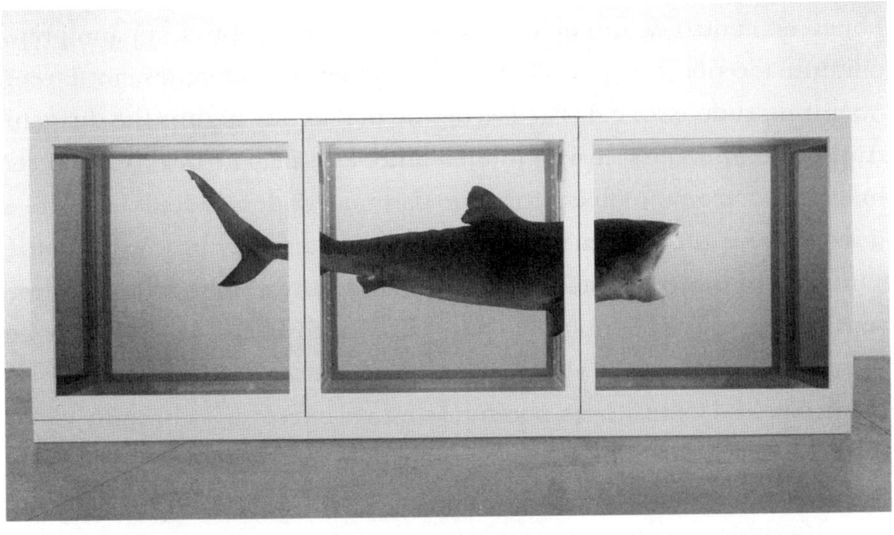

FIG. 36. Damien Hirst, *A impossibilidade física da morte na mente de alguém vivo*, 1991, fotografia da Prudence Cuming Associates.

(1991), feita com 4,5 litros de seu próprio sangue congelado (como um *sorbet*), coletados por ele no curso de cinco meses; e Marcus Harvey (n.1963), um velho amigo de Damien Hirst, mostrou sua pintura *Myra* (1995). Essa obra causou muito rebuliço. Harvey havia retratado Myra Hindley, a assassina de crianças britânica, e a obra fora executada com o uso das impressões das palmas das mãos de crianças. Para alguns ela era um vigoroso comentário sobre a natureza pavorosa daquele crime; para outros, era um completo despropósito.

Damien Hirst estava representado, é claro. A *Peça da mosca* e o tubarão fizeram parte da exposição, assim como uma variedade de outros animais suspensos em formol de sua série *História natural*, e uma *spin painting* e uma *spot painting*. Olhando em retrospecto, mais de uma década depois, essa foi uma mostra dos "maiores sucessos" da obra de Hirst, só tendo ficado de fora uma peça feita mais tarde, em 2007. *Pelo amor de Deus* é um molde de platina em tamanho natural de um crânio humano, que Hirst mandou recobrir com mais de 8 mil diamantes, acompanhado por uma dentadura humana. É ridículo, vulgar, escancaradamente comercial (as iniciais do título da obra, em inglês, compõem a palavra FLOG – gíria para "vender") e apresentado com uma teatralidade ordinária: um único objeto no centro de um quarto escuro, colocado sobre um pano preto e iluminado por um spot, de maneira a fazer os diamantes cintilarem. Apesar de tudo isso, e das acusações de plágio que alguns lhe dirigem, trata-se de uma obra de arte interessante. *Pelo amor de Deus* poderia ser interpretado como o objeto máximo da uma era desafiadora da morte e insensível em que riqueza e vaidade corromperam a civilização ocidental.

Oito dos outros artistas da exposição Freeze, de Hirst, estavam representados na mostra Sensation. Entre eles, Sarah Lucas. Como Warhol e Lichtenstein antes, ela se voltava para a ponta barata da mídia de consumo como material fonte. Lucas, porém não estava interessada em anúncios ou histórias em quadrinhos; preferia os tabloides que entremeavam páginas de mulheres nuas com mexericos e boatos sensacionalistas. Devidamente inspirada, fez a escultura *Dois ovos fritos e um kebab* (1992) (ver Lâmina 28), obra que desde então se tornou um símbolo do preciosismo dos YBAs. Ela consiste em uma mesa, sobre a qual dois ovos fritos foram estrategicamente dispostos para sugerir os seios de uma mulher (ovos fritos são uma metáfora coloquial britânica para uma mulher de peito chato). Abaixo dos ovos, a uns sessenta centímetros deles, sobre a mesa, há um *kebab* aberto, uma alusão nada sutil a uma vagina. Essa composição foi fotografada, e a foto, depois de emoldurada, foi colocada no ponto mais alto da mesa, o que, nessa arrumação, sugere uma cabeça humana. As quatro pernas da mesa completam o simbolismo (dois braços no alto e duas pernas embaixo).

Uns dois anos depois Lucas fez *Au naturel* (1994), em que usa materiais corriqueiros para fazer uma escultura crua (nos dois sentidos da palavra). Dessa vez um colchão velho foi dobrado contra uma parede, formando um "L". No alto do lado esquerdo foram postos dois melões (seios), abaixo dos quais se vê um balde (vagina). No lado direito do colchão, em paralelo ao balde, está um pepino na vertical com uma laranja de cada lado (não preciso explicar isso). *Dois ovos fritos e um kebab* e *Au naturel* foram ambas exibidas na mostra Sensation.

As esculturas de Lucas podem ser tomadas como piadas pueris ou como comentários profundos sobre a maneira como a sociedade vê e retrata a mulher e o sexo. Seja como for, elas são obras de arte representativas de seu tempo. A "cultura *ladette*"* estava assolando a Grã-Bretanha. As Spice Girls estavam prestes a ser lançadas sobre o mundo, e com elas veio seu manifesto do *girl power*. Uma geração de meninas havia se transformado em moças autoconfiantes, cujo otimismo e energia as faziam acreditar que podiam ter qualquer coisa que realmente, realmente quisessem ("*Zig-a-zig-ah*"). A vida se resumia a muita diversão e uma boa carreira; tudo que os rapazes podiam fazer, elas podiam fazer melhor. Podiam ter mais sexo, mais droga e álcool. Podiam ser mais grosseiras e mais cruas. Podiam ter empregos melhores, imagem pública de mais destaque e aspirações maiores. A "Dreary England" transformou-se na "Cool Britannia", e as *ladettes* brindavam a isso.

---

* *Ladette* é a jovem que se comporta de maneira confiante e agitada, bebe e gosta de esportes e atividades tradicionalmente apreciadas por homens. (N.T.)

Essa era a atmosfera na época, e, intencionalmente ou não, era a atmosfera do trabalho de Sarah Lucas. Ela não estava sozinha. Tinha uma amiga cuja obra também foi incluída na exposição Sensation: o suprassumo da *ladette*, Tracey Emin (n.1963). Ela se autodenominava a "Louca de Margate", chegou bêbada e desarrumada a um programa de televisão ao vivo, costurou o nome de todos os ex-amantes numa tenda (*Todas as pessoas com quem já dormi, 1963-1995*) (1995) (ver Lâmina 29) e desnudou várias vezes seu corpo e sua alma em nome da arte e da publicidade. Em 1993, Lucas e Emin decidiram abrir uma loja (chamada "The Shop") no East End londrino: um empreendimento comercial que, segundo esperavam, financiaria os ateliês de arte no primeiro andar. Elas produziram uma linha de camisetas com slogans, entre os quais "Complete Arsehole", "Sperm Counts" e "I'm So Fucky".* Elas estão bem longe de ser duchampianas na construção de seus jogos de palavras, mas, afinal, são tempos muito diferentes…

Muita gente critica Tracey Emin, dizem que ela é uma fraude. A história julgará a qualidade de sua arte, mas ela não é uma fraude. Tem um grau de primeira classe concedido pelo Maidstone College of Art e um título de mestre em artes pelo Royal College of Art. Obras suas podem ser encontradas nas coleções dos mais ilustres museus de arte moderna do mundo (MoMA, Pompidou, Tate); e ela foi apenas a segunda mulher a representar a Grã-Bretanha na Bienal de Veneza. Todos esses patrocinadores no mundo das artes poderiam estar equivocados ou iludidos, mas Emin inquestionavelmente merece ser considerada uma artista genuína. Não uma trapaceira. O fato de ser possível reconhecer seu trabalho num relance – e é – sugere que ela tem uma excepcional capacidade na técnica básica da arte: o desenho. Esqueça sua máquina publicitária, as coisas que faz para chamar a atenção. Considere em vez disso sua capacidade de se conectar com tantas pessoas, a clareza de sua comunicação. É possível que ela não saiba muito de ortografia, mas compreende a transparência como um poeta.

Tal como Damien Hirst e vários outros YBAs, Tracey Emin é produto de um meio operário. Ela deixou sua cidade natal assim que pôde e foi

* Algo como "Completo bundão", "Contagens de esperma" e "Estou tão fodido". (N.T.)

buscar sua fortuna em Londres. Trabalhou numa loja, ingressou numa faculdade, melhorou de vida. Começou a escrever. Em 1992 – com grande otimismo empresarial – ela convidou entre cinquenta e cem pessoas para investir em seu "potencial criativo". Por um investimento de dez libras, ela forneceria a qualquer subscritor quatro cartas, uma das quais marcada como "pessoal". Foi uma demonstração de iniciativa, imaginação e autoconfiança. Mas foi também um dos primeiros indicadores do que se tornaria a base de seu trabalho e sucesso: a "arte confessional". Cartas são coisas íntimas e pessoais: um meio perfeito para uma artista que construiria sua carreira em torno do fornecimento ao espectador de revelações expressionistas e excitantes sobre sua vida privada. Num episódio famoso, uma obra desse tipo deixou de ganhar o Turner Prize em 1999. *Minha cama* (1998) era exatamente isso: a cama de Tracey Emin, desfeita e amarfanhada, com lençóis manchados. À volta dela, no piso, espalhavam-se os detritos da vida da artista: garrafas de bebida alcoólica vazias, pontas de cigarro e roupas de baixo sujas.

A cama desfeita de Tracey Emin a "fez". Ela se tornou uma personalidade mal-afamada, eleita como alvo do ódio da mídia, a qual ela manipulou habilmente, tornando-se nesse meio-tempo rica e muito famosa. Ela tirou partido de sua oportunidade. Pertencia a uma geração que não ficaria à espera de que alguma coisa acontecesse; eles a fariam acontecer. Nas palavras memoráveis de um dos ministros do gabinete de Thatcher aos desempregados, você montava na sua bicicleta e fazia sua própria sorte.

Um outro tipo empreendedor ávido por ganhar renome também estava em Londres nessa época. Suas origens eram muito diferentes, sua atitude diante das coisas extraordinariamente parecida. Jay Jopling é um ex-aluno de Eton cortês, alto e bonitão, filho de um rico proprietário de terras que servira no governo Margaret Thatcher. Jopling havia desenvolvido uma paixão pela arte contemporânea ainda nos tempos de escola (certa vez ele persuadiu o artista Bridget Riley a desenhar a capa da revista da escola), paixão que levou consigo para a faculdade na Escócia e depois para Londres. A paixão pessoal havia se transformado em ambição profissional: Jopling queria ser marchand e ter uma galeria onde expor seus artigos. Ele já havia entabulado amizade com Damien Hirst (os dois provinham de Yorkshire, no norte da Inglaterra), que o apresentara a muitos dos artistas de seu círculo. Essa trilha logo o levou a Lucas e, depois, inevitavelmente, a Emin.

Jopling deu dez libras a Tracey Emin e subscreveu a sua oferta de quatro cartas escritas. Pouco tempo depois ele encontrou um pequeno espaço onde instalar seu negócio de compra e venda de obras de arte. Era minúsculo – quatro metros quadrados –, mas esplendidamente localizado na parte mais chique do West End de Londres. Diferentemente dos marchands um tanto presunçosos da área, especializados na venda de velhos mestres, Jay Jopling não pôs seu nome acima da porta. Preferiu fazer uma referência a um influente ensaio escrito em 1976 pelo artista norte-americano nascido na Irlanda Brian O'Doherty (n.1934) intitulado "No interior do cubo branco", em que o autor afirma que as estéreis paredes brancas da moderna galeria de arte moldaram e manipularam o gosto mais do que a arte que nelas esteve exposta. O nome White Cube (cubo branco), que deu à sua galeria, era ao mesmo tempo uma descrição literal do espaço e uma piada para os versados em história da arte sobre a natureza manipuladora do mundo da arte contemporânea. O jogo de palavras tornava-se ainda mais oportuno por ser feito por um marchand jovem e ambicioso.

Jopling queria expor e vender a arte produzida por sua geração. Assim, seis meses depois que a White Cube foi inaugurada em 1993, ele apresentou uma seleção do trabalho autobiográfico de sua nova amiga missivista, numa exposição chamada Tracey Emin: Minha Grande Retrospectiva 1963-1993. Ótimo título: uma irônica piada da parte de uma artista jovem e desconhecida, zombando da pomposidade de exposições de museu excessivamente grandiosas em que a obra de toda a vida de um velho pintor ou escultor importante está representada. É também um indício de sua natureza ambiciosa e uma declaração sobre sua carreira, que giraria toda em torno de Tracey Emin. A exposição mostrava mais de cem objetos, de diários de adolescente a *Hotel International* (1993), um cobertor *appliqué* coberto de nomes familiares e mensagens pessoais em letras de feltro. Os erros de ortografia abundam (isso não é incomum em obras de arte: vejamos, por exemplo, *Tea Painting in an Illusionistic Style* (1961), de David

Hockney, em que ele escreveu TAE em vez de *tea* num dos lados), assim como confissões de uma franqueza desconcertante. Nascera uma estrela.

Na verdade, duas estrelas haviam nascido. Uma delas, uma artista em busca da notoriedade que vivia a vida como se fosse um *reality show* da TV; a outra, um marchand elegante e astuto, capaz de detectar e cultivar o talento. Jopling era também competente para encontrar clientes abastados para o trabalho de seus artistas e fazer amizade com eles. Desde sua inauguração, no princípio dos anos 1990, a White Cube tornou-se uma das maiores e mais influentes peças no florescente mercado de arte britânico, expandindo-se agressivamente enquanto o mundo oscila à beira do colapso financeiro. Mas enquanto Jopling construiu seu magnífico negócio em linhas tradicionais, Larry Gagosian – o "Big Daddy" do comércio de arte contemporânea – implantou um poderoso império de abrangência global como nunca se vira antes.

Gagosian iniciou sua carreira de marchand nos anos 1970, vendendo pôsteres numa calçada de Los Angeles. Ele comprava um pôster por um par de dólares, depois o montava com capricho numa moldura de alumínio e o revendia por cerca de quinze dólares. Não demorou a ganhar dinheiro com seu bom gosto e capacidade de abrir caminho aos empurrões. Começou a comprar pôsteres mais caros, o que o levou a desenvolver um interesse por arte e a abandonar um antigo plano de entrar para o ramo imobiliário e negociar uma mercadoria mais exclusiva.

Isso não constitui a guinada gigantesca que poderia parecer. Vender arte sofisticada e imóveis sofisticados não são na realidade coisas tão diferentes. O marchand é o corretor da peça, o artista é o cliente com uma propriedade intelectual para vender. Ambos os negócios requerem um escritório/galeria num endereço chique. Exibições (exposições) são organizadas, pormenores são divulgados em brochuras luxuosas e todo o pessoal do escritório/galeria tende a ser constituído por pessoas do tipo bem-vestido, bem-falante e oriundo de escolas particulares, para dar um ar de respeitabilidade a todo o imundo processo de venda.

Imóveis e obras de arte também compartilham a singularidade como um ponto forte do produto a ser ressaltado e o comprador se fiando na expertise do agente para estabelecer o preço correto. E enquanto o valor de uma casa é ditado pela "localização, localização, localização", o valor de uma obra de arte é inteiramente dependente da "proveniência, proveniência, proveniência". Isto é: quem criou a obra (e uma prova incontroversa disso), quem a está vendendo, e, o que é decisivo, em que museu de arte importante ela (ou outros exemplos da obra do artista) foi exibida. Os colecionadores precisam desses endossos para ajudar a justificar a etiqueta de preço e assegurar-se da solidez de seu investimento, assim como o preço de uma casa é ditado pelo prestígio e a popularidade de seu endereço. Se um marchand reconhecido, peso-pesado, está vendendo uma obra de arte que foi também exposta, digamos, no MoMA de Nova York, ela será vendida por um preço apreciavelmente mais alto do que se tivesse sido exposta uma única vez na escola primária local frequentada pelos filhos do artista. O fato de se tratar exatamente da mesma obra não importaria. Há relatos de que quando um artista abandona sua antiga galeria para ingressar na agora imensamente bem-sucedida Gagosian Gallery (e muitos o fazem), não é raro que o preço de seus trabalhos se multiplique por dez.

É indiscutível que o marchand norte-americano levou o jogo do comércio da arte a um patamar diferente. A partir de uma atividade comercial incipiente exercida no início dos anos 1970, ele terminou a década com uma galeria em Los Angeles que expunha e vendia a obra dos principais artistas da Costa Leste, como Richard Serra (n.1939) e Frank Stella. Mas isso foi só o começo. Nos anos 1980 ele se mudou para Manhattan e fez amizade com Leo Castelli, na época a figura mais importante no comércio de arte contemporânea. Tendo conquistado a confiança, ajuda e bênção do sábio senhor, Gagosian começou a se estabelecer como principal marchand da cidade. Frio, firme e inteligente, e com aspirações a construir um império, ele teve meios para comprar instalações suntuosas na Madison Avenue no final dos anos 1980. Hoje possui galerias espalhadas pelo mundo todo: em Nova York, Beverly Hills, Paris, Londres, Hong Kong, Roma e Genebra. É o tipo de lista de endereços chiques de empresa que estamos acostumados a ver associada às mais requintadas *maisons* de moda e às cadeias de hotel cinco estrelas, mas nenhum outro marchand conquistara o globo dessa maneira antes.

Enquanto construía sua empresa e sua fortuna, Gagosian orquestrou alguns negócios espetaculares. No início dos anos 1980, o audacioso marchand fez uma proposta inesperada para um poderoso casal de colecionadores. No fim da conversa eles haviam concordado em vender *Victory Boogie-Woogie* (1942-43), de Piet Mondrian, uma versão inspirada no jazz de um de seus trabalhos de grade (e uma das pinturas mais valorizadas de sua coleção), para o editor Si Newhouse, proprietário do grupo editorial Condé Nast e cliente de Gagosian. A pintura mudou de mãos por 12 milhões de dólares, preço considerado espetacular na época. Mas isso foi uma ninharia comparado a um negócio semelhante que Gagosian orquestrou cerca de vinte anos mais tarde. Novamente, estava em jogo uma pintura de um emigrado europeu, um outro artista abstracionista holandês que se estabelecera em Nova York. Gagosian intermediou um negócio em que um magnata do entretenimento que possuía a obra-prima de Willem de Kooning *Mulher III* acabou vendendo-a para um fundo de derivativos bilionário, segundo consta, por astronômicos 137 milhões de dólares. Até o astuto e perspicaz Gagosian deve ter se surpreendido com o grau em que a arte e os artistas se tornaram um *grande negócio*. E ele devia saber, pois viu isso em primeira mão. Além de ser o marchand norte-americano de Damien Hirst, ele representa dois outros artistas de orientação comercial: Jeff Koons e Takashi Murakami (n.1962).

Murakami é o rei do kitsch. Ele é o artista empreendedor consumado, abraçando oportunidades comerciais e gerenciando seu império global como um bem-sucedido portador de um diploma de uma faculdade de administração. E, como a maioria dos artistas contemporâneos, cercou-se com uma hábil máquina de relações públicas: imagem e marca são tão importanes para artistas hoje quanto para qualquer outra empresa multinacional. Ele é incontrito e determinado em sua busca de transformar sua obra numa mercadoria: fazê-lo é parte de sua arte.

Murakami é um *sampler* da cultura visual pop japonesa, assim como Warhol e Lichtenstein (principais influências) foram da cultura popular norte-americana nos anos 1960. Seus pontos de referência são os animês (desenhos animados) e os mangás (histórias em quadrinhos) japoneses, cujos personagens e estilos ele transforma em esculturas, pinturas e merchandising. No fim dos anos 1990, produziu uma série de esculturas de tamanho natural baseadas em alguns dos personagens e coloridas como doces, que eram um comentário a um aspecto inconfesso da obsessão dos adolescentes japoneses por eles. Todas essas obras eram abertamente sexuais, aludindo às fantasias e aos complexos que os jovens do sexo masculino, em particular, desenvolvem enquanto assistem ao que se passa nas telas de seus computadores. *Miss Ko* (1997) é uma garçonete de seios fartos, metida num microvestido, e *Hiropon* (1997), nua exceto por um minúsculo sutiã de biquíni, tem seios muito maiores que sua cabeça, dos quais brota uma espuma de sorvete branca. *My Lonesome Cowboy* (1998) – uma alusão ao título de um filme de Andy Warhol (uma sátira sexualizada de um bangue-bangue) – representa um personagem masculino de uma história em quadrinhos no momento de uma exuberante descarga sexual autoadministrada, quando seu pênis roxo esguicha um líquido branco acima de sua cabeça, o qual foi congelado na forma de um laço.

É claro que em um nível isso é juvenil e idiota: essa é a intenção do artista. Mas o fato é que um pouco de diversão pode custar muito caro. Em 2008 *My Lonesome Cowboy* foi levado a leilão. O preço sugerido no guia eram impressionantes 4 milhões de dólares. Murakami – sempre o homem de negócios – estava lá em pessoa para funcionar como um endosso físico da autenticidade da escultura. O burburinho na sala aumentou quando os dois colecionadores que disputavam a peça elevaram o preço acima da marca dos 4 milhões. Alguns minutos depois, um aplauso espontâneo espocou em meio a uma sensação de incredulidade (inclusive da parte de Murakami) quando o martelo foi batido para encerrar a venda por 13,5 milhões de dólares. Isso é muito dinheiro por uma figura de fibra de vidro de um personagem de desenho animado se masturbando. Ou não?

Imagens japonesas desempenharam um enorme papel no desenvolvimento da arte moderna. Impressionistas, pós-impressionistas, fauvistas e cubistas, todos olharam para os planos de pintura lisos belamente construídos dos *Ukiyo-e*, as estampas japonesas do século XIX produzidas por matrizes em blocos de madeira. Depois vieram as duas guerras mundiais e o mundo da arte se moveu para oeste rumo aos Estados Unidos, deixando o Japão como um consumidor, mas não um participante na cena contemporânea. O trabalho de Murakami tem o objetivo de restabelecer o equilíbrio: tomar a cultura visual japonesa desenvolvida internamente e propagá-la por todo o mundo. Ele está usando os instrumentos da globalização – viagem, mídia, livre comércio – para defender uma ideia sobre o local, o nativo e o culturalmente específico. Ao mesmo tempo em que é frívolo, Murakami defende um argumento político importante: está tentando reafirmar o lugar da cultura japonesa no mundo. É sério com relação ao kitsch. Assim como o seu mais famoso companheiro na Gagosian Gallery.

Jeff Koons é o financista que se tornou artista, casou-se com uma estrela pornô e fundou uma fábrica à maneira de Warhol, onde legiões de assistentes produzem esculturas e pinturas segundo suas especificações, enquanto ele supervisiona as operações como o diretor de criação numa agência de publicidade. Ele é o arquétipo do artista empresarial. Não é que Koons tenha borrado as linhas entre arte e vida, o que ele fez foi removê-las por completo. É o artista que retomou no ponto em que Warhol parou. Mas com uma grande diferença. Warhol sentia-se intrigado e divertido com a ascensão da cultura das celebridades, e brincava alegremente com ela, mas, quando se tratava de sua arte, buscava apagar a si mesmo tanto quanto possível. Koons, não.

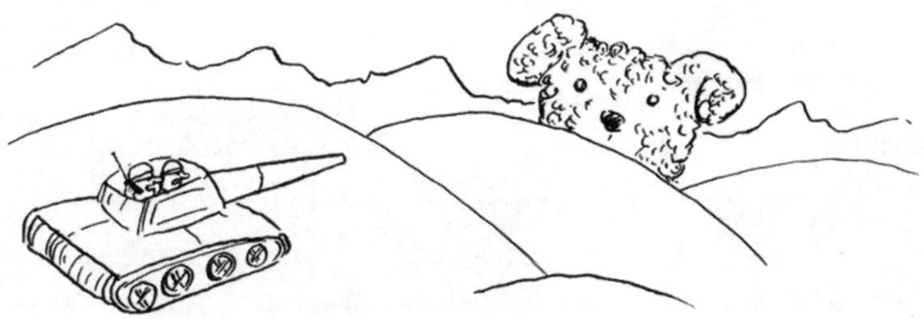

"Alerta! O inimigo está pondo em combate o cachorrinho de Jeff Koons!"

Ao tirar partido do status elevado que a sociedade confere a um artista, ele se transformou numa celebridade fabricada de uma maneira que prenunciou o *boom* das bandas de garotos e garotas de meados da década de 1990. Produziu uma série de *Anúncios de revistas de arte* (1988-89) em que tinha papel de destaque, parecendo o vocalista de uma banda de synthpop dos anos 1980. Deu seguimento a isso um ano depois com *Made in Heaven* (1989) (Fig. 37), o cartaz de um filme ainda por ser produzido (o que, como sabemos, nunca ocorrerá). Mais uma vez Koons escala a si mesmo desavergonhadamente como a estrela, encarando o público que o adora. Provavelmente, isso já teria bastado para lhe render alguns centímetros de coluna quando foi exibido num enorme outdoor em frente ao Whitney Museum, em Nova York. Nunca se vira uma autopromoção tão espalhafatosa desde os dias sombrios em que Dalí foi para os Estados Unidos e vendeu sua alma (embora não aos olhos de Koons, que admirava tanto o surrealista que certa vez lhe telefonou, recebendo dele um convite para fotografá-lo no St. Regis e na Knoedler Gallery).

Mas foi com sua série *Made in Heaven* que Koons assegurou a cobertura das colunas de fofoca. Ele está na horizontal e nu. Diante dele, prostrada e vulnerável, vemos uma bela mulher de cabelos louros que não veste nada além de um *négligé* branco. Com a cabeça e os braços jogados para

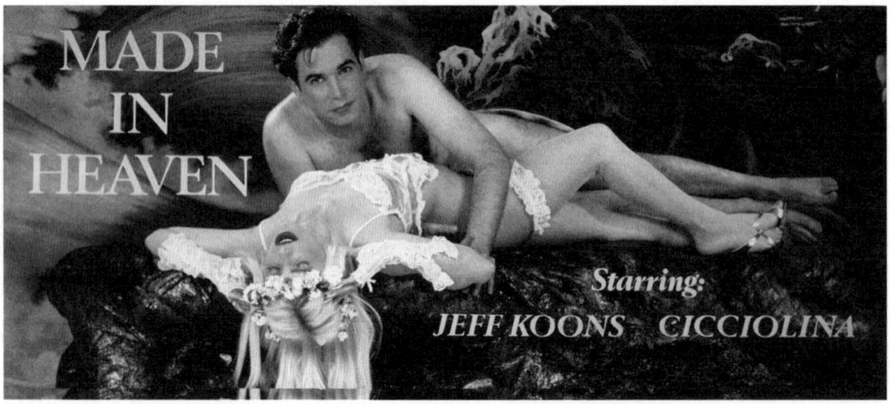

FIG. 37. Jeff Koons, *Made in Heaven*, 1989.

trás, a mulher é a imagem da vulnerabilidade erótica, enquanto Koons se debruça sobre ela e olha para nós com uma expressão perturbadora, mas estranhamente inocente. A imagem alude à história de Adão e Eva, e a pose e o olhar fixo de Koons não são diferentes daqueles da *Olympia* de Édouard Manet. Mas o pôster assemelha-se mais a *O pesadelo* (1781), de Henri Fuseli, em que um íncubo está sentado em cima de uma bela adormecida, prestes a se aproveitar dela, ou já o tendo feito.

Para um arquiduchampiano como Jeff Koons, no entanto, nada é assim tão simples. A mulher na pintura é Ilona Staller, também conhecida como La Cicciolina, uma estrela pornô italiana. Ela e Koons são ready-mades humanos – arte, política e pornografia unidas. Ou estaria Koons sugerindo que as três coisas já são uma só? O pôster deve ter sido uma visão desconfortável para os frequentadores burgueses do Whitney. Eles tinham suas hierarquias sociais estabelecidas: os artistas assemelham-se a deuses; estrelas pornô são obra do diabo. Koons está questionando esses pressupostos ao mesmo tempo que produz uma obra de arte que, pelo menos para qualquer editor de tabloide, fora feita no céu.

A abordagem empresarial de Jeff Koons ajudou a lançar sua carreira quando, em 1985, atraiu a atenção de um ousado espaço de arte de Nova York chamado International With Monument. Eles decidiram montar uma exposição para o ex-financista. A mostra tornou-se o assunto do meio artístico de Manhattan da época, do qual participava um jovem artista originário da China que compartilhava a visão empresarial do norte-americano. Ai Weiwei (n.1957) havia trocado Pequim por Nova York em 1981 com trinta dólares no bolso e sem saber uma palavra de inglês. Ainda com 24 anos, ele estava fugindo de um país que tratara seu pai, um poeta, de maneira aterradora, e temia ser o próximo na lista das autoridades. Como não é de surpreender, a mãe de Ai Weiwei estava preocupada com a viagem do rapaz para o desconhecido. Mas ele não. "Não se preocupe", disse-lhe. "Estou indo para casa."

Ai Weiwei é um homem extraordinário. Ele está no centro de seu próprio universo: destemido e determinado. Durante a infância, todo o tempo que passou à beira do deserto de Gobi, no nordeste da China, sem livros ou escola para entretê-lo, lhe deixaram muito espaço para pensar. Enquanto seu pai se desincumbia do trabalho degradante de limpar privadas – o serviço e o lugar foram a punição que recebeu por fazer poesia –, Weiwei sentava-se e refletia. Por fim a família foi autorizada a voltar para Pequim. Seu pai trocou a escova de privada pela pena do poeta e voltou a escrever. Weiwei mergulhou de imediato na vanguarda da cidade e pela primeira vez na vida viu livros de arte e começou a lê-los. Ele devorava volumes sobre os impressionistas e pós-impressionistas, mas jogou fora um livro sobre Jasper Johns, incapaz de compreender o que o artista norte-americano estava fazendo. Mesmo assim, seu instinto lhe dizia que Nova York era o lugar para ele, de modo que, assim que o Estado começou a desconfiar de seu interesse pela cena da arte contemporânea, soube para onde deveria ir.

Weiwei é um homem sério dotado de senso de humor, uma combinação que levou à criação de um de seus trabalhos mais conhecidos: uma peça originalmente destinada a ser uma piada, não uma obra de arte. Ele usou vasos chineses de cerâmica do Neolítico, com 4 mil anos de idade, para fazer várias de suas obras, muitas vezes decorando esses objetos antigos e reverenciados com cores modernas berrantes, ou pintando a logomarca da Coca-Cola sobre seu bojo. Certa vez ocorreu-lhe que seria divertido tirar uma série de fotografias de si mesmo deixando um desses vasos cair num piso de concreto e registrar o momento em que ele se despedaça. Fez exatamente isso e não pensou mais no assunto até a montagem de uma exposição de sua obra numa galeria de arte. O curador entrou em contato com ele para lhe dizer que não tinham obras suficientes para a mostra e perguntar se ele não tinha mais alguma coisa. Ai Weiwei deu uma busca minuciosa em seu ateliê e voltou com a série de fotografias que documentava a queda do vaso. Penduradas na galeria sob o título *Derrubando uma urna da dinastia Han* (1995) (ver Fig. 38), as imagens tornaram-se uma obra de arte famosa, provando que Ai Weiwei estava certo em sua crença de que cada gesto seu era parte de sua arte.

A abordagem empresarial de Ai Weiwei o levou a assumir trabalhos como arquiteto (ele foi coautor do projeto do Estádio Olímpico de Pequim, o "Ninho de Pássaro"), curador, escritor, fotógrafo e pintor. No mundo

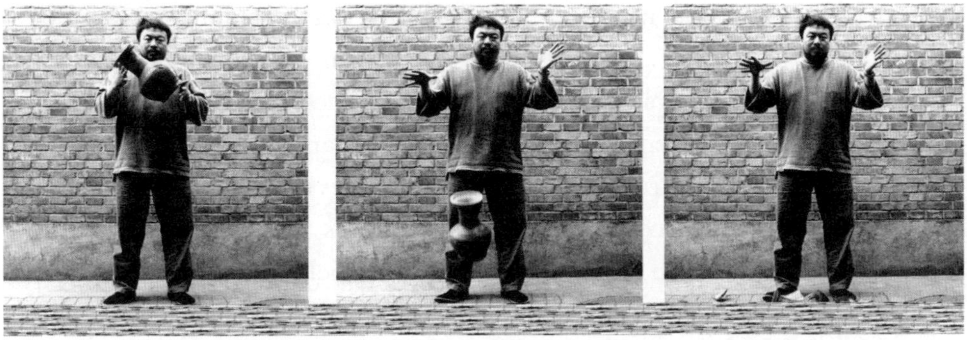

FIG. 38. Ai Weiwei, *Derrubando uma urna da dinastia Han*, 1995.

dos negócios, quando um executivo abandona um emprego de tempo integral para se dedicar a um portfólio variado de interesses, de consultoria a investimentos estratégicos, diz-se que ele se "pluralizou". No mundo das artes, diz-se que a pessoa se tornou "multidisciplinar", o que se tornou muito chique para esses mistos de artista com marca que se julgam capazes de borrifar um pouco de seu pó mágico sobre todo um grande número de projetos. Para alguns, é uma questão de ganhar ainda mais dinheiro; para outros, a motivação pode ser a curiosidade intelectual, embora em muitos casos o artista se sinta simplesmente lisonjeado por ser solicitado a fazer alguma coisa diferente por alguém que ele admira. A abordagem empresarial de Ai Weiwei tem um único, importante e infatigável objetivo: transformar a China.

O trabalho de Ai Weiwei, baseado numa forte convicção política, foi uma exceção, não a regra, no que diz respeito à arte produzida no passado recente. Em sua maior parte, a arte contemporânea foi desprovida de uma postura crítica firme, exceto por algumas intervenções esporádicas que com frequência pareceram uma adesão apressada a uma causa que se tornou subitamente muito popular. Em geral, mesmo nos momentos em que se mostraram mais agressivos e desafiadores, os artistas de vanguarda de nosso tempo tenderam a apresentar seu trabalho com um sorriso irônico, não com uma expressão zangada. A tendência tem sido divertir, não fazer campanhas. As grandes mudanças ocorridas na sociedade nos últimos 25 anos em grande parte não foram notadas. Uma era de capitalismo do tipo "o vencedor leva tudo", em que fama e fortuna importam acima de todas as outras coisas, mal foi comentada. Quanto às questões ambientais, à corrupção política e na mídia, ao terrorismo, ao fundamentalismo religioso, à desintegração da vida rural, às alarmantes divisões na sociedade enquanto os ricos ficam mais ricos e os pobres mais pobres, e à espetacular cobiça e insensibilidade dos banqueiros, bem, a julgar pela arte contemporânea exibida nos museus, é como se tudo isso nunca tivesse acontecido.

Talvez os olhos e as mentes dos artistas tenham estado em outro lugar. Talvez eles sentissem que tinham o rabo preso. Uma das consequências de ser um artista-empresário é tornar-se tão propenso quanto qualquer outro no mundo dos negócios a se alinhar com a filosofia da conveniência; a aceitar que ocasionalmente é preciso negociar com o diabo. E depois que se faz um pacto com o rabudo, torna-se muito difícil evitar a hipocrisia. Como fazer uma obra de arte profunda e sentida, por exemplo, quando se passou a noite anterior num ostentoso jantar num museu, sentado ao lado do presidente de um banco de investimentos, que por acaso é também um de seus maiores colecionadores/clientes? Ou como fazer uma obra sobre o meio ambiente quando sua própria emissão de carbono é maior que a da maioria das pessoas? É possível produzir uma pintura ou escultura que procure lançar luz sobre uma injustiça numa sociedade da qual se é tão obviamente um beneficiário? E como sair por aí criticando o establishment quando se é um membro pleno de seu círculo mais exclusivo? A resposta é: não é possível.

Isto é, a menos que se esteja operando inteiramente fora do mercado e não se tenha nada a perder, como acontece com os artistas de rua. Outrora rejeitada como atividade ociosa de uma classe baixa criminalizada, a arte de rua e o grafite passaram a ser reconhecidos como parte do cânone da arte moderna. Em 2008 a enorme fachada da Tate Modern foi coberta com seis colossais obras de arte de rua produzidas por artistas dos quatro cantos do mundo, entre os quais um jovem francês conhecido apenas como JR (data de nascimento desconhecida). Ele se intitula um "fotografiteiro" numa tentativa de descrever as fotografias em preto e branco distorcidas que cola em prédios como murais.

A maior parte de seu trabalho é exibida de maneira ilegal, não foi oficialmente encomendada e não foi "tornada possível" graças aos bons ofícios de um rico patrocinador. Não está à venda. Em 2008, JR cobriu casas de uma das infames favelas do Rio de Janeiro com uma variedade de imagens em preto e branco de olhos fixos de pessoas. Falou-se que se tratava de uma reação a uma série de assassinatos no local. O que faz sentido. A arte de JR é específica ao local onde está trabalhando e reflete as questões que lhe são inerentes. É uma abordagem de que a arte se beneficia. Sua instalação na favela, por exemplo, não teria alcançado nada de seu impacto internacional se tivesse sido exibida nas paredes brancas de uma galeria: a obra foi a antítese da arte tratada como mercadoria, patrocinada por corporações, do museu moderno.

O caráter imediato do comentário abertamente político e social de JR é um fator comum da arte de rua. Mas a pobreza não. A crença romântica muito difundida de que toda arte de rua é um grito de raiva de uma classe baixa urbana abandonada está longe de corresponder à verdade. A peça talvez mais famosa de arte de rua foi produzida por um designer gráfico de classe média muito bem-sucedido chamado Shepard Fairey (n.1970). Fairey corresponde perfeitamente ao espírito do artista-empresário da época, dirigindo seu próprio estúdio de design, a partir do qual produziu uma coleção de roupas de marca. Na faculdade, ele desenhou uma série de adesivos destinados a seus amigos skatistas, que colou nas paredes de prédios próximos ao estúdio. Dentro de pouco tempo, o rosto gordo de seu personagem OBEY Giant, semelhante aos das histórias em quadrinhos, tornou-se um fenômeno da arte de rua, sendo copiado no mundo inteiro. O jovem designer havia aprendido o poder do uso do espaço público para suas obras de arte.

Na campanha presidencial de 2008, Fairey fez um pôster em apoio a Barack Obama, então candidato democrata. Ele mostra uma fotografia preexistente de cabeça e ombros de Obama olhando pensativamente a meia distância. O artista havia se apropriado da imagem antes de simplificá-la e estilizá-la numa maneira pop art semelhante à serigrafia de Andy Warhol. Em seguida ele aplicou um filtro azul em um lado e um vermelho no outro, e acrescentou um efeito de luz por meio de uma seção amarelo-branca sobre o rosto do candidato. Sob a imagem, em tipos simples em negrito, lemos a palavra HOPE ("esperança"; originalmente, era PROGRESS). Fairey e seus colaboradores imprimiram milhares de cópias da imagem e as colaram ilegalmente em paredes por todos os Estados Unidos. Em privado, Obama aprovou a ação, mas não pôde endossar publicamente a imagem até que ela passou a ser distribuída legalmente em sites oficiais de pôsteres. Quando a fornada seguinte foi produzida, a peça de arte de rua de Fairey havia se tornado o ícone da campanha de Obama e uma das imagens mais famosas do planeta.

As raízes da arte de rua podem ser encontradas nas pinturas rupestres que inspiraram tantos artistas modernos, de Picasso a Pollock. Mas foi só no final dos anos 1960 e início dos anos 1970, quando cidades como Nova York e Paris (e, notoriamente, o Muro de Berlim no início dos anos 1980) tornaram-se a tela para uma geração de artistas não legalmente autorizados da guerrilha visual, que a noção de arte de rua começou a ganhar força. Desde então o poder e a popularidade do movimento de arte de rua aumentaram, lado a lado com a emergência de meios de comunicação social digitais, ambos os quais dependem da propagação viral nas redes sociais para ganhar proeminência e atenção. Hoje, uma peça de arte de rua do tamanho de um cartão-postal em Nairóbi pode se tornar uma sensação global menos de uma hora depois de ter sido concluída: uma potência que fez dela a forma de arte preferida durante a Primavera Árabe de 2011 e a guerra civil líbia que ocorreu no mesmo ano.

A arte de rua tornou-se uma presença familiar e cada vez mais bem acolhida em ambientes urbanos no mundo todo. Na Grã-Bretanha, um artista que trabalha sob o nome Banksy (data de nascimento desconhecida) tornou-se uma celebridade nacional por seus estênceis de parede mordazmente satíricos, que incluíram dois policiais se beijando e um *trompe-l'oeil* de uma criada de hotel varrendo a poeira da rua para debaixo de um muro de tijolos (2006) (ver Fig. 39). Banksy, como muitos artistas de rua, manteve sua identidade oculta, enquanto a maior parte de seu trabalho foi exibida ilegalmente, e as autoridades provavelmente ficariam muito satisfeitas

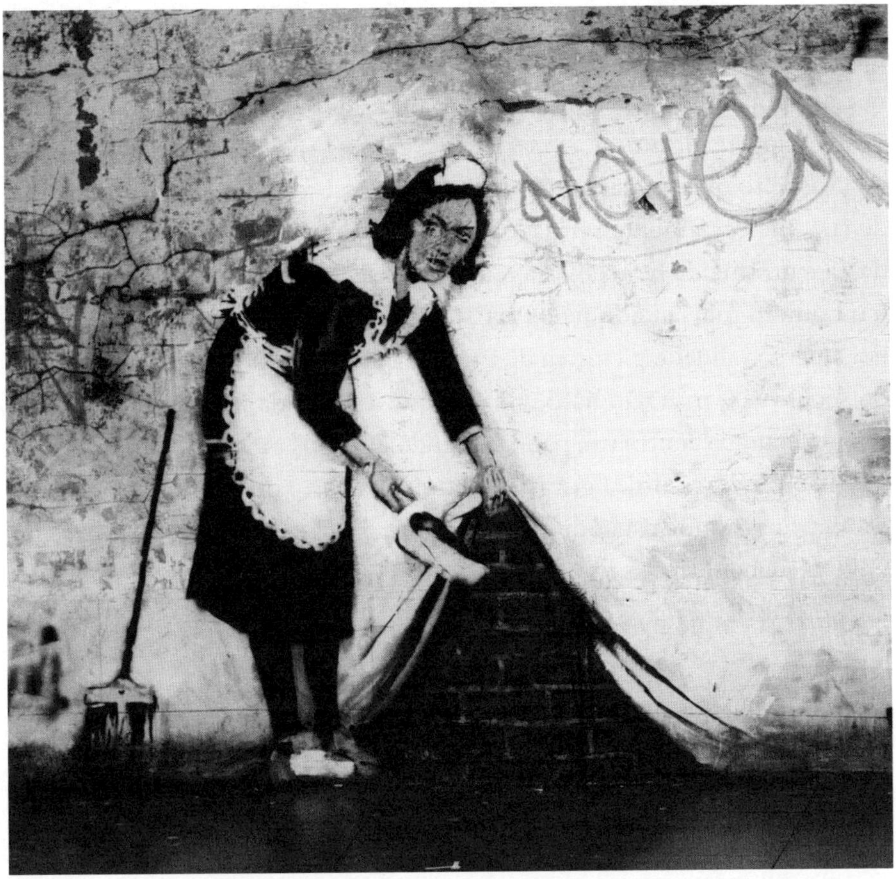

FIG. 39. Banksy, *A limpeza da criada*, 2006.

em processá-lo por vandalismo. Não é raro que uma de suas peças feitas com estêncil seja removida ou coberta por agentes públicos, muitas vezes contra os desejos de grande parte da população local. Quando um museu em Bristol, no sudoeste da Inglaterra, lhe deu liberdade para expor seu trabalho ali como bem entendesse em 2009, o artista optou por imprimir sua presença em todas as salas da galeria, muitas vezes fazendo peças com estêncil que interagiam com obras de arte já existentes no museu. A reação do público foi extremamente positiva, e o recorde anterior de visitantes do museu, facilmente quebrado. Muitas pessoas que moravam nos arredores nunca tinham ido ao museu antes. Elas passavam horas na fila, esperando pacientemente para entrar, e, uma vez lá dentro, permaneciam por mais várias horas. Nesse meio-tempo, Banksy não pôde ser visto em parte alguma.

Suspeito que se Marcel Duchamp estivesse vivo hoje seria um artista de rua. Ele certamente seria elogiado onde quer que fosse. Grande parte da arte produzida hoje em dia tem a atitude iconoclástica do francês. Ele é o homem mais citado pelos artistas contemporâneos como influência. Foi a personalidade pictórica de Picasso que dominou a primeira metade do século XX, mas não há dúvida de que a segunda metade foi cada vez mais executada contra um pano de fundo de jogos mentais duchampianos.

Ao que parece, uma figura da estatura dos dois – ou de Cézanne, Pollock ou Warhol – ainda está por emergir neste século. Mas isso vai acontecer.

Ou já aconteceu…

Obras de arte por localização

As imagens listadas abaixo podem ser encontradas on-line nos websites indicados. A lista de obras que se segue mostra sua localização atual, o que não significa necessariamente que elas estarão expostas no local indicado. Para mais informações, entre em contato com a galeria pertinente ou consulte seu website.

Metropolitan Museum of Art (www.metmuseum.org)
MoMA (www.moma.org)
Pompidou (www.centrepompidou.fr)
Tate (www.tate.org.uk)
National Gallery (www.nationalgallery.org.uk)
Walker Art Centre (www.walkerart.org)
Guggenheim (www.guggenheim.org)
Louvre (www.louvre.fr)
Chicago Institute of Art (www.artic.edu)

ÁUSTRIA

Viena

Belvedere

- Klimt, *O beijo*

DINAMARCA

Copenhague

Ny Carlsberg Glyptotek

- Manet, *O bebedor de absinto*

GEÓRGIA

Museu Nacional da Geórgia

- Kandinsky, *Pintura com um círculo*

FRANÇA
Paris
Louvre
- Delacroix, *A morte de Sardanapalo*
- Delacroix, *A Liberdade guiando o povo*
- Géricault, *A jangada da Medusa*
- Kahlo, *Autorretrato: A moldura*

Musée d'Orsay
- Degas, *A aula de balé*
- Manet, *Almoço na relva* [*Le déjeuner sur l'herbe*]
- Manet, *Olympia*
- Vlaminck, *Restaurant de la Machine à Bougival*

Musée Picasso
- Picasso, *Natureza-morta com palhinha de cadeira*

ALEMANHA
Berlim
- Fábrica de Turbinas da AEG

Bauhaus Archiv Berlin
- Brandt, *Aparelho de chá*

Dessau
- Escola Bauhaus

Düsseldorf
Kunstsammlung Nordrhein-Westfalen
- Kandinsky, *Composição IV*

Munique
Städtische Galerie
- Kandinsky, *Impressão III (Concerto)*

Tübingen
Kunsthalle Tübingen
- Hamilton, *O que exatamente torna os lares de hoje tão diferentes, tão atraentes?*

PAÍSES BAIXOS

Amsterdã

Van Gogh Museum

- Van Gogh, *O quarto*
- Van Gogh, *Os comedores de batata*

Haia

Haags Gemeentemuseum

- Mondrian, *Árvore vermelha*
- Mondrian, *Macieira em flor*
- Mondrian, *A árvore cinzenta*
- Mondrian, *Victory Boogie-Woogie*

NORUEGA

Oslo

Galeria Nacional

- Munch, *O grito*

RÚSSIA

Moscou

Galeria Estatal Tretyakov

- Kandinsky, *Composição VII*

São Petersburgo

Museu Estatal Russo

- Malevich, *Quadrado negro*
- Malevich, *Vaca e violino*
- Tatlin, *Contrarrelevos de canto*

ESPANHA

Bilbao

Guggenheim

- Koons, *Puppy*

SUÍÇA

Berna

Kunstmuseum

- Braque, *Casas em L'Estaque*

Lucerna

Galerie Urs Meile

- Weiwei, *Derrubando uma urna da dinastia Han*

Riehen

Fondation Beyeler, Riehen

- Rousseau, *O leão faminto*

REINO UNIDO

Edimburgo

National Galleries of Scotland

- Delaunay, *L'Équipe de Cardiff*
- Gauguin, *Visão após o sermão, ou Jacó em luta com o anjo*

Londres

Chalk Farm

- Banksy, *A limpeza da criada*

Courtauld Gallery

- Cézanne, *Mont Sainte-Victoire*

National Gallery

- Constable, *A carroça de feno*
- Monet, *O Tâmisa abaixo de Westminster*
- Seurat, *Banhistas em Asnières*
- Turner, *Chuva, vapor e velocidade*

Saatchi Gallery

- Emin, *Minha cama*

Tate

- Andre, *144 quadrados de magnésio*
- Andre, *Equivalente VIII*

- Boccioni, *Formas únicas de continuidade no espaço*
- Bourgeois, *Maman*
- Brancusi, *O beijo*
- Dalí, *Telefone-lagosta*
- Degas, *Bailarina de 14 anos*
- Duchamp, *Fonte*
- Epstein, *Rock Drill*
- Ernst, *Célebes*
- Ernst, *Floresta e pomba*
- Fontana, *Conceito espacial: Espera*
- Hepworth, *Pelagos*
- Hepworth, *Forma perfurada*
- Hockney, *Tea Painting in an Illusionistic Style*
- Judd, *Sem título*
- Kandinsky, *Murnau, rua de aldeia*
- Lichtenstein, *Pincelada*
- Long, *Uma linha feita ao caminhar*
- Moholy-Nagy, *Telephone Picture EM1*
- Mondrian, *Composição C (nº III) com vermelho, amarelo e azul*
- Morris, *Sem título* 1965/71
- Paolozzi, *Eu era o brinquedo de um ricaço*
- Picasso, *As três dançarinas*
- Pistoletto, *Vênus dos trapos*
- Rodin, *O beijo*
- Rousseau, *Retrato de uma mulher*
- Stella, *Hyena Stomp*
- Warhol, *Díptico de Marilyn*

V&A Museum

- Mackintosh, *Cadeira com encosto de escada*

White Cube Gallery

- Hirst, *Pelo amor de Deus*

ESTADOS UNIDOS

Baltimore

Baltimore Museum of Art

- Man Ray, *O primado da matéria sobre o pensamento*

Boston
Museum of Fine Arts
• Degas, *Carruagem nas corridas*

Buffalo
Albright-Knox Art Gallery
• Balla, *Dinamismo de um cão na coleira*
• Miró, *O carnaval do Arlequim*

Cambridge, MA
Fogg Art Museum, Harvard University
• Ingres, *A Idade de Ouro*

Chicago
Art Institute of Chicago
• Caillebotte, *Rua de Paris: Dia chuvoso*
• Gauguin, *Por que estás zangada?*
• Hopper, *Noctâmbulos*
• De Kooning, *Escavação*

Detroit
Detroit Institute of Arts
• Fuseli, *O pesadelo*

Filadélfia
Barnes Foundation, Lincoln University
• Matisse, *A alegria de viver*

Philadelphia Museum of Art
• Rousseau, *Noite de carnaval*

Iowa City
University of Iowa Museum of Art
• Pollock, *Mural*

Los Angeles
Broad Contemporary Art Museum
• Baldessari, *Sugestões para artistas que querem vender*

Getty Museum
- Man Ray, *Belle Haleine*

LA County Museum of Art
- Baldessari, *Heel*

Nova York
- AT&T Building
- Flatiron Building

Guggenheim
- Braque, *Violino e paleta*
- Mondrian, *Composição nº I*
- Mondrian, *Quadro nº 2/Composição nº VII*

Mary Boone Gallery
- Kruger, *Compro, logo existo*

Metropolitan Museum of Art
- Brancusi, *Musa adormecida 1*
- Carrington, *Autorretrato: O albergue do cavalo da aurora*
- El Greco, *A abertura do quinto selo*
- Flavin, *Diagonal de 25 de maio de 1965*
- Hiroshige, *Estação de Otsu*
- Hokusai, *A grande onda de Kanagawa*
- Klee, *Hammamet com sua mesquita*
- Monet, *La Grenouillère*
- Picasso, *Retrato de Gertrude Stein*
- Renoir, *La Grenouillère*
- Seurat, *Domingo à tarde na ilha de La Grande Jatte*

MoMA
- Arp, *Colagem com quadrados arranjados segundo as leis do acaso*
- Boccioni, *Estados de espírito*
- Breuer, *Cadeira B3/Wassily*
- Dalí, *A persistência da memória*
- De Chirico, *A canção do amor*
- De Kooning, *Mulher 1*
- De Kooning, *Pintura*

- Flavin, *Sem título*
- Hesse, *Repetição dezenove III*
- Giacometti, *Mulher-colher*
- Gris, *Natureza-morta com flores*
- Johns, *Bandeira*
- Judd, *Sem título (Pilha)*
- Kandinsky, *Improvisação IV*
- Kruger, *Sem título (Você investe na divindade da obra-prima)*
- Kupka, *The First Step*
- Lichtenstein, *Menina com bola*
- Magritte, *O assassino ameaçado*
- Malevich, *Branco sobre branco*
- Newman, *Onement 1*
- Oppenheim, *Object* (*Le déjeuner en Fourrure*)
- Picasso, *Les demoiselles d'Avignon*
- Picasso, *Ma Jolie*
- Pollock, *Full Fathom Five*
- Pollock, *The She-Wolf*
- Pollock, *Figura estenográfica*
- Rietveld, *Cadeira vermelha e azul*
- Rodchenko, *Cor vermelha pura*, *Cor azul pura* e *Cor amarela pura (A última pintura)*
- Schwitters, *Revolving*
- Sherman, *Untitled Film Stills* (1977-1980)
- Stella, *O casamento da razão e da esqualidez, II*
- Van der Rohe, *Barcelona, duas peças*
- Wagenfeld e Jucker, *Lâmpada Wagenfeld*
- Warhol, *Latas de sopa Campbell*
- Warhol, *Aquecedor de água*

United Nations Plaza

- Hepworth, *Forma única*

Oberlin, Ohio

Allen Memorial Art Museum, Oberlin College

- Kirchner, *Autorretrato como soldado*

São Francisco

MoMA

- Malevich, *Suprematismo*
- Matisse, *Mulher com chapéu*
- Rauschenberg, *Desenho de De Kooning apagado*
- Rauschenberg, *Pinturas brancas*

St. Louis

- Wainwright Building

Washington, DC

The National Gallery of Art

- Cézanne, *Natureza-morta com maçãs e pêssegos*

Créditos das ilustrações

Ilustrações em preto e branco

Cartuns
© Pablo Helguera
Publicados originalmente em ARTOONS 3 por Pablo Helguera (Jorge Pinto Books Inc.) e em <http://pablohelguera.net/2009/02/artoons>.

Figuras
Fig. 1: © Sucessão Marcel Duchamp/ADAGP, Paris, e DACS, Londres 2012/© Tate, Londres 2012; **Fig. 2:** Musée d'Orsay, Paris, França/Giraudon/The Bridgeman Art Library; **Fig. 3:** Musée d'Orsay, Paris, França/Giraudon/The Bridgeman Art Library; **Fig. 4:** © Image, The Metropolitan Museum of Art 2012/Art Resource/Scala, Florença; **Fig. 5:** Musée d'Orsay, Paris, França/Giraudon/The Bridgeman Art Library; **Fig. 6:** Image, Art Resource/Scala, Florença; **Fig. 7:** Musée Rodin, Paris, França/Philippe Galard/The Bridgeman Art Library; **Fig. 8:** © ADAGP, Paris, e DACS, Londres 2012/Hamburger Kunsthalle, Hamburgo, Alemanha, The Bridgeman Art Library; **Fig. 9:** Sucessão Alberto Giacometti (Fondation Alberto et Annette Giacometti, Paris/ADAGP, Paris, e DACS, Londres) 2012; **Fig. 10:** Image, The Metropolitan Museum of Art 2012/Art Resource/Scala, Florença; **Fig. 11:** © ADAGP, Paris, e DACS, Londres 2012/Cortesia de Solomon R. Guggenheim Museum, Nova York; **Fig. 12:** © Sucessão Picasso/DACS, Londres 2012/Museum of Modern Art, Nova York, EUA, Giraudon, The Bridgeman Art Library; **Fig. 13:** DACS 2012/Albright Knox Art Gallery, Buffalo, Nova York/The Bridgeman Art Library; **Fig. 14:** Coleção Mattioli, Milão, Itália/The Bridgeman Art Library; **Fig. 15:** Cortesia do Museu Estatal Russo, São Petersburgo, Rússia; **Fig. 16:** Museu Estatal Russo, São Petersburgo; **Fig. 17:** Museu de Arquitetura Shchusev, Rússia/RIA Novosti/The Bridgeman Art Library; **Fig. 18:** Sucessão Marcel Breuer/Coleção particular/The Bridgeman Art Library; **Fig. 19:** © DACS 2012/Dessau, Alemanha © Edifice/The Bridgeman Art Library; **Fig. 20:** © DACS 2012/Foto: © Wilhelm Redemann; **Fig. 21:** © Espólio de Louise Bourgeois/DACS, Londres/VAGA, Nova York 2012/© Tate, Londres 2012; **Fig. 22:** © Jeff Koons. Foto: © Romain Cintract/Hemis/Corbis; **Fig. 23:** © Sucessão Picasso/DACS, Londres 2012/© Tate, Londres 2012; **Fig. 24:** © ADAGP, Paris, e DACS, Londres 2012/© Museum of Modern Art, Nova York/Scala, Florença; **Fig. 25:** © Espólio de Man Ray/ADAGP, Paris, e DACS, Londres 2012/Telimage 2012; **Fig. 26:** Sucessão Hans Namuth/Foto: National Portrait Gallery, Smithsonian/Art Resource/Scala,

Florença; **Fig. 27:** © Curadores da Paolozzi Foundation, licenciada por DACS 2012/ © Tate, Londres 2012; **Fig. 28:** © Michelangelo Pistoletto/© Tate, Londres 2012; **Fig. 29:** © ARS, NY, e DACS, Londres 2012/© Tate, Londres 2012; **Fig. 30:** © ARS, NY, e DACS, Londres 2012/© Museum of Modern Art, Nova York/Scala, Florença; **Fig. 31:** © Cindy Sherman/Cortesia da artista e da Metro Pictures, Nova York; **Fig. 32:** © Jeff Wall/National Gallery of Canada; **Fig. 33:** Louvre, Paris, França/Giraudon/ The Bridgeman Art Library; **Fig. 34:** © Jeff Wall/Cortesia do artista; **Fig. 35:** Fotografado por Roger Wooldridge © Damien Hirst and Science Ltd. Todos os direitos reservados, DACS 2012; **Fig. 36:** Fotografado por Prudence Cuming Associates © Damien Hirst and Science Ltd. Todos os direitos reservados, DACS 2011; **Fig. 37:** © Jeff Koons/Hamburger Kunsthalle, Hamburgo, Alemanha/The Bridgeman Art Library; **Fig. 38:** © Ai Weiwei/Cortesia do artista e da Galerie Urs Meile, Pequim-Lucerna; **Fig. 39:** © Dan Brady, Flickr CC-BY-2.0.

Ilustrações em cores

Caderno 1

Lâm. 1: Louvre, Paris, França/The Bridgeman Art Library; **Lâm. 2:** Musée d'Orsay, Paris, França/Giraudon/The Bridgeman Art Library; **Lâm. 3:** National Gallery, Londres, Reino Unido/The Bridgeman Art Library; **Lâm. 4:** Musée Marmottan Monet, Paris, França/Giraudon/The Bridgeman Art Library; **Lâm. 5:** Museum of Modern Art, Nova York, EUA/The Bridgeman Art Library; **Lâm. 6:** © National Gallery of Scotland, Edimburgo, Escócia/The Bridgeman Art Library; **Lâm. 7:** The Art Institute of Chicago, IL, EUA/The Bridgeman Art Library; **Lâm. 8:** © Nancy Nehring/ iStockphoto; **Lâm. 9:** Cortesia da National Gallery of Art, Washington; **Lâm. 10:** © Espólio de Samuel Courtauld, The Courtauld Gallery, Londres, Reino Unido/ The Bridgeman Art Library; **Lâm. 11:** Sucessão H. Matisse/DACS, 2012/The Bridgeman Art Library; **Lâm. 12:** Private Collection/The Bridgeman Art Library; **Lâm. 13:** © Sucessão Picasso/DACS, Londres 2012/Museum of Modern Art, Nova York, EUA, Giraudon, The Bridgeman Art Library; **Lâm. 14:** © 2012. Imagem digital, Museum of Modern Art, Nova York, EUA/Scala, Florença; **Lâm. 15:** © ADAGP, Paris, e DACS, Londres 2012/Galeria Tretyakov, Moscou, Rússia/The Bridgeman Art Library.

Caderno 2

Lâm. 16: © Michael Nicholson/Corbis; **Lâm. 17:** Coleção particular, Rússia/© Foto, Scala, Florença; **Lâm. 18:** © 2012 Mondrian/Espólio de Holtzman a/c HCR International, EUA; **Lâm. 19:** DACS 2012/The Sherwin Collection, Leeds, Reino Unido/The Bridgeman Art Library; **Lâm. 20:** © Sucessão Miró/ADAGP, Paris, e DACS, Londres 2012/Albright Knox Art Gallery, Buffalo, Nova York/The Bridgeman Art Library; **Lâm. 21:** © 2012. Banco de México Diego Rivera Frida Kahlo Museums Trust, México, D.F./DACS/Foto: Jorge Contreras Chacel/The Bridgeman Art Gallery; **Lâm. 22:**

© The Willem de Kooning Foundation, Nova York/ARS, NY, e DACS, Londres 2012/Museum of Modern Art, Nova York, EUA, Giraudon, The Bridgeman Art Library; **Lâm. 23:** © 1998 Kate Rothko Prizel & Christopher Rothko ARS, NY, e DACS, Londres/Cortesia da Phillips Collection, Washington, DC, EUA; **Lâm. 24:** © Espólio de Robert Rauschenberg. DACS, Londres/VAGA, Nova York 2012/The Bridgeman Art Library; **Lâm. 25:** © The Andy Warhol Foundation for the Visual Arts/Artists Rights Society (ARS), Nova York/DACS, Londres 2012; **Lâm. 26:** © Espólio de Roy Lichtenstein/DACS 2012/© Tate, Londres 2012; **Lâm. 27:** © Judd Foundation/Licenciada por VAGA, Nova York/DACS, Londres 2012/© Tate, Londres 2012; **Lâm. 28:** © Sarah Lucas, 1992. Cortesia da artista e da Gladstone Gallery, Nova York e Bruxelas. Imagem cortesia da Saatchi Gallery, Londres; **Lâm. 29:** © Tracey Emin. Todos os direitos reservados, DACS 2012/Imagem cortesia da Saatchi Gallery, Londres.

Agradecimentos

Eu não poderia ter escrito este livro não fosse pelo apoio e abnegação de minha mulher, Kate. Enquanto eu passava fins de semana, feriados, primeiras horas da manhã e altas horas da noite enfiado num quarto silencioso batendo num teclado, ela tomou conta de nossos quatro filhos e de todos os aspectos de nossas vidas. Fui um marido desatento e um pai ausente, mas ela não se queixou sequer uma vez, nem se ressentiu de minha autoindulgência. Além disso, sua crítica inteligente e precisa de meus escritos foi inestimável. As passagens satisfatórias do livro podem ser atribuídas à sua sabedoria, e as que deixam a desejar são aquelas em que tolamente ignorei o seu conselho.

Eu gostaria também de agradecer a colegas da BBC que toleraram – com mais bom humor do que mereço – vários períodos de minha ausência prolongada. Tenho uma dívida particular com Bernadette Kitterick e Hilary O'Neil, que assumiram parte de minha carga de trabalho, além de suas muitas incumbências preexistentes.

Este livro nunca teria acontecido se sir Nicholas Serota não me tivesse dado a oportunidade de trabalhar sob seu comando na Tate. Aprendi muito durante os sete anos em que fiquei estacionado às margens do rio Tâmisa, em especial que Nick é um homem extraordinário, um excelente chefe e um brilhante curador de quem sempre serei devedor.

Assim como sou de Rich Flintham, Chris Head, Charlie Wood e muitos outros amigos que ajudaram a dar forma a meu espetáculo no Edinburgh Fringe Festival, *História dupla da arte*, que foi a gênese de *Isso é arte?*. A transformação do espetáculo num livro deve ser creditada à equipe na Penguin, que me estimulou a expandir minha despreocupada brincadeira de uma hora de duração numa história da arte moderna maior e mais completa.

Não foi uma tarefa fácil, e ela não teria sido possível sem Ben Brusey, meu editor na Penguin. Ele fez elogios, ouviu e sugeriu. Eu não poderia ter tido um colaborador mais empenhado e amistoso. Outras pessoas maravilhosamente talentosas na Penguin ajudaram a tornar o livro uma realidade. Cabe fazer uma menção especial a Tom Weldon, pelo seu apoio desde o início do projeto, Venetia Butterfield, Annie Lee, Keith Taylor, Ellie Smith, Catriona Hillerton, Richard

Bravery, Claire Mason, Lisa Simmonds, Caroline Craig, Matt Clacher, Charlotte Humphery, Marissa Chen, Amy Orringer, Joe Pickering e Gesche Ipsen. Também gostaria de agradecer a Pablo Helguera, que produziu cartuns esplêndidos.

Vali-me de muitas mentes brilhantes enquanto escrevia o livro. *A história da arte*, de Ernst Gombrich, *Shock of the New*, de Robert Hughes, e *Duchamp*, de Calvin Tompkins, estão todos com sinais de extremo manuseio. O mesmo pode ser dito de vários catálogos de exposição da Tate, do MoMA e do Pompidou, entre outros. Agradecimentos especiais vão para Achim Borchardt-Hume, Ann Dumas, Matthew Gale, Gregor Muir, Catherine Wood e Simon Wilson, todos historiadores da arte eruditos que concordaram generosamente em ler certos capítulos e compartilhar sua expertise comigo. Tenho também a sorte de ter Eric e Poppy Anderson como sogros. Eles apoiaram meus esforços de muitas maneiras, principalmente lendo o manuscrito e dando muitas sugestões úteis.

E, por fim, obrigado aos meus filhos: papai voltou!

Índice

Números de página em *itálico* indicam ilustrações em preto e branco, que estão listadas também após o Sumário, juntamente com as lâminas coloridas.

FSC
www.fsc.org
MISTO
Papel produzido
a partir de
fontes responsáveis
FSC® C019498

A marca FSC é a garantia de que a madeira utilizada na fabricação do papel deste livro provém de florestas de origem controlada e que foram gerenciadas de maneira ambientalmente correta, socialmente justa e economicamente viável.

Este livro foi composto por Mari Taboada em Dante Pro 11,5/16 e impresso em papel offwhite 80g/m² e cartão triplex 250g/m² por Geográfica Editora em julho de 2013.